U0933469

珍藏本
纪念版

汉译世界学术名著丛书

心的概念

〔英〕吉尔伯特·赖尔 著

徐大建 译

2017年·北京

Gilbert Ryle

THE CONCEPT OF MIND

Authorized translation from English language edition published

by Routledge,a member of the Taylor & Francis Group

中文简体字本经泰勒与弗朗西斯集团所属卢德里奇出版社授权出版。

汉译世界学术名著丛书
（120 年纪念版・珍藏本）
出 版 说 明

2017 年 2 月 11 日，商务印书馆迎来 120 岁的生日。120 年前，商务印书馆前贤怀揣文化救国的理想，抱持“昌明教育，开启民智”的使命，立足本土，放眼寰宇，以出版为津梁，沟通中西，为中国、为世界提供最富智慧的思想文化成果。无论世事白云苍狗，潮流左右激荡，甚至战火硝烟弥漫，始终践行学术报国之志，无改初心。

迻译世界各国学术名著，即其一端。早在 20 世纪初年便出版《原富》《天演论》等影响至今的代表性著作，1950 年代后更致力于外国哲学和社会科学经典的译介，及至 1980 年代，辑为“汉译世界学术名著丛书”，汇涓为流，蔚为大观。丛书自 1981 年开始出版，历时三十余年，迄今已推出七百种，是我国现代出版史上规模最大、最为重要的学术翻译工程。

丛书所选之书，立场观点不囿于一派，学科领域不限于一门，皆为文明开启以来，各时代、各国家、各民族的思想与文化精粹，代表着人类已经到达过的精神境界。丛书系统译介世界学术经典，引领时代思想，为本土原创学术的发展提供丰富的文化滋养，为推动中国现代学术和现代化进程做出了突出的贡献。

为纪念商务印书馆成立120周年，我们整体推出“汉译世界学术名著丛书”120年纪念版的珍藏本，寄望既利于文化积累，又便于研读查考，同时向长期支持丛书出版的译者、编者和读者致以敬意。

两甲子后的今天，商务印书馆又站在了一个新的历史时间节点上。我们不仅要铭记先辈的身影和足迹，更须让我们的步伐充满新的时代精神。这是商务人代代相传的事业，更是与国家和民族的命运始终紧密相连的事业。我们责无旁贷，必须做好我们这代人的传承与创造，让我们的努力和成果不仅凝聚成民族文化的记忆，还能成为后来人可以接续的事业。唯此，才能不负前贤，无愧来者。

商务印书馆编辑部

2017年10月

译者的话

《心的概念》一书是英国分析哲学牛津学派的创始人和主要代表吉尔伯特·赖尔(Gilbert Ryle, 1900—1976)的代表作,也是一本名著。它于1949年出版后不久就受到了分析哲学界的高度评价,被认为是"近二十年来在英国发表的最主要、最有独创性的二三本著作之一"。英国著名分析哲学家斯图亚特·汉普夏在英国最主要的哲学杂志《心》上发表的书评中说:

> 赖尔教授的这本书像亚里士多德的书那样意味深长,其中几乎每一段话都包含着需要予以、也确实会得到大量探讨的观察与思考。[①]

牛津学派的另一位主将奥斯汀也在《泰晤士报文学增刊》上发表的书评中说:"简而言之,这本书高于同时代的其他书之上;它必将获得成功,甚至会成为一种时尚。"[②]事隔二十多年之后,布莱恩·麦吉在他于70年代初编辑出版的《现代英国哲学》一书中总结说,《心的概念》一书仍然是"用英语写成的最著名的哲学著作之一",是"认真严肃地研究哲学的学者必读的少数几本著作之一"[③]。

---

① 参阅 *Mind*,1950年。

② 参阅 *The Times Literary Supplement*,1950年。

③ Magee ed., *Modern British Philosophy*, London, 1971.

《心的概念》之所以已被公认为一本名著，不仅是因为这本书体现了现代分析哲学中的一种独特方法，而且还因为它运用这种方法对哲学传统中享有巨大影响的笛卡尔心身二元论进行了一种有史以来非常独特的大胆抨击。这本书的意义便在于它在这两个方面对当代哲学有重大影响。下面就从这两个方面对这本书作一简要的介绍，以期对读者有所帮助。

一

自17世纪牛顿力学创立以来，科学在近二百余年的历史中取得了突飞猛进的发展。到了19世纪末，几乎所有的科学学科都从亚里士多德意义上的那种无所不包的哲学母体中独立了出来，哲学不得不在实质上成为亚里士多德所说的“分析学”或逻辑学的研究。到了20世纪初，罗素、摩尔、维特根斯坦以及维也纳学派相继发展出了各种不同但在总体方向上一致的分析哲学，认为哲学在本质上应当是一种语言逻辑分析或某种逻辑学的研究。

在这种背景下，赖尔于1931年在“系统地引人误解的表达式”一文中首次明确地阐述了日常语言哲学学派的基本观点：

> 毕竟有一种含义，在这种含义上，我们可以恰当地探究事实的形式，甚至去问“说如此这般的话的确意指什么”。因为，当所研究的表达式把它记录的事实的真实形式隐匿住或掩盖住从而不能适当地将其展示的时候，我们可去询问这一事实的真实形式是什么。并且，我们经常能够成功地用某些新的词语形式表述所记录的事实，这些新的词语形式确实展示出其他的词语形式所不能展示的东西。我现在倾向于认为，这就是

哲学分析的含义，这就是哲学的唯一的和全部的功能。[1]

赖尔认为，哲学不同于科学，哲学的任务不是去追求科学知识，而在于对已获得的科学知识得到一种总体上的正确理解，正如他在本书的前言中所说，“构成本书的那些哲学论证，目的并不在于增加我们对于心的所知，而在于纠正我们已经掌握的知识的逻辑地理格局”。[2]

可是这张“逻辑地理图”十分错综复杂，人们不仅不可能一下子从总体上把握它，相反，人们试图这样做时往往会发生误解，产生迷惑，传统哲学中各种似是而非的理论、二律背反就属于这种情况。罗素的摹状词理论揭示出，造成这种误解和迷惑的原因就在于日常语言表达式在哲学上往往是引人误解的，因为它们不仅不会自行显示出自己的逻辑形式或所表达的事实的真正形式；相反还会以其表面上的语法形式掩盖其内在的逻辑形式，使哲学家误解它们的逻辑形式，从而造成哲学误解和迷惑。因此需要对这类引人误解的表达式进行逻辑分析，用其他的表达式来揭示其逻辑形式，消除误解和迷惑，以达到正确的理解。

在本书中赖尔用了“范畴错误”的说法来进一步说明哲学误解的原因。“范畴错误”这个概念对于理解本书具有关键的重要性。

大致说来，赖尔所谓的“范畴”实际上就是罗素所说的“逻辑类型”。根据罗素的定义，A 和 B 属于相同的逻辑类型，当且仅当，给出任意一事实，A 是其中的一个成分，就存在着相应的事实，B

① 参阅涂纪亮主编，《语言哲学名著选辑》，三联书店，1988 年。

② 本书，第 1 页。

作为其中的一个成分，并且这一事实通过 B 或非 B 代替 A 得到。因此“苏格拉底”与“亚里士多德”是同类型的，因为“苏格拉底与亚里士多德是哲学家”都是事实，而“苏格拉底”与“人”却不是同类型的，因为“人是哲学家”这种说法不表示任何事实。进而言之，说“人是哲学家”就是犯了逻辑类型的错误或范畴错误，因为“人”与“苏格拉底”不同，它并不属于哲学家这个类型或范畴。

不过哲学上的范畴错误并非如“人是哲学家”或“疼痛不是绿色的”这类表达式所表明的那种明显的范畴错误，而是由于误解日常语言表达式的逻辑类型或日常语句的逻辑形式[①]所引起的范畴错误。请看下面三个句子：

1. 存在着一座位于牛津的天主教堂。
2. 存在着一种牌号的三引擎轰炸机。
3. 存在着 25 与 9 之间的一个平方数。

如果认为这三种东西都同样存在着，那就是误解了它们的逻辑类型，犯了范畴错误，在哲学上就会导致共相实存的谬误，因为它们在逻辑上属于不同的类型，事实上，只有那座教堂实际存在着，而后两种东西分别是一种“类”和一种“类的类”，并不实际存在。

在《心的概念》一书中，赖尔主要区分了两种逻辑类型或范畴，即事件和素质。事件是指在时空中发生的可以观察到的状态、活动和事情，素质则是指行为方式，也就是在某种条件下以某种方式行动或反应的能力、倾向、可能性或趋向性，它当然不是可以观察

① 按照分析哲学家对这两个词的使用，逻辑类型与逻辑形式的关系是：两个语句具有不同的逻辑形式当且仅当它们使用了属于不同逻辑类型的表达式。

到的发生在时空中的个别事件。从语句的逻辑形式上说，谈论事件的语句是直言陈述[①]，谈论素质的语句则是假言陈述。例如，比较下面三个句子：

1. 琼斯正在开汽车。

2. 琼斯很谨慎。

3. 琼斯正在谨慎地开汽车。

在赖尔看来，第一句句子叙述了一个事件，在逻辑形式上是直言陈述。第二句句子描述了一种心理素质，在逻辑形式上是假言陈述，可以理解为“假如发生了某某情况，琼斯就会做如此这般的事情”。第三句句子则叙述了一个事件并且谈论了一种素质，在逻辑形式上是赖尔所谓的“混定言陈述”或“半假言陈述”。然而笛卡尔主义者却认为所有这三个句子在逻辑形式上都是直言陈述，只不过第二句句子陈述了一个心理事件而第三句句子叙述了两个事件，一件是琼斯在开汽车，另一件是琼斯的心同时始终在根据规则检查自己的开车行为。这就犯了混淆事件与素质的范畴错误。在赖尔看来，这种范畴错误是心身二元论的根本原因。

那么怎样才能看出范畴错误，从而消除它并进而解决哲学误解和谬误呢？赖尔认为，尽管导致哲学谬误的范畴错误不容易看出来，不过由范畴错误导致的错误理论必然会产生荒谬的结论，这类荒谬有两种表现：一是这类错误理论的各种结论含有潜在的自相矛盾或无穷回归的逻辑错误，二是这些结论违背基本的有充分根据的信念，也就是违背常识。

① 也译作“定言陈述”(categorical statement)。

这样，哲学家就可以采用一种归谬法，首先对各种理论进行推论，看看能否推出荒谬的结论，从而发现范畴错误，然后再根据错误的所在提出解决办法，亦即把归入错误范畴的概念重新归入到正确的范畴中去，从而得到正确的理解和理论。这就是赖尔的哲学论证或语言逻辑分析。

二

《心的概念》一书的主题是精神哲学。赖尔认为，精神哲学一直是认识论、伦理学、逻辑理论、政治理论和美学等理论的基础，因此对心灵或精神本质的研究事关重大。但是三百年来笛卡尔的心身二元论始终在精神哲学中占据着统治地位，对各门学科的研究带来了有害的影响，而他的任务就是要纠正这个重大的错误。在这本书中，赖尔运用他那以“范畴错误”为核心的归谬法对笛卡尔的心身二元论进行了全面的逻辑分析和批判，并得出了自己的行为主义精神哲学。

在赖尔看来，笛卡尔的心身二元论是这样一种理论：世界万物及其表象都可归入两种平行不悖的存在范畴，心和物，二者是本质上不同的独立实体，物的本质是有广延而无思想，心的本质是无广延而有思想。所以，人是由两种完全不同的东西构成的，人既是一个躯体，又是一个心灵，二者彼此独立，甚至在躯体死亡之后心灵仍然能继续存在；躯体是有形的，服从机械规律，可通过外在的观察认识，心灵是无形的，不服从机械规律，只能通过内省去认识。赖尔把这种心身二元论形象地比喻为“机器中的幽灵”说。

按照归谬论证，这种心身理论必然会导致两个荒谬的结论。

首先，根据这种理论，心与身二者之间不可能有联系或交互作用，因为这种联系或交互作用既不能属于心的领域也不能属于身的领域，而且也不能为任何公开的观察或私下的内省所察知；然而身体现象与精神现象的交互作用却是众所周知的事实。其次，根据这种理论，一个人的精神现象原则上只能为自己所知而无法为他人所知，因此一个人不能认识他人的心，甚至不能肯定他人的心是否存在；然而众所周知，他人的心不仅存在着而且事实上也是可以认知的。赖尔认为，这两个荒谬的结论便表明了笛卡尔的心身二元论犯了范畴错误。

为了指明笛卡尔心身二元论的范畴错误之所在，赖尔在这本书中从各个角度对谈论各种心理活动的词句进行了逻辑分析，其中最令人感兴趣的是他对“理智”、“理性”、“理论思维活动”一类词语的分析。

笛卡尔主义者认为，理智或理性是心灵的主要构成部分，理论思维活动是心灵的主要活动。人之所以有心灵，在于人有理智或理性，能进行一种私人的、内在的、无声的认知真理的理论思维活动；合乎理性便在于首先在内心中发生一种指导性的理论思维活动，尔后在其引导下做出一件外在的身体行动。这种看法是心身二元论的主要支柱。

赖尔首先在理智和理性的范围内区分了智力和理智这两个范畴，分别名之为“知道怎样做”和“知道那个事实”。智力活动是可以用“聪明”、“愚蠢”、“精明”、“熟练”等语词加以形容的活动，如下棋、开玩笑、打结等等。理智活动则主要指理论思维活动，亦即“下判断”、“推理”、“形成抽象概念”等词项所描述的活动。

就智力活动来说，赖尔指出，传统理智主义者由于看到，鹦鹉有时也能说出一句妙语，醉汉有时也能走出一着妙棋，而我们并不把这类行为说成是聪明的，于是便把智力活动归结为理论思维活动，认为智力活动便在于首先在心中考虑恰当的命题，然后付诸实践。

针对这种看法赖尔反驳道，第一，智力活动先于理智活动，实践先于理论，有许多智力活动至今还未形成规则或标准，例如开玩笑和解字谜之类的活动便是如此；第二，理论思维活动本身也是一种智力活动，如果认为任何智力活动必须首先要有一种理论思维活动来予以引导，那么就会导致无穷回归，就永远不可能有任何智力活动，这显然是荒谬的。

赖尔对智力的解释是，智力虽然不可归结为可见的外在活动，但也不可归结为不可见的内心活动。其实智力根本不是活动，它既不是可见的也不是不可见的活动。智力是一种能力，一种素质。把智力归结为内心活动就是犯了把素质归结为事件的范畴错误。素质和能力不是具体的行为，而是行为方式。鹦鹉虽然有时也能说出一句妙语，它却不具有幽默大师的行为方式，醉汉虽然有时也能走出一着妙棋，但他也不具有棋手的走棋方式。“精明的”、“熟练的”一类语词都是素质词，它们的意思是说，“假如发生了某种情况，那个人就会做出某某事情”，而不是指“那个人在内心中做了某事”。

那么理论思维活动的情况又怎样呢？我们能不能像传统的理智主义者那样认为，理论思维活动就是“下判断”、“推理”、“形成抽象概念”、“直觉”等语词所表示的内心活动，人们一方面通过这些心理活动建立了理论，另一方面又通过这些心理活动指导了外在行动?

赖尔认为，我们无法像对待物理事件那样对这类心理活动提出问题，这就表明，这类词不是描述什么心理事件的，而不过是对理论建设成果的一种表述。

在赖尔看来，理论思维活动无非表现为理论的建设和理论的把握两个方面。

就理论的建设而言，它并不是教科书上阐述的逻辑推导过程，而是各种身体行为的复合体，不仅包括写写画画，还包括使用各种仪器设备和调查研究等等活动，所以理论建设无非表示由人的各种言行构成的形成某种能力和素质的实践。

就理论的把握而言，它主要也不是指对于理论的阐述，而是指能够做出运用理论的各种行为。把握“等高线”这个概念难道不是指一个人能够根据地图找到指定的集合地点、能够说出自己所在位置的海拔高度等等事情吗? 一个人如果只能死记硬背某个理论而不能把握它解决各种实际问题，我们就不能说他把握了那个理论。

当然，理论的把握也包括对理论建设成果的阐述，这就是“形成概念”、“下判断”、“推理”这类语词所指的活动。不过这种活动无非是一种言谈，它在本质上并不是不可见的内心活动而是可见的外在活动，因为出声的言谈或思考与不出声的言谈或思考没有本质上的差别而只有技巧上的差别，就如笔算和心算没有本质上的差别一样。

总之，“理智”、“理性”这类词表述的是人的能力和倾向，即人的行为方式。赖尔在这本书中还对“意志”、“情感”等表示其他各种心理活动的语词作了详尽的分析，并得出了类似的结论。

三

分析哲学在20世纪的盎格鲁—撒克逊哲学界中占有统治地位。它的根本特征在于试图从语言的本质着手来理解思维与存在，这是因为，语言在人类认识世界、改造世界的生活中具有根本的重要性，语言既是思想的直接现实，又间接地反映了世界。分析哲学的意义在于它提供了一种新的哲学方法，一种新的理解思维与存在的途径。

在分析哲学运动中，赖尔的哲学思想有其独特的地位。首先，赖尔的思想是在摩尔、罗素、维特根斯坦等人的影响下形成的，因此与他们的思想有着亲缘关系和共同点，但又有所不同。在分析的目的方面，赖尔不同于维特根斯坦和维也纳学派从主观上试图消除哲学，在分析方法上，赖尔也既不赞同摩尔的定义分析法，又不赞同罗素和维也纳学派的人工语言构造法。其次，赖尔虽然反对人工语言分析的狭隘性而主张日常语言分析，但他的分析法显然留有罗素思想的深刻痕迹，而不像其他日常语言分析哲学家如奥斯汀和斯特劳逊那样尊重日常语言的用法。

就赖尔的精神哲学而言，赖尔运用自己的逻辑分析方法确实作了许多有益的探索，发表了一些富有独创性的见解。但也要看到，赖尔并没能做到把心理现象完全化归为人的行为方式，至少没能把行为动机、心理想象和知觉过程化归为人的行为方式。因此，赖尔的行为主义精神哲学自发表后在西方哲学界引起了广泛的探讨,也遭到了各种批评,例如罗素和阿姆斯特朗的批评。

赖尔的逻辑分析究竟有些什么特色,实质何在?他的精神哲学究竟是否有道理,根据何在?这就需要读者自己去读这本书了。笔者翻译这本书,目的就在于向我国的读者广泛介绍当代分析哲学,希望能引起读者自己的分析和批判。

笔者在翻译本书的过程中在某些疑难问题上曾得到过英国女王大学哲学系的阿伦·韦厄博士(Dr. Alan Weir)的帮助;责任编辑徐奕春同志在审阅译稿时花了不少精力,提了不少宝贵意见,此外,本书的翻译还得到过陈兆福同志的帮助和陈应年同志的鼓励。笔者谨此表示衷心的感谢。

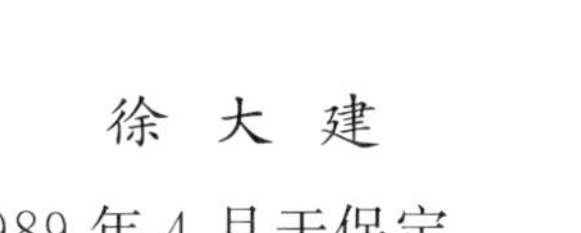

徐 大 建

1989 年 4 月于保定

目　　录

导　　言 7

本书奉献给读者的东西可以有保留地称作关于心的一种理论。但本书并不提供关于心的新知识。关于心，我们已经掌握了丰富的知识，这些知识既不来自于哲学家的论证，也不能为哲学家的论证所否认。构成本书的那些哲学论证，目的并不在于增加我们对于心的所知，而在于纠正我们已经掌握的知识的逻辑地理格局。

无论是教师与检查人员，地方行政官与评论家，历史学家与小说家，还是忏悔神父与军士，雇主、雇员与合伙人，父母、情侣、朋友与敌人，所有这些人都很懂得，在日常生活中与别人打交道时怎样确定此人的性格特征与理智特征。他们能够评价他的表现、估价他的进步、理解他的言行、觉察他的动机、明白他开的玩笑。假如他们弄错了，也知道怎样纠正自己的错误。而且，他们还能够有所用心地借助于批评、举例、教导、惩罚、行贿、嘲笑及劝说来影响他们与之交往的人的心，并且在此之后根据所产生的结果来修改自己的对待办法。

不论是为了描述他人的心灵，还是为了开导他人的心灵，他们都在或大或小的程度上有效地使用了描述心理机能和心理活动的概念。他们懂得怎样在各种具体的境况下运用诸如“细心的”、“愚蠢的”、“合乎逻辑的”、“不善观察的”、“足智多谋的”、“爱虚荣的”、

"有条不紊的"、"轻信的"、"诙谐的"、"自我克制的"等千千万万个这样的表示心理一行为的形容词。

然而，知道怎样使用这样的概念，是一回事，而知道怎样把它们彼此关联起来及怎样把它们与其他各类概念关联起来，则完全是另一回事。许多人能够用一些概念来有道理地进行谈论，但却不能有道理地谈论这些概念；他们至少在自己熟悉的领域中通过实践而懂得了怎样运用概念，但他们却说不出支配着概念的运用
8 的逻辑规则。他们就像这样一些人，虽然在自己的教区内不会迷路，却不能制作或看懂它的地图，更不用说能制作和看懂他们的教区所在的地区或大陆的地图了。

为了某些目的，有必要确定那些我们完全知道怎样加以运用的概念在逻辑上的交叉方位。试图对心灵的机能、活动和状态的概念做这样的工作，始终是哲学家的主要任务之一。知识理论、逻辑理论、伦理学理论、政治理论以及美学理论都产生于哲学家在这个领域中的研究工作。在这个领域中，有些研究已经取得了相当大的局部性进展，但本书的论点之一是，在自然科学的新时代诞生以来的三个世纪中，人们错误地选择了据以协调心理机能和心理活动的概念的逻辑范畴。笛卡尔留下了一个神话，作为他的一个主要哲学遗产，这个神话至今还扭曲着上述问题的整个地理格局。

当然，神话并非幻想中的故事。它是一种表述，它所表述的事实属于一种范畴，但它却使用了适合于另一种范畴的习惯语言。因此，要戳穿一个神话并不是去否认这些事实，而是去重新配置这些事实。而这正是我试图要做的事情。

确定概念的逻辑地理格局就是揭示运用这些概念的命题的逻

辑，这就是说，去表明，它们与哪些其他命题相一致或不相一致，从它们可以得出什么命题，从什么命题可以得出它们。一个概念所属的逻辑类型或逻辑范畴就是合乎逻辑地使用这个概念的一套方式。因此，本书的主要论证旨在表明，为什么关于心理机能和心理过程的概念的某些种类的用法是对于逻辑规则的破坏。我试图运用归谬论证来否决笛卡尔神话中所隐含的对于这些概念的用法，并指出所研究的那些概念应当划归给哪些逻辑类型。不过，我并不认为一次又一次地运用一种不很严格的论证是不恰当的，尤其是在看来这样做有利于使人心平气和或使人适应环境的时候。哲学便是用范畴纪律来取代范畴习惯，假如调解性的论证可以减轻放弃长期形成的理智习惯的痛苦，那么，它们的确并不加强严格的论证，但它们确实能够减弱对于严格论证的抗拒。

某些读者会觉得，我在本书中的语调是过分的爱争论了。也 9
许让他们知道，我最激烈地加以反对的那些假定，我本人也曾错误地信奉过，这可以使他们感到宽慰。首先我要从我自己的体系中排除一些混乱。只是在其次，我才希望帮助其他的理论家们认识到我们的疾病并且得益于我开的药方。

11 # 第一章　笛卡尔的神话

（1）“官方”学说

有一个关于心灵的本性和所在地的学说，它在理论家中间非常盛行，甚至在普通人中间也非常盛行，因而可称之为“官方”学说。大多数哲学家、心理学家和宗教导师，尽管有些小的保留，却都赞成它的主要论点，他们虽然承认，这种学说存在着某些理论上的困难，却都倾向于认为，无需对此理论的结构作重大的修正，就可以克服这些困难。本文将要论证，这种学说的主要原理是不健全的，当我们并不对心灵进行思辨时，它们是与我们关于心灵的全部知识相冲突的。

这种“官方”学说主要来自笛卡尔，它大致是这样一种学说：可能除了白痴和怀抱中的婴儿之外，每个人都有一个躯体和一个心灵。有些人则宁愿说，每个人都既是一个躯体又是一个心灵。通常，他的躯体和他的心灵被套在一起，但在躯体死后，他的心灵可能继续存在并依然发挥作用。

人的躯体存在于空间之中，并服从于支配着空间中存在的其他一切物体的机械法则。躯体的过程和状态可为外在的观察者所检查。因此，一个人的肉体生活正如动物和爬虫的生活一样，甚至如树木、结晶体及行星的历史一样，是一件公开的事情。

心灵却不存在于空间之中，它们的活动也不服从于机械法则。一个心灵的活动无法为其他的观察者目睹，它的一生是私密的。只有我才能对我自己的心灵的状态和过程有直接的权威性的认知。因此，一个人的一生有两部并行的历史，一部历史由他的躯体内部发生的事件和他的躯体遇到的事件所构成，另一部历史由他的心灵内部发生的事件和他的心灵遇到的事件所构成。前一部历史是公开的，后一部历史是私密的。前一部历史中的事件是物理 12
世界中的事件，后一部历史的事件是心理世界中的事件。

曾有人提出质疑，一个人是否或者能否直接地察知他自己的私秘历史中的全部事件，或者仅仅其中的某些事件；不过，根据这种"官方"学说，他至少对其中的一些事件具有直接的无可争辩的认知。他在意识、自我意识和内省中对自己当下的内心状态和内心活动有直接的和确实的了解。他对物理世界中同时发生和紧接着发生的各种事件或许不能完全确知无疑，但他对当时占据了他的心灵的东西至少有一部分必定确知无疑。

对人的两种生活和两个世界的这种二分通常通过如下的说法来表达：属于物理世界的事物和事件，包括他自己的躯体，是外在的，而他自己的心灵活动，则是内在的。当然，外在与内在的这种对立意在被看作为一种比喻，因为心灵不存在于空间之中，不能说心灵在空间上存在于别的什么东西之中，也不能说心灵本身之内有什么东西在空间中活动。但是，这种良好的意向常常不能持久，人们发现理论家们仍然在思索，刺激的物理根源离一个人的皮肤有若干码或若干哩，它们怎么能在他的头脑中产生心理反应，并且，在他头脑中形成的各种决定又如何能使他的四肢发生运动。

即便把“内在”与“外在”看作是比喻，众所周知，一个人的心身彼此如何相互影响的问题仍然充斥着各种理论上的困难。心之所欲，腿、臂和舌会予以实施；触动了耳目的东西与心的知觉有关；怪相与微笑反映出心情；而体罚则被认为会导致道德进步。但是，私密的历史中的各种事件与公开的历史中的各种事件之间的实际交互作用仍然是个谜，因为，这些交互作用按定义来说不可能属于上述任何一部历史。它们不可能在描绘一个人的内在生活的事件的记载中出现，但它们也不可能在描绘那个人的公开经历的另外一种记载中出现。它们既不能为内省所查证，也不能为研究室中的
13 实验所查证。它们是一些理论上的羽毛球，一直在生理学家和心理学家之间被来回地打来打去。

把一个人的两种生活作这样的二分在某种程度上是一种比喻的说法，在这种比喻的说法下面，还有一层似乎更深的哲学上的假定。人们假定，有两种不同的存在或地位。存在的东西或发生的事情可以具有物理存在的地位，也可以具有心理存在的地位。硬币的表面或者是正面或者是反面，生物或者是雄性的或者是雌性的，因此，人们认为，与上述两种情况多少有点相同的是，某种存在是物理性的存在，而另一种存在则是心理性的存在。物理性存在物的特性必定是，它处于时空之中；心理性存在物的特性必定是，它处于时间而不处于空间之中。物理性存在物由物质构成，或者是物质的一种功能；心理性存在物由意识构成，或者是意识的一种功能。

心与物之间因而存在着一种两极的对立，这种对立常常得到如下的说明。各种物质对象都处于一个叫做“空间”的公共领域之

中，位于空间某个部分的一个物体所发生的事情与位于空间其他部分的其他物体所发生的事情具有机械的联系。但心理事件却发生于叫做“心灵”的各个互不相通的领域之中，或许除了心灵感应之外，在一 个心灵中发生的事情与在另一个心灵中发生的事情彼此之间没有直接的因果联系。只有以公共的物理世界为中介，一个人的心灵才能对另一个人的心灵发生影响。心灵就是它自身的所在地，我们每一个人在自己的内在生活中都过着一种鬼魂样的鲁滨孙·克鲁索式的孤独生活。人们彼此之间能够看见、听见和猛击对方的身体，但他们彼此之间却无法看见和听见对方的内心活动，也不能对它们发生作用。

那么，关于心灵的活动我们能够得到什么样的知识呢？一方面，根据“官方”理论，一个人对于他自己的内心活动有一种最容易想象出来的直接认知。心理状态和心理过程是(或在正常的情况下是)有意识的状态和过程，照亮了心理状态和心理过程的意识不可能产生任何错觉，它只接纳无可怀疑的东西。一个人当下的思想、感受和意愿，他的知觉、回忆和想象，都内在地“发着磷光”；它们的主人必然知道它们的存在和它们的本性。内心的生活是这样 14
一股意识流：这股意识流就是心灵的生命，若说心灵可以不知道它生命中流过的东西，那是荒谬的。

诚然，近来由弗洛伊德提出的证据似乎表明，这股意识流还带有一些支流，它们不为其主人所知。人们为一些冲动所驱使，却强烈否认这些冲动的存在；他们具有一些思想，这些思想却不同于他们所承认的思想；他们以为自己愿意做出某些行动，但他们事实上并不愿意这样做。他们完全为他们自己的一些虚伪所欺骗，成功地忽视了他们的心理生活的一些事实，而根据“官方”理论，这些事实对于他们来说应当是显而易见的。然而，“官方”理论的信奉者们却倾向于认为，无论如何，在正常的情况下，一个人必定直接地并且可靠地知道他自己的心灵的当下的状态和活动。

一般认为，一个人除了在当下能得到这些据说是直接的意识材料之外，他还能够不时地运用一种特殊的知觉，即内在知觉或内省。他能对自己心中正在发生的事情进行（非视觉的）“观看”。他不仅能够借助自己的视觉器官观赏和细察鲜花，借助自己的听觉器官倾听和辨别铃声；他还能够不靠任何身体的感官来反观或内察自己内心生活中的当下事件。人们通常还认为，自我观察不会产生错觉、混淆或怀疑。心灵对于它自己的事件的报道所具有的确实性比它对于物理世界中的事情的报道所具有的最高的确实性还要高一等。感官知觉会发生错误或混淆，但意识和内省却不会。

另一方面，一个人却不具有直接进入另一个人的内心生活事件的途径。他至多能够做到，借助于根据他自己的行为引出的类比，从观察到的他人的身体行为可疑地推出一些心理状态，假定那种行为表现了这些心理状态。直接见到一个心灵的活动是那个心灵自身的特权；由于缺乏这样的特许途径，一个心灵的活动对于任何他人来说都必定是隐秘的东西。因为，若从类似于他们自己的身体运动推论出类似于他们自己的心理活动，这种所谓的论证是
15 不可能得到观察的确证的。因此，“官方”理论的信奉者自然觉得很难抗拒从他的前提中得出的下述结论，即他没有充分理由来相

信，除了他自己的心灵之外确实还存在着其他的心灵。即便他宁愿相信，别人的躯体也有其维系在一起的心灵，这些心灵较之他自己的心灵并无不同，他却无法自称能够发现其他心灵所特具的特性或它们所经历和所做的特殊的事情。由此看来，灵魂的必然的命运就是绝对与世隔绝。只有我们的躯体能够彼此接触。

作为这个总的体系的一个必然结果，人们无形中规定了一种特定的方式来解释我们日常的心理机能和心理活动的概念。我们在日常生活中用动词、名词和形容词来描绘我们与之打交道的人的才智、性格和高级行为，这些动词、名词和形容词应当解释为表示了他们的私秘历史中的特殊事件或表示了发生这类事件的倾向。当我们说，某人知道、相信或猜测某事，某人希望、惧怕、意欲或逃避某事，某人计划了此事或对彼事感到有趣，人们便认为，这些动词指示了这个人的（对我们来说是）隐秘的意识流中的一些特定变化的出现。只有他自己在直接的意识和内省中对于这种意识流的特许的感受才能提供可靠的证据，证明这些心理行为动词用对了或用错了。旁观者，不论他是教师、评论家、传记作家或朋友，都永远无法确信，自己的评论道出了哪怕是一点真相。然而，正是因为我们大家在事实上确实知道怎样作出这样的评论，怎样作出一般来说是正确的评论以及怎样在它们发生了混淆和错误时改正它们，哲学家们才认为有必要构作关于心灵的本性和所在地的理论。他们发现，心理行为的各种概念得到了有规则的和有效的使用，便正当地试图确定它们的逻辑地理格局。但是，由"官方"理论提供的逻辑地理格局会导致如下的结论：我们在描绘和开导他人的心灵时不可能有规则地或有效地使用这些心理行为概念。

（2）“官方”学说的荒谬

“官方”理论大致上就是如此。我将常常有意贬抑这个理论，
16 把它叫做“机器中的幽灵的教条”。我希望证明，它是全然错误的，并且不是枝节上的错误，而是原则上的错误。它不仅仅是许多个别错误的汇总。它是一个大错误，一种特殊的错误。也就是说，它是一个范畴错误。它表述了内心生活的一些事实，似乎这些事实属于一种逻辑类型或逻辑范畴（或一系列类型或范畴），但实际上它们属于另一种逻辑类型或逻辑范畴。因此，这个教条是哲学家的一个神话。由于我试图戳穿这个神话，也许有人会认为，我是在否认关于人类内心生活的众所周知的各种事实，也许还有人会不接受我的这个抗辩，即我的目的仅仅在于纠正关于心理行为的各种概念的逻辑，认为这不过是遁词而已。

首先我必须说明“范畴错误”这个术语的含义。让我举一些例子来说明这个问题。

一个外国人第一次访问牛津大学或剑桥大学。他参观了一些学院、图书馆、运动场、博物馆，参观了一些科学院系和行政办公室。之后他问道：“可是大学在哪儿呢？我已看到了学院的成员生活的地方，看到了管注册的人工作的地方，看到了科学家做实验的地方，也看到了其他一些地方，可就是还没有看到你们的大学成员居住和工作的那个大学。”于是陪同人员不得不对他解释说，大学并不是另一个并行的机构，并不是某种秘而不宣的与他所看到的学院、实验室和办公室相当的东西，大学只是他所看到的全部东西的组织方式。当他看到了这些东西并且理解了它们的协调关系

时，他也就看到了大学。他的错误在于他天真地认为，我们可以把基督学院、博德莱恩图书馆、阿什莫林博物馆和大学相提并论，似乎除大学之外的上述其他单位都是一个类的成员，而“大学”代表了这个类的另外一个成员。他错误地把大学划归给上述其他机构所属的同一个范畴了。

一个儿童在观看一个师的分列式行进时会犯同样的错误，当别人给他一一指出了步兵营、炮兵连、装甲兵连等等之后，他又问什么时候能看到师。他大概认为，一个师是一个与他已看到的那些单位相当的东西，师与那些单位在一些方面相似，而在另一些方面不相似。家长会告诉他：他错了，因为他在观看步兵营、炮兵连、装甲兵连的分列式行进时就一直在观看那个师的分列式行进。一 17
个师的分列式行进并不是步兵营、炮兵连、装甲兵连**和**一个师的列队行进，而是一个师**的**步兵营、炮兵连、装甲兵连的列队行进。

再举一个例子。一个外国人第一次观看板球比赛，他从别人那里得知了投球手、击球手、外场员、裁判员和记分员各自的职能。随后他说：“但是赛场上还没有人负责众所周知的协作精神（team-spirit）。我看到了谁管投球，谁管击球，谁管守门；可我没有看到，贯彻协作精神究竟是谁的任务。”对此人们不得不再次解释说，他又是在寻找错误的事物类型了。协作精神并不是所有那些专门任务之外的另一种板球活动。粗略地说，协作精神乃是完成各项专门任务的热心精神，热心地完成一项任务并不是完成两项任务。展示协作精神与投球或接球确实不是同一件事情，但它也不是这两种动作之外的事情，使得我们可以说，投球手先投出了球，**而**后展示了协作精神，或者说，外场员在某个特定的时刻**或者**接住了球或者展示了协作精神。

上述几个范畴错误的例子具有一个必须予以注意的共同特征。这类错误是那些不知道怎样使用大学、师和协作精神这样的概念的人所犯的。他们的困惑不解起因于没有能力使用英语词汇表中的某些词项。

理论上令人感兴趣的范畴错误是那些完全有能力运用概念的人们所犯的错误，他们至少在自己熟悉的事态中完全有能力运用概念，但他们在抽象思维中仍然易于把那些概念划归给它们并不属于的逻辑类型。下面这个故事便可以作为这类错误的一个例子。一个攻读政治学的学生已经懂得了英国、法国和美国在政体上的主要差别，并且也已懂得了内阁、议会、政府各部、法院和英国国教会彼此之间的不同和关系。但若有人向他提出一些有关英国国教会、内政部和英国政体之间的关系的问题时，他仍然感到为难。因为，虽然英国国教会和内政部都是机构(institution)，但在
18 这个名词所含有的“机构”这个意义上，英国政体却不是另一个机构。因此，在英国国教会与内政部之间可以肯定或否定存在着机构之间的关系，但不论在英国国教会与英国政体之间还是在内政部与英国政体之间都不能肯定或否定存在着机构之间的关系。“英国政体”并不是一个与“内政部”和“英国国教会”具有同一逻辑类型的词项。与此相似，张三(John Doe)可以是李四(Richard Roe)的亲戚、朋友、敌人或不熟悉的人；但他却不能是普通纳税人(Average Taxpayer)的亲戚、朋友、敌人或不熟悉的人。他知道在某些种类的讨论中怎样有意义地谈论普通纳税人，但他却感到困惑，说不出为什么他不能像他在街上能够遇到李四那样遇到普通

纳税人。

对于我们的主要论题来说应当注意到：只要那个攻读政治学的学生仍然把英国政体设想为一个与上述其他机构相当的东西，他就会倾向于把它描述成一个神秘的难以把握的机构；只要张三仍然把普通纳税人设想为一个同胞，他就会倾向于把普通纳税人设想为一个难以捉摸的非实在的人，一个无处不在但又处处不在的幽灵。

我的否定性目的是要表明，一族基本的范畴错误是产生双重生活理论的根源。把人当作一个神秘地隐藏在一架机器里的幽灵的看法来自下面这种论证。因为一个人的思维、感受和有意的行动确实不能只用物理学、化学和生理学的用语来加以描述，所以它们必须用相应的用语来描述。由于人体是一个复杂的有机单位，因此人心必定也是一个复杂的有机单位，尽管它由一种不同的材料所构成并具有一种不同的结构。另外，由于人体像任何其他的物质团块一样，是一个因果领域，因此人心必定是另一个因果领域，尽管（要赞美上帝）其中的因果联系不是机械性质的因果联系。

（3）范畴错误的起源

看来，上述“官方”理论——我还得证明它是笛卡尔式的范畴错误——在理智上的主要起源之一是这样的。当伽利略表明，他的科学发现方法能够提供一种可以说明任何存在于空间中的事物的力学理论时，笛卡尔的内心中出现了两种彼此冲突的动机。作
为一个科学天才，他不能不赞同力学的主张，但作为一个虔信的讲 19
道德的人，他却不能像霍布士那样接受这些力学主张的令人沮丧

的附加物，即人性仅仅在复杂性程度上不同于钟表机构。心理的东西不可能只是机械物的一个变种。

笛卡尔和他以后的一些哲学家合乎自然地但却错误地利用了下面这种解脱途径。既然不应把描述心理行为的语词理解为表示机械过程的出现，那么就必须把这些语词理解为表示非机械过程的出现；既然力学法则把空间运动解释为其他空间运动的结果，那就必定会有其他法则把某些非空间的心灵活动解释为另外一些非空间的心灵活动的结果。我们把某些人类行为称为有才智的行为，而把另一些人类行为称为缺乏才智的行为，这两类行为之间的不同必定是它们的因果关系方面的一种不同；因此，尽管人的舌和四肢的某些活动是一些机械性原因的结果，但它们的其他一些活动却必定是一些非机械性的原因的结果，亦即，它们的某些活动源于物质微粒的运动，而它们的另一些活动却源于心灵的活动。

于是，物理的东西与心理的东西之间的区别就被说成是由“事物”、“材料”、“属性”、“状态”、“过程”、“变化”、“原因”和“结果”等范畴所构成的共同框架内部的区别。心灵是一些事物，但这类事物不同于躯体；心理过程是一些原因和结果，但这类因果不同于身体的运动。如此等等。上述那个外国人以为大学是另外一座大厦，它很像一个学院，但又与学院大为不同，与此相似，拒绝接受机械论的人也把心灵说成是另外一些因果过程的中心，这些中心很像机器，但又与机器大为不同。他们的理论是一种副机械论假说(para-mechanical hypothesis)。

上述看法在“官方”学说中占有核心地位，这一点可为下述事实表明：在解释心灵怎么能够影响躯体并且怎么能够被躯体影响时，人们从一开始就感受到了一个较大的理论困难。一种心理过程，如意愿，怎么能够引起一些像舌的运动那样的空间运动？视神经中的一个物理变化除了会产生其他的结果外，怎么还会在心灵上产生闪光的知觉？这个有名的难题本身便表明了笛卡尔塑制他的心灵理论所用的逻辑模子。这个逻辑模子正是他和伽利略建立
他们的力学所用的同一个模子。由于笛卡尔仍然不知不觉地坚持 20
了力学的语法，他试图用一种仅仅是对应的词汇来描述心灵，以此来避免灾难。心灵的活动不得不用描述身体的各种特定说法的纯粹否定语来加以描述；它们不存在于空间之中，它们不是运动，它们不是物质的变化，它们无法为大家观察到。心灵不是一些钟表机构，它们只是一些非钟表机构（not-clockwork）。

如上所说，心灵就不仅仅是套到机器上的幽灵，它们自身便是幽灵机器。虽然人体是一部发动机，却不大像一部普通的发动机，因为它的一些活动为它内部的另一部发动机所控制——这部内控发动机是一种非常特别的发动机。它看不见，听不到，既没有大小，也没有重量。它不能被拆卸，它所服从的法则也不是普通工程师所知的法则。关于它怎样控制人体发动机，人们一无所知。

其次一个较大的难题表明了同样的道理。既然根据“官方”学说心灵与躯体属于同一个范畴，既然躯体严格地为力学法则所决定，那么在许多理论家看来，由此可以得出，心灵必定同样地为一些严格的非力学的法则所决定。物理世界是一个决定论的系统，所以心理世界必定也是一个决定论的系统。躯体无法避免它们所经历的变化，所以心灵也只能度过它们命定的生涯。因此，**责任**、**选择**、**功绩**、**过失**都是些不能应用的概念——除非采取折中的解决

办法，说，与决定物理过程的法则不同，决定心理过程的法则有其本色：它们只是多少有点严格罢了。意志自由的问题成了一个怎样调和下列假说和知识的问题：假说提出，应当用取自一些力学范畴的词汇来描述心灵，但大家却知道，人的高级行为从性质上说不同于机器的行为。

人们竟然没有注意到上述整个论证并无牢靠的根据，这真是历史上的一件怪事。理论家们正确地假定，凡心智健全的人，便已能够认识到合理的言词与不合理的言词之间的区别或有意的行为与无意的行为之间的区别。否则就不会有任何东西需要从机械论
21 中拯救出来了。然而“官方”学说的解释却预先设定了，一个人在原则上决不能认识到其他人体发出的合理的言词与不合理的言词之间的区别，因为他决不能见到其中某些言词所具有的假设的非物质原因。除了他自己这个尚有疑问的例外，他永远无法说出人与机器人之间的区别。例如，人们会不得不承认，我们能够说的全部东西就是，那些被当作白痴和疯子的人的内在生活如同任何其他人的内在生活一样，是有理性的。也许只是他们的公开行为令人失望；这就是说，也许“白痴”并不真蠢，“疯子”并非真疯。并且，也许某些被当作心智健全的人才是真正的白痴。根据这种理论，外在的观察者决不能知道其他人的公开行为是怎样与他们的心理机能和心理过程相互关联的，因此他们也决不能知道，甚至决不能仿佛合理地作出猜测，自己在描述他人时是否正确地使用了心理行为概念。于是对一个人来说，甚至主张自己是心智健全的或主张自己在逻辑上是一致的也会成了冒险的事情或不可能的事情，因为他无法把他自己的行为与他人的行为进行比较。简而言之，

我们永远不可能把别人及其行为刻画为有才智的、谨慎的和有道德的或刻画为愚蠢的、虚伪的和怯懦的，所以也决不会产生这样的问题：提供一种专门的因果关系假说来用作这类诊断的基础。“人怎样不同于机器？”这个问题之所以产生，正是因为在引入新的因果关系假说之前人人都已知道怎样运用各种心理行为的概念了。因此，这种新的因果关系假说不可能是人们在它引入之前使用心理行为概念所依据的标准的根源。当然，这种新的因果关系假说也丝毫没有改进我们对于那些标准的掌握。笛卡尔自己在思考上述那些标准的可应用性怎样与机械的因果关系原则相容之前以及之后，就以某些方式来区分可靠的计算与不适当的计算、精明的行为与不精明的行为、丰富的想象与贫乏的想象了，而我们今天仍然在以同样的方式作出这些区分。

笛卡尔没有搞对他的问题的逻辑。他不去问，人们实际上根据什么标准来区分有才智的行为与缺乏才智的行为，却问道：“假定机械性质的因果关系原则并没有告诉我们这种区别，有什么其
他的因果关系原则会告诉我们这种区别呢？”他认识到这个问题不 22
是一个力学问题，于是认为它因而必定是一个力学的某种对等物的问题。自然而然地，心理学就常常被选来作为力学的对等物了。

当两个词项属于同一个范畴时，构造包含有它们的合取命题乃是正当的。一个买主可以说他买了一只左手的手套和一只右手的手套，但却不可以说他买了一只左手的手套、一只右手的手套和一副手套。有这样一句出名的笑话：“她回家时既痛哭流涕又坐着轿子。”(She came home in a flood of tears and a sedan-chair.)这乃是把不同类型的词项连接在一起而造成的。构造“她回家时或者痛哭流涕或者坐着轿子”这样的析取句也会同样可笑。然而机器中的幽灵的教条正是犯了同样的错误。它坚持认为，既存在着躯体也存在着心灵；既有物理过程也有心理过程；身体运动有机械原因也有心理原因。我将论证，这些合取和其他类似的合取都是荒谬的；但必须指出，这种论证不会表明，被不合逻辑地连接在一起的单个命题就其本身来说是荒谬的。例如，我并不否认存在着心理过程。做长除法是一种心理过程，说笑话也是。但我要说，“存在着心理过程”与“存在着物理过程”并不具有同样类型的含义，因此，把它们二者合起来或拆开来都是无意义的。

例如我的论证是成功的，那就会得出一些令人感兴趣的结果，首先，心与物之间的神圣对比将会被消除，但不是由于同样神圣地用物吸收了心或者用心吸收了物，而是由于用了一种完全不同的方法。因为可以表明，正如“她回家时痛哭流涕”与“她回家时坐着轿子”之间的对比是不合逻辑的一样，心与物二者之间的表面上的对比也是不合逻辑的。相信在心与物之间存在着一种两极的对立就是相信它们是属于同一逻辑类型的词项。

由此还可以得出，唯心论与唯物论都是对于一个不恰当的问题所作出的回答。不论把物质世界“归约”为心理状态和心理过程，还是把心理状态和心理过程“归约”为物理状态和物理过程，都预设了“或者存在着心灵或者存在着物体（但不是二者都存在）”这
23 个析取句是合理的。这就像说，“或者她买了一只左手的手套和一只右手的手套或者她买了一副手套（但不是同时买了二者）”。

我们可以完全正当地以一种逻辑语调说，存在着心灵，也可以完全正当地以另一种逻辑语调说，存在着物体。但两个表达式并

没有指出两个不同系列的存在，因为“存在”与“彩色的”或“性感的”这类语词不同，它不是一个表示种属的语词。上述两个表达式指出了“存在”的两种不同含义，这好比“上升”在“潮水在上升”、“希望在上升”和“平均死亡年龄在上升”等表达式中具有不同的含义一样。一个人若说，有三种东西即潮水、希望和平均死亡年龄现在正在上升，人们会认为他在说一句无聊的笑话。同样，不论是说，存在着质数和星期三和公众舆论和海军，还是说，既存在着心灵也存在着物体，这都会像在说一句不错的或蹩脚的笑话。在下面几章中我要表明，“官方”理论必然会在逻辑上得出一些荒谬的结论，从而证明它确实是建立在一批范畴错误之上的。显示这些谬误会产生如下建设性的结果：部分地揭示出关于心理行为概念的正确逻辑。

（4） 历史的注释

若认为“官方”理论仅仅来自笛卡尔的理论，甚至来自一种较为普遍的对于17世纪力学的一些结论的忧虑，那不是正确的看法。中世纪的神学和宗教改革运动的神学在此之前就已培育出了那个时代的普通人、哲学家、教士以及科学家的心智。斯多葛-奥古斯丁的意志理论埋置在加尔文教派的罪恶学说和神恩学说之中；柏拉图和亚里士多德的理智理论塑造了灵魂不灭的正统学说；笛卡尔是在用伽利略的新句法来重述已经盛行的关于灵魂的神学学说。神学家的良心的秘密变成了哲学家的意识的秘密，以前的宿命论妖怪再现为决定论妖怪。

若认为两个世界的神话对理论无益，那也是不正确的看法。

当神话仍然是新的时候，它们常常对理论很有益。副机械论神话所提供的一个好处就是，它在一定程度上使当时盛行的副政治学神话(para-political myth)退出了历史舞台。在此之前，人们曾以
24 政治上的上级和下属作类比来描述心灵及其机能。所用的惯用语是统治、服从、合作和反叛等。在许多伦理学的探讨和一些认识论的探讨中，这些惯用语当时乃至现在仍然在为人们所用。正如在物理学中，谈论各种隐秘的力的新神话是对谈论各种终极因的旧神话的一种科学上的改进，同样，在人类学理论和心理学理论中，谈论各种看不见的活动、冲动和能动作用的新神话是对谈论各种命令、听从和不服从的旧神话的一种改进。

第二章　知道怎样做和知道那个事实

(1) 前言

在这一章我试图表明，当我们谈论人在运用心灵的各种才能时，我们并不是在谈论一些导致了人的公开言行的隐秘事件；我们是在谈论这些公开的言行本身。当然，把一个行动说成是心不在焉的，与把另一个在生理上相似的行动说成是有目的的、小心翼翼的或狡诈的，二者之间存在着一些对我们的探究来说是关键性的区别。但这类说法的不同并不在于它们有没有隐含地谈论某种引发了公开行动的影子行动(shadow-action)。相反，这类不同在于它们是否包含有某种可检验的兼有预测性和解释性的断言。

21

(2) 智力(Intelligence)和理智(Intellect)

我首先要予以考察的心理行为概念属于通常叫做“智力”的概念家族。下面是这个家族的一些比较明确的形容词：“聪明的”、“精明的”、“细心的”、“有条不紊的”、“有发明才能的”、“慎重的”、“敏锐的”、“合乎逻辑的”、“诙谐的”、“善于观察的”、“有批判力的”、“有实验头脑的”、“机智的”、“狡猾的”、“明智的”、“有见识的”

和“审慎的”等等。当一个人在智力上有缺陷时，别人就说他是“愚蠢的”，或者用一些更为明确的形容词来描述他，诸如“愚笨的”、“傻乎乎的”、“粗心的”、“无条理的”、“无发明才能的”、“轻率的”、“愚钝的”、“不合逻辑的”、“缺乏幽默感的”、“没有观察力的”、“无批判力的”、“无实验头脑的”、“迟钝的”、“头脑简单的”、“不明智的”和“判断欠妥的”。

从一开始就注意到，愚蠢与无知不是同一回事，也不是同一类
26 事，这具有头等重要性。见识广博和傻乎乎二者之间不存在不相容性，善于领会论证或笑话的人也许不善于记住事实。

把有智力与有知识区别开来，其部分重要性在于：哲学家和普通人都倾向于把理智的活动当作心理行为的核心，这就是说，他们倾向于用各种表示认知的概念来规定其他各种表示心理行为的概念。他们认为，心灵的首要活动在于找到问题的答案，而心灵的其他事务不过是应用经过深思而得到的真理，甚至是令人遗憾地分散心灵的注意力，使其不能进行思考。古希腊人认为，不朽是专留给灵魂的理论思维部分的，基督教不相信这种观念，但并没有消除这种观念。

当我们谈到理智，更准确一些说，谈到人的理智的各种机能和行为时，我们主要是指构成理论思维的那类特别的活动。这类活动的目标是关于真命题或事实的知识。数学和各门已建立起来的自然科学是人类理智的典型成就。早期的理论家曾目睹并帮助了各门理论科学和理论学科的成长，他们自然要思索，是什么构成了各门理论科学和理论学科所特有的优越性。他们倾向于认为，构成了理论科学特有的优越性的东西就在于能够容纳严格的理论，严格的理论使人优于动物，使文明人优于野蛮人，甚至使神的心灵

优于人的心灵。于是他们留传下了这样的观念:获得关于各种真理的知识的能力是心灵的本质特性。至于人的其他机能,只有当人们能够表明它们可以为理智对于真命题的把握所指引时,才能划归为心理机能。具有理性乃是能够认识到各种真理以及它们之间的各种关系。因此,合乎理性地行事乃是使一个人的各种非理论性的天然倾向为他对于各种为人处世的真理的领悟所控制。

这一章的主要目的是要表明,有许多活动直接表现了心灵的各种性质,然而,这些活动本身既非理智的活动,也非理智的活动的结果。显示了智力的实践并不是理论的继儿。相反,理论思维也是一种实践,它自身或者显示了智力或者表现了愚蠢。

从一开始就纠正唯理智论者的学说——这种学说试图用对于 27
真理的领悟来规定智力,而不是用智力来规定对于真理的领悟——之所以重要,还有另一个原因。理论思维是一种大多数人都能够无声无息地进行的活动,并且通常确实是无声无息地进行的。他们用语句把他们构造的理论明确表达出来,但大多数时候并不出声地把这些语句念出来。他们对自己说出这些语句。或者,他们用图表和图画来阐述自己的思想,但并不总是在纸上把它们画出来。他们“在自己的心目中看到了它们”。我们的许多日常思维都是在内心的独白或无声的自言自语中进行的,并且通常在内心伴有由视觉心像构成的电影画面。

无声地进行自我谈话这种技巧既不是很快就能获得的,也不是轻易就能获得的;获得这种技巧的一个必要条件便是:在此之前我们应当学会出声地进行运用智力的谈话,应当听到过并且明白了其他人在进行这样的谈话。不使我们的思想外露是一种高级的

技能。直到中世纪人们才学会了默读。同样，一个小孩在学会默读之前必须先学会朗读，在学会自言自语之前必须先学会大声叨叨。我们大多数人已学会了默不出声地进行思维，但许多理论家却认为，思维时的这种默不出声是思想的一种本质特性。柏拉图曾说，思维时灵魂在进行自我谈话。但默不出声尽管常常很便利，却不是思维的本质，正如把听众限定为一个接受者常常很便利，它却不是一个本质性的限定。

认为理论思维是心灵的首要活动，并且认为理论思维在本质上是一种私密的、默不出声的或内在的活动，这两种看法的结合至今仍然是机器中的幽灵这个教条的主要支柱之一。人们倾向于把自己的心灵等同于他们在其中秘密地进行思维的“场所”。他们甚至于认为，我们怎样公开自己的思想，这里面存在着一个特殊的谜，却没有认识到，我们使用了一种特别的技能，才使得自己的思想没有外露出来。

(3) 知道怎样做和知道那个事实

当人们用某个表示智力的形容词，如“精明的”或“笨傻的”、“慎重的”或“不慎重的”，来描述一个人时，这种描述并没有说他知道或不知道某个真理，而是说他有能力或没有能力做某些种类的
28 事情。理论家们如此专注于研究各种理论的本性、来源和凭证，使得我们认为，他们中的大部分人忽视了“某某人知道怎样完成任务”是怎么回事这个问题。与此相反，在专门的教学工作中以及在日常生活中，我们对于人的能力比对于他们认识了多少东西要关心得多，对于人的活动比对于他们闻知了什么真理要关心得多。

的确，甚至当我们关注他们的理智上的长处和短处时，我们也是对他们自己发现各种真理的能力和他们组织利用已发现的真理的能力更有兴趣，而不是对他们已获得了并且还掌握着多少真理更有兴趣。我们之所以悲叹一个人对于某个事实的无知，常常只是因为我们悲叹他的愚笨，他的无知是由于他的愚笨。

知道怎样做和知道那个事实二者之间存在着某些类似，也存在着某些歧异。我们可以说知道怎样弹奏一种乐器，也可以说知道某件事是事实；可以说弄明白了怎样修剪树木，也可以说弄明白了古罗马人在某处有过一个营地；可以说忘了怎样打一个缩帆结，也可以说忘了“小刀”在德语中叫做“Messer”。我们能够对怎样提出疑问，也能够对是否提出疑问。

反之，我们从不说一个人相信或以为怎样，并且，我们虽然可以问及某个人接受一个命题有什么根据或理由，却不能对某个人的牌技的熟练或投资的慎重提这种问题。

我们说某某人知道怎样开玩笑和鉴赏玩笑、知道怎样合乎语法地谈话、知道怎样下棋、知道怎样钓鱼或怎样进行论证，这类说法包含了什么意思呢？部分的含义就是，当他们进行这些活动时，他们往往会把事情做好，亦即往往会正确地或有效地或成功地进行这些活动。他们的行为符合某些标准，或满足某些准则。但这还不够。校准了的钟表走时准确，马戏团中训练有素的海豹能完美无缺地进行表演，但我们并不称它们“具有智力”。我们把这个称号留给对它们的行为负有责任的人。具有智力不仅仅在于满足准则，而且还在于运用准则；在于调节一个人的行动，而不仅仅在于被调节得很好。假如一个人在自己的行动中准备查明并且纠正

29 失误，准备重新再来并且改进所取得的成绩，准备吸取他人的教训等等，那么他的行为就可以说是细心的或有技巧的。他在批判地进行活动的过程中运用了准则，也就是说，在力求把事情做好的当儿运用了准则。

这一点若用行话一般可以表述为，一个行动显示了智力，当且仅当行为者在做事情的时候思考着他正在做的事情，并且以这样一种方式思考着他正在做的事情：假如他不思考他正在做的事情，他的行动就不会做得那么好。人们有时诉诸这种流行的说法，把它当作支持唯理智论者的传奇的证据。赞成这种传奇的人往往试图把知道**怎样做**重新同化为知道**那个事实**，他们论证说，显示了智力的行为包含着对于规则的遵守或对于准则的运用。由此可以得出，对于这些规则或准则的一种理智上的认识必定先于被刻画为显示了智力的活动；这就是说，行为者必须首先经历一种内在的过程亦即自我承认关于所做事情的某些命题（它们有时叫做“箴言”、“命令”，或“规则命题”）；在此之后他才能根据这些指令来实施自己的行为。他必须先劝诫自己，然后才能实践。厨师必须先熟读食谱，然后才能根据食谱进行烹调；英雄必须先用内在的耳朵倾听某个适当的道德命令，然后才会跳下水去救溺水者；棋手必须先在自己的头脑中过一下所有有关的下棋规则和战术箴言，然后才能走出正确的和有技巧的棋步。根据这种传奇，边做某事边思考正在做的事情，这就总是在做两件事情；亦即，考虑某些适当的命题或处方，以及把这些命题或处方付诸实践。在做某事的同时思考正在做的事情乃是，搞一点理论并且接着搞一点实践。

我们确实常常不仅在行动之前进行思考而且也为了正确地行

动而进行思考。棋手走一步棋之前会需要一些时间来计算他的棋步。但若一般性地下断言说，所有显示了智力的行为都需要事先有一个对于适当的命题的考虑，这却听起来没有什么道理，即便有人作了让步，辩解说，所需要的考虑常常是极快的，可以完全不被行为者注意到。我将论证，唯理智论者的传奇是错误的，当我们说
一个行为显示了智力的时候，这种说法并没有蕴涵着考虑和实施 30
的双重活动。

首先，有许多种类的行为都显示了智力，但它们的规则并没有明确表述出来。当人们要求富于机智的人举出他借以构作或鉴赏笑话的箴言或准则时，他无法作出回答。他知道怎样构作格调高的笑话，也知道怎样查知趣味低的笑话，但他却无法对我们或对他自己说出任何构作笑话的方法，因此幽默的实践并非其理论的委托人。[①] 同样，人们也还没有提出美学鉴赏的标准、得体举止的准则和技术发明的规则，但这并没有妨碍人们借助于智力来运用那些天赋。

亚里士多德最早得出了正确推理的规则，但人们在闻知他的教训之前就已知道怎样查知和避免错误了，正如亚里士多德以后的人们，包括亚里士多德在内，平常进行论证时并不在内心参照他的公式。他们并不在构造自己的论证之前计划那些论证。的确，假如他们在思考某事之前不得不计划要思考的东西，他们就永远不会去思考，因为这种计划本身将是未被计划的。

① “委托人”一词是比喻的用法。这句话的意思是，幽默的实践并不能从它的理论那里得到任何帮助或指导。——译者

有效的实践先于它的理论；各种方法论都以方法的运用为前提，以批判性的研究为前提，它们是批判性研究的产物。正是因为亚里士多德发觉自己和其他人时而在借助于智力进行推理时而却在愚蠢地进行推理，正是因为艾萨克·沃尔顿[1]发觉自己和其他人有时在有效地钓鱼有时却在无效地钓鱼，所以他们二人才能够把表述出自己的技艺的箴言和处方传授给他们的学生。因此，人们在其还没有能力考虑指示他们应当怎样完成某些种类的活动的命题时，就有可能借助于智力去完成这些活动。而有些显示了智力的行为，即便人们事先认可了应用于它们的原则，也是控制不了它们的。

反对唯理智论者的传奇的决定性反对意见是这样的。对于命题的考虑本身就是一种活动，这种活动的实施可以在某种程度上显示智力，而在某种程度上又是愚蠢的。但是，若在借助于智力完成任何一个活动之前首先都必须完成并且要借助于智力完成一种在先的理论活动，那么任何人要打破这种循环都是逻辑上不可能的事情。

31 让我们考虑一下会出现这种回归的几个明显之处。根据唯理智论者的传奇，每当一个行动者借助于智力做事情时，他的举动都为另一个在先的内心举动所指导，他首先要在内心考虑一个适合于他的实践问题的规则命题。可是，是什么原因使得他考虑这一个合适的箴言而不考虑千千万万个不合适的命题中的任何一个

---

① Izaak Walton（1593－1683），英国作家，以他的《钓鱼名手》一书最为出名。——译者

呢？英雄在下水救人之前为什么没有发觉自己想起了一种烹调方法或一条形式逻辑的规则呢？也许他的确想起了它们，不过此时他的理智过程是笨傻的，不明事理的。借助于智力来思考应当怎样行动，尤其要考虑有关的东西并且不考虑不合适的东西。那么我们是否必须说，那个下水救人的英雄对于应当怎样行动的思考要显示出智力，他就必须首先对“怎样才能最佳地对怎样行动进行思考”进行思考？这种不言而喻的回归是没有止境的，它表明，运用合适的准则并不蕴涵着存在一个考虑这个准则的过程。

其次，若仍然假定，我为了合理地行动，就必须首先细考之所以要这样行动的理由，那么我怎样去把这个理由合适地用于我的行动将要遇到的特定情况呢？因为，这个理由或箴言必定是具有某种一般性的一个命题。它不可能含有各种详细的说明，来适合于各种特定事态的每一个细节。显然，在这种情况下我仍然必须是明白事理的不愚蠢的，而这种明智本身也不可能是在理智上承认任何一般原则的产物。一个士兵不会仅仅由于赞同克劳斯威茨(Clausewitz)的战略原则而成为一个精明的将军；他还必须能够运用这些原则。知道怎样运用各种箴言并不能归约为对这些箴言或任何其他箴言的接受，也不能来自对这些箴言或任何其他箴言的接受。

概略地说，唯理智论者的传奇作出了这样一个错误假定：任何一种行为对于智力的全部所有权都是从计划做什么的内心活动那里继承下来的。诚然，我们确实常常经历这样一个计划做什么的过程，并且，若我们是笨傻的，我们的计划就是笨傻的，若我们是精明的，我们的计划就是精明的。大家也知道，我们有可能精明地作计划而愚蠢地行动，亦即我们有可能在实践中轻视我们的规则。因此，根据原先的论证，我们的理智的计划过程必定从另一个对计划作计划的内心过程那里继承了它对于“精明”的所有权，并且，这个对计划作计划的过程本身也可以是笨傻的或精明的。这种回归是无穷的，这便使得唯理智论者的理论——一个活动要显示出智
32 力，就必须为一个在先的理智的活动所指导——变为谬误。精明的活动与笨傻的活动之间的区别不在于它们源出于什么，而在于它们具有什么样的做法，实践活动是如此，理智活动同样也是如此。“具有智力的”不能用“理智的”来定义，“知道怎样做”不能用“知道那个事实”来定义；“思考我正在做的事情”并不意味着“既在思考所做的事情又在做这件事情”。当我借助于智力做某件事时，亦即当我思考我正在做的事情时，我在做一件事而不是在做两件事。我的行为具有一种特定的做法或方式，而不是具有一些特定的先行事件。

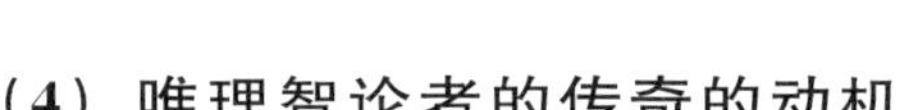

(4) 唯理智论者的传奇的动机

人们为什么会不顾他们自己的日常经验，而如此强烈地倾向于相信：借助于智力进行一种活动必定含有两个过程，一个是做的过程，另一个是理论思维的过程？部分的答案乃是，他们固守着机器中的幽灵的教条。既然做事情常常是一种大家都可以看到的肌肉活动，它就容易被说成是一种纯粹的物理过程。根据“物理的”和“心理的”二者之间的对立这个假定，就会得出，肌肉活动本身不能是一种心理活动。为了挣得“有技巧”、“狡猾”或“富于幽默感”的称号，肌肉活动就必须依靠另一种不发生于“机器中”而发生于

"幽灵中"的对应活动的转让来得到这种称号；因为"有技巧"、"狡猾"和"富于幽默感"无疑都是一些心理的谓词。

当然，我们不会仅仅考虑到我们所目睹的肌肉运动就把某个公开的行为刻画为诙谐的或圆滑的，这是毫无疑义的。一只鹦鹉在同样的情况下会说出同样的话，而我们并不把幽默感归之于它，一个蠢人会做出圆滑之人所做之事，而我们并不认为他是圆滑的。但若认为同样一句话出自诙谐的人之口便是幽默话，出自鹦鹉之口便是纯粹的学舌（noise-response），那就会诱使人说，我们没有把机智归之于我们听到的某种东西，而把机智归之于我们没有听到的其他某种东西了。从而我们就会说，一个可以听到的或可以看见的行动之所以是机智的，而另一个可以听到的或可以看见的行动之所以是不机智的，乃是因为前一个行动伴有另一个听不见看不到的真正运用了机智的行动。虽然我们必须承认，一个圆滑的或诙谐的举动与一个不圆滑的或缺乏幽默感的举动也许并没有可看到的或可听见的区别，但这并不是承认，这种区别就在于做出 33
或没有做出某些额外的秘密的举动。

丑角扮演者的聪明可在他跑跳和跌倒中表现出来。他像一个笨拙的人那样跑跳和跌倒。不同的是，他的跑跳和跌倒是有目的的，是经过多次排练的，是在黄金时刻并且是在孩子们能够看到他的地方作出的，而且还不会伤害自己。观众们为他假装笨拙的技能而鼓掌欢呼，但他们为之鼓掌欢呼的东西并不是某种额外的"在他的头脑中"完成的藏而不露的行为。他们赞赏的东西正是他的可见的行为，但他们赞赏这种行为并不是因为它是任何藏而不露的内心活动的结果，而是因为它是一种技能的运用。然而技能不是举动。因此技能既不是可见的举动也不是不可见的举动。的确，认识到一种行为是一种技能的运用也就是，借助于一种不能独立地为照相机记录下来的因素来鉴赏这种行为。不过，在一种行为中所运用的技能为什么不能独立地为照相机记录下来的原因却并不是因为这种技能是一种隐秘的或幽灵似的事件，而是因为它根本不是事件。技能是一种素质或由一些素质构成的复合体，可是，若说素质是已见的或未见的、已记录下来的或未记录下来的，那就把它归入错误的逻辑类型了。大声讲话的习惯本身并不是大声的或轻声的，因为这种习惯不是那种可用“大声的”或“轻声的”加以断定的项；出于同样的理由，对于头痛的感受性本身并不是不可忍受的或可以忍受的；与此相同，在公开的或内心的活动中人们所运用的各种技能、鉴赏力和爱好，其本身也不是公开的或内心的、可见的或不可见的。传统的心灵理论把“素质”与“运用”之间的“类型不同”(type-distinction)错误地解释为它的神秘的两叉了：不可见的心理原因和这些心理原因的可见的物理结果。

丑角扮演者的跑跳和跌倒就是他的心灵的活动，因为这些活动是他开的玩笑；但是一个笨拙的人的可见的相似的跑跳和跌倒却不是那个人的心灵的活动，因为他并非有目的地跑跳。有目的的跑跳既是一个身体的过程也是一个心理的过程，但它不是两个过程，一个是意图跑跳的过程，另一个是作为结果的跑跳过程。可是这个陈旧的神话很顽固。我们仍然会受到诱惑，去论证，假如丑角扮演者的滑稽动作显示出细心、判断力、机智以及对于观众的心情的鉴赏力，那么在丑角扮演者的头脑中必定正在发生一种对应
34 的行为，这种行为与表演场地上发生的行为相对应。假如他在思

考他正在做的事情，那么在他的化了装的脸背后必定正在发生一种我们没有看见的思考性的影子活动(cogitative shadow-operation)，它符合于并且控制着我们确实见到的身体的扭曲活动。无疑，思维是心灵的基本活动，而且，无疑思维过程是一种看不到听不见的过程。所以，丑角扮演者的可以看到可以听见的行为怎么能够是他的心灵活动呢？

为了公正地对待这种反对意见，有必要作出一种语词的让步。在相当晚近的时候，人们在使用"心理的"和"心灵"这两个词时普遍赋予了它们一种特定的含义。我们谈论"心算"、"心读"和"在心中"进行的争论，毫无疑问，心理的东西在这种意义上是看不见的。当一个男孩并没有写下也没有念出他正在演算的数字，而是对自己说着这些数字，在不出声的独白中做着演算时，大家就说他在做"心算"。同样，当一个人真实地描述出别人正在用听觉心像或视觉心像对自己言说或描画着什么时，大家就说他在读另一个人的心灵。很容易表明，这些说法是"心理的"和"心灵"这两个词的特殊用法。因为，一个出声地做着计算或在纸上做着计算的男孩可以是在正确地进行推理并在有条不紊地组织自己的步骤；他的计算并不因为是公开进行的而非私下进行的就成了一种较不细心的理智活动。此时他的行为是在"心理的"一词的通常意义上对于一种心理官能的运用。

当计算者开始不动口也不动手地进行计算时，计算活动也并没有就此获得了正当的思维的地位。闭口不言并不是思维的定义的一个部分。一个人可以出声地或半出声地进行思维；他可以静静地思维，但仍然带着明显的口唇动作而足以为一个唇读者用唇读方法所理解；他也可以像我们大多数人自从童年时期以来所做的那样，不动口唇地进行思维。这些不同是社会方面和个人方面的方便不方便的不同，是敏捷程度和熟练程度的不同。它们无须使所进行的理智活动的一致性、说服力或适当性产生任何差异，正如一个写作者喜欢用铅笔而不喜欢用钢笔，喜欢用隐显墨水而不喜欢用普通墨水，这类个人喜好也不会使所进行的理智活动的一致性、说服力或适当性产生任何差异。聋哑人用手语进行谈话。也许，当他不想使自己的思想外露时，他就把手藏在背后或桌子底
35 下做手语。这些手语会碰巧被某个窥探者（Paul Pry）看到，但这不会使我们或打手语者说他不在思维。

“心理的”和“心灵”这两个词在这种特殊的用法中意指“在一个人的头脑中”所发生的事情，但这种用法并不能用来证明机器中的幽灵的教条。它只不过是发源于这个教条的一种传染病。用听觉语词－心像（auditory word-image）而不是用口语来进行思维这种技术确实为我们的思维保了密，因为一个人的听觉想象不能为另一个人看到或听见（而且我们将会看到，它们也不能为它们的主人看到或听见）。但这种秘密并不能归因于假设的幽灵似的影子世界中的事件。它仅仅是给人带来方便的独处状态，表明了在我的头脑中回旋的乐曲和我在自己的心目中看到的东西所具有的特征。

而且，一个人在自己的头脑中对自己言说一些事情并不蕴涵着他是在思维。他能够在内心中胡言乱语或背诵诗歌，正如他能够出声地胡言乱语或背诵诗歌。有道理的言谈和胡言乱语之间的区别或者思考一个人所说的话和纯粹的言说之间的区别，与出声

地谈话和自我交谈之间的区别，全然不是一回事。一种言语活动是否是一种理智的运用，并不依赖于它是公开的还是私密的。用笔和纸做的算术也许比心算显示了更高的智力，丑角扮演者的公开的跌倒动作也许比他仅仅在自己的心目中“看到的”或用自己的内心之腿“感到的”跌倒动作显示了更高的智力，如果确实发生了对于滑稽动作的这类想象——这类想象可能发生，也可能不发生。

(5) “在我的头脑中”

在此谈一下“在我的头脑中”这个短语的日常用法，这是合适的。当我进行心算时，我很可能会说，我已有了一些数字，我一直用它们“在我的头脑中”而不是在纸上进行着计算；若我听了一首迷人的乐曲或一首口吟的诗歌，那么我很可能会在此后说，“在我的头脑中”仍然响着那首乐曲或诗歌。正是“在我的头脑中”，我回顾了历届英国国王，答出了字谜，构作了打油诗。为什么人们觉得这是一种合适的和富于意味的比喻呢？它无疑可作为一种比喻。没有人认为，当一首乐曲在我的头脑中回旋时，外科医生能在我的脑壳中发掘出一个小管弦乐队，也没有人认为，内科医生把一个听 36
诊器放在我的头盖骨上就能够听到一首沉闷的乐曲，就像我把耳朵贴在房间的夹墙上便可以听到邻居的沉闷的口哨声一样。

人们有时认为，这个短语来源于关于大脑和理智活动过程之间的关系的理论。也许正是从这类理论中我们获得了像“为了解决一个问题而绞尽脑汁”这样的表达式；然而没有人自夸他“在他的脑子里”答出了一个字谜。小学生有时会乐于说，他在自己的头脑中做了一道容易的算术题，尽管他不一定要在这道算术题上用脑子；为了在一个人的头脑中响起一首乐曲，也不需要任何理智上的努力或聪明才智。相反，用纸和笔做算术却可以使一个人大伤脑筋，虽然它不是“在头脑中”进行的。

看来，主要是由于想象的声音，我们才觉得，它们发生“在我们的头脑里面”这种说法是很自然的；而在这些想象的声音之中，主要又是由于那些我们想象自己既在说又在听的声音。正是想象中的自己对自己说的话和想象中的自己对自己哼唱或吹奏的乐曲，最初被认为在头脑这间肉体的播音室内嗡嗡作响。于是，某些人就不时地有点强制性地把“在我的头脑中”这个短语推广用于所有想象的声音，甚至将这个短语转用于描述想象中的所见之物；不过我们将在后面再回头来考察这种推广。

那么，是什么东西诱使我们把想象中的自己对自己说的话或哼的乐曲描述成是在我们的头脑中说出来的或哼出来的？首先，这种说法具有一种不可缺少的否定的功能。当火车的车轮声使得我头脑中响起《大英帝国的统治》[①]时，同车的乘客能听到车轮声，却听不到我想象中的乐曲。有节奏的咔嚓声充满了整个列车车厢，我想象中的《大英帝国的统治》却没有充满列车车厢的这个房间或车厢的任何一个角落，这就会诱使人说，它充满了另一个房间，这个房间是我的一个部分。咔嚓声产生于火车车轮与铁轨；我想象中的《大英帝国的统治》却并非产生于我身外的管弦乐队，这就会诱使人这样来陈述这个否定性事实，说它产生于我身内。但仅就此而言还不能说明，为什么我觉得《大英帝国的统治》在我头

① “大英帝国的统治”是一首著名的英国进行曲。——译者

脑中响起的说法是一个自然的比喻，而不说它在我的喉咙里、胸中或胃里响起。

当我听到你说出的话或乐队奏出的乐曲时，我通常对声音来 37
自哪个方向以及声源距离我有多远有一个判断，尽管有时候这个判断是错误的。但当我听到我自己说出声的话、我自己哼出的乐曲，或我自己的咀嚼声、呼吸声和咳嗽声时，情况就完全不同了，因为这时不存在声音来自哪个方向或声源距离我有多远的问题。我无须转动我的头以便听得更清楚些，我也无法使我的耳朵离声源更近些。而且，尽管我能够塞住我的耳朵，以便遮挡或压抑你的说话声和乐队奏出的乐曲声，但这个行动却会使我自己的说话声变得更加响亮，而决不会使之变轻。我自己的说话声，以及其他的脑音（head-noises）如脉搏声、喷嚏声、吸气声等等，都不是通过空气传播的、来自一个或远或近的音源的声音；它们在头脑中形成并且通过头脑而被听到，虽然其中某些声音也可以作为在空气中传播的声音而被听到。假如我发出一种非常响亮的或撕胸裂肺的声音，我便能在头脑中感受到颤动和震摇，正如我可以在手中感受到音叉的颤动，"在……中感受到"的含义在这两种情况下是相同的。

由此看来，这些声音存在于头脑之中，这是按语词的本义而不是在比喻的意义上说的。它们是实实在在的产生于头脑的声音，内科医生用听诊器能够听到它们。但若说正在做心算的小学生没有把数字写在纸上而把这些数字放到了头脑中，那么，我们就不是在语词的本义上而是在借用的比喻的意义上说的。很容易表明，若说他在头脑中确实听到了自己的咳嗽，那么，在这种确实听到的意义上，他却没有在头脑中确实听到那些数字。因为，倘若他塞住耳朵大声地吹口哨或叫喊，他会把自己震得半聋或使自己的耳朵嗡嗡作响。但若他在做心算时仿佛以一种非常刺耳的声音对自己“唱着”数字，那就决不会发生震得半聋的情况。他没有发出也没有听见刺耳的声音，因为他仅仅是在想象自己发出了并且听见了刺耳的声音，而想象出来的尖叫不是尖叫，也不是低语。他之所以说这些数字存在于他的头脑中，正如我之所以说那首《大英帝国的统治》在我的头脑中回旋，是因为这是一种活灵活现的表达方式，它活灵活现地表达了，对于发声兼倾听（production-cum-audition）的想象是一种鲜明生动的想象。我们使用“在我的头脑中”这个短语，意在它被理解为加了引号的东西，正如我们在某些表达式中使
38 用“看见”这个动词一样，例如“我现在‘看见’了那个事件，尽管它发生在四十年前”这样的表达式。假如我们确实在做我们想象自己在做的事情，亦即确实听见自己在说话或在哼乐曲，那么这些声音就在这个短语的原本的用法上存在于我们的头脑之中。但若我们说，我们想象自己对自己低声说出的数字或唱出的乐曲存在于“我们的头脑中”，那么，由于在这种情况下我们并没有发出或听见声音而只是想象自己在这样做，我们是在用会意的语调来说这句话的，这种会意的语调是专用来表达不应按语调的本义来理解的东西的。

我曾说过，存在着把“在我的头脑中”这个用语的使用范围加以扩大的倾向，扩大的使用范围不仅包括想象的自我构造的产生于头脑的声音，而且包括其他各种想象的声音，甚至更广一些，包括想象的各种景象。假如我这个看法是正确的，即这种倾向确实存在着，那么我猜想，它起源于下列一些普通的事实。就所有特定

的头部感官而言，或者赋有一套天然的开闭器，或者我们能够容易地提供一套人工的开闭器。眼睑或手能用来挡住视线；嘴唇能够遮盖舌头；手指可用来塞住耳朵和鼻孔。因此，可以为你我看见、听到、尝出和闻知的东西都能够通过使用这些开闭器而被排斥在外。但当我闭上眼睛时，却不能排除我在自己的心目中看到的东西。的确，当我闭上眼睛时，有时候我比以往任何时候都更加鲜明生动地“看见”了它们。为了驱除昨天的交通事故的可怕景象，我甚至不得不睁开眼睛。这就会诱使人这样来描述想象的景象与实在的景象之间的区别，说，后者的对象存在于开闭器的外侧，而前者的对象存在于开闭器的内侧；后者完全在我的头脑之外，因此前者完全在我的头脑之内。不过这一点需要进一步予以阐述。

视觉和听觉是距离性的感觉，触觉、味觉和嗅觉则不是；这就是说，我们通常使用“看见”、“听到”、“观看”、“倾听”、“发见”、“无意中听到”等动词时，我们所谈到的“被看见的”和“被倾听的”东西都是一些对我们来说有某种距离的东西。我们听到一列火车向南驶去，我们对天空中的一颗行星看了一眼。因此我们觉得，谈论“在眼前”飘浮的斑点的所在之处有点困难。因为，我们虽然看到了它们，它们却不在外部的某个地方。但我们并不说触摸或品尝
远处的东西，假如有人问，一个东西距离这儿有多远，位于哪个方 39
向，我们不会回答说，“让我来闻一闻或尝一尝”。当然，我们会利用触觉和动觉来探索，但当我们以这些方式探明了电灯开关的所在之处时，我们会发现，它就在指尖的所在之处。手里拿着的东西就在手的所在之处，但看到的或听见的东西通常却不在眼睛或耳朵的近旁。

因此，当我们想要强调我们并没有真正看见或听到某种东西而只是在想象中看见或听到了它时，我们就会否定它与我们之间存在着某种距离，以此来断定它是虚构的东西，并且我们会为了方便而不恰当地比喻说，它就在近旁，以此来否定它与我们之间存在着某种距离。“它不在那边，而在这里；它不在开闭器的外面，是不真实的东西，它在开闭器的里面，不是真实的东西”，“它不是一种外部的实在，而是一种内心的幻象”。不过我们却不具备这类语言的技法来描述想象自己在触摸、在嗅闻或在品尝的东西。船上的乘客主要在他的脚和小腿中感到甲板在他的脚下晃动；上岸之后，他仍然“在他的脚和小腿中”“感到”人行道在他脚下晃动；但由于动觉不是一种距离感觉，他不能说，这种想象的腿部晃动感在于他的腿而不在于大街所以它只是一种错觉，因为他在船上感受到的晃动同样是在他的腿中感受到的。他不会说，“我感到船的另一端在晃动”。他也不会说幻想出来的人行道的晃动是“在他的头脑中”感受到的，而只会说这种晃动是“在他的腿中感受到的”。

所以我认为，“在头脑中”这个短语看来是一个合适的有表达力的比喻，最初被用来表达鲜明生动地想象出来的自我吐露的声音，此后被用来表达任何想象的声音，甚至被用来表达各种想象的景象，因为在后面这些情况下，人们比喻性地断言想象的东西就在近旁而否定它有任何距离，意在被解释为断言想象的东西是虚构的。这种比喻性的“近旁”与其说与头部的视觉器官和听觉器官本身有关，不如说与它们的开闭器所在的地方有关。在词语上令人感兴趣的地方是，人们有时把“心理的”和“纯心理的”等短语用作“想象的”一语的同义词。

不过，这种属于语文学的附带讨论是否正确，对我的一般论证来说无关紧要。它可以用来引起人们对据说是“在我们的头脑中”的各类东西的注意，亦即引起人们对于想象的言语、乐曲，也许还有想象的景象这样的东西的注意。当人们使用“在心中”这个惯用 40
语时，他们通常是在过于精致地表达一些东西，这些东西我们平时是通过比喻性地使用“在头脑中”这个短语来表达的，而比喻性地使用“在头脑中”这个短语较少令人误解。“在心中”这个用语能够予以省除并且应当永远予以省除。它的使用使使用者习惯于这样的观点：心灵是一些奇怪的“场所”，它们的居住者是一些具有特殊地位的幻象。本书的作用之一是要表明，根据“在头脑中”这个用语的日常含义，心灵的各种性质的运用，除偶尔之外，并不发生“在头脑中”，并且那些发生“在头脑中”的心灵的性质的运用也不比那些不发生在头脑中的心灵的性质的运用具有特殊的优先权。

(6) 对于知道怎样做的正面说明

至此我希望我已经表明了，智力的运用在实践中不能分析为两个前后排列同时进行的一组活动：首先考虑处方，然后实施处方。我们还考察了使得理论家们倾向于采纳这种分析的一些动机。

但是，假如显示了智力的行为是做一件事而不是做两件事，假如显示了智力的行为乃是在做此行为时运用了实施准则，那么就仍然需要说明，这种因素究竟是怎样刻画被认为是有技巧的、慎重的、有鉴赏力的或合乎逻辑的那些活动的。因为在有技巧地做出的行动与出于纯粹的习惯、盲目的冲动或心不在焉地做出的行动二者之间，无须存在可以看见的或可以听到的区别。当某人说出了一些句子之后，一只鹦鹉也许能立刻粗声地叫出由那些句子得出的结论："苏格拉底是有死的"。一个正在思考他所做事情的男孩会对一个乘法运算问题作出正确的回答，而另一个正想着板球活动的男孩也会机械地对那个问题作出同样正确的回答。然而我们并不说那只鹦鹉是"合乎逻辑的"，也不说那个漫不经心的男孩解出了那个乘法运算问题。

首先考虑一个学下棋的男孩的情况。显然，他在听说下棋规则之前，也许会偶然地用"马"走出合乎规则的一步棋。他走了一步合乎规则的棋这个事实并不蕴涵着他知道许可这步棋的规则。旁观者也用不着从那个男孩走那步棋的方式中发现任何可见的特征，以表明这步棋是偶然走出来的还是由于知道了下棋规则而走出来的。不过，那个男孩现在开始正确地学习下棋，这一般包含着

41 他接受了下棋规则中所含有的明确指导。他很可能把下棋规则记在心中，然后准备在需要时引用它们。在他最初的几盘棋中，他很可能不得不出声地或在头脑中复述一遍下棋规则，并且时时询问这些规则应当怎样用于这个或那个特殊的情况。但他很快就做到了不假思索地遵守这些规则。他走出了合乎棋规的棋步并且不走棋规不允许走的棋步；若他的对手违反下棋规则，便会引起他的注意和抗议。但他不再对自己或同室的人引用有关许可的走法和不许可的走法的规定。做允许做的事情并且不做禁止做的事情已成了他的第二天性。在这个阶段，他甚至会丧失他以前具有的引用规则的能力。假如请他指导另一位初学者，他也许已忘了怎样陈述规则而仅仅借助于自己走正确的棋步并且取消初学者的错误走

法来向初学者表明应当怎样下棋。

但是，一个男孩也完全有可能从未听到或读到下棋规则却学会了下棋。他观看别人走出的棋步，注意到他自己的哪些走法为别人所认可，哪些走法为别人所否认，从而他能未经教导而自然而然地学会正确的下棋技术，同时却仍然无能为力，说不出用来规定"正确"和"不正确"的下棋规则。我们全都是这样学会"找顶针"[①]、"捉迷藏"的规则，以及语法和逻辑的基本规则的。通过实践我们学会了怎样做，批评和举例的确使我们受到教育，而理论上的教导却常常无济于事。

应当指出，假如那个男孩所能做的仅仅是准确地复述规则，那么就不能说他知道了怎样下棋。他必须能够走出要求他走出的棋步。但是，假如他一般来说确实走出了允许走的棋步而不走不允许走的棋步，并且当他的对手走出了不允许走的棋步时他会提出抗议，那么，尽管他不能引用规则，也可以说他知道了怎样下棋。他所具有的关于怎样做的知识的运用，主要在于他走出的或予以承认的棋步，在于他不走的或予以否认的棋步。只要他能够遵守规则，我们就不在乎他是否也能够阐述规则。为了判定他在实战中能否运用规则是否知道规则，我们不能去看他在头脑中想了什么或在嘴上说了什么，而要去看他在棋盘上做了什么。同样，一个外国学者尽管已掌握了英语语法的理论，却可能不很明白怎样说符合语法规则的英国话，在这方面他可能还不如一个英国儿童。

① "找顶针"(hunt-the-thimble)为一种儿童游戏。——译者

42

(7) 智能与习惯

运用规则的能力是实践的产物。这会诱使人们论证说，能力和技能不过是习惯而已。它们无疑是一些第二天性或获得的素质，但由此并不能得出，它们纯粹是一些习惯。习惯是第二天性的一种，但不是唯一的一种，此后我们将要论证，全部第二天性都是纯粹的习惯这种一般性假定消除了一些区别，而这些区别对于我们所从事的探究具有基本的重要性。

凭死记硬背对乘法运算问题作出正确解答的能力在某些重要的方面不同于靠计算答出这些问题的能力。当我们说某人出于纯粹的或盲目的习惯在做某事时，我们的意思是说，他机械地做了这件事而无须留心他在做的事情。他没有用心，没有作出防范，也没有进行批判。过了蹒跚学步的年龄之后我们在人行道上行走时并不留心自己的步伐。但登山运动员在黑夜和狂风中跨过冰雪覆盖的岩石时却不会依靠盲目的习惯移动他的四肢；他思考着他正在做的事情，随时准备应付突然事件，避免作不必要的努力，不断进行试验和实验；简而言之，他运用某种程度的技能和判断行走着。假如他犯了一个错误，他就力图不再重犯，假如他发现了一种新的技法有效，他就会继续使用它并改进它。他一边行走一边教导着自己怎样在这类情况下行走。纯粹的习惯性行事方式的本质是，一个行为是它的先前行为的复制品。显示出智力的行事方式的本质是，一个行为靠它的先前行为得到修正。行动者仍然在学习。

习惯与智能之间的这种区别可以通过参照反复灌输这两类第二天性所用的方法之间的类似区别来得到说明。习惯的树立依靠操练，智能的树立却依靠培训。操练（或引起条件反射）在于强制做一些重复动作。新兵学习掮枪的方法就是反复地来回多次做一些完全相同的动作。儿童以同样的方式学习字母表和乘法表。直至小学生对别人给他的提示作出了机械的反应，形象地说，直至他能够“在睡梦中这样做”，他才算学会了那些习惯做法。另一方面，培训虽然也含有大量的纯粹操练，却不是由操练构成的。它包含 43
有对学生自己的判断进行批判并以此为借鉴而引起的刺激。他一边学习怎样做事一边思考他正在做的事，从而每一个做出的动作本身都是教给他怎样把事情做得更好的新的一课。仅仅进行过正确地掮枪的操练的士兵还必须进行精通枪法和熟悉地图的培训。操练无需智力，培训却发展智力。我们不能期望士兵能够“在睡梦中”看懂地图。

习惯与智能之间还有一个重要的区别，要揭示出这个区别就必须一般性地谈一谈素质性概念的逻辑。

当我们说玻璃易碎或者说糖可溶解的时候，我们就在使用素质性概念，它们的逻辑力量是这样的。玻璃的易碎性不在于它在某个特定的时刻实际上破碎了。它可以易碎而从未破碎。说它易碎就是说，它若在任何时候受到打击或扭曲或曾经受到了打击或扭曲，它就会破成碎片或已经破成了碎片。说糖可溶就是说，若把它浸入水中，它就会溶解。

把一种素质性特性归之于一种东西这类陈述与把这种东西纳入一种法则之下的陈述有许多共同之处——尽管不是处处相同。具有一种素质性特性并不是处于一种特殊的状态，也不是经历了一种特殊的变化；具有一种素质性特性乃是必定会或易于处于一种特殊的状态，或必定会或易于经历一种特殊的变化，只要实现了一种特殊的条件。人的各种素质，例如性格的性质等，尤其是如此。我吸烟成癖并不蕴涵着我在这个或那个时刻抽烟；当我不在吃饭、睡觉、讲课或参加葬礼的时候，并且当我最近一直没有抽烟的时候，抽烟便是我的恒常倾向。

就讨论素质而言，专注于最简单的模型，诸如玻璃的易碎性或人的吸烟习惯等，在最初是有助益的。因为在描述这些素质时，很容易揭示出素质性特性的归属中所内含的假言命题。易碎就是在如此这般的条件下必定会或易于破成碎片；作为抽烟者就是在如此这般的条件下必定会或易于装烟斗、点上火并且抽起烟斗。这些都是简单的、单轨的素质，它们的现实化几乎是一成不变的。

44 但是，对素质的这类简单模型所作的思考虽然在最初是有助益的，却会在后来的阶段导致错误的假定。有许多素质，它们的现实化能够采取多种多样的也许是无限多样的具体形式；许多素质概念是可确定概念。当我们说一个对象是硬的时候，我们的意思并不仅仅是说很难使它变形；我们还意味着，例如，它若受到打击，便会发出刺耳的声音，若与它发生激烈的碰撞，它会使我们感到疼痛；有弹性的东西会被它弹起，如此等等，乃至无穷。假如我们说一种动物是群居的并且想要揭示这种说法的全部含意，我们会同样不得不得出无穷个异质的假言命题。

一般说来，我们的探究所主要关注的人的各种高级素质都不是单轨的素质，而是这样一些素质：它们的运用是无限不同的。当简·奥斯汀想要表明《傲慢与偏见》中的女主人公特有的那种傲慢时，她就必须描写出那个女主人公在许许多多不同的情况下的行动、言论、思想和感触。并不存在一种标准的行动或反应，可以使得简·奥斯汀说：“我的女主人公特有的那种傲慢正是，每当那种情况发生后，就倾向于做出这种标准的行动或反应。”

认识论者也同其他人一样，常常落入这样的陷阱：期望素质的运用是一成不变的。例如，当他们认识到动词“知道”和“相信”通常是作为素质性的词来使用的时候，他们就假定，由此必定存在着一些具有同一模式的理智过程，这两种认知素质就是在这些具有同一模式的理智过程中实现的。例如，他们不顾经验的证据而假定，一个人若相信地球是圆的，就必定会带着一种确信的感触一次又一次地经历某种唯一的认识、“判断”或在内心重新肯定的过程：“地球是圆形的”。当然，事实上人们并不以这种方式反复地叨叨各种陈述。即便他们确实这样做了，即便我们知道他们这样做了，我们也不应确信他们相信地球是圆的，除非我们还发现他们此外又在推论、在想象、在说并且在做许许多多其他的事情。假如我们发现他们在推论、在想象、在说并且在做这些其他的事情，我们便 45
应当确信他们相信地球是圆形的，即便我们有最充分的理由认为，他们从未在内心中反复地叨叨那个原初的陈述。不论一个溜冰者多么经常并且多么坚定地对我们或对他自己断言，冰层会承受得住，只要他一直待在池塘边上，叫他的孩子不要靠近池塘中心，并且密切注视着救生带或不断地思索着假如冰层破了会发生什么事情，那么他就表明了，他有他的疑虑。

(8) 智力的运用

正如以上所说，为了判断某人的行为是否显示了智力，我们必须以某种方式使自己的眼光越过这个行为本身。因为任何特殊的公开行为或内心行为都有可能偶然地或“机械地”被白痴、梦游者、惊慌失措的人、心不在焉的人或神志昏迷的人做出来，甚至有时被一只鹦鹉做出来。但为了使眼光越过行为本身，我们却不会试图窥探在假设的行为者的内心生活的秘密舞台上扮演的某种藏而不露的对应行为。我们要考虑这个行为所表现出来的行为者的能力和倾向。我们的探究对象不是原因（更不是隐秘的原因），而是能力、技能、习惯、倾向和爱好。例如，我们观察到一个士兵打枪击中了靶心。这是出于侥幸还是由于技能呢？假如他有这种技能，那么他能再次击中靶心或靠近靶心的地方，即便风刮大了，射程改变了，目标移动了。或者，假如他的第二枪没有击中靶，他的第三枪、第四枪和第五枪所击中的地方很可能会逐渐地越来越接近靶心。在这种时候，他在扣枪机之前一般会屏住呼吸；他会乐于劝告他的同伴要为折射作用、风速等等因素留出多大的余量。枪法是一种复合技能，他击中了靶心是出于侥幸还是由于好枪法的问题是他是否具有这种技能的问题，而假如他具有这种技能，那么这个问题就是一个他是否运用了这种技能的问题，他射击时是否小心、是否控制了自己、是否注意到了各种条件并且想到了他所受到的指导的问题。

为了判定他击中靶心是出于侥幸还是由于好枪法，我们，也许还有他自己，需要考虑到的不仅仅是这一次成功。也就是说，我们应当考虑到他此后的射击、他过去的记录、他的解释或辩解、他给
46 予同伴的劝告，以及大量其他的各种各样的线索。并不存在一个单一的标志，可以表示出一个人知道怎样射击，但适度地把一些不

同的行为配集在一起，一般来说就可以足以令人信服地说明他是否知道怎样射击。只有在此时才能判定，他击中了靶心是因为出于幸运，还是因为他是一个足以成功的射手。

一个醉汉下棋时走了一步打乱了对手的作战计划的棋。若旁观者确信，他在这种状态下所走的棋大都违反了下棋规则或者都与棋势没有战术关系，假如这种棋势重新出现时他不太可能再走出这一步棋，假如在同样的棋势下别的棋手走了这样一步棋他不会拍手赞成，他不能解释他为什么走了这一步棋或甚至不能描述出他的“王”所面临的威胁，那么旁观者就会确信，他走出这步棋不是由于聪明而是出于侥幸。

那些旁观者所面临的问题不是幽灵似的过程存在或不存在的问题，而是某些“能够”命题和“将会”命题（“could”and“would” propositions）的真假问题和这些命题的其他某些特殊用法的真假问题。因为，粗略地说，心灵并不是不可检验的定言命题的论题，而是可检验的假言命题和半假言命题的论题。一个正常人与一个白痴之间的区别并不在于那个正常人其实是两个人而那个白痴只是一个人，而在于正常人能够做许多白痴不能做的事情；“能够”和“不能够”不是事件词而是模态词。当然，为了描述醉酒的棋手和清醒的棋手实际上走出的棋或描述痴呆的人和心智健全的人实际上发出的声音，我们必须不仅使用“能够”表达式和“将会”表达式（“could”and“would”expressions），而且还要使用“做了”表达式和“没有做”表达式（“did”and“did not”expressions）。醉汉走出的棋是不介意地走出的，心智健全的人则留心他所说的话。我将在第五章试图表明，诸如“他不介意地做了此事”和“他有目的地做了此事”这样的事件报道之间的主要区别不能说成是简单的事件报道和复合的事件报道之间的区别，而必须以完全不同的方式来进行说明。

所以，知道*怎样做*是一种素质，但不是像反射或习惯那样的单轨素质。它的运用就是对于规则或法规的遵守或对于准则的运用，但这种运用却不是先在理论上承认箴言而后把箴言付诸实践
47 的前后相继的两个活动。而且，它的运用可以是公开的或者是隐蔽的，可以是做出的行为或者是想象的行为，可以是说出声来的言论或者是在头脑中听到的言论，可以是画布上的画或者是心目中的画。或者，这种运用也可以是二者的混合。

通过描述一个人在借助智力作论证时所出现的情况可以使这几点连在一起得到说明。既然有如此多的东西是出于人的合乎理性，并且，人们对于“合乎理性”的部分理解——尽管仅仅是部分的理解——是，“合乎理性”意味着“能够有说服力地进行推理”，因此，选择这个实例有一种特别的意义。

首先，不论我们考虑到推理者是在自我论证还是在出声地论证，不论他是在想象的法庭面前还是在真正的法庭面前进行辩护，这都无关紧要。判定他的论证是否有说服力、是否清楚、是否中肯以及是否组织得很好，其标准在默默的推论的情况下与在口头推论或文字推论的情况下都是同一个标准。默默的论证具有一些实践上的优点，它相对来说比较迅捷，也不会打扰别人，因为它是秘密地进行的；可以听到的和写下来的论证则具有较为慎重、要经受听众和读者的批判等优点。但是，除开为了反复灌输默默的独自推理的技法而需要特别的训练之外，理智的一些同样的性质在这

两种情况下都得到了运用。

其次，虽然他的论证中会出现一些陈旧的能不假思索地通过的阶段，其中却有许多东西很可能他从未在以前构思过。他不得不遇到新的反对意见，解释新的证据并且在以前不曾出现过的情况下使各种因素彼此之间建立起联系。简而言之，他不得不创新，而在创新之处他并不是出于习惯进行论证的。他不会重复陈旧的步骤。他现在在思考所做之事，这不仅为他在没有先例地进行论证这个事实所表明，而且也为下列事实所表明：他准备把原来含糊不清的地方重新加以表述，他会提防歧义或寻找机会利用歧义，他会留神不让自己依赖于易被驳倒的推理，他会警惕反对意见的出现并且会不屈不挠地沿着他的总的推理路线向最终目标前进。以后我们将要论证，“准备”、“提防”、“小心”、“留神”、“不屈不挠”等语词都是半素质性的、半事件性的语词。它们并不表示一些额外的内心活动的伴随性的出现，也不表示假如需要的话便进一步行 48
动的纯粹的能力和倾向，而表示介于二者之间的某种东西。小心的驾驶员实际上并不去想象或想办法对付各种各样数不清的会突发的意外事故；他也并非仅仅能够认识到并应付其中任何一个会发生的事故。他并没有预见到毛驴会逃窜到车前，但仍然并非对此没有准备。他应付这类事件的准备将在他遇到这类事件时会采取的行动中表现出来。但这种准备实际上确实也在他即便没有遇到任何紧急情况时也会采取的交谈方式和操纵控制器的方式中表现了出来。

显示出智力的推理者所进行的活动还有各种各样其他的特征，而所有这些特征的基础则是这样一个主要的特征：他在合乎逻

辑地进行推理，亦即，他在具体论证时会避免错误并且会作出恰当的有效的证明和推论。他会遵守逻辑规则，还会遵守有关风格、辩论策略和行规的规则以及其他一些规则。但他很可能在不假思索地遵守逻辑规则。他不会对自己或对法庭引用亚里士多德的公式。他在实践中运用了亚里士多德关于这类实践的理论中提取出来的东西。他用正确的方法作着推理，同时却没有考虑到方法论的规定。当他留神的时候，所遵守的规则已变成了他的思想方式；它们并不是一些他必须使自己的思想与之符合的外在指示。一言以蔽之，他有效地作出了自己的活动，但有效地活动并不是作出两种活动。有效地活动是用某种方式或以某种风格或做法作出一种活动，而描述这种活动模式（modus operandi）就得用诸如“警惕的”、“小心的”、“有批判力的”、“善于创新的”、“合乎逻辑的”等等这样的半素质性的、半事件性的形容词。

适用于智力性论证的说明，若加以适当的修改，也适用于其他智力性活动。拳击手、外科医生、诗人和售货员在完成各自的特定任务时都运用了自己的特定准则，因为他们都想把事情办好；若人们称赞他们聪明、有技巧、有灵感，或精明，那不是在称赞他们以某些方式考虑了——假如他们确实考虑了——为做出他们的特定行为而设的规定，而是在称赞他们本人以某些方式做出了那些行为。不论拳击手在进行拳击之前是否计划了他的拳招，他在拳击方面是否聪明，要根据他怎样格斗来判定。假如他是一个拳击场上的
49 哈姆雷特，[①]他就会被宣判为一个蹩脚的斗士，尽管他也许会被认

① Hamlet，莎士比亚戏剧中的人物，比喻好沉思而无决断的人。——译者

为是一个杰出的理论家或评论家。格斗上的聪明表现于拳击动作和闪避动作，而不表现于接受或拒绝关于拳击的命题，正如推理的能力表现于构造有效的论证和查知错误，而不表现于承认逻辑学家的公式。外科医生的技能也不在于嘴上的医学真理，而仅仅在于手的正确动作。

所有这些论述并不是要否认或贬低理智活动的价值，而只是要否认，显示出智力的行为蕴涵着附加地运用了理智的活动。我们将在后面（在第四章中）表明，除了最简单的技巧之外，所有其他技巧的学习都需要某种理智上的接受能力。按照各种教导做事情的能力以理解这些教导为必要条件。因此某种陈述能力是获得所有这些做事能力的一个条件。但由此并不能得出，这些做事能力的运用需要伴随有陈述能力的运用。假如我不能理解别人教授的俯泳课程，就无法学会俯泳。但当我现在在游俯泳时，却无须背诵那些课程。

一个对医学所知甚少或一无所知的人不可能成为一个好的外科医生，但是精于外科手术与懂得医学并不是一回事；精于外科手术也不是懂得医学的简单产物。外科医生的确必须从别人的教导中或者靠自己的归纳和观察学到许多真理；但他也必须依靠实践学到许多能力。甚至在有效的实践就是审慎地运用经过考虑的处方的情况下，把处方付诸实践所需要的智力也不同于在理智上把握这些处方所需要的智力。说某人不擅长于实践他本人擅长于说教的东西，这并不矛盾，也不相悖。有些富有思想见解独到的文学评论家用拙劣的散文阐述了令人赞叹的散文文体准则。另外有些人却用很漂亮的英文对怎样写好文章发表了最糊涂的理论。

50 本章予以详尽阐述的中心论点很重要。它是从一个侧翼对机器中的幽灵的教条所依赖的范畴错误发起的攻击。由于无意识地信赖这个教条,理论家和普通人都一直把我们用来刻画行为的一些形容词,如善于创新的、明智的、有条不紊的、小心的、诙谐的等等,作这样的解释:它们表示了在某个人的藏而不露的意识流中存在着一些特殊过程,这些特殊过程扮演着幽灵似的先行官,更为明确地说,这些特殊过程是被刻画的行为的隐秘原因。他们假设,一种内在的影子行为是通常认为为公开的举动所显示的智力的真正载体,并且认为,这样他们就可以说明,是什么东西使得公开的举动成为智力的一种表现。他们把公开的举动说成是心理事件的一种结果,可是他们却突然停了下来,当然不会去继续提下一个问题——是什么东西使得假设的心理事件成为智力的表现并且成为心理的存在呢。

与这整个教条相反,我要论证,我们在描述一个人的心理活动时并不是在描述第二套幽暗不明的活动。我们是在描述他一生中的一个经历的某些发展阶段;亦即是在描述他的一些行为得到控制的方式。若说我们"解释"了他的行动,这并不意味着我们从这些行动推论出了隐秘的原因,而是意味着我们把这些行动归入了一些假言命题或半假言命题。这种解释并不具有"玻璃破碎了是因为一块石头击中了它"那样的类型,它更接近于具有"玻璃在一块石头击中它时破碎了,是因为它易碎"那样的不同类型。我们要予以评价的行为是不是在行为者的头脑中默默进行的活动,就像他得到了适当的培训之后在理论思维、构作打油诗或解答字谜游戏时所做的那样,这在理论上并不重要。当然这在实践上有很大关系，因为考查者无法给只有候选人自己知道的没有外泄给别人的活动评分。

但是，当一个人在出声地有道理地谈话、在打结、在伪装或在雕刻时，我们所目睹的这些行动本身就是他借助了智力所做的事情，尽管物理学家或生理学家在描述他的行动时会使用的各种概念并不能穷尽他的学生或老师在评价这些行动的逻辑、风格或技术时会运用的概念。他的身体在活动，他的心灵也在活动，但他并不是在两个不同的“场所”作着同步活动，也不是在用两部不同的 51
“发动机”作着同步活动。只存在着一种活动，但它是一种容许并且需要得到多种解释性描述的活动。我们可以说一只鸟在“飞向南方”，也可以说另一只鸟在“定期移栖”，这两种描述之间并不存在空气动力学的不同或生理学的不同，尽管它们在生物学上存在着很大的差别。与此类似，我们可以说一个人在急促不清地说话，也可以说另一个人在有道理地谈话，这两种描述之间也无须存在物理学的不同或生理学的不同，尽管它们在修辞学上和逻辑学上存在着巨大的差别。

“心灵是它自身的场所”，理论家们会这样来解释心灵，但这种说法是不真实的，因为心灵甚至在比喻的意义上也不是一种“场所”。相反，棋盘、平台、学者的书桌、法官的坐席、货车司机的座位、工作室和足球场等等，都是心灵的场所。它们都是人们愚蠢地或聪明地工作和游戏的地方。“心灵”并不是藏在一种看不透的屏幕后面工作或娱乐的另一个人的名称；它不是另一种工作场所或游戏场所的名称；它也不是另一种劳动工具或游戏器具的名称。

(9) 理解与误解

本书始终主张，当我们用各种心理谓词来刻画人时，我们并不是在作任何这样的不可检验的推论：在我们无法察访的意识流中存在着幽灵似的过程；我们是在描述他们的一些显著的公开行为的实施方式。诚然，我们并没有停留在所看到的行为和所听到的言论之上，但没有停留在这些言行之上并不是跑到这些言行的背后去，亦即并不是推出一些隐秘的原因。说我们没有停留在这些言行之上，其含义首先是，我们考虑了一些能力和倾向，而这些言行是这些能力和倾向的运用。但这一点需要进一步加以说明。

一个不会下棋的人也能够观看别人弈棋。他像懂棋的旁观者一样清楚地看到所走的各步棋。但不懂棋的旁观者却无法做懂棋的旁观者在做的事情——鉴赏棋手的愚蠢或聪明。纯粹目睹一种行为与理解所目睹的东西之间的这种区别是什么呢？另举一个例
52 子来说，听见一个说话者的言论与弄懂所听见的言论二者之间的区别是什么呢？

双重生活传奇的拥护者会回答说，理解棋手的各步棋在于从棋盘上的可见的各步棋推出在棋手的私人舞台上发生的不可见的活动。它是一种推理过程，类似于我们从看到的铁路信号的变化推出看不到的信号所中的控制杆的操纵。然而这种回答允诺了某种永远做不到的事情。因为根据这种理论，既然一个人在原则上不能像他能察访信号所那样察访另一个人的心灵，那么就没有任何办法在公开的各步棋和对应于它们的藏而不露的原因之间建立起必需的相互关系。信号所的类比在另一处也不能成立。控制杆

和信号臂之间的关联很容易发现。关于支点和滑轮的力学原理，以及金属在拉紧和压缩的情况下所发生的变化，至少在大体上是为我们大家熟悉的。信号所中的机械怎样运转，信号所外的机械怎样运转，以及这二者在机械方面是怎样耦合在一起的，我们也知道得很清楚。但是那些相信机器中的幽灵的传奇的人承认，至今还没有人很了解那些支配着所假定的心灵活动的法则，同时大家也承认，心灵的活动与手的动作之间的假设的相互作用是全然神秘的。这些相互作用既不享有所假定的心理事物的地位，也不享有所假定的物理事物的地位，所以不能期望，这些相互作用会服从于所知的物理学法则或者会服从于仍然有待发现的心理学法则。

由此可以得出，至今没有一个人对于其他任何人的言行哪怕有一点点理解。我们能看懂欧几里得写下的语词，也熟悉拿破仑的所作所为，但我们对他们心里所想的东西一无所知。而且，至今也没有任何一个观看过一场棋赛或足球赛的人对运动员所追求的东西哪怕略微有点所知。

但这种结论显然是荒谬的。任何人若会下棋，就已经理解了其他棋手做的许多事情，而稍稍学习一点几何学，就能使一个普通的儿童领会欧几里得的大量推理。这种理解也不需要寄托在尚未建立的心理学法则之上。领会一个棋手所走的棋与有疑问的心理 53
学诊断毫无二致。的确，若假定一个人只有根据心理学法则作出因果推理才能理解另一个人的言行，那么就会得出如下的怪诞结论：即使任何一个心理学家发现了这些法则，他也决不能把他的发现传达给他的同胞。因为根据假定（ex hypothesi），他们不按照这些法则从他的言论推出他的思想就不能领会他对于这些法则的阐明。

没有人会对这样的看法感到高兴：对于一个人来说，领会另一个人的言行乃是作出一些推论，这些推论多少有点像一个探水占卜者(water-diviner)根据所觉察到的细枝的抽动推出地下水的流动。于是人们有时候就安慰性地修正说，由于一个人直接知道他自己的私人经验与他自己的公开活动之间的相互关系，所以他能够把一种类似的相互关系输入到别人的行为中去，从而理解别人的行为。理解仍然是心理学的占卜，但这种占卜为占卜者对于他自己的内在生活和外在生活之间的相互关系的直接观察而来的类比所加强。可是这种修正并没有消除困难。

我们在后面将要论证，一个人对于自己的行为的评价并不在种类上不同于他对于别人的行为的评价，不过对于目前的论题来说，指出下面这一点也就足够了：即便一个人确实有特权使用心理行为概念来说明自己的行为，他所设想的推出其他人的心理过程的类比论证也完全是基于错误之上的。

假如某个人留心观察过许多铁路信号和信号所，那么他就能够在新的情况下较有把握地根据观察到的信号变化推出没有观察到的控制杆的变动。可是假如他只考察了一个信号所并且对大公司的标准化方法毫无所知，那么他的推论就会是软弱无力的，因为它是一个基于单个例子的大范围的概括。此外，一个信号臂在外观和动作上都极其类似于另一个信号臂，因此，关于安装在不同的信号所中的机械装置彼此之间具有对应的密切的相似性的推论就具有某种力量。但是所观察到的人们的各种外表和行动却是显著
54 不同的，因此，把比较起来不相上下的一些内在过程输入到这些显

著不同的外表和行动中去，这实际上是与证据相反的。

所以，理解一个人的言行并不是对隐秘的过程进行任何可疑的占卜。因为这种占卜并不存在也不可能存在，而理解却确实存在着。当然，我的总的论点的一部分正是，所假定的隐秘的过程其本身就是神秘的；没有任何东西可以成为假设的诊断的对象。不过就目前的论题而言，证明如下这点就足够了：即便存在着这类内在的状态和活动，一个人也不可能大致上推出，它们存在于另一个人的内在生活之中。

假如理解公开的行动不在于推出或猜测据说是它们的存在于内在生活中的先导，那么它在于什么呢？假如理解公开的行动不需要掌握心理学理论以及运用心理学理论的能力，那么它需要什么知识呢？我们看到，不会下棋的旁观者也无法领会别人走出的棋；不能读不能说瑞典语的人也不能理解用瑞典语写下的或说出的东西；推理能力很差的人也不善于领会和记住别人的论证。理解是知道怎样做的一部分。为了理解一种特定的显示了智力的行为所需的知识乃是，在某种程度上能够做出那种行为。能够对散文文体、实验技术或刺绣法进行评判的人至少必须知道怎样写作、怎样做实验或怎样做针线活。他是否也学了一些心理学，如同他是否已学了一些化学、神经病学或经济学一样，其重要性都差不多。这些学习在某些情况下可能有助于他正确理解他要予以评判的东西；但是一个必不可少的条件却是，他对他要予以评价的东西所体现出来的技艺或做法要有某种程度的掌握。一个人若要理解另一个人开的玩笑，他必须具有的一种东西就是幽默感，甚至是那种特殊牌子的幽默感，因为那些玩笑是那种特殊的幽默感的运用。

当然,借助于智力实施一种活动与借助于智力领会这种活动的实施不完全是一回事。行为者是在创作,旁观者却仅仅是在仔细考虑。但是行为者遵守的规则和运用的准则与旁观者作出褒贬所根据的规则和准则是一致的。柏拉图哲学的注释者无需具有很
55 多哲学创造性,但假如他不能,就像许许多多注释者一样不能,正确理解哲学论证的力量、要旨或动机,那么他的评注就会是无价值的。假如他能够正确理解它们,那么他就知道怎样去做柏拉图知道怎样去做的部分事情。

假如我有能力判断你的行为,那么我在观察你的行为时就会时时注意探明你的行为中所含有的错误和混乱,但你在实施这个行为时同样会这样做;我准备着注意到你对于机遇的利用,但你也准备着这样做。你边干边学,而在你干的同时我也在学习。显示出智力的行为者批判性地进行活动,显示出智力的旁观者批判性地进行领会。粗略地说,做和理解仅仅是对于同一个行业的各种技能知识的不同运用。你运用怎样打一个丁香结的知识不仅表现于你能打丁香结并且能纠正自己的错误,而且还表现于你能想象正确地打丁香结,表现于你能教学生打丁香结,表现于你能批评他们的不正确的或笨拙的动作并且赞许他们的正确的动作,表现于你能从错误的结果推出错误的原因,表现于你能根据观察到的失误预测其结果,如此等等以至无穷。"理解"和"领会"这类语词表示了你关于*怎样做*所具有的知识的某些这类运用,比方说你运用这种知识时手中并没有绳子。

这并不意味着旁观者或读者在领会别人的行为或著作时是在作类比推理:根据自己的内在过程推出行为者或作者的对等的内

在过程。现在再指出这一点也许是多余的。旁观者或读者也无须设身处地地揣摩作者的思想，尽管他可以这样做。作者沿着某些路线思考着自己在做的事情，旁观者仅仅沿着同样的路线思考着作者在做的事情，除非旁观者在寻找作者的创新之处。作者在领路，旁观者随后跟着，但他们走的是同一条道路。此外，对于理解的这种说明既不要求也不鼓励我们在同类的灵魂之间假设任何神秘的令人震惊的交感能力。假如两个棋手是对手，他们的心跳不会一致，但不论两个棋手的心跳是否一致，他们彼此领会对方的棋的能力并不依赖于这种心瓣膜运动的一致，而依赖于他们的下棋能力，依赖于他们对这种游戏的兴趣以及他们已获得的对于彼此棋路的通晓。

鉴赏一种行为的能力与实施这种行为的能力是同一类型的能 56
力，这一点说明了前面所论证的一个论点：智能并不是一些单轨的素质，而是一些容有形形色色的或多或少不相似的运用的素质。不过必须指出两个附带条件。首先，作出一种活动和鉴赏一种活动的能力不一定包含着明确表达批评意见的能力或讲课的能力。一个训练有素的水手既能够打复杂的结，也能够看出另一个人是否在正确地打结、是在熟练地打结还是在笨拙地打结。但他很可能不能胜任用语词来描述应当怎样打结这个困难的任务。其次，鉴赏一种行为的能力并不包含着同等程度的实施这种行为的能力。发现天才的人不必是天才，一个优秀的戏剧评论家可能是一个拙劣的演员或剧作家。假如理解各种活动的能力需要具备完全能够作出这些活动的能力，那就不会存在教师或学生了。教导学生怎样做事情的人比学生更懂得怎样做这些事情。欧几里得的几

何学原理对于中小学生来说既不是高深莫测的东西也不是尽人皆知的东西。

对于理解的这种说明所具有的一个特征已为某些哲学家所把握，这些哲学家曾经试图解释，历史学家、学者或文学评论家怎么能理解他所研究的人物的言行，尽管他们是从错误的一端来把握这个特征的。这些哲学家不加疑问地坚持机器中的幽灵的教条，自然会由于历史学家主张把历史人物的言行解释为他们的实际思想、感触和意向的表达而感到困惑。因为，假如各个心灵彼此之间是看不透的，那么历史学家怎么能够看透他们的研究对象的心灵呢？然而假如这样的洞察不可能，那么所有学者、评论家和历史学家的努力就必定是徒劳的；他们可以描述信号，但他们决不能着手把这些信号解释为永远密封着的信号所中的活动的结果。

这些哲学家曾对他们假造的困惑提出了下述解决办法。虽然我不能目睹你的心灵的活动或柏拉图的心灵的活动，而只能目睹我认为是这些内心活动的外部“表达”的公开活动或书面文字，但我能通过适当的努力和实践，在我自己的私人剧场中深思熟虑地
57 演出一些活动，它们会自然导致我所目睹的公开言行。我能够思考我个人的一些思想，它们可以被柏拉图写下的语句完整地表达出来，我能够在事实上或在想象中贯彻我自己的一些意志活动，它们产生了或者会产生一些行动，类似于我曾目睹的你作出的那些行动。我使自己进入一种心境，具有这种心境时我能像你那样行动，或像柏拉图那样写作，这样，我就能把类似的心境输入到你和柏拉图之中。假如这种输入是正确的，那么，由于知道了我自己具有那种会产生那些言行的心境是怎么回事，我就能知道柏拉图在

写作他的各篇对话是怎么回事，并且也能知道，比方说，你在打一个丁香结是怎么回事。通过重新扮演你的公开行动，我重新体验了你的私人经验。柏拉图的研究者在某种程度上使自己成为第二个柏拉图，成为柏拉图的各篇对话的一种重构作者，这样，并且只有这样，他才理解了柏拉图所写的那些对话。

不幸的是，模拟柏拉图的心理过程的这个方案绝不可能是完全成功的。我毕竟是一个20世纪的研究柏拉图的英国人，柏拉图却永远不会是这样一个人。我的文化修养、学校教育、语言、习惯和兴趣都与柏拉图的不同，这必定会妨害我精确地模拟他的心境，因此必定会妨害我成功地作出理解他的努力。而且，还可以论证说，事实上我充其量只能那样。理解必定是不完全的。只有真正成为柏拉图我才能真正理解他。

持这类理论的某些人另外又补充了一些使人感到安慰的东西。虽然各个心灵彼此之间是不相通的，但可以说它们像各种音叉一样彼此之间在和谐一致地共鸣，尽管不幸的是它们从来不会知道这一点。我不能真正地分享你的经验，但我们的某些经验可以以一种几乎等同于真正的思想交流的方式一起奏出和谐的乐声，虽然我们无法知道它们在这样做。在最幸运的情况下，我们可以像两个无法治愈的聋子那样在一起合调合拍地唱歌。不过我们无须细究为一种根本错误的理论所添加的这类修饰。

因为这种理论不过是另一个试图摆脱一种全然神秘的两难推理的不成功的努力。它假定，理解必定在于对一些与世隔绝的幽灵的不可知的活动进行凝视，为了克服这个难题它又认为，当不知
道这些不可知的幽灵活动时，我几乎也能作出理解，其做法是对我 58

自己的这类幽灵似的活动进行凝视，这些幽灵似的活动会自然导致一些公开的“表达”，它们类似于我想理解的对象的“表达”。但是这种说法含有一个更加没有正当理由却又令人感兴趣的假定：类似的公开言行总有类似的内在过程与之相对应。因为这个假定根据这种理论本身也是完全不可检验的。它还十分不正当地假定，由于我经历了某些内在的过程，因此我必定完全理解它们，知道它们是什么，也就是说，我不可能错误地解释在我自己的意识流中发生的任何东西，也不可能对其中的任何东西感到困惑。简而言之，这整个理论是上面那种学说的一个变种，那种学说就是，理解在于为一种软弱的类比论证所强化的可疑的因果性占卜。

这种理论之所以值得探讨，是因为它在一定程度上避免了把“理解”等同于心理学的诊断，亦即在一定程度上避免了把理解等同于根据仍须心理学家予以发现的法则从公开的行为推出心理过程的因果性推理；它作出了一个假定而避免了这种等同，虽然它并没有权利作出这个假定，这个假定却接近于真理。它假定，心灵的性质在人的公开言行中反映出来。因此历史学家和其他学者在研究历史人物的言行的风格和做法时走的是正确的道路；根据这种理论，历史学家和其他学者所逃避不了的不幸正是，这条道路在一个深渊面前到了头，这个深渊把“物理的东西”与“心理的东西”、“公开的东西”与“内在的东西”分割了开来。然而，假如持这种理论的人看到，人们的活动的风格和做法就是他们的心灵的活动方式，而不仅仅是一些假设的秘密过程——这些秘密过程被设想为心灵的活动——的不完全反映，那么，他们的两难困境就会消失。历史学家和其他学者提出的在原则上能够理解他们所研究的人物的言行的主张就会自动得到维护。他们一直在研究的对象并不是一堆幽灵。

公开的智力行为并不是心灵活动的线索；它们就是心灵活动。当博斯韦尔[①]描述约翰逊[②]怎样写作、怎样谈话、怎样吃饭、怎样坐立不安和怒气冲冲时，他是在描述约翰逊的心灵。当然，他的描述是不完全的，因为大家都知道，有些思想是约翰逊小心翼翼地不予外泄的，而且必定有许多梦想、白日梦和默默的唠叨只有约翰逊自己才能够记录下来，并且，这些东西只有某个詹姆斯·乔伊斯[③]会 59
希望他记录下来。

我们在结束对于“理解”的探究之前，还必须谈一谈部分的理解和部分的误解。

我们已经论述了知道**那个事实**和知道**怎样做**这两个概念之间的某些类似之处和某些不类似之处。现在必须进一步指出另一个不类似之处。我们从未谈到一个人对一个事实或一个真理具有部分的知识，除非是在特定的意义上：他对由一些事实或一些真理构成的整体的一部分具有知识。假如一个男孩知道英国的一些郡，那么人们会说这个儿童对英国各郡有部分的知识。但人们不会说，他不完全知道苏塞克斯是英国的一个郡。他要么知道这个事实，要么不知道这个事实。相反，人们可以并且常常谈到一个人部

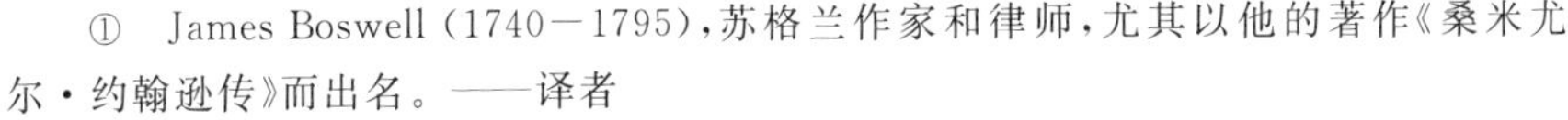

① James Boswell (1740—1795)，苏格兰作家和律师，尤其以他的著作《桑米尤尔·约翰逊传》而出名。——译者

② Samuel Johnson (1709—1784)，英语词典编纂家，评论家。——译者

③ James Joyce (1882—1941)，著名的爱尔兰作家，他的意识流写作手法以及其他一些写作技巧对现代小说的写作有深远影响。——译者

分地知道怎样做某事，亦即可以并且常常谈到他在某种有限的程度上具有一种特殊的能力。一个普通的棋手懂得怎样下棋，而一个冠军更懂得怎样下棋；但即便是冠军也仍有许多东西需要学习。

我们现在应当期望，这种说明也适用于“理解”。一个普通的棋手能够部分地领会一个冠军的战略和战术；也许经过充分的研究之后他会完全理解那个冠军在某几盘棋赛中所使用的走法。但是他永远不能完全预料到那个冠军在他的下一盘棋赛中会怎样作战，他对于那个冠军走的各步棋的解释永远不会像那个冠军走各步棋来得那么敏捷或那么有把握，或许也永远不会像那个冠军自己的说明来得那么敏捷或那么有把握。

学习**怎样做**或提高能力不同于学习**那个事实**或获取信息。真理能够传授，做法却只能够反复灌输，反复灌输是一个渐进的过程，相对来说传授却是突发的事情。问某人在什么时刻得知了一个真理，这讲得通，但问某人在什么时刻获得了一种技能，这却讲不通。“受过部分培训”(part-trained)是一个有意义的短语，“部分得知”(part-informed)则不是一个有意义的短语。培训是一种布置任务的艺术，运用这种艺术的教师会提出一些学生们还没有完成但却有可能予以完成的任务。

误解这个概念不会产生一般性的理论困难。当打牌者误解了对手使用的战术时，他们认为已被自己识破的花招的确是一种可
60 能的打牌策略，尽管它碰巧不是那个对手的花招。只有会打牌的人才能把那种打法解释为被假定的花招的部分实施。误解是知道**怎样做**的副产品。只有至少部分地掌握了俄语的人才会对一个俄语表达式作出错误的理解。错误是能力的运用。

错误的解释并不总是出于旁观者的不熟练或不小心；它们有时候是出于不小心，有时候则是由于行为者或说话者的狡猾。另外，有时候尽管双方的技能和小心都用得十分得当，但碰巧所作的活动或所说的话实际上可以是两种或两种以上的不同任务的构成部分。打一种结所做的前十个动作可以同于打另一种结所需的前十个动作，适合于确立一个结论的一组前提也可以同样适合于确立另一个结论。所以旁观者的错误解释可以是敏锐的有充分根据的。它之不小心仅仅在于过早地作出了解释。伪装是利用这种可能性的艺术。

显然，在可能产生误解的地方也可能产生理解。若认为也许我们总是错误地解释我们所目睹的行为，那是荒谬的，因为我们甚至无法学会错误地解释，只能学会解释，这种学习过程包含着学会不作错误的解释。误解在原则上是可改正的，争论的部分价值就在于此。

(10) 唯我论

当代哲学家们探讨了我们对于其他心灵所具有的知识的问题。由于陷入了机器中的幽灵的教条的罗网之中，他们觉得，不可能找到任何在逻辑上令人满意的证据来使一个人有理由相信：存在着不同于他自己的其他心灵。我能目睹你的身体动作，但我不能目睹你的心灵活动，我提出可以根据你的身体动作推出你的心灵活动的各种主张全部崩溃了，因为这类推论的前提或者是不充分的或者是不可知的。

我们现在能够看到摆脱这种所谓的困难的出路了。我发现，

61 存在着在理解别人的言行的其他一些心灵。在理解你的言论、鉴赏你的玩笑、揭示你的棋略、领会你的论证以及在倾听你寻找我的论证中的漏洞时，我不是在推出你的心灵活动，而是在领会这些活动。当然，我并不是仅仅在倾听你发出的声音，也不是仅仅在观看你做出的动作。我是在理解我的所见所闻。但这种理解不是去推出隐秘的原因，而是在鉴赏这些活动是怎样作出的。发现大多数人都有心灵（尽管白痴和怀抱中的婴儿没有心灵）乃是发现他们能够并且倾向于做某些种类的事情，而我们是通过目睹他们所做的各类事情作出这种发现的。的确，我们不仅发现其他心灵存在着；我们还发现，特定的人具有哪些特殊的理智品质和性格品质。事实上，早在我们能够理解诸如“张三有一个心灵”或“存在着不同于我们自己的其他心灵”这样一些一般命题之前，我们就已经很熟悉这类特殊的东西了；正如早在我们能够把握如“小猫是物质性的东西”或“物质存在着”这样的命题之前，我们就已知道，石头坚硬，海绵柔软，小猫暖热而有活力，土豆冰凉而无活力。

无疑，就你的情况而言，有些东西只有通过你的诉说才能为我所知，或最好能通过你的诉说而为我所知。眼科医生不得不询问病人，他的左眼和右眼能看到哪些字母，看得清楚不清楚；医生不得不询问患者，哪儿疼痛，是一种什么样的疼痛；精神分析学家不得不询问求医者，他的梦和白日梦的情况如何。假如你不泄露你的内心独白和其他一些想象的内容，我便没有别的有把握的办法来探明你在对自己说些什么或想些什么。但是你的一连串感觉和想象并不是显示你的机智和性格的唯一领域；也许只是对精神病患者来说感觉和想象才不止是那个领域中的一个小角落。关于你的能力、兴趣、爱好、厌恶、方法和信念，我想要知道的大部分情况都是通过观察你怎样作出公开举动而探明的，其中最重要的公开举动是你的言论和著作。至于你怎样进行想象，包括怎样进行你想象中的独白，则是一个次要的问题。

62 # 第三章　意志

（1）前言

本书考察各种心理行为概念的逻辑行为，其中大多数心理行为概念都是一些大家熟悉的日常概念。我们都知道怎样使用它们，当别人使用它们时，我们也懂得他们的意思。尚未解决的问题不是怎样使用它们，而是怎样将它们分类，或者说把它们放入哪些范畴。

意志活动这个概念的情况却不同。我们在日常生活中不知道怎样使用它，因为我们在日常生活中并不使用它，因此也没有在实践中学会怎样使用它及怎样不错误地使用它。它是一个人为的概念。我们不得不研究某些专家的理论，以便弄清楚应当怎样使用这个概念。它是一个专门概念，当然由此不能得出，它是一个不合法的或无用的概念。“电离”和“越位”是专门概念，但它们都是合法的和有用的。“燃素”和“动物精气”（animal spirit）曾经是专门概念，尽管它们现在已没有任何效用。

我希望表明，意志活动这个概念属于后一族概念。

（2）意志活动的神话

长期以来人们一直把下述看法当作一个无可置疑的公理：心

灵在某种重要的意义上是由三个部分组成的，也就是说心理过程最终可分为三类。我们常常被告知，心灵或灵魂具有三个部分，即思想、情感和意志；更庄重一些说，心灵或灵魂以三种不可归约的不同方式起着作用：认知的方式、情感的方式和意欲的方式。这个传统的教条不仅不是自明的，它还是各种混淆和错误推论的杂乱无章的堆积，我们最好放弃任何试图重新塑造它的努力。它应当被当作理论古董的一种。

不过，本章的主要目的并不是讨论这种心灵的三位一体说，而 63
是要讨论并且是要破坏性地讨论它的组成部分之一。我希望驳斥这样的学说：存在着一种官能（Faculty）即一种非物质性器官（Organ）或一个部（Ministry），它相当于心灵的三位一体说对于“意志”的描述；由此发生了一些过程或活动，它们相当于心灵的三位一体说所说的“意志活动”。不过我必须从一开始就讲清楚，这种驳斥不会使我们大家十分正当地在自愿的行动和非自愿的行动之间以及在意志坚强的人和意志薄弱的人之间作出的区别无效。相反，它会把“自愿的”和“非自愿的”，“意志坚强的”和“意志薄弱的”等观念从一种荒谬的假说的束缚下解放出来，从而把这些观念的意思弄得更加清楚。

意志活动曾被假设为“心中的”一些特殊的举动或活动，心灵借助于这些举动或活动使它的观念转化为事实。我想到某些事态，希望它们成为物理世界中的存在，但是，由于我的思维和愿望不是实施性的活动，就需要一种实施性的心理过程作为其中介。因此我作出一种意志活动，它以某种方式使我的肌肉活动起来。只有当身体的一个动作从这样一种意志活动中产生出来之后，我才能由于我的手或舌所做的事情而受到赞扬或责备。

我为什么要拒斥这种说法的原因是清楚的。因为它正是机器中的幽灵的神话的一个不可避免的推广。它假定，有一些心理状态和心理过程，它们属于一类存在，还有一些身体的状态和身体的过程，它们属于另一类存在。在一个舞台上发生一件事在数量上决不等于在另一个舞台上发生一件事。因此，说一个人有意扣动了扳机至少是在表达一个合取命题，它断定在物理舞台上发生了一个举动并且在心理舞台上发生了另一个举动；而且，根据这种神话的大多数表述，它是在表达一个因果关系命题，断定了扣扳机的身体举动是愿意扣扳机的心理举动的结果。

根据这个理论，身体的活动是空间中的物质运动。所以，这些运动的原因必定或者是空间中的物质的其他运动，或者是人类特有的另一类冲动。心理冲动在某种程度上必定永远是神秘的东
64 西，它们不是空间中的物质运动，却能够使得肌肉收缩。说一个人有意扣动扳机就是指出，这样一种心理冲动确实导致了他的手指肌肉发生收缩。因此“意志活动”的语言是副机械论的心灵理论的语言。假如一个理论家在言谈中对于“意志活动”和“意志的举动”没有任何疑虑不安，那么就不需要任何进一步的证据来表明，他已轻易地整个接受了心灵是一些特殊原因的第二领域这个教条。可以预料，他会相应地把身体的行动说成是心理过程的“表达”。他还很可能随便地谈到“各种经验”，人们通常用这个复数名词来指称一些假设的非物理性事件，这些事件构成了心理的幽灵似的舞台上的影子剧(shadow-drama)。

对于这种学说，即用各种智力谓词(intelligence-predicates)来

加以修饰的公开行动是一些对应的藏而不露的意愿活动的结果的学说，我们首先提出如下的反对意见。尽管理论家们自斯多葛学派和圣奥古斯丁以来一直建议我们这样来描述我们的行为，但除了认可这个理论之外，没有一个人曾经用所建议的语言来描述自己的或熟人的行为。从来没有一个人这样说，上午 10 点钟时他在意愿这件事或那件事，或者他在正午与午饭时间之间作出了五个迅速的容易的意志活动以及二个缓慢的困难的意志活动。一个被告可以承认或否认他做了某件事，也可以承认或否认他是故意做这件事的。但他决不会承认或否认他曾意愿这件事。法官和陪审团也不需要被意志活动先于扣动扳机这样的证据所说服，这种证据理所当然决不会被提出来。小说家们会描述他们的主人公的行动、议论、姿态和怪相、白日梦、仔细考虑、疑虑不安和窘迫；但他们从来不提他们的意志活动。他们不知道该对意志活动说些什么。

应当用哪些种类的谓词来描述意志活动呢？意志活动能够是突发的或渐进的、强的或弱的、困难的或容易的、愉快的或讨厌的吗？它们能否加速、减速、打断或中止？人们能够善于或不善于意志活动吗？我们能否学习作意志活动？它们是令人劳累的或使人分心的吗？我能否同时进行二个或七个意志活动？我能记得作过意志活动吗？我在思考其他事情或做梦时能否作出意志活动？它们能成为习惯性的东西吗？我会不会忘记怎样作出它们？当我还没有作出意志活动时，我会错误地相信自己已作出了一个意志活 65
动吗？或者，当我已经作出了一个意志活动时，我会错误地相信自己还没有作出意志活动吗？那个男孩在什么时刻经历了作一次高

台跳水的意志活动？在他踏上扶梯的时候？在他作第一次深呼吸的时候？在他数完"一、二、三——跳"但还没有跳的时候？还是在他起跳前的一瞬间？他自己会对这些问题作出什么回答呢？

当然，这个学说的拥护者坚持认为，每当一个公开活动被说成是有意的、自愿的、应受谴责的或值得称赞的时候，人们就暗中断定了意志活动；他们还断言，任何一个人在意愿的时候不仅能够知道而且必定知道自己在意愿，因为意志活动被定义为一种意识过程。因此，假如普通的男人和妇女在描述自己的行为时没有提及自己的意志活动，这必定是由于他们在适合于描述不同于公开行为的内心行为的措辞方面没有受过训练。然而，若有人问一个拥护这种学说的人，他在多久以前作出了他的最近一次意志活动，或者，他在倒背《小小姐墨菲特》时作了多少次意志的举动，他就会承认，要回答这些问题有些困难，尽管根据他自己的理论这些困难不应存在。

假如普通人从未报道过意志活动的发生，尽管根据这种理论遇到它们应当远比遇到头痛或厌烦的感受更为频繁；假如日常用语没有为它们备有非学术性的名称；假如我们不知道怎样解决关于它们的频繁性、持续时间或强度的简单问题，那么就可以公平合理地作出结论说，它们的存在不是根据经验的理由而被断定的。柏拉图和亚里士多德在他们多次细究灵魂的本性和行为的动机时从未提到过意志活动，并不是由于他们反常地忽视了日常生活中众所周知的组成部分，而是由于历史环境：他们并不了解这样一种专门的假说，对于这种假说的接受不是基于对那些幽灵似的冲动的发现，而是基于对那些幽灵似的冲动的假设。

其次，我们提出如下的反对意见。大家都承认，一个人决不能目睹另一个人的意志活动；他只能从观察到的公开行动推出产生它的意志活动，而且，除非他有充分的理由相信，那个公开行动是自愿的行动而不是反射性的或习惯性的行动，并且也不是导源于某种外部原因的行动，否则他就不能作出这种推论。由此可以得 66
出，没有一个法官、教师或父母曾经知道，自己要予以评判的行动应当得到赞扬或得到责备，因为自己只能猜测那个行动是所意愿的。即便行为者自己承认——假如他确曾作过这样的承认——他在自己的手作出那个举动之前已经作了一个意志活动，那也解决不了问题。表示承认只是另一种公开的肌肉活动。于是就出现了奇怪的结论：虽然意志活动被请来解释我们对于各种行动的评价，这种解释却恰恰是意志活动不能提供的东西。假如我们没有其他先行理由把各种评价概念用于别人的行动，我们也就根本不会有理由从那些行动推出被认为是产生了那些行动的意志活动。

我们也不能主张，行为者本人能够知道自己的任何公开行动都是特定的意志活动的结果。即便不符事实地假设，他能够由于所谓的意识的直接传递或由于所谓的内省的直接发现而确实知道，他在扣动扳机之前的一瞬间作出了一个扣动扳机的意志活动，那也不会证明，扣动扳机乃是那个意愿的结果。意志活动与身体动作之间的联系可以说是神秘的，因此，即便他知道自己作出了那个意志活动，那个意志活动也许是以其他某种动作为其结果的，而扣动扳机的动作也许是以其他某种事件为其原因的。

其三，大家都承认意志活动与身体动作之间的联系是一种神秘的东西，若要抹杀这一点，那是不恰当的。意志活动与身体动作之间的联系不同于癌的起因问题，它不是一种还未得到解决但却可以得到解决的神秘的东西，而是全然不同的另一种神秘的东西。主张机器中的幽灵的教条的人认为，有些事件构成了心灵的历史，它们属于一种存在，而那些构成了身体的历史的事件则属于另一种存在；但他们却没有许可这些事件具有桥梁的地位。心灵与身体之间的贯通包含有一些环节，但在这些环节所在之处却不可能存在任何环节。若主张心灵和物质之间应当存在着某些因果关系性质的贯通，那与这个理论的一部分相冲突；若主张二者之间不应存在任何因果关系性质的贯通，那又与这个理论的另一部分相冲突。按照这整个传奇对于心灵的描述，若人体的智力行为可以得到一种因果关系的解释，那么心灵就是必定存在的东西；而按照这个传奇对于心灵的描述，心灵居住在“存在”这座大厦的一个楼层上，可是这个楼层按规定却不在身体所属的因果关系系统之内。

67 其四，虽然意志活动的主要功能或被假设的意志活动所担负的任务是要产生身体的动作，但为了证明意志活动的存在所作的论证却蕴涵着有些心理事件也必定来自意志的活动。论证者假设，各种行动之所以是自愿的、坚定的、值得称赞的或邪恶的，正是由于意志活动。但这些种类的谓词不仅被用来描述身体的动作，而且还被用来描述根据这个理论是心理的而不是物理的一些活动。一个思考者可以坚定地进行推理，也可以邪恶地进行想象；他可以试图构作一首打油诗，也可以值得称赞地专心于代数学。所以，根据这个理论，有些心理过程来源于意志活动。那么意志活动自身的情况怎么样呢？它们是心灵的自愿的活动还是非自愿的活动？显然，两种回答都会导致谬误。假如我不得不意愿扣动扳机，那么我扣动扳机的举动是“自愿的”这种说法就会很荒谬。但假如在这个理论所取的含义上我扣动扳机的意志活动是自愿的，那么它必定出自一个先在的意志活动，并且这个先在的意志活动又必定出自另一个先在的意志活动，如此等等，以至无穷。曾有人建议，为了避免这个困难，意志活动不能说是自愿的还是非自愿的。“意志活动”不属于那类可以用谓词“自愿的”或“非自愿的”来加以描述的术语。假如这样，那么看来可以得出，它也不属于那类可以用诸如“有道德的”、“邪恶的”、“好的”、“坏的”这样的谓词来加以描述的术语，这个结论会使一些道德家感到窘迫，因为他们把意志活动用作他们的理论体系的主要靠山。

简而言之，意志活动的学说是一种因果关系假说，它所以为人采纳是因为人们错误地假定：“是什么东西使得一个身体的动作成为自愿的”是一个因果关系问题。事实上，这种假定只是一个一般假定的一种特殊变形，这个一般假定就是：“心理行为概念怎么能用于人的行为”是一个关于人的行为的因果关系问题。

这种学说的拥护者本来应当注意到一个简单的事实：他们和其他所有明智的人早在闻知关于行动的隐秘的内在冲动的假说之前就已知道怎样判定行动的自愿和非自愿的问题以及行为者的坚定和不坚定的问题了。所以他们本来可以认识到，他们不是在阐明人们已在有效地予以使用的准则，而是在心照不宣地肯定它们的有效性之后努力把它们与一些假设的具有一种副机械论模式的 68
事件相互关联起来。然而，一方面，这种相互关联决不能科学地确立起来，因为无法对所假设的心理冲动进行科学的观察；另一方面，这种相互关联也没有实践上的或理论上的用处，因为，既然它要依赖那些评价的预设的有效性，它就不会有助于我们对各种行动作出评价。这种相互关联也阐明不了那些评价概念的逻辑，因为凭智力运用那些评价概念先于这种因果关系假说的发明。

在结束意志活动的学说的讨论之前，顾及一下某些大家非常熟悉的确实可靠的过程是得当的，因为人们有时候错误地把这些过程等同于意志活动。

人们常常会迟疑不决，不知道该做什么；在考虑了各种可供选择的行动路线之后，他们有时候就会选择其中的一种行动路线。这种对一系列可供选择的行动路线择其一的过程往往被说成是“意志活动”所表示的东西。但这种等同是行不通的，因为大多数自愿的行动并不出自迟疑不决，因此它们不是消除了迟疑不决的结果。而且，一个人显然可以选择了去做某事但由于意志薄弱而未能做这件事；他也可以因为在作出选择之后发生了某些阻碍所选择的举动得以实施的情况而未能做这件事。然而上述理论却无法认可意志活动竟然未能导致行动，要不然就得假设另外一些实施性的活动来说明为什么人们有时作出了自愿的行动。最后，仔细考虑各种选择并且择其一的过程本身就可以用评价性谓词来描述。例如，一个选择举动可描述为自愿的举动，但若如此，那么根据上述提出的说明，这个选择举动自身将不得不是一个先在的“选择去选择”的举动的结果，而那个先在的“选择去选择”的举动又来自一个选择去“选择去选择”的举动……。

这些反对意见也不允许把意志活动等同于其他一些大家熟悉的过程，诸如决心或打定主意做某事以及鼓起勇气或激励自己做某事这样的过程。我可以决心下床或决心去看牙医，我也可以握

紧拳头、咬紧牙关、激励自己去这样做，但我也仍然可以却步。假如这个行动没有作出，那么根据意志活动说，要做此事的意志活动也还没有作出。然而，决心和鼓起勇气的活动本身就是带来荣誉 69
或有损信誉的行动的类的成员，因此它们不能构成一些特殊的成分，这些成分根据意志活动说是任何行为之所以成为带来荣誉或有损信誉的行为的一般条件。

（3）自愿与非自愿的区别

应当指出，普通人、地方行政官、父母和教员通常以一种方式把“自愿的”和“非自愿的”这两个语词用于各种行动，哲学家们则常常以完全不同的另一种方式来使用这两个语词。

除了少数几种较为次要的灵活用法之外，“自愿的”和“非自愿的”通常被用作形容词来刻画不应当作出的行动。仅当某人的行动看来是他的过错时，我们才讨论这个行动是否是自愿的。比方说有人指责他吵闹，假如这个行动是自愿的，如大笑，那么罪过在他；假如他使我们相信，这个行动是非自愿的，如打喷嚏，那么他就成功地为自己作了辩解。同样，在日常生活中只是当有人公正地或不公正地指责某人犯了过错时，我们才提出责任的问题。在这种用法中，若提出一个儿童是否对打碎玻璃窗负有责任的问题，那是有意义的，但若提出他是否对自己按时完成了作业负有责任的问题，这却是无意义的。我们并不问，他弄清楚了一道长除法算术题是不是他的过错，因为弄清楚一道算术题并不是一个过错。假如他没有搞清楚这道算术题，那么他也许可以使我们相信，他的失败并不是他的过错，因为至今还没有人教过他怎样作这类运算。

所以，在这种日常的用法中，若探讨令人满意的、正确的或令人赞美的行为是自愿的还是非自愿的，那是荒谬的。在这种情况下，责难或辩白都是无的放矢。我们既不承认自己犯了过错，也不引用情有可原的情况；既不为“有罪”辩护，也不为“无罪”辩护；因为我们没有受到指控。

但哲学家们在探讨使举动得以成为自愿的或非自愿的东西时，却倾向于不仅把应受指摘的行动描述为自愿的行动，而且把值得称赞的行动也描述为自愿的行动；倾向于不仅把某人的过错描述为自愿的举动，而且把他的功绩也描述为自愿的举动。他们出于什么动机不知不觉地推广了“自愿的”、“非自愿的”和“有责任的”等语词的日常含义，我们将在后面予以考虑。在目前，值得考
70 虑一下这种推广会得出的某些结论。在日常用法中，说打喷嚏是非自愿的乃是说，行为者无法避免打喷嚏；说大笑是自愿的乃是说，行为者本可避免大笑。（这并不是说大笑是有意的。我们并不故意大笑。）那个男孩本可以弄清楚他实际上没有弄清楚的算术题；他知道怎样举止得体，结果却行为不当；他能够打平结，尽管他无意中打错了平结。他的失败或失误是他的过错。但是，如赋予“自愿的”一词以哲学上的推广了的用法，从而正确的和不正确的举动、令人赞美的和令人不齿的举动都被说成是自愿的举动，那么，根据日常的用法进行类推似乎就可以得出，我们也能够说，弄清楚了算术题的男孩曾经“能够避免弄清楚算术题”。于是就可以正当地问：你本来能够避免猜出这个谜语吗？你本来能够避免得出这个正确的结论吗？你本来能够避免打一个正确的平结吗？你本来能够避免看出那个笑话的要旨吗？你本来能够避

免对那个孩子好吗？然而，事实上没有一个人能够回答这些问题，尽管大家在最初并不清楚，为什么说某人本能避免弄不清楚一道算术题是正确的说法，而说他本能避免弄清楚这道算术题却是不正确的说法。

解决的办法很简单。当我们说某人本来能够避免失误或犯错误时，或者说他犯了错误是他的过错时，我们的意思是说，他知道怎样把事情做好或他能够把事情做好，但却没有运用自己的知识或能力。他没有作出努力或没有作出足够的努力。但当一个人事情完成得很好时，我们就不能说，他知道怎样把事情做坏或他本来能够犯错误。因为犯错误并不是运用能力，也不是运用关于**怎样做**的知识；犯错误是未能运用关于**怎样做**的知识。诚然，在“本来能够”(could)的一种意义上，一个已正确地解出了算术题的人确实本来能够弄不清楚这道算术题；“本来能够弄不清楚”在这里意味着这个人没有摆脱粗心大意的倾向。但在“本来能够”的另一种意义上，问“你本来能够弄不清楚这道算术题吗？”则意味着“你是否具有足够的智力，是否得到了足够好的培训，并且是否充分集中了心思，以便作出错误的运算？”这却是一个愚蠢的问题，其愚蠢程度正如问，某人的牙齿是否很好，足以在咬坚果时会碎裂。

有些问题在很大程度上是人伪造出来的，它们缠结成一团乱 71
麻，便构成了我们所谓的意志自由问题，它在一定程度上源出于“自愿的”一词的这种被无意识地推广了的用法以及由此而来的对于“本来能够”和“本来能够避免”的不同含义的错误运用。

第一个任务是要阐明“自愿的”、“非自愿的”、“有责任的”、“本来能够避免”和“他的过错”等表达式在其日常的、没有被歪曲的用法中的含义是什么，例如我们在判定有罪和无罪的具体问题时所使用的这些表达式的含义。

假如一个男孩打错了一个平结而不是打了一个平结，那么，为了使自己相信这是他的过错，我们首先会去确立，他知道怎样打一个平结，其次会去确立，他的手没有受到外部力量的强迫，也没有其他行为者在阻止他打一个正确的结。我们探明，别人曾经教过他，他自己也曾作过实践并且打结一直打得不错，或者发觉，他曾能够查知并且能够纠正别人所打的结，或者发觉，他对自己的错误感到惭愧，并且不靠别人的帮助自己就纠正了错误；通过这些途径我们确立，他本来能够打平结。我们发现，他在打结时没有受到强迫，没有惊慌失措，也没有发高烧，手指也没有麻木，正如我们平时发现极其异常的事故没有发生那样；因为这类事故会非常显著，不会不为人注意到，至少不会不为那个男孩本人注意到。

我们必须首先加以解决的问题与那个男孩的意识流中是否发生了任何隐秘的事件毫无关系；它是这样一个问题：他是否具备那种所需的高等能力，即知道怎样打平结的能力。在此阶段上，我们并不探究他是否作了另一个公开的或私人的活动，而只是在探究，他是否具有某种智能。使我们信服的东西并不是（无法获得的）关于某个特殊的隐秘原因一公开结果式命题（covert cause-overt effect proposition）的真假的知识，而是（可获得的）关于某个复杂的带有某种普遍性的假言命题的真假的知识——简而言之，使我们信服的东西并不是他在幕后确曾打了或打错了一个虚幻的平结，而是，假如他更加留意于自己所做的事，那么他本来能够用这根绳子并在那个时刻打一个实在的平结。他打错了平结之所以是他的过错是因为，他尽管知道怎样打平结，却仍然没有正确地打平结。

接着我们来考虑这样一个举动：每一个人都会判定这个举动 72
不是行为者的过错。一个男孩上学迟到了。经了解表明，他离家的时间与平时一样，而且没有在去公共汽车站的路上闲荡，也没有误车。可是所乘的车在半路上发生了故障，无法走完全程。那个男孩尽自己最快的速度跑完了剩下的路程，但还是迟到了。显然，那个男孩所采取的全部步骤要么是他平时为了按时到达学校所采取的步骤，要么是他为了补救汽车故障所造成的后果所能采取的唯一可行的步骤。除此之外他别无他法，于是他的老师正当地劝告他以后应遵循同样的做法。他的迟到并不是由于他没有做他能够做的事。他为他无力加以补救的情况所阻碍。在这里，老师也是参照行为者的能力和机会来判断一个举动的；老师接受了他的辩解：他无法做得更好，而只能这样做。他的迟到是非自愿的这整个问题得到了解决，这种解决并不要求那个男孩说明，意识或内省对于意志活动的作出或没有作出发表了什么意见。

行为者受到指责的行动体现了默默的独白或其他语词性或非语词性想象活动，抑或其本身便是这些想象活动，这无关紧要。若根据某些理由，笔算中出现的失误是学生的过错，那么根据同样的理由，心算中出现的失误也是学生的过错；若在布店的柜台上调配颜色时所犯的错误可以从某种角度上被指责为粗心大意，那么在心目中调配颜色时所犯的错误也可以在同样的角度上被指责为粗心大意。假如行为者本来能够把事情做得更好一些，那么他本来就能够避免把事情做得那么糟糕。

除了考虑“自愿的”、“非自愿的”、“有责任的”、“我的过错”、“本来能够”或“不能避免”等语词的日常含义之外，我们还应当注意诸如“意志的努力”、“意志的力量”和“不坚定的”这样一些表达式的日常用法。一个人在执行困难的、长期的或不合意的任务时若倾向于不放松自己的努力、不转移自己的注意力、不抱怨并且不多或不常考虑自己的疲劳或顾虑，别人就会说他行为坚定。他不会逃避或丢弃自己已经着手的事情。意志薄弱的人则容易分心，
73 容易泄气，他易于使自己相信，选择另一个时间去做将会更加合适，或者，承担这项任务的理由毕竟不很充足。请注意，应当在实际上已经形成一个决心这一点并不是坚定或不坚定的定义的一部分。坚定的人会坚决拒绝要他放弃或拖延自己的任务的诱惑，尽管他事先从未经历过一种打定主意去完成它的仪式过程。但这种人自然也会倾向于履行他对别人或对自己立下的誓言。与此相应，不坚定的人往往实现不了他的常常是为数众多的从善的决心，但他不能坚持自己的决心也表现于他常常放弃或放松一些他事先并没有在私下或在公开场合下承诺要予以完成的行动。

意志的力量是一种天然倾向，这种倾向的运用在于抓住任务不放；也就是在于不为所阻或不被转移。意志薄弱就是几乎不具有这种倾向。意志的力量几乎可以在任何种类的行为中发挥出来，可以在理智活动或体力活动中发挥出来，也可以在想象活动或行政活动中发挥出来。它不是一种单轨的素质，也不会出于这个或那个理由而成为一种倾向于实施一类特别的隐秘活动的素质。

“意志的努力”意味着对于决心的一种特殊的坚持，它出现于障碍非常大的时候，或出现于反向诱惑非常强烈的时候。这类努

力可以但却无须为一些特别的过程所伴随，这些特别的过程常常具有一种仪式性质：使自己鼓起勇气或发誓去做需要做的事情；但这些过程与其说是一些表明坚定不移的方式，不如说是一些显露对不坚定的惧怕的方式。

在我们结束探讨自愿概念或关于自愿的各种概念之前，还有两点需要指出。(1) 我们常常把自愿做出的事情与被迫忍受的事情对立起来。有些士兵是志愿兵，另一些士兵是应征入伍的士兵；有些快艇驾驶者是自愿出海的，另一些快艇驾驶者是被海风和海潮带出海的。这里无须产生责难和辩白的问题。为了探问那个士兵是志愿入伍的还是应征入伍的，我们会去探问，他入伍是因为他想要入伍还是因为他不得不入伍，在此“不得不”蕴涵着“不论他想要干什么”。为了探问那个快艇驾驶者是自愿出海的还是被带出海的，我们会去探问，他是有意出海的还是，即使他本不打算出海，74
他也仍然会像他已做的那样出海。家中的坏消息或海岸警卫队的警告本来会使他不出海吗？

在这种用法中，非自愿的事情不能被说成是一种举动。被带出海或应征入伍是一个人遇到的事情，而不是他所做的事情。就此而论，自愿的与非自愿的这种对立不同于我们在探问某人打错一个平结或皱眉头是自愿的还是非自愿的时候我们所想到的那种对立。非自愿地皱眉并非被迫皱眉，这与快艇驾驶员可能被迫出海不一样；粗心的男孩也并非被迫打错了一个平结，这与应征入伍的士兵被迫参军也不一样。即便皱眉，那也是一个人所做的事情。皱眉不是强加于他的。因此，有时候“自愿的抑或非自愿的？”这个问题意味着“那个人做了那件事抑或那件事是强加于他的？”；有时候这个问题则预设他做了那件事，但意味着“他做那件事时留意了他正在做的事情没有?”或者意味着“他是有意地，还是无意地、机械地或本能地做了这件事，等等?”

(2) 如果在“故意”或“企图”的意义上使用“自愿地”一词，那么，说一个人自愿地做某件事便意味着，他的行动无疑反映了心灵的某种性质或某些性质，因为(可以超出语词的本义说)他在某种程度上并以某种方式留心了他正在做的事情。由此还可以得出，假如他具有言语能力，那么他就能够不加探究不加猜测地说出自己一直在试图完成什么事情。不过，我们将在第五章中论证，“自愿”所具有的这些含义并不带有人们常常以为必然会得出的各种双重生活的结论。有意地皱眉头并不是在前额上做一件事并且在第二个比喻性的场所做另一件事；它也不是用眉肌做一件事并且用某种非身体的器官做另一件事。有意地皱眉头更不是首先作出某种隐秘的非肌肉的引起皱眉的努力，从而在前额上作出皱眉动作。“他有意地皱眉头”并没有报道发生了两个事件。它报道了一个事件的发生，但这个事件在性质上很不同于“他非自愿地皱眉头”所报道的事件，尽管你完全可以在摄影方面使有意的皱眉和非自愿的皱眉显得极其相似。

75 (4) 意志自由

我们已经指出，在某些哲学家对于行动的自愿性的讨论中，“自愿的”、“非自愿的”和“有责任的”等语词并不是像通常那样限用于过失或明显的过失，而具有较广的使用范围，这个范围包括了所有可以根据任何衡量行为是否优秀或是否可接受的标准而得到好评或批评的行为。在这些哲学家的用法中，一个人可以被描述为自愿地做了正当的事情或错误的事情，也可以被描述为不仅对自己的应受指责的行动而且对自己的值得赞扬的行动负有责任。这就是说，他们把“自愿”用作“有意”的同义词。

不过，哲学家采纳这种推广了的用法有其强烈的理智上的动机。他们感到需要一套术语，以便用它来区分那些或者适合于称赞或者适合于责难的事情和事件与那些既不适合于称赞也不适合于责难的事情和事件。他们觉得，若没有这样一套术语，就不可能指出精神领域中的成员应当具备哪些条件，而缺乏这些条件即意味着它们要被贬黜到无意识无理性的大自然的领域中去。

这样关注于发现某种独特的要素——哪里有精神，哪里就有这种独特的要素；哪里没有精神，哪里就没有它——其主要根源是出于对机械论妖怪的恐惧。人们相信，各门物理科学已经确立，或正处于确立之中，外部世界的事物和事件受到可发现的法则的严格支配，对于这些法则的阐明不容有任何评价性语词。人们感到，所有外部事件都被禁闭在机械性因果关系的铁槽之内。这些事件的起源、特性和进展过程完全可以或者将完全可以用可度量的因此据说是无目的的力量来解释。

为了拯救我们运用各种评价概念的权利，就不得不表明，评价概念的正当运用领域在于外部世界之外的其他某个地方，有些哲学家便认为，由不可度量但却有目的的力量构成的内部世界可用来完成这种设想。由于“意志活动”已被确定为所需的内部力量的产物，所以自然就会假定，用“意志活动的繁衍”来定义的“自愿”乃是使事件得以成为精神性东西的那种共同而又独特的要素。因

76 此，科学命题和评价命题分别被区分为对于发生在外部世界中的事物的描述和对于发生在内部世界中的事物的描述——这种区分至少延续到心理学家们声称，他们的断定是对于发生在内部世界中的事物的科学描述。

结果，人应否受到赞扬或受到责备的问题被解释为意志活动是否为结果的问题。

（5）机械论妖怪

每当一门新科学获得了最初的巨大成功之后，它的热心的赞助者总是会幻想，所有的问题现在都可以通过推广它在它自己的领域中解决问题的方法而得到解决了。有一个时期理论家们曾经想象，整个世界只不过是由各种几何图形构成的一个复合体；在另一个时期理论家们又想象，整个世界都可以用纯算术命题来描述和解释。化学的、电学的、达尔文主义的和弗洛伊德主义的宇宙起源学说也曾有过辉煌但却短暂的全盛期。过度热心者总是说："终于，我们能够给出或至少指出一种能解决所有困难的办法了，这种解决办法无疑是科学的解决办法。"

由哥白尼、伽利略、牛顿和波义耳开创的物理科学对于宇宙起源学说建设者的影响，不论与先于它们出现的科学相比还是与后于它们出现的科学相比，都更为长久更为强大。人们至今仍然倾向于把力学法则不仅看作是科学法则的理想典范，而且在某种意义上看作是大自然的终极法则。他们往往希望或者往往害怕，生物学的、心理学的和社会学的法则终有一天将被"归约"为力学法则——尽管现在还不清楚，这种"归约"会是一种什么样的贯通。

我已把机械论说成是一个妖怪。有理论头脑的人惧怕任何事物结果弄清楚都可以为力学法则所说明，可这是一种无根据的恐惧。它之所以是无根据的并非因为他们所惧怕的意外事情碰巧不会即将发生，而是因为谈论这样一种意外事情是无意义的。物理学家也许有一天会找到所有物理学问题的答案，但并非所有的问题都是物理学问题。他们已发现的和将发现的法则在“支配”这个具有比喻性质的动词的一种意义上，也许支配着每一件发生的事情，但它们并不注定每一件发生的事情。它们的确并不注定任何发生的事情。自然法则不是上谕。

举一个例子也许可以阐明这一点。有一个受过科学训练但不 77
懂得下棋或任何其他游戏的观众被允许在各步棋之间的走棋间隙时间内观看棋盘。他此时还没有看到棋手走棋。经过一段时间后他开始注意到了某些规则。“卒”按常规一次只能走一格并且只能向前走，除非在某些特殊情况下它们可以斜着走。“象”只能斜着走，尽管它们一次能够走任何数目的格子。“马”总是走曲双格。如此等等。这个旁观者经过长期研究之后得出了所有的下棋规则，此时才允许他看到，棋子的移动是我们叫做“棋手”的人作出的。他对棋手们所受的束缚表示同情。他会说：“你们走的每一步棋都受到了牢不可破的规则的支配；从你们中的一个人把手放在一只卒子上的那一刻起，他用这只卒子会走出哪一步棋在大多数场合下都是可以准确地加以预言的。你们悲剧性地称之为‘游戏’的整个过程都是无情地预先注定的；可以表明，其中每一步棋都受到了这个或那个铁的规则的支配。无情的必然性支配着这种游戏，在它之中没有为智力或意图留下任何地盘。诚然，我现在还不

能够根据我迄今发现的规则解释我目睹的每一步棋。但若认为有些棋步无法解释,那是不科学的。因此必定还有一些规则,我希望能发现这些规则,它们将令人满意地完成我已开始的解释。”当然,棋手们听了会哈哈大笑并且会向他解释:虽然走的每一步棋都受到规则的支配,但任何一步棋都不为下棋规则所注定。“诚然,假定我着手走‘象’,你就能有把握地预言它会停在与它原来所在的格子颜色相同的一个格子上。这能够根据规则推演出来。但我在这一局棋的哪个阶段将走我的‘象’以及将走几格,这在棋规上却没有说明,也不能根据棋规推演出来。我们有充分的余地来展示聪明和愚蠢,来深思熟虑和作出选择。虽然从不发生任何无规律的事情,但却发生了许多令人惊讶的、善于创新的和笨傻的事情。对于所有已成为过去的棋局来说,棋规并没有任何变化,但对于过去的几乎每一局棋来说,棋手们回想不起曾经有过极为类似的棋
78 局。棋规是不可变更的,但各局棋却不是一律的。棋规规定了棋手们不可以走的棋;其他任何棋则都是允许走的,尽管允许走的许多棋会是一些恶手。”

“并不存在任何别的下棋规则等着你去发现,你希望为我们走出的各步特殊的棋找到‘解释’,当然,你能够找到这样的解释,但这些解释并不依据规则,而依据某些全然不同的东西,诸如棋手对于战术原则的考虑和运用等等。你对于构成解释的东西的想法太狭隘了。在某种意义上一条规则‘解释’了一步符合于这条规则的棋,在另一种意义上一个战术原则也解释了一步棋,这是两种不同意义的解释,尽管每一步服从于战术原则的棋也服从于下棋规则。知道怎样运用战术原则包含了知道下棋规则,但并不存在这些战

术原则‘可归约’为下棋规则的问题。”

举这个例子并非意在提出，物理学法则与下棋规则很相像；因为大自然的过程并不是一种游戏，它的法则也不是人的发明或约定。举这个例子是为了表明，若说同一个过程，如走“象”的一步棋，符合于两个完全不同类型的原则，其中任何一个原则都不能“归约”为另一个原则，尽管其中的一个原则预设了另一个原则，这样说并不存在矛盾。

由此可以得出，各步棋都有两种完全不同的“解释”，其中任何一种解释都不是与另一种解释不相容的。的确，依据战术原则的解释以依据下棋规则的解释为先决条件，但它并不能根据下棋规则演绎出来。这一点还可以用另一种方式表达出来。旁观者可以在“为什么”的一种含义上问：为什么“象”总是落在一个与它原先所在的格子颜色相同的格子上；对于这个问题别人会让他去看一看下棋规则，包括那些规定了棋盘的图样的规则。尔后，他可以在“为什么”的另一种含义上问：为什么一个棋手在对弈的某个阶段把一只“象”（而不是其他某个棋子）走在某一格上（而不是走在另一格上）；对于这个问题别人则会回答说，这样走是为了迫使对方的“王后”不再威胁那个棋手的“王”。

像“解释”、“法则”、“规则”、“原则”、“为什么”、“因为”、“原因”、“理由”、“支配”、“迫使”等等这样的语词，都具有一系列不同类型的含义。机械论之所以看来是一种威胁，是因为人们以为，这 79 些术语在力学理论中的用法是它们的唯一用法；所有“为什么”的问题都可以依据运动的法则得到解答。事实上，所有具有某种类型的“为什么”的问题也许都可以用这些术语得到解答，而任何一个具有其他类型的“为什么”的问题却不能仅仅用这些术语得到解答。

完全有可能，吉本(Gibbon)在写作《罗马帝国的兴衰》一书时从头至尾一次也没有违反过英语语法规则。这些规则支配了他的全部写作，但并没有注定他应当写什么，甚至也没有注定他应当用哪种文体写作；它们仅仅不允许以某些方式来组合语词。知道了这些规则并且知道吉本服从了这些规则，读者就能根据某个语句的主词用了复数形式这个事实预言，这个语句的动词将采用复数形式。他的预言将始终正确，但我们不会感到要去悲叹：吉本手中的笔在按命中注定的常规移动。语法告诉读者，那个动词必定采用复数形式，但语法并不告诉读者，它将是哪一个动词。

《罗马帝国的兴衰》一书中的一个论证性段落可以从它的语词安排所遵守的语法规则、文体准则和逻辑规则各方面来加以考察。这些不同类型的原则之间不存在任何冲突或竞争；所有这些原则都同样地应用于同样的材料，都同样能够为正确的预言提供许可证，都同样可以被人查询，以便回答具有“为什么吉本写了这个而不是写了别的什么?”这同一个语句形式的各种问题。

正如语法规则并没有把文体或逻辑从散文中排挤出去，物理科学的各种发现也并没有把生命、感知能力、意图或智力从世界的存在中排除出去。无疑，物理科学的各种发现根本不谈生命、感知能力或意图，但语法规则也根本不谈文体或逻辑。因为，正如语法规则既适用于《罗马帝国的兴衰》，也适用于《惠特克历书》，[1]既适

① *Whitaker's Almanac*，为一种著名的历书，主要内容是对于下一年的日出时间、日落时间、潮汐周期、周年纪念日和节假日等的记述。其文体当然与大散文家吉本的文风迥然不同。——译者

用于休谟的推理，也适用于埃迪夫人[1]的推理，同样，物理学法则既适用于无生命的东西，也适用于有生命的东西，既适用于白痴，也适用于有智力的人。

想象中的力学世界的最令人喜爱的模型是这样一个模型：台球靠碰撞而彼此把自己的运动传递给对方。然而台球游戏却为事件的过程提供了最简单的例子之一，它表明，要描述事件的过程， 80
力学的术语是必要的但却是不够的。无疑，根据已知的法则，若精确地知道台球的重量、形状、弹力和运动、球桌的构造和空气的状况，那么在原则上就有可能从台球的一个瞬时状态推演出它们此后将处于什么状态。但由此并不能得出，仅根据这些法则就可预言台球游戏的过程。一个科学的预测者若不知道台球游戏的规则和战术以及击球者的技能和计划，那么他也许能够根据作出的一击预测各个球在下一击作出之前将会停留在什么位置；但他无法再作进一步的预测。击球者本人也许能够适度地预见到自己会得多少分，因为他也许知道适用于这类情况的最佳战术，并且他也很了解自己的技能、持久力、耐心、敏锐性和意向。

必须指出，就击球者具有把球击到他所希望的地方去的技能而言，他必须对支配着台球的加速和减速的力学原理有一种基于经验和实践的知识。他对怎样贯彻自己的意向所具有的知识并不与他对力学法则所具有的知识相冲突；前一种知识依赖于后一种知识。我们在对他的击球动作运用各种评价概念时，不会由于他

---

[1] Mrs. Eddy，即 Mary Baker Eddy (1821－1910)，美国宗教界领袖，基督教科学运动的奠基人。她的文风简朴，粗放，逻辑推理也不甚严密，自然比不上大哲学家休谟的严密推理。——译者

传递给台球的运动受到了力学法则的支配而感到烦恼；因为，假如游戏器具活动起来都是无规则的——事实上这不可能，那就根本不可能有技能性的游戏了。

现代的解释把自然法则看作一些不具有必然性但具有极大可能性的陈述，人们有时候欢呼，这种解释为大自然中的非严格性提供了一种迫切为人所需的要素。有些人往往觉得，我们现在终于能够在受科学原则指导的同时保留很少一些场合以便在这些场合下能够正当地运用评价概念了。这种愚蠢的见解以为，一个行动不应受到好评或责难，除非它在科学的概括范围之外。但是，正如台球击球者并不要求从台球规则那里得到任何特别的恩惠，同样，他也并不要求从物理学法则那里得到任何特别的恩惠。为什么他不应当提出特别恩惠的要求呢？因为物理学法则并没有强制他的手。某些道德哲学家表达了这样的恐惧：自然科学的进展缩小了

81 运用伦理美德的领域，因为伦理美德的运用的基础在于，认为同一个事件既受力学法则支配又受道德原则支配的说法存在着某种矛盾。不过这个看法之没有根据，正如认为一个高尔夫球手不能同时**既**遵守弹道学法则**又**服从高尔夫球规则**又**漂亮而熟练地打出高尔夫球。不仅在任何事物都受到力学法则支配的地方，意图也具有充分的用武之地，而且，若事物不受力学法则的支配，那么意图就不会有任何用武之地。可预测性是谋划的一个必要条件。

所以，机械论只不过是一个妖怪而已，尽管生物学、人类学、社会学、伦理学、逻辑学、美学、政治学、经济学、编史学等各门学科中的专门概念都还有许多东西需要加以阐明，我们却并不需要那种没有什么成功希望的拯救活动，亦即不再把这些专门概念用于日

常世界而将它们用于其他某个假设的世界，或者把存在于自然界中的事物与存在于非自然界中的事物分割开来。为了保障行为者的公开行动有权受到赞扬或责难，并不需要任何隐秘的举动作为公开举动的先行者，即便这些隐秘的先行者确实存在，它们也不会成为有效的保障。

人不是机器，甚至也不是被幽灵控制的机器。人就是人——这种同义反复往往值得牢记。人们常常提出像“我的心是怎样使我的手去作出所需的动作的?”这样的问题，甚至提出“是什么东西使得我的手做了我的心要它去做的事?”这样的问题。这种类型的问题是针对某些链锁过程而恰当地提出的。对于“是什么东西使得枪弹飞出枪管?”这个问题，我们可以恰当地回答说：“是子弹里的气体的膨胀”；对于“是什么东西使得子弹爆炸?”这个问题，我们可以提到起爆剂的击发来予以回答；而对于“我扣动扳机怎么会使撞针击发起爆剂?”的问题，我们则可以描述扳机与撞针之间的弹簧、控制杆和扣钩等机械装置来予以回答。因此，若有人问“我的心是怎样使我的手指扣动扳机的?”那么这个问题的形式便预先假定了，要涉及一个进一步的链锁过程，它包含着一些更为先在的绷紧、松开和放出等举动，尽管这一次是一些“心理的”活动。但不论提出什么样的活动或举动作为这个假设的链锁过程的第一步，我们都不得不以一种方式来描述它的实施，而这种描述方式与我们在日常生活中描述射手扣动扳机的方式是完全一样的。亦即我们 82
只是说，“他做了这件事”，而不会说，“他做了或经历了其他某种引起这件事的事情”。

最后，也许应当告诫大家要提防一个非常流行的错误。自然

界的一切事物都服从于力学法则这种传闻常常诱使人说，自然界或者是一个大机器，或者是各种机器的聚合。但事实上自然界中的机器为数甚少。唯一可为我们发现的一些机器是人类制造的机器，诸如钟表、风车和叶轮机。只有为数甚少的自然系统有点相似于这类机器，例如太阳系这样的东西。这些系统确实自己运转着，并且无限地重复着相同的一系列运动。它们确实"像时钟机构那样"走动着，非制造出来的东西极少是这样走动的。诚然，为了制造机器我们不得不知道并运用力学。但发明机器并不是复制我们在无生命的自然界中发现的东西。

我们不得不转向活的有机体，指望从它们那里得到存在于自然界中的自立的、遵循规则的系统的实例，尽管这样做似乎是自相矛盾的。天体的运动提供了一种"钟表"。接着提供了另一种"钟表"的正是人的脉搏。土著儿童把机器看作铁马，其原因也不仅仅在于原始的万物有灵论。自然界中几乎没有别的东西与它们是如此地相似。雪崩和台球游戏都服从于力学法则，但它们根本就不像机器的运转。

第四章　情绪 83

(1) 前言

在这一章中我要讨论某些有关情绪和感触[①]的概念。

这种详细的考察是必要的，因为坚持机器中的幽灵的教条的人为了支持这个教条可以引证说，大多数哲学家和心理学家都同意如下的看法：情绪是内心的或私人的经验。情绪被说成是意识流中的涌浪，有情绪的人，无法避免直接流露出情绪；而对于外在的目击者来说，情绪因此必然是隐秘的。情绪不是一些发生在公开的物理世界中的事件，而是一些发生在你的或我的秘密的心理世界中的事件。

我将论证，"情绪"一词至少被用来指示三种或四种不同的东西，我将把它们叫做："爱好"(或"动机")、"心情"、"激情"(或"骚动")和"感触"。爱好和心情，包括激情在内，都不是事件，因此它们既不公开地发生也不在私下发生。它们是一些天然倾向，不是举动或状态。不过，它们是一些不同种类的天然倾向，而它们的不同是重要的。相反，感触是一些事件，但感触的提及在描述人的行

① 原文为"feeling"，在本章中虽然指情绪性的感受，但与肉体的感觉有某种联系，与心理学教科书上的"情感"一词的含义有所不同。因此决定译为"感触"而不译为"情感"。——译者

为方面所应当占有的地位却很不同于一些标准的理论所赋予它的地位。心情或心境不同于动机，而类似于疾病和气候，它们是一些暂时的状况，这些暂时的状况以某种方式**集合**了一些事件，但它们自身不是另外的事件。

（2）感触与爱好

我用“感触”一词指各种东西，人们常常把这些东西叫做兴奋、
84 内疚、痛苦、悸动、悲伤、渴求、痛心、寒心、热烈、沉重、疑虑、渴望、胆寒、消沉、紧张、苦恼、震动等等[①]。平时，人们常常用“怜悯引起的悸动”(a throb of compassion)、“惊讶引起的震动”(a shock of surprise)[②]或“期望引起的兴奋”(a thrill of anticipation)这样的短语来报道一种感触的发生。

这些表示各种特殊感触的名称，如“渴求”、“疑虑”和“痛苦”，也可用作各种特殊的人体感觉的名称。[③] 这是一个重要的语言学事实。假如某人说他刚才感到剧痛，那么我们可以正当地问，它是悔恨引起的剧痛还是风湿病引起的剧痛，尽管人们不必在不同的上下文中以完全同样的含义来使用“剧痛”一词。

在另一些方面，比方说，我们谈及担心引起的疑虑(qualms of apprehension)的方式类似于我们谈及晕船引起的眩晕(qualms of

① 表述这些感触的英语语词通常都有双重用法，既可在本义上表示人体感觉，又可在比喻的意义上表示心理感触，即某种心理上的疼痛、瘙痒、发抖、振动等等。由于汉语习惯，希望读者不要误解目前采用的译法，以为它们是指各种心情。——译者

② 即“震惊”。——译者

③ 这三个词在英语中分别为“itch”、“qualm”和“pang”，若表示人体感觉则分别意为“痒”、“眩晕”和“剧痛”。——译者。

sea-sickness)的方式。我们往往把二者都刻画为厉害的或不明显的,突发的或缠绵的,间歇性的或稳定不变的。一个人可以因良心的刺痛(a pricking of conscience)而退缩,也可以因手指的刺痛(a pricking in his finger)而退缩。此外,我们在某些情况下往往,比方说,把绝望引起的消沉感定位于胸口上或把愤怒引起的紧张感定位在颚和拳头的肌肉上。其他一些我们不准备将其定位于任何特定的人体部位的感触,如得意引起的热烈感(glows of pride)[1]则似乎遍及全身,就像温暖引起的发热感(glows of warmth)遍及全身一样。

詹姆士大胆地把感触等同于身体的感觉,不过对于我们的目的来说,表明我们在谈论身体的感觉时很多是在谈论感触,就足够了,尽管在谈论感触时可能有一点比喻的味道,而在谈论身体的感觉时则没有比喻的味道。

另一方面,有必要公平对待这样一个关键性事实:我们确实用“担心引起的疑虑”和“得意引起的热烈感”这样的习语来报道感触;也就是说,我们确实区分了“得意引起的热烈感”与“温暖引起的发热感”,我将不得不试图阐明这类区别所具有的力量。我希望能表明,尽管完全可以说某人感到怜悯引起的一阵悸动,但他的怜悯不应等同于一阵悸动,正如他的疲劳并不等于他的气喘吁吁;因此,承认悸动、内疚和其他一些感触是身体的感觉不会得出任何发人深省的结果。

所以,在情绪的一种含义上,感触是一些情绪。但情绪还有另

[1] 即“得意洋洋”。——译者

一种全然不同的含义，在这种含义上，理论家们把用以解释人的高
85 级行为的动机划归入情绪。若我们说一个人是爱虚荣的、为他人着想的、贪婪的、爱国的或怠惰的，那么就对他为什么会有那样的举动、白日梦和想法给出了一个解释，根据标准的术语学，爱虚荣、仁慈、贪婪、爱国心和懒惰等可以列为一种情绪；它们由此而被说成是一些感触。

但这里存在着语词上的巨大混乱，同时伴随着逻辑上的巨大混乱。首先，当我们说某人爱虚荣或懒惰时，语词“爱虚荣”和“懒惰”被用来表示在不同程度上一直存在于他的性格中的一些特点。在这种用法中，我们可以说他自幼一直爱虚荣，或可以说他在半天的休假中一直很懒惰。他的爱虚荣和懒惰是一些素质性的品质，这些品质能够在“每当发生了某种情况，他常常或总是试图显示自己”或“每当他要在做某件困难的事情和不做它二者之间进行选择时，他都逃避做那件难事”这样的表述中揭示出来。以“每当”开头的语句并不是对单个事件的报道。动机词若以这种方式来使用便表示了一些倾向或天然倾向，因而它们不能表示各种感触的发生。它们是某一类一般假言命题的省略表达，而不能解释为表达了记叙事件的定言陈述。

不过，有人会反对说，动机词除了有这种素质性的用法之外，必定还有一种对应的举动性用法。在“守时的”这个形容词的素质性含义上，一个人若是守时的，那么他必定在各种特殊的场合下都倾向于守时间，而说他准时赴了一个特定的约会，那就不是在“守时”的素质性含义上，而是在“守时”的举动性含义上说的。“他对于自己的约会倾向于守时间”表达了一个一般假言命题，它之为真

有赖于:也应当存在着对应的具有“他准时赴了今天的约会”这种形式的真的定言命题。因此,有人会论证说,一个人若是一个爱虚荣的人或懒惰的人,那么在特定的时刻就必定会发生一些爱虚荣和懒惰的特定举动,而这些举动就将成为实际的情绪或感触。

这种论证无疑确立了某种东西,但并没有确立它想要确立的东西。说一个人爱虚荣就是说他服从于一种特定的倾向,这固然不错,但这种倾向的特殊体现却不在于他流露出一些特殊的兴奋 86
或痛苦。相反,当我们听说一个人爱虚荣之后,我们首先会预料他将以某些方式行事,也就是说,他会谈自己谈得很多,会依恋于社会名流,会拒绝批评,会喜欢表现自己,会不提别人的长处。我们还会预料,他会沉迷于对自己的成功作美好的幻想,会避免回想往日的失败,会谋划他自己的进升。爱虚荣就是倾向于以这些方式和无数其他的类似方式行事。无疑我们也会预料,爱虚荣的人在某些情况下会感到某些种类的痛苦和颤动;我们预料,当某个名人忘了他的姓名时,他会有一种强烈的消沉感,而当他闻及竞争对手的不幸时,则会感到心情舒畅、脚步轻快。但怨恨和舒畅的感触不如公开的自夸举动或私下的幻想活动那样是爱虚荣的直接标志。出于一会儿大家就将看到的理由,它们的确不是很直接的标志。

有些理论家会反驳说,把自夸的举动说成是爱虚荣的一种直接体现就是忽略了那种情况下的主要因素。若我们在解释一个人为什么要自夸的原因时说,因为他爱虚荣,那么我们就忘记了,一种素质不是一个事件,因此不能作为一个原因。他自夸的原因必定是一个先于他开始自夸的事件。他必定被某种实际存在的“冲动”亦即爱虚荣的冲动所推动而去自夸。因此,爱虚荣的立即实现或直接实现是一些特殊的爱虚荣的冲动，而这些冲动就是感触。爱虚荣的人是一个倾向于流露各种特殊的爱虚荣的感触的人；这些爱虚荣的感触促使他推动他去自夸，或者也许促使他推动他想要去自夸，以及去做我们所说的由于爱虚荣而做出的所有其他事情。

应当指出，这种论证确信：解释一个出于某种动机——在目前情况下是由于爱虚荣——而做出的举动，就是给出一个因果关系的解释。这意味着，这种论证认定：一个心灵——在目前情况下即自夸者的心灵——是一个含有各种特定原因的领域；这就说明了，它为什么请了一种爱虚荣的感触来作为公开的自夸举动的内心原因。我将简明地论证，解释一个出于某种动机而做出的举动并不类似于说，因为石块击中了玻璃，所以玻璃破碎了，而类似于另一种完全不同的陈述：因为玻璃易碎，所以当石块击中玻璃时，玻璃
87 破碎了。正如除了受到打击时破成碎片这样的事之外，易碎性并没有别的即刻的实现，同样，除了诸如自夸、对成功的幻想、避免谈及别人的长处这样一些举动之外，也无须假设长期性的爱虚荣还有其他一些即刻的实现。

但在推广这个论证之前，我想表明，这样一种看法——亦即每当一个爱虚荣的人作出爱虚荣的举动时他都经验到了一种特殊的爱虚荣的颤动或刺痛——在本质上看来是怎样地没有道理。武断一些说，爱虚荣的人从未感受到爱虚荣。无疑，当爱虚荣的人遭受挫折时，他会感到极其愤怒，而当他获得意外的成功时，他会感到心情舒畅。但并不存在任何特殊的兴奋感或痛苦感，使得我们可以称之为一种“爱虚荣的感触”。的确，若存在着这样一种可以辨

认的特殊感触，并且爱虚荣的人又在不断地体验到这种感触，那么他就会是第一个而不是最后一个认识到自己在多大程度上爱虚荣的人了。

再举一个例子。有一个人对符号逻辑感兴趣。他经常阅读符号逻辑方面的书籍和文章，经常探讨这个课题，经常解决其中的问题，并且经常不注意关于其他课题的演讲。根据上述受到辩驳的看法，他就必定会因此不断地体验到一类独特的冲动，亦即对符号逻辑有兴趣的感触，假如他的兴趣很强烈，那么这些感触必定会非常强烈非常频繁。因此他必定能够告诉我们，这些感触是突发的，像剧痛那样，还是持久的，像连续固定的疼痛那样；它们是在一分钟内相继数次，还是在一小时内发生几次；他是在腰背部有这种感触，还是在他的前额上有这种感触。但是，显然，他对于这类特定的问题的唯一答复将是，他在专心于自己的业余嗜好时感到自己并没有体验到任何悸动或疑虑。当他的研究被打断时，他也许会报道一种烦恼的感触，而当令人烦扰的东西消除时，他也许会报道一种松了一口气的感触；但他不会报道任何对于符号逻辑有兴趣的独特的感触。当他不受干扰地埋头于他的嗜好时，他根本没有感到任何不安。

不过，暂且假定有这类感触，也许每两分钟或每二十分钟产生一次。即便如此，我们仍然应当预料，将发现他在出现感触的间隔时间内探讨和研究符号逻辑；我们应当正确地说，他由于感兴趣而仍然在探讨和研究符号逻辑。这一点本身就确定了这样的结论：88
出于一个动机而做某事与做此事时摆脱了任何特殊的感触是相容的。

当然，关于动机的一些标准理论并不那么粗糙地谈及疑虑、痛苦和颤动。它们比较严肃地谈到欲望、冲动或动力。于是有了一些想望的感触，亦即我们称之为“渴望”、“热望”和“渴求”的感触。因此让我们这样来提问题。对符号逻辑感兴趣是否等同于易于或倾向于感受到某些特别的渴望、苦恼或热望？由于感兴趣而研究符号逻辑是否蕴涵着在每一点研究开始之前都会感受到一次这样的渴求？假如回答是肯定的，那么“研究者由于什么动机在每一次渴求之间的间隔时间内研究符号逻辑？”这个问题就不可能有任何答案。假如说他的兴趣很强烈意味着所假定的感触频繁而且强烈，那么就会得出这样的荒谬结论：一个人对一个课题的兴趣越强烈，他就越不能专注于这个课题。说一种感触或感觉是“强烈的”就是说很难不专注于这种感触或感觉，而专注于一种感触与专注于符号逻辑中的一个问题不是一回事。

所以，我们必须摈弃试图证明动机词是感触的名称或者是会产生感触的倾向的名称的论证所得出的结论。但得出这种结论的论证出了什么差错呢？

一个事件得到了“解释”，这种说法至少有两种全然不同的含义；与此相应，问“为什么”它发生了以及答曰它之所以发生是“因为”如此这般的情况，至少也都有两种全然不同的含义。第一种含义是因果关系的含义。问玻璃为什么破碎了就是问，破碎的原因是什么，在这种含义上，若我们报道一块石头击中了它，那么我们就解释了玻璃的破碎。“因为”从句在解释中报道了一个事件，也就是说，这个事件对于玻璃的破碎来说是引起结果的原因。

但是我们经常在“解释”的另一种含义上寻求并且得到对于各

种事件的解释。我们问，为什么石块击中玻璃后玻璃破碎了，我们
得到回答说，这是因为玻璃易碎。然而“易碎”是一个素质性形容
词；也就是说，说玻璃易碎就是断定了一个关于玻璃的一般假言命 89
题。因此，若我们说，玻璃受打击后破碎了是因为它易碎，那么这
里的“因为”从句并没有报道一个事件或一个原因；它陈述了一个
似法则命题。关于这第二种解释，人们通常说，它给出了玻璃受打
击后破碎的“理由”。

似法则一般假言命题是怎样起作用的呢？它粗略地说明了，**假如**玻璃受到激烈的打击或扭曲等等，不**会**溶解、延伸或挥发，而**会**破成碎片。在解释的这种含义上，若第一个事件即石块的撞击满足了这个一般假言命题的条件从句，并且第二个事件即玻璃的破碎满足了它的结论句，那么，玻璃确实在某个特殊的时刻受到一块特殊的石块打击后破成了碎片这个事实就得到了解释。

现在我们可以用这一点来解释出于某些特定的动机而作出的举动。当我们问：“为什么某人作出了那样的举动？”就其语言而论，这个问题可以是对于他作出那样的举动的探究，也可以是对于行为者的性格的探究，这种性格说明了他在那个场合下为什么作出那样的举动。我认为，用动机作出的解释属于第二种类型的解释而不属于第一种类型的解释，这是我现在试图要证明的。照一般的说法，一个人若报道了之所以做出某事的动机，那么他就给出了那个举动的“理由”。这说法也许不仅仅是一件语言学的事实，还应当注意到，对于人的举动作出的这类解释有许多不同的种属。抽搐可以用反射来解释；把烟丝装入烟斗可以用长期形成的习惯来解释；回复一封信可以用动机来解释。不过反射、习惯和动机之

间的某些区别将不得不在较晚的阶段来予以描述。

目前的问题是这样的。根据一种观点，“他出于爱虚荣而自夸”这个陈述应当解释为“他自夸并且他自夸的原因是在他身上发生了一个特殊的爱虚荣的感触或冲动”。根据另一种观点，这个陈述应当解释为“他遇见陌生人就自夸，并且他的做法满足了这样一个似法则命题：每当他发现能得到别人赞美和羡慕的机会，他就会做出在他看来会引起别人的赞美和羡慕的任何事情”。

90 我赞成对这类陈述作第二种解释的论据首先是，没有一个人能够知道，甚至一般说来没有一个人能够合理地猜测，别人之所以作出公开举动是因为在他身上发生了一种感触。即便行为者报告说，他在自夸之前的一刹那体验到了一种爱虚荣的渴求（事实上人们从未这样报告过），那也是十分无力的证据，难以证明公开的举动是这种渴求引起的，因为，引起公开举动的原因也许是许许多多同时发生的其他事件中的任何一个，谁知道是哪一个呢！根据这一观点，把公开的举动归咎于动机的做法将无法得到任何直接的检验；没有一个讲理的人会依赖于这样的做法。这样的做法好比是在禁止凿井的地方进行占卜探水。

不过，事实上我们确实发现了他人的动机。发现他人的动机的过程尽管难以避免错误，但这类错误也不是不可纠正的。它是一种归纳的过程或者类似于一种归纳的过程，其结果是确立一些似法则命题以及把它们用作特殊举动的“理由”。在每一种情况下所确立的东西都是一个或者都含有一个属于某一类的一般假言命题。把一个特殊的举动归咎于一种动机并不是依据一种因果关系推出一个未被观察到的事件，而是把一个事件命题归入一个似法则命题。因此这种过程类似于用反射和习惯来解释反应和举动，或类似于用玻璃的易碎性来解释玻璃的破碎。

一个人发现自己的持久动机的方式与发现别人的持久动机的方式是一样的。在这两种探究中，虽然他能获得的信息的质和量是不同的，但信息的项目一般来说属于同一类。确实，对于自己过去的行为、思想、幻想和感触，他能回忆起很多东西；他还能做一些思想实验，设想自己面临着一些实际上并不存在的任务和机会。从而他能够根据这些材料对自己的一些持久爱好作出评判，而他在评价别人的爱好时是得不到这些材料的。另一方面，他对于自己的爱好的评判不会是不偏不倚的，若让他把自己的举动和反应与别人的举动和反应作比较，他并不处于有利的地位。我们一般认为，关于一个人的主要动机以及他的习惯、能力和弱点，公正的有眼力的旁观者比他本人能作出更恰当的评价。不过这种看法是 91
与那种理论直接相对立的，因为那种理论主张，行为者拥有一种特许的途径来发现他自己的举动的所谓动机，由于那种途径，他不经过推理或研究就能够发现而且必定会发现，他在某一个特殊的场合出于哪些动机而倾向于行动，并且出于哪一个动机而作出了行动。

我们将会在后面（第五章）看到，一个人若做了或经历了某件事情并同时留意了他在做或正在经历的事情，那么他通常不经过推理或研究就能够回答关于那个事件的各种问题。不过使他得到那些现成答案的东西也能够并且也常常确实使他的同伴得到同样的现成答案。他不必是侦探，但他的同伴也不必是侦探。

这个论点还有另一个论据。一个在回答别人提问的人可能说，他正在考察一条沟渠，以便找到某种昆虫的幼虫；他寻找这些幼虫是为了弄清楚它们寄生在哪一种动物群或植物群上面；他试图弄清楚这些是为了检验某个生态学的假说；而他想要检验这个假说是为了检验某个关于自然选择的假说。在每一阶段他都宣布了之所以要进行某些研究的动机或理由。并且他给出的每一个后继的理由都比前一个理由具有较高层次的一般性。他把一件感兴趣的事纳入另一件感兴趣的事之中，多少有点像把较为特殊的法则纳入较为一般的法则之中。他并非在按时间顺序记录一系列越来越早的发展阶段，尽管他当然能够这样做，若别人向他提出了一些完全不同的问题：最初是什么东西使你对这个或那个问题产生兴趣的？

一个举动就其自身而言，若“做出这个举动是出于什么动机？”这样的问题对于它来说是很自然的，那么，它总有可能出自习惯的力量而非出自一个动机。不论我做了什么或说了什么，总是可以设想，我是全然心不在焉地做出它或说出它的，尽管这样的设想几乎总是错误的。出于一个动机作出一个举动不同于出自习惯作出这个举动；但属于一个类的各种事物也可以属于另一类。然而说一个举动是出自习惯的力量显然就是说，一种特定的素质解释了这个举动。我相信，没有一个人会认为，“习惯”是一个或一类特殊
92 的内心事件的名称。因此，问一个举动是出自习惯的力量还是出自内心的仁慈也就是问，就这两种特定的素质而言哪一种素质是对于那个举动的解释。

最后，我们应当考虑，若一个人做出某事的动机是有疑问的，我们应当用什么样的检验来解决这样的疑问；例如，他放弃了一个

报酬优厚的职位而去就任一个相对来说地位较低的政府职位是出于爱国心还是出于想要免服兵役？我们一开始也许询问他；但在这类事情上，无论是对我们还是对他自己，他很可能不会作出坦白的回答。于是我们会考虑，他在各种场合下的言论、举动、局促不安等等是否符合这样的假设：他确实胆小并且不喜欢受管束；或者，这些言论、举动、局促不安等等是否符合这样的假设：他不那么看重钱财并且会为了有助于赢得战争而牺牲一切。我们以此来解决上述问题，这样的努力不一定不成功。也就是说，我们试图用归纳法来确定他性格方面的一些相关特点。然后，我们把归纳出来的结论用于他的特殊决定，亦即解释他为什么会作出这个决定。在此过程中，我们并没有逼迫他回想他在作出这个决定时流露出来的渴求、痛苦和悸动；我们很可能也不会费心去推论这些感触的发生。我们之所以不很留意其动机受到考察的人所具有的感触，有一个特定的理由，因为我们知道，感伤主义者具有各种逼真而频繁的感触，然而他们的明确举动却非常清楚地表明了，他们的爱国心之类的东西不过是一种任性的装扮，当他们闻知自己的国家处境危急时他们便情绪低落，但他们的食欲并没受到影响，生活常规也没有改变。他们的情绪会由于一次分列式阅兵而高涨，但他们自己却不去列队操练。他们不如说像一群戏迷或小说迷，戏迷和小说迷也会真正感受到由于绝望、愤慨、振奋和憎恶而引起的痛苦、热烈、颤动和痛心，不同的是，戏迷和小说迷认识到自己在装扮。

所以，说某种动机是某人性格方面的一个特点就是说，他好做某些种类的事情，好作某些种类的计划，容易沉迷于某些种类的白

日梦，当然，他在某些情况下也易于产生某些种类的感触。说他出于那种动机做了某件事就是说，他在特殊的环境下做出的这个举
93 动只不过曾经是一种去做的爱好。说他出于那种动机做了某件事也就是说，“他会做那件事”。

（3） 爱好与激情

与爱好大不相同的东西是心绪或心情。有心绪的人可以被描述为激动的、烦扰的、心乱的或不安的。焦虑、震惊、震动、兴奋、狂乱、惊愕、悬望、慌张和恼火等等，都是大家所熟悉的各种激情。它们是一些骚动，人们通常把它们的不安程度刻画为激烈的程度。就这些心情的任何一种而言，我们都可以有意义地说：一个人太烦扰了，以至于不能前后一致地思考或行动；他太吃惊了，以至于说不出一句话来；他太兴奋了，以至于无法集中心思。当我们说，有人惊愕得无言以对或吓得无法动弹时，我们实际上就是说，那种特定的激情是极端激烈的。

这一点已经指出了爱好与激情的部分区别。若说一个人对于符号逻辑有如此强烈的兴趣，以至于无法专心于符号逻辑，或者说某人太爱国了，以至于不能为祖国工作，那是荒唐的。爱好不是烦扰，因此也不能是激烈的或不激烈的烦扰。一个人的主要动机若是慈善或爱虚荣，那么就不能说慈善或爱虚荣扰乱了他或使他不安，因为他根本没有心乱或不安。他是全然一心一意的。慈善和爱虚荣不是情感的激烈爆发。

正如“心乱”和“激情”这两个语词本身所表明的那样，用一个冒险的比喻来说，处于这些状况中的人们，受制于一些对立的力

量。这种冲突的两种基本类型是：当一种爱好与另一种爱好背道而驰时所发生的冲突，以及当一种爱好受到世上的严酷事实的阻挠时发生的冲突。一个既想过乡村生活又想要保持一个需要他生活在城市中的职位的人，其爱好背道而驰。一个想要活下去却濒临死亡的人，为事实所阻而无法做他想望的事情。这两个例子表明了激情的一个重要特征，亦即激情以其自身不是激情的一些爱好的存在为先决条件，就如旋涡以其自身不是旋涡的水流的存在为先决条件。旋涡是一种妨碍状态，可以说，旋涡需要存在两股水
流，或存在一股水流和一块礁石；激情需要存在两种爱好或一种爱 94
好和一个事实的阻碍。某种悲痛，是被死亡阻塞的爱；某种悬望，是被恐惧妨碍的希望。若由于爱国心和野心相互牵制而备受折磨，那么受害者必定既是爱国的又是有野心的。

在哈奇逊之后，休谟也部分地注意到了爱好与激情之间的这种区别，因为他注意到，某些“激情”在本质上是平静的，而其他一些“激情”则是激烈的。他还注意到，一种平静的激情可以“克服”一种激烈的激情。但是他在“平静”与“激烈”之间作出的对照仅仅意味着属于同一类的两种东西相互之间在程度上有所差别。事实上，爱好和激情是属于不同类别的东西。激情可以是激烈的或不激烈的，爱好则既不能是激烈的也不能是不激烈的。爱好可以是相对强的或相对弱的；但这种差别不是不安程度的差别，它是作用程度的差别，因此是一种大不相同的差别。休谟所用的“激情”一词至少被用来表示两类决然不同的东西。

若我们说，一个人非常贪婪并且很喜爱园艺工作，那么这句话的部分意思是，前一个动机比后一个动机强，其含义在于，他致力

于发财致富的内心行为和外在行为大大超过他致力于园艺学的内心行为和外在行为。而且，当少量的金钱损失会给他的园子带来较大的改进时，他很可能会放弃兰花而保留现金。但要说的话还不只是这些。对于一个可以说是非常贪婪的人来说，这种天性必定会以同样的方式支配他的所有其他的或几乎所有其他的爱好。即使说他很喜爱园艺工作，那也表明，这种动机支配了其他许多爱好。各种动机的强度都是相对的，或相对于其他某种特定的动机，或相对于其他各种动机，或相对于其他大多数动机。它们部分地为行为者分配他的内心活动和外在活动的方式所决定，只是在特殊的情况下，亦即当环境产生了这样一些竞争，使他不能同时做两件他都爱好的事情时，它们部分地也为他的各种爱好之间的竞争
95 结果所决定。的确，说他的动机具有如此这般的强度只是说，他倾向于以如此这般的方式分配他的活动。

有时候一种特殊的动机是如此强有力，以至于它总是或几乎总是支配着其他各种动机。守财奴或圣徒也许宁愿牺牲一切，甚至牺牲生命，而不愿失去他最珍视的东西。假如世界是仁慈的，那么这样一种人就决不会真正地激动或心乱，因为没有任何其他爱好强烈到足以与他的心愿竞争或对抗。他不会处于自己与自己相争的境地。

“情绪”、“易动情感的”、“受感动”等语词的最通行的用法之一就是描述人们一再或容易陷入的各种激情或其他一些心情。“非常容易动情感的人”通常意指经常狂乱不安、异常兴奋或惊慌失措的人。不论出于什么理由，假如把这种用法选为“情绪”的标准含义或本义，那么动机或爱好根本就不是情绪。爱虚荣不会是一种

情绪，尽管懊恼会是一种情绪；对符号逻辑感兴趣不会是一种情绪，尽管对其他课题感到厌烦会是一种情绪。但试图删除“情绪”一词的歧义却没有什么道理，因此不如说，假如你喜欢的话，那么各种动机也是一些情绪，但其含义不同于说各种激情是一些情绪。

我们必须区分像“烦恼”、“兴奋”和“局促不安”这样一些词的两种不同用法。有时候我们用它们来表示暂时的心情，如我们说，某人局促不安了几分钟或烦恼了一个小时。有时候我们则用它们来表示心情的易感性，如我们说，某人会由于受到赞扬而局促不安，亦即每当受到别人的赞扬时他总是局促不安。同样，“患风湿病”有时意味着“发了一次风湿病”，有时则意味着“易于发风湿病”；“爱尔兰多雨”可以意味着爱尔兰现在多雨，也可以意味着爱尔兰通常多雨。显然，“易于感受特定的激情”与“爱好”都处在同样的一般性地位上，也就是说，两者都是一般性天然倾向而不是事件。担忧一场战争的后果或为一个亡友而悲痛，可以在数月或数年之内一直是一个人的特征。他始终忧心忡忡，或始终悲痛不已。

说一个人在几天或几星期之内一直由于某人批评了自己而恼 96
火并不是说，他在那段时期中每时每刻始终处于发脾气、转着愤恨的念头或者流露愤怒的感触的心情之中，因为他也一次又一次地处于吃喝、忙事务和做游戏的心情之中。这句话的实际含义是，他易于回复到那种心情中去；他不断地陷入那种心境，在那种心境中，他无法避免唠唠叨叨地反复讲述自己遭受的不公正对待；他无法避免周而复始地做着各种自我辩白和报复的白日梦；他甚至不能认真地试一试把值得赞扬的动机归咎于批评者，甚至不能认识到对他的批评所含有的任何要旨。说他不断地陷入这种心情就是

用素质性语词来描述他。当一个人长期易于感受一些特定的心情时，这些易感性就是他的性格特点。

但是，当我们说某人在某个特定时间或长期或短期地处于一种特殊的心情时，我们给出了一种什么样的描述呢？部分答案将在本章的第四节中给出。在此只需表明：虽然心情，就像疾病和气候一样，是一些相对短时期的状况，但它们都不是确定的事件，尽管它们表现为一些确定的事件。

从一个人在一小时内一直消化不良这个事实出发并不能得出，他在这个小时内曾感到一次长时期的疼痛或多次短时期的疼痛；也许他根本没有感到疼痛。也不能由此得出，他一直感到要呕吐，或他拒绝进食，或他面色苍白。只要发生了其中的某个事件或其他某个适当的事件，这就足够了。并不存在一个独一无二的事件，它的发生是消化不良的必要条件或充分条件。因此，“消化不良”并不表示这样一个独一无二的事件。同样，一个在生气或在欢闹的人可以说出某些东西，以某种语调谈话，作出某些怪相或手势，做某些白日梦或流露某些感触，但他也可以不这样做。生气或欢闹需要其中的某个举动或反应，或者其他某个适当的举动或反应，但它们之中没有一个是生气或欢闹的必要条件或充分条件。因此，“生气”和“欢闹”并不表示特定的举动或反应。

生气就是有一种心情，每当发生某些种类的事态时，有这种心情的人就会以某种可以含糊地描述出来的方式作出举动或反应，
97 不过这类方式很容易认出来。这就表明，心情词，如“安宁”和“快活”，包括表示各种激情的语词，如“烦恼”和“想家”等等，都表示一些倾向。甚至一时的愤慨或恐慌也不过是，在那个时刻易于做出

变得强硬或发出尖叫之类的事情，或者在那个时刻往往会张口结舌，往往会想不起哪儿可找到安全出口。

无疑，除非实际上发生了足够多的适当事件，否则不能说一个人有一种特殊的心情。“他有一种愤世嫉俗的心情”，就如“他有些神经质”一样，并不仅仅是说“他会……”或“他不能……”。这句话除了提到一些倾向之外，还暗示了实际的行为；更确切地说，它暗示了实现这些倾向的实际行为。它连带地解释了实际上正在发生的事情，并且认可了这样一些预测：假如……，哪些事情就会发生，或者，假如……，哪些事情本来会发生。它很像这样的说法：“当那块卵石击中了玻璃时，玻璃由于很容易破碎而破裂了。”

但是，尽管各种激情像其他心情一样是一些倾向状态，它们却不是有意以某些方式作出举动的天然倾向。妇女在极度痛苦时往往绞扭自己的手，但我们不会说，极度痛苦是使她绞扭自己的手的动机。我们也不会探究，一个局促不安的人抱着什么目的而脸红、口吃、辗转不安或坐立不安。爱好散步的人因为想要散步而散步，但是感到困惑的人并不是因为想要或打算皱眉而皱眉，尽管演员或虚伪的人会因为想要或打算显出困惑的样子而皱眉。之所以作出这些区别的理由很简单。心乱不像在饮用水面前感到口渴，而像在缺乏水的时候或在脏水面前感到口渴。心乱就是想做某事同时却不能够去做它，或者是想做某事同时又不想去做它。它是爱好以某种方式行事与抑制以那种方式行事的结合。激动的人无法考虑应当做什么或应当想什么。在某种意义上，无目标的行为和犹豫不决的行为以及行为的停顿都是激情的症候，在同一种意义上，开一个玩笑却不是一种幽默感的症候而是这种幽默感的运用。

所以，动机不是激情，甚至不是不激烈的激情，激情也不是动机。但激情以动机为先决条件，更确切地说，激情以一些行为倾向
98 为先决条件，而动机是最令我们感兴趣的一种行为倾向。习惯与习惯的冲突、习惯与严酷的事实的冲突或习惯与动机的冲突也是一些骚动状态。一个烟瘾很深的人在游行时，或没有火柴时，或在大斋期中，就处于这种困境之中。然而存在着一个语言学的问题，它是某种混淆的根源。除了有些语词只表示激情、另一些语词只表示爱好之外，有些语词既表示爱好也表示激情。像“心神不安”、“担忧”、“苦恼”、“兴奋”、“震惊”这些语词总是表示一些激情。像“喜爱钓鱼”、“爱好园艺工作”、“一心成为主教”这些短语则从不表示激情。但像“爱”、“想要”、“欲望”、“自豪”、“渴望”这些语词以及其他许多语词有时只表示爱好而有时则表示一些激情，这些激情既是基于那些爱好的结果并且又妨碍着那些爱好的运用。例如，“饥饿”在“胃口很好”的含义上大致意味着“正在狼吞虎咽或者会狼吞虎咽，尽管没有调味汁，等等”；但这种含义不同于“饥饿”的另一种含义，在那种含义上我们可以说，一个人“饿得不能专心于自己的工作”。饥饿在这第二种含义上是一种苦恼，它的存在需要一种食欲与“不能去吃”二者的结合。同样，在自豪的一种含义上，一个男孩为他的学校而感到自豪；在自豪的另一种含义上，他由于意外地在校队里得到了一个位置而“自豪”得说不出话来。自豪的这两种含义也是不同的。

为了消除一种可能的误解，必须指出，并非所有各种激情都是令人讨厌的。人们在诸如钓鱼、划船、旅行、纵横填字字谜游戏、爬山和开玩笑等实践活动中自愿使自己感受悬望、疲劳、不确定、困

惑、恐惧和惊讶等等。我们能够说，某人太兴奋了，感到太有趣了，或太欣慰了，以至不能前后一致地行动、思考或谈话。这个事实可以表明：兴奋、狂喜、惊讶、有趣和欣慰都是一些激情。此时我们是在“受刺激”的意义上说他被感动了，而不是在“切望做某事或得到某物”的意义上说他被促动了。

（4） 心情

我们常常说一个人在一些特定时间或长期或短期地处于某些心情之中。例如，我们说，一个人很抑郁、很愉快、不爱说话，或者躁动不安，这种状况已经持续数分钟或数天了。仅当一种心情持续了很长时间时，我们才用这些心情词来描述性格。一个人也许 99
今天很忧郁，可是他并不是一个忧郁的人。

我们说他处于某种心情之中，也就作出了某种相当概括的说明；这种概括的说明并不是指他始终或不时地做一种唯一的事情或有一种唯一的感触，而是指他处于这种心境中会说出、做出和感受到多种多样的有着松散联系的东西。生性轻浮之人具有一种心情，由于这种心情他会比常人开更多的玩笑，会比常人更感到别人的玩笑很逗乐，会无忧虑地草草了结重要的事务，会迷恋于儿童游戏，如此等等以至无穷。

一个人的一时的心情与促使他行动的动机是两种不同的东西。我们可以谈论一个人，说他有野心、忠于他的政党、仁慈、对昆虫学感兴趣，并且，在某种含义上他同时具有所有这些性质。这并不是说，这些爱好是同时发生的事件或状态，因为它们根本不是事件或状态。而是说，假如发生了一种情况，使得他既能够发迹又能够帮助他的政党，那么他就会同时做这两件事而不会做其中的一件并舍弃另一件。

相反，心情却是垄断性的。保留复杂的心情不谈，说他有某种心情，就是说他没有任何其他的心情。具有以某些方式作出举动或反应的心情也不是具有以许多其他方式作出举动或反应的心情。具有交谈的心情不是具有阅读、写作或割草的心情。我们用来谈论心情的术语类似于用来谈论天气的术语，有时则借用谈论天气所用的术语来谈论心情，而且有时也借用谈论心情所用的术语来谈论天气。我们并不提到心情或天气，除非它们是可变的。假如今天这里有阵雨，那么今天这里并不固定不变地下着蒙蒙细雨。假如张三昨天夜里阴沉着脸，那么他昨天夜里就不是欢闹的、悲哀的、安宁的或友好的。此外，今天早晨某个特定地区的天气对于邻近地区的每一个部分都有某种关系，这多少有点像一个人在一段特定时期中的心情给他在那段时期中的所有或大多数举动和反应都涂上了某种色彩。他的工作和游戏，谈吐和怪相，食欲和白日梦，都反映了他易因小事生气，都反映了他的快活或抑郁。其中任何一种举动或反应都可以用作其他所有举动或反应的晴雨表。

100 心情词是一些短期倾向词(short-term tendency words)，但它们与动机词的不同不仅仅在于它们的短期性应用，而且还在于它们可用来刻画一个人在那个短时期中的整个“定向”。就有点像整条船在朝东南方向航行、在摇晃或在摆动一样，也可以说整个人是神经质的、安宁的或忧闷的。他自己的相应爱好将是：把整个世界描绘成威胁人的、惬意的或灰暗的。假如他很快活，他就会觉得一切都比平常更令人高兴；假如他在生气，那么在他看来不仅雇主的语调和他自己的缠了结的鞋带是不公正的，而且每件事似乎都在使他受屈。

心情词一般被归类为感触的名称。但若严格地使用“感触”这个词，这种分类就是完全错误的。说一个人是快乐的或不满的不仅仅是说，他频繁地或不断地感到刺激或苦恼；的确，它甚至不是说这个，因为我们不应当一闻知那个人没有这类感触就收回自己的陈述，我们也不应当仅仅由于他供认他频繁地并且强烈地有这类感触就相信，他是快乐的或不满的。这类感触可能是消化不良或喝醉了酒的症候。

感触在任何严格的含义上都是在几秒钟之内来、去、盛、衰的东西；它们刺一下子或者隆隆作响；我们或者全身都感受到它们或者在特殊的部位感受到它们。感受者可以说，他不断地感到拧捏[①]，也可以说，这些感触只是每隔相当长的一段时间后才来的。但没有人会用这类术语来描述他的快乐或不满。他可以说他感到快乐或不满，但他不会说他不断地感到快乐或不满，也不会说他持续地感到快乐或不满。假如一个人快乐得不能去思索别人的冷淡，那么他并不是在经历一种如此激烈的感触，以至他不能考虑到任何其他东西，因此也不能考虑到别人的冷淡；相反，他从自己所做的全部事情和自己的全部想法中——包括想到别人的冷淡——比平常得到了多得多的乐趣。他不像平常那样会由于想到别人的冷淡而甚为不快。

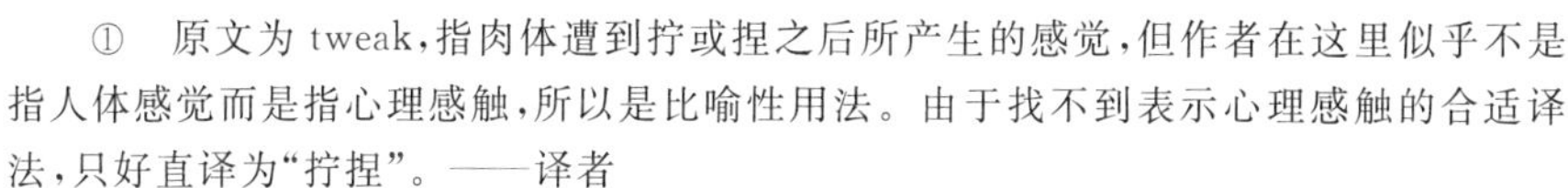

① 原文为 tweak，指肉体遭到拧或捏之后所产生的感觉，但作者在这里似乎不是指人体感觉而是指心理感触，所以是比喻性用法。由于找不到表示心理感触的合适译法，只好直译为“拧捏”。——译者

把心情作为感触来予以分类的主要动机看来是二重的。(1)理论家们觉得不得不把心情放入他们许可的三个鸽笼式分类架中:思想、意志、情感;由于心情不适合于前两个分类架,所以就必须使它们适合于第三个分类架。我们无须花时间探讨这个动机。(2)一个具有懒散的、轻浮的或抑郁的心情的人在表白自己的心境
101 时可以完全正确地采用这样的说法:“我感到懒洋洋的”、“我开始感到轻飘飘的”,或“我仍然感到抑郁”。除非这类表达式报道了一些感触的发生,否则它们怎么能够是正确的说法呢?假如“我感到刺激”说出了一种刺激的感触,那么“我感到精力充沛”怎么能够避免说出一种精力充沛的感触呢?

但这个例子开始使得论证听起来没有什么道理。精力显然不是一种感触。同样,假如病人说,“我感到有病”或“我感到好些了”,没有人会因此把有病或逐渐康复归为感触。“他感到愚蠢”、“感到能爬这棵树”、“感到快要昏过去了”属于动词“感到”的其他一些用法,此时动词的宾格也不是感触的名称。

在回头讨论“感到”与心情词的联系之前,我们应当考虑如“我感到酥痒”[①]和“我感到有病”这样的一些表白之间的某些区别。假如一个人感到了酥痒,那么他就有一种酥痒感;假如他有一种酥痒感,那么他就感到了酥痒。但是,假如他感到有病,他也许并没有病;假如他有病,他也许并不感到有病。无疑,一个人感到有病是他有病的某种证据;但感到了酥痒却不是他有一种酥痒感的证

① “酥痒”的原文为 tickle,指人体感觉。但作者在这里似乎是指人处于愉悦的心情中在心里感到的那种“酥痒”。——译者

据，正如打击并不是发生一击的证据。在“感到了酥痒”和“打击”之中，“酥痒”和“击”是动词“感到”和“打”的同源宾格。动词与它的宾格是表示同一个东西的两个表达式，就如“我梦见了一个梦”和“我问了一个问题”中的动词和它们的宾格。

但是“有病”和“能爬这棵树”却不是动词“感到”的同源宾格。因此它们在语法上不一定表示感触，这与“酥痒”在语法上必定表示一种感触不同。另一个纯粹是语法上的要点也表明了同样的东西。我是说“我感到了酥痒”还是说“我有一种酥痒感”，这无关紧要；但是“我具有……”（I have ...）却不能为“……有病”（... ill）、“……能爬这棵树”（capable of climbing the tree）、“……快乐”或“……不满”所完成。假如我们试图通过引入适当的抽象名词来恢复动词的类似，那么我们就会发现另一种不一致；若“我感到快乐性”（I feel happyness）、“我感到生病性”（I feel illness）或者“我感到爬这棵树的能力”（I feel ability to climb the tree）这类语句真有含义的话，它们的含义也根本不同于“我感到快乐、感到有病，或感到能爬这棵树”的含义。

另一方面，“我感到……”的各种不同用法之间除了存在着这些不同之外，也存在着一些重要的相似之处。假如一个人说他有一种酥痒感，我们不会要求他拿出证据，也不会要求他搞搞清楚。说出一种酥痒感并不是公布研究结果。酥痒感不是通过小心地观 102
察而确立的某种东西，不是从一些线索中推论出来的某种东西，我们也不会由于人们告诉我们他们感到酥痒、拧捏和颤动而赞扬他们的观察能力和推理能力。心情的表白也是如此。假如有人说“我感到厌烦”或“我感到抑郁”，我们不会要他拿出证据，也不会要

他搞清楚这一点。我们也许会指责他在欺骗我们或在欺骗他自己，但我们不会指责他观察不仔细或推论太轻率，因为我们不认为他的表白是对于观察或结论的报道。他不曾当过优秀的侦探或不够格的侦探；他根本没当过侦探。假如我们听到他以一个侦探、一个显微镜学家或一个诊断者的警惕而明断的语调说"我感到抑郁"，那么就没有什么事情会比这更使我们吃惊的了，尽管这种语调完全适合于说"我那时感到抑郁"或"他感到抑郁"。这种表白若要起到自己的作用，就必须以一种抑郁的语调说出来，它必须对一个同情者脱口而出，而不应报告给一个调查者。表白"我感到抑郁"是在交谈时做出的一个举动，亦即是在做一个人处于抑郁的心情时会做出的一个交谈的举动。它不是与科学有关的提供前提的一个举动，而是交谈时做出的一个郁郁不乐的举动。假如我们对这种表白有疑问的话，我们不会问"是事实还是虚构?"，"真的还是假的?"，"可靠不可靠?"，而会问"是真挚的还是装出来的?"，原因就在于此。在交谈时，表白心情不需要敏锐，而需要坦率。这种表白来自内心，而不是来自头脑。它不是发现，而是自愿的不保守秘密。

当然，人们不得不学会如何恰当地使用用于表白的表达式，而他们也许没有很好地学会这些课程。他们从日常对于别人的心境的讨论中学会了它们，并从诸如小说和戏剧这样一些比较丰富的源泉中学会了它们。他们从同样的源泉中学会了如何以适当的语调并且随之进行其他一些适当的表演来作出假的表白，从而学会如何欺骗别人和自己。

假如我们现在提出认识论者的这样一个问题："一个人是如何

弄清楚他具有什么心情的?”我们就能够回答说，假如他确实弄清
楚了自己的心情(情况也许并非如此)，那么，他对自己的心情的探
知与我们对它的探知几乎是一样的。我们看到，他并不因为他已
弄清楚了自己感到厌烦而呻吟着说“我感到厌烦”，正如困乏欲睡
的人并不因为他已弄清楚了自己想睡觉而打呵欠。相反，因乏欲 103
睡的人是由于除其他一些发现之外还发现自己在不断地打呵欠，
从而弄清楚了自己是想睡了，多少有点相同的是，觉得厌烦的人若
确实弄清楚自己是厌烦了，那么他也是由于除其他一些发现之外
还发现他在闷闷不乐地对别人或对自己说“我感到厌烦”或“我感
到太厌烦了”，从而弄清楚自己是厌烦了。这样一种无意中漏出的
表白不仅仅是相当可靠的标志之一，它还是最初的和最能说明问
题的标志，因为，既然这种表白是用言词表达出来的，并且是自愿
地说出来的，它就是打算说给人听的，并且是打算让人理解的。它
不需要任何侦探工作。

在某些方面，“我感到高兴”这样的心情表白更类似于“我感到酥痒”这样的感觉表白，而不是更类似于“我感到好些了”或“我感到能爬这棵树”这样的表白。正如“我感到酥痒但也许我并没有酥痒感”这样的说法会是荒谬的，在一般情况下，“我感到高兴但也许我并不高兴”这样的说法同样会是荒谬的。可是，“我感到好些了但也许实际情况更糟了”或“我感到能爬这棵树但也许我不行”这样的说法却不会有任何荒谬之处。

这种不同可以以另一种方式显示出来。有时候“我感到自己似乎能吃下一匹马去”或“我感到自己的体温似乎已恢复正常了”这样的说法是很自然的。但“我感到我似乎很忧郁”或“我感到我

似乎厌烦了”这样的说法就难以是自然的说法了，正如“我感到我似乎有痛感”这样的说法同样难以是自然的说法。详细地探讨我们为什么以这些不同的方式使用“感到”这个英语动词，不会有多大收获。这个动词还有许许多多其他的使用方式。我可以说“我感到褥垫隆起了一块”、“我感到冷”、“我感到奇怪”、“我感到颚肌僵硬了”、“我感到胃在翻腾”、“我用拇指感触下巴”、“我感到这种途径是徒劳的”、“我感到仿佛某种重要的事情将要发生”、“我感到这个论证的某个地方存在着毛病”、“我感到像在家一样”、“我感到他生气了”。这些用法中大多数都具有的一个共同特征是，说话者并不想要别人进一步提出问题。它们或者会是一些无法回答的问题，或者会是一些无法提出的问题。他有这种感触就足以解决争辩了；他仅仅有这种感触就足以表明，争辩甚至不应当开始。

所以，心情的名称不是感触的名称。不过，具有一种特殊的心情就是说，一个人在这种心情中除了会作出其他的举动或反应之外还会在某些种类的情况下感受某些种类的感触。具有一种懒散的心情就是，除了会作出其他的举动或反应之外还会在不得不做
104 一些工作时感到四肢疲乏无力，会在回到躺椅上之后感到安逸舒适，会在游戏开始后感到轻松，如此等等。但是，当我们说我们感到懒散时我们主要想到的东西并不是这些感触；事实上，我们很少留意这些种类的感觉，除非这些感觉非常强烈。

心情的名称是不是情绪的名称呢？唯一过得去的回答是，在某些人于某些时候所使用的“情绪”一词的含义上，它们当然是情绪的名称。但是我们必须补充说，在这种含义上，情绪并不是能够与思考、做白日梦、自愿地做事情、作怪相或感受痛苦和渴求等各

种活动分离开来的某种东西。在这种含义上，具有我们平常称之为“厌烦了”的情绪就是具有一种心情，一个人在这种心情中会作某些种类的思考而不会作其他种类的思考，会打呵欠而不会轻声地笑，会勉强进行有礼貌的交谈而不会热烈地进行交谈，会感到软弱无力而不会感到轻松愉快。厌烦并不是其感受者正在做或正在经历的全部事情所具有的某种唯一可以区分出来的成分、情景或特征；确切地说，它是暂时复合在一起的那个全体。它不像一阵风，一道阳光，一场雨或当时的气温；它像早晨的天气。

（5）激情与感触

在本章的前面一个部分中，我曾试图阐明，比方说，把某种热烈感称为自豪引起的热烈感或把一种疑虑称为担忧引起的疑虑是什么意思。一开始就注意到完成“……引起的痛苦”（pangs of ……）或“……引起的寒心”（chill of …）这类短语的语词至少一般来说是表示一种激情的名称，是有助益的。我现在要论证，各种感触与各种激情有着内在的联系，而与各种爱好并无内在的联系，除非爱好被看作激情的要素。不过我并不试图确立一种新的心理学假说；我仅仅试图表明，感触是激情的迹象而不是爱好的运用，这一点是我们对于感触的描述的部分逻辑。

我们已经看到，至少有许多用来指示感触的语词也被用来指示身体的感觉。颤动可以是由期待引起的颤动，也可以是精疲力竭引起的身体的颤动；一个人可以由于窘迫而辗转不安，也可以由于胃痛而辗转不安。儿童往往不知道自己咽喉部的那种梗塞感是 105
悲痛的迹象还是生了什么病的迹象。

在考虑"我们依据什么准则来把某些感触划分为'惊讶引起的感触'或'厌恶引起的感触'?"这个特殊的问题之前,让我们考虑一个在先的问题:"我们依据什么准则来把某些身体的感觉划分为,比方说,牙痛引起的剧痛或晕船引起的眩晕?"的确,在英语单词"in"的某种含义上,我们依据什么准则来确定或错误地确定感觉位于右膝部或心口窝(in the right knee or in the pit of the stomach)?答案是,我们是在一种以经验和尝试为根据的实验过程中学会确定感觉的位置并学会对它们作出原始的生理学诊断的,在一般情况下,这个过程为别人的教导所强化。疼痛是在这个手指上,因为我在那儿看到了针;疼痛是在那个手指上,因为只吮吸一下疼痛就减轻了。同样,我感到的位于胃部的闷压感最后被确认是消化不良的迹象,因为它与没有食欲、继之而来往往欲吐、可为某些药品或暖水瓶缓解相互关联。像"牙痛引起的剧痛"这样的短语已经体现了因果关系假说,而这种假说有时是错误的。一个伤兵也许会说他感到自己的右腿上有一种风湿病引起的疼痛,可是实际上他已失去了右腿,并且他感到的疼痛也不是"风湿病"引起的。

同样,当一个人报道了不安引起的一种寒战或悯怜引起的一种哆嗦时,他不仅仅是在报道一种感触,他还对它作出了一种诊断,但这种诊断的依据并不是一种生理上的骚动。在有些情况下他的诊断可能是错误的;他可能把实际上是害怕引起的剧痛诊断为后悔引起的剧痛,他认为是厌烦引起的消沉感也可能实际上是自卑引起的消沉感。他甚至会把事实上是忧虑的迹象的一种感触说成是消化不良引起的,或把吸烟过多引起的颤动感说成是兴奋引起的。自然，这类误诊在儿童那里比在成人那里更为常见，在未见世面的人那里比在经过风浪的人那里更为常见。但这里所强调的是，不论我们把一种感觉系于一种生理状况还是把一种感触系于一种情绪状态，我们都是在运用因果关系假说。疼痛到来时并未打有“风湿病引起”的检验标记，悸动到来时也未打有“同情心引起”的检验标记。

其次，谈论某人故意有一种感觉或故意有一种感触，或问某人 106
他具有一种剧痛是为了什么，那将是荒谬的。相反，若说电流使我产生了一种刺痛的感觉或警笛声使我产生了一种反胃的感受，那倒说明了感觉或感触的发生，然而在这种说明中没有人会提出这种刺痛感或那种反胃感有一种动机。换言之，有些种类的东西，问它们出于什么动机是有意义的，但感触并不包括在这些种类的东西之内。根据同样的理由，就激情的其他各种迹象而言，情况也是如此。我的剧痛和畏缩、我的辗转不安的感触和身体的辗转不安、我的宽慰的感触和宽慰的叹息，都不是我出于一个理由而做出来的事情；因此，它们也不能够说成是我聪明地或愚蠢地、成功地或不成功地、小心地或不小心地做出来的事情——也根本不能够说成是我做出来的事情。它们既没有得到出色的控制，也没有得到拙劣的控制，它们根本就没有得到控制，尽管演员的畏缩和伪君子的叹息得到了出色的或拙劣的控制。说某人试图有一种剧痛，那是胡说，尽管说他试图引起一种剧痛并不是胡说。

这一点表明了，我们上述提出的感触并不直接属于简单的爱好这个看法为什么是正确的。爱好就是故意去做某些种类的事情的倾向或准备。这些事情因此可以说是出于那种动机而做出的。

它们是我们称之为“动机”的那种素质的运用。感触并不出于动机，因此并不属于这类天然倾向的运用。所以，这样一种广为流传的理论——它主张，爱虚荣或爱某人这类动机首先是一种素质，一个人若有这种素质就会体验到某些特定的感触——是错误的。当然，存在着一些会产生各种感触的倾向；有头晕症和患风湿病就是这样的倾向。但我们不会试图用说教来改变这些种类的倾向。

在因果关系上确与感触相关的东西是激情。感触是激情的迹象，正如胃痛是消化不良的迹象。粗略地说，与流行的理论所主张的不同，我们之所以有目的地行动并不是因为我们体验到了各种感触；相反，我们之所以体验到了各种感触，如我们在畏缩和发抖的时候，是因为我们无法有目的地行动。

107 在结束对于情绪的这部分论述之前，值得指出的是，我们仅仅想象自己处于令人激动的环境之中，就能够在自身中引起真正的和强烈的感触。小说阅读者和爱看戏的人会感到发自内心的真正的痛苦和真正的鼓舞，正如他们会流出真正的眼泪、露出真正的怒容。但是他们的抑郁和愤慨是虚构的，这类激情并没有影响他们对于巧克力的胃口，也没有改变他们交谈的语调。感伤主义者是一些沉迷于人为的感触同时却不承认他们的激情的虚构性的人。

(6) 欣赏与想要

“快乐”和“欲望”这两个词在道德哲学家们和某些心理学学派的术语中起着很大的作用。简要地指出这两个词的假定的使用逻辑和它们的实际上的使用逻辑之间的某些不同是重要的。

首先，人们似乎普遍假定，“快乐”和“欲望”总是用来表示感触的。确实也存在着一些感触，它们可以说是快乐和欲望引起的感触。有些兴奋感、震动、热烈感和酥痒是高兴、惊讶、宽慰和有趣引起的感触；而渴望、渴求、苦恼和思慕，则是人们既想要却又缺乏某种东西的迹象，这类感触被诊断或误诊为狂喜、惊讶、宽慰和抑郁的迹象。但狂喜、惊讶、宽慰和抑郁本身并不是感触；它们是一些激情或心情，正如由一个儿童的蹦蹦跳跳和啜泣声所表现出来的狂喜和抑郁就是这样的激情或心情。怀乡病是一种激情，这种激情在某种含义上可叫做一种“欲望”；但它不仅仅是一种感触或一系列感触。想家的人除了会体验到这些感触之外，他还必定会思念家乡梦见家乡，必定会拒绝要他延期回家的提议，并必定会对他平时喜爱的娱乐活动半心半意敷衍塞责。假如这些倾向或类似的倾向不存在，那么，不论他诉说自己有什么感触，我们也不应说他是想家了。

所以，“快乐”有时被用来指称一些特定种类的心情，诸如欢欣鼓舞、高兴、逗乐等等。它因而被用来完成对于某些感触如颤动、热烈感和兴奋感等的描述。但在另一种含义上我们说，一个人若极其专心于某种活动，如打高尔夫球或进行论证，以至于不愿中断这种活动，甚至不愿去想任何其他事情，那么他正在从自己的所作
所为中“获取快乐”或“欣赏”自己的所作所为，尽管他丝毫也没有 108
痉挛或发狂，因而也没有体验到任何特殊的感触。

无疑，专心致志于打高尔夫球的人在打球的过程中会多次体验到由于着迷、兴奋和自我满意而引起的颤动和热烈感。但若问他在介于这类感触之间的期间是否也欣赏了高尔夫球活动，他显然会回答说是的，因为他从头到尾欣赏了高尔夫球活动。他在打

球的任何时刻都不会欢迎别人打断他；他绝没有想使思想和话题从打球的情境中摆脱出来而转向其他事情。他不必试图专心于打球。他专心于打球时并没有责成或要求自己这样做。要使他专心于其他事情倒要作出努力，或也许已为此作了努力。

在这种含义上，欣赏做某事、想要做某事和不想做其他事是表述同一件事情的不同方式。正是这个语言的事实说明了重要的一点。渴望不同于或根本不相似于颤动或热烈感。但某人有做他正在做的事的爱好并且没有不做它的爱好这一点却能够以下列不同的表达方式表示出来：“他欣赏做这件事”、“他正在做他想要做的事”、“他不想停下来不做这件事”。若那些举动或反应为行为者所留意，那么这种爱好便是一种实现了的要作出举动或反应的天然倾向。

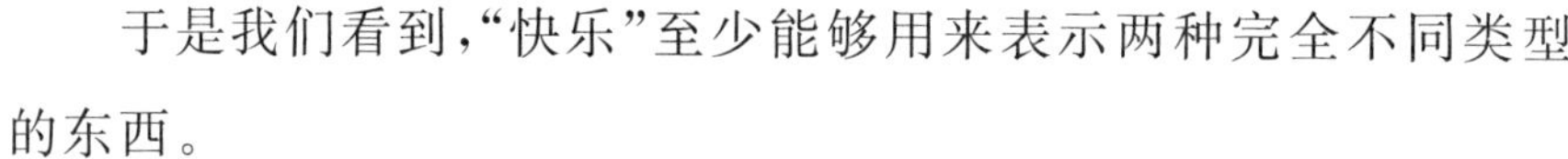

于是我们看到，“快乐”至少能够用来表示两种完全不同类型的东西。

(1) 在一种含义上，它通常可为动词“欣赏”和“喜欢”所代替。说一个人欣赏挖掘，从这种活动享受着乐趣，并不是说他既在挖掘同时又在做或体验作为挖掘的伴随物或结果的其他某种事情；它是说，他专心致志地进行了挖掘，亦即他在挖掘的同时想要挖掘并且不想代之以做其他任何事情(也不想代之以什么也不做)。他的挖掘活动是一种天然倾向的实现。挖掘活动就是他的快乐，而不是他的快乐的载体。

(2) 在另一种含义上，它通常可为诸如“高兴”、“狂喜”、“销魂”、“欢跃”和“欣喜”这样的语词所代替。这些语词是一些表示激情的心情的名称。“高兴得前言不搭后语”和“欣喜若狂”都是合法的表达式。与这类心情相关，存在着某些感触，通常称之为“快乐引起的兴奋感”、“快乐引起的热烈感”等等。应当注意，尽管我们谈到快乐引起的兴奋感流遍我们全身或快乐引起的热烈感使我们感到心里热乎乎的，但我们平常并不谈到快乐流遍我们全身或快乐使我们感到心里热乎乎的。只有理论家们才会误入歧途，以致把高兴或欣赏与各种感触归为一类。以下两个事实可以表明这种分类误入了歧途：(1) 欣赏挖掘活动并不是既在挖掘同时又具有一种(快乐的)感触；(2) 高兴、逗乐等等都是一些心情，而心情并不是感触。此外，下列考虑也说明了这一点。我们总是可以就任何感觉或感触有意义地提问，有这种感觉或感触的人是欣赏，还是不喜欢，还是在某种程度上并不在乎有这种感觉或感触。大多数感觉和感触既不为人欣赏也不为人不喜欢。人们很少留意它们。这一点之适用于兴奋感、颤动和热烈感正如它之适用于刺痛感。因此，即便一个人的感触可以正当地称之为快乐引起的兴奋感或可以更加明确地称之为逗乐引起的酥痒感，我们仍然可以正当地问，他是否不仅欣赏那个笑话而且也欣赏那个笑话引起的酥痒感。若听到他回答说，那个笑话逗得他太高兴了，以至于那种“酥痒”的感受变得令人很不舒服了；或听到某个悲泣的人承认说，哭泣本身使他觉得舒服了一点，我们也不会感到很惊讶。我在这一章的第四节中讨论了错误地把心情当作感触来加以分类的两个主要动机。把“欣赏”列为表示某种感触的语词的动机类似于上述动机，虽然不完全相同，因为欣赏并不是一种心情。人们能够处于或者不处于欣赏某物的心情之中。

109

另外一些我们无须再作阐述的类似考虑将表明，“不喜欢”、

“想要”和“欲望”等语词也都不指称痛苦感、渴望或苦恼。(应当提到,“疼痛”在我感到胃部疼痛的含义上并不是“快乐”的对立面。在这种含义上,疼痛是一种特殊的感觉,我们平时不喜欢有这种感觉。)

所以,喜欢和不喜欢,欣喜和悲痛,欲望和厌恶都不是它们的拥有者可以看到而他的同伴却看不到的“内在”事件。它们不是事
110 件,因而不是那类看得见或看不见的东西。无疑,一个人通常能够,但并不总是能够,不加研究地说出,他是否欣赏某种东西,他目前的心情是什么。但他的同伴也能做到这一点,只要他肯对同伴们开诚布公,不戴上假面具。假如他既不肯对同伴们也不肯对他自己开诚布公,那么他的同伴或者他自己就不得不进行某种研究来弄清楚这些东西,并且他的同伴比他更有可能获得成功。

(7) 动机的标准

迄今为止我们已论证了,解释一个出于某种动机而作出的举动不应把它与一个隐秘的原因联系起来,而应将它纳入一种天然倾向或行为倾向之中。但这是不够的。将一个举动归因于一种习惯、一种本能或一种反射,这种解释诚然符合于上述说明,但我们还要区别比方说出于爱虚荣或爱某人而做出的举动与那些以上述其他某种方式自动作出的举动。我将限于试图指出某些标准,根据这些标准我们一般可以判定,一个行为者做出了某件事情并不是出于习惯的力量而是出于一种特定的动机。但我们决不可认为,出于习惯的力量做出某件事与出于特定的动机做出某件事就像赤道日与赤道夜那样,彼此之间界线分明。它们就像英国的白

天与英国的夜晚那样，彼此渐变为对方。仁慈以体贴为曙光或暮光渐变为有礼貌，有礼貌则以礼仪为曙光或暮光渐变为操练。一个热忱的士兵的操练与一个纯粹驯服的士兵的操练不很一样。

若我们说，某人出于纯粹的习惯力量以某种方式作出了举动，那么我们的部分意思是，他在类似的环境中总是以这种方式作出举动；不论他是否专心于他所做的事情，他总以这种方式作出举动；他并不用心，也不试图纠正或改进自己的行为；而且，在作出举动之后，他可能还完全没有意识到自己的举动。这类举动常常被赋予“自动的”这样一个比喻性的称号。自动的习惯常常靠纯粹的操练来有意地予以反复灌输，而形成了的习惯只有靠某种反操练才能予以根除。

但若我们说，某人出于野心或正义感以某种方式作出了举动，那么我们的意思就包含着，否认那个举动是纯自动的。我们的意思尤其是说，行为者在某种程度上思考着或留意着自己在做的事情，假如不思考自己在做的事情，他本不会以那种方式行事。不 111
过，“思考自己正在做的事情”这个表达式的确切力量却有点难以捉摸。我无疑能够出于习惯的力量而在上楼梯时一次踏两级阶梯并在同时能够注意到我正在这样做，甚至能够在同时考虑这个举动是怎样做出的。我能够是自己的习惯性举动和反射性举动的旁观者，甚至能是它们的诊断者，同时却并不妨碍它们依然是自动的举动。不过众所周知，这样的注意有时会扰乱这种自动性。

相反，出于一些动机而做出的举动也能够是自然的，其含义在于，行为者并没有，也许他不能够，把自己的举动与一种其次的活动——告诉他自己或同伴他正在做什么或他为什么要这样做——

结合在一起。的确，甚至当一个人事实上对自己当时的举动提出了内心的或言语的评论时，这种其次的评论活动就其自身而言通常也是自然的。他不能够无止境地再对自己的评论作出评论。若一个人的举动不应作为自动的举动而应作为出于一个动机而做出的举动加以归类时，那么他就正在思考着自己在做的事情，这种说法的含义在于，他正在不同的程度上小心地、批判性地、前后一致地并且有目的地作出举动，然而这些副词并不表示在这个举动之先或在作出它的同时发生了另外一些下决心、作计划或深思熟虑的活动，而仅仅表示所采取的行动就其本身而言并非心不在焉地做出的，而是在某种确定的心情之下做出的。描述这种心情无需提及除这个举动本身以外的任何其他事件，尽管仅提及这个举动并没有穷尽这种描述。

简而言之，出于一些动机而做出的那类举动与在某种程度上可称之为运用了智力的那类举动是重合的。出于一个动机而做出的任何举动都能够评价为比较明智的或比较愚蠢的举动，反之也是如此。纯粹出于习惯的力量而做出的举动不能刻画为明智的或愚蠢的举动，尽管行为者当然可以在养成习惯或不根除习惯方面表现出明智或愚蠢。

但这进一步提出了一个问题。出于同一个动机而做出的两个举动可以表现出不同程度的能力，而表现出同等程度的能力的两个相似的举动可以是出于不同的动机而作出的。喜欢划船并不蕴涵着擅长于或善于划船，而对于两个同样善于划船的人来说，一个人可能是为了消遣而划船，另一个人则可能是为了健康或荣誉而划船。这就是说，做事情的能力是一种不同于做这些事情的动机

或爱好的个人特征。由于非自动的举动既运用了能力又出于动机 112
或爱好，我们便可以区分出于习惯力量而做出的举动与非自动的举动。完全是心不在焉地做出的事情既不是运用了一些方法而做出的，也不是出于什么理由而做出的，虽然这些事情可能会产生所希望的结果，并且可能具有复杂的做法。

若我们把一个特定的动机归诸一个人，那么我们是在描述他倾向于努力去做或努力去完成的各种事情，若我们把一种特定的能力归诸他，那么我们则是在描述他作出这些努力所运用的方法和这些方法的有效性。这是目标和技术之间的不同。“目的和手段”这个比较常用的习语常常会使人误入歧途。假如一个人说了一个挖苦人的笑话，他的行为虽然不能分解成一些步骤和阶段，但我们仍然可以作出不同的判断：它是出于憎恨而说出的，或者，它是运用了聪明才智说出的。

亚里士多德已认识到，我们在谈论动机时，是在谈论一种特定的不同于能力的素质；他还认识到，任何动机，不同于任何能力，都是一种天然倾向，关于这种天然倾向我们可以有意义地说，在处于一条特定的人生道路上的一个特定的人身上，这种动机太强了、太弱了，或既不太强又不太弱。他似乎认为，当我们在道德上而非在技能上评价各种举动的优劣时，我们是在评论各种爱好的强度是否过分、是否合宜或不够，因为那些举动是这些爱好的运用。不过我们在这里并不关注伦理学问题，也不关注伦理学问题的本性的问题。与我们的探究相关的是这样一个事实(亚里士多德承认它是基本事实)，亦即各种爱好的相对强度是可变的。环境的变化、朋友的变化、健康和年龄的变化以及外在的批评和榜样的变化都能够使构成一个人性格的一面的各种爱好之间的力量均势发生变化。但是他自己对于这种均势的关注也能够使这种均势发生变化。一个人可以发现，自己太喜欢闲聊了，或者自己对其他人的舒适注意得不够，于是可以发展一种第二层次的爱好来增强他的一些弱的天然倾向并且削弱他的一些强的天然倾向，尽管他无须这样做。他不仅可以在理论上对自己的性格作出批评，而且可以采取行动来纠正自己的性格。当然，他为了约束自己的第一层次的动机而发展的新的第二层次的动机仍然可以是深谋远虑的或旨在
113 获益的动机。一个雄心勃勃的旅馆老板会仅仅出于增加收入的欲望而在平和、周到和诚实等方面训练自己；他的自我管辖的技能会比一个理想较为崇高的人的自我管辖的技能更加有效。无论如何，这个旅馆老板有一种爱好（亦即他的致富的欲望），它相对于其他爱好的强度还没有得到批评和调整。这种动机在他身上也许是太强了，虽然情况无须如此。假如情况是这样的话，我们会说他是“精明”的，但不应说他是“明智”的。概而言之，若我们说某种爱好在一个行为者身上太强有力了，其部分含义便是，即便当这个行为者也倾向于有意作出不同的举动以便弱化那种爱好的时候，他仍然倾向于出于那种爱好而行事。一个烟瘾极大或过分忠于某个政党的人如果永远不能采取充分必要的严厉步骤来削弱自己的这类动机，那么即便他具有某种第二层次的意在削弱它们的爱好，也仍然是尼古丁的奴隶或者是被对于那个政党的忠诚所控制的人。这儿所说的就是平常叫做“自我控制”的那种东西的一部分，当平时被人们错误地称之为“冲动”的那种东西不可抗拒因而无法控制的时候，说它太强了就是同义反复。

(8) 行动的理由和原因

我已论证了，把一个行动解释为出于一种特定的动机或爱好而作出的，其意思并不是说，这个行动是一个特定的原因的结果。动机并不是事件，因此不属于“可成为原因”的类型。一个动机表达式的展开是一个似法则句，而不是对于事件的报道。

但是，一个人倾向于在如此这般的环境中以如此这般的方式行事这个概括的事实就其本身而言，并没有说明他在一个特殊的时刻做了一件特殊的事情；正如玻璃易碎这个事实并没有说明它在晚上10点破碎了。玻璃破碎了是由于石块在晚上10点撞击了它。同样，行为者在那个时候那个地方作出了那个举动也是由于某个在先的行动引起或导致的。例如，一个人出于礼貌把食盐递给了邻座，但有礼貌仅仅是他的爱好，他爱好在别人想要食盐时递送食盐，以及爱好作出其他许许多多属于同一个一般种类的有礼貌的行为。因此，除了“他出于什么理由递送了食盐?”这个问题之
外，还存在着另一个完全不同的问题:“是什么使得他在那个时刻 114
把食盐递给了邻座?”对这个问题人们很可能回答说，“他听到了邻座要食盐”，或“他注意到了邻座的目光在桌子上扫来扫去”，或者诸如此类的东西。

我们熟知各式各样的会使得或导致人们去做各种事情的事件。假如对它们不是非常熟悉的话，我们就不能说服别人去做我们所希望的事情，人们之间的日常交往也就无法存在。顾客无法购买东西，官员无法发布命令，朋友无法进行交谈，儿童也无法玩耍，除非他们知道怎样说服其他人和他们自己在特定的时刻去做

各种事情。

提及这些重要的平凡小事具有双重的目的。首先是为了表明，一个行动具有一个原因并不与它具有一个动机相冲突，相反，它具有一个原因已在陈述那个动机的假言命题的条件从句中得到了规定；其次是为了表明，我们非但不需要获悉各种行动的隐秘的或幽灵似的原因，反而早已知道，是一些什么样的为大家熟悉并且通常是公开的事件使得人们在特定的时间以特定的方式行事的。

假如机器中的幽灵的教条是正确的，那么，人们彼此之间不仅会绝对难以理解对方，他们还会是绝对难以驾驭的。事实上，人们却是比较容易驾驭的，也是比较容易理解的。

（9）结论

“情绪”有两种全然不同的含义，我们是在这两种全然不同的含义上用情绪来解释人的行为的。“情绪”的第一种含义是指各种动机或爱好，出于这些动机或爱好，人们作出了在不同程度上显示了智力的各种行动。“情绪”的第二种含义是指各种心情，包括各种激情或烦扰，它们的迹象是一些无目的的动作。在上述任何一种含义上我们都不是在断言或暗示，公开的行为是人们感受到的存在于行为者的意识流中的骚动的结果。在“情绪”的第三种含义上，各种痛苦感或内疚感是一些感触或情绪，但除偶尔的情形之外，它们并不是我们用来解释行为的东西。它们是一些需要予以诊断的东西，而不是为了诊断行为所需要的东西。冲动被说成是促成了各种举动的一些感触，可它们却是副机械论虚构出来的东
115 西。这并不意味着，人们从不出于一时的冲动行事，而仅仅意味

着，我们不应当轻信关于有意的或冲动的举动有其隐秘的先在事件的传统说法。

所以，虽然描述人们的高级行为无疑需要在前两种含义上提及情绪，这种提及却并不蕴涵着要推出隐秘的内心状态或内心过程。我发现你的动机和心情的活动并不类似于不可检验的探水占卜活动，它部分地类似于我归纳出你的习惯、本能或反射，部分地类似于我推断出你有疾病或喝醉了。但在有利的环境下，我可以更为直接地弄清楚你的爱好和心情。我听见并理解你在交谈中的自白、你的感叹和语调；我看到并理解你的手势和面部表情。我并不是在任何比喻的意义上谈“理解”，因为，甚至感叹、语调、手势和怪相也是交往的方式。我们学会了作出这样的东西，并且确实不是通过专门训练而是通过模仿学会的。我们知道怎样扮演这些东西来装假，在某种程度上，我们知道怎样戴上假面具来避免暴露自己。外国人之所以难以理解并不仅仅由于他们的词汇。我对于我自己的动机和心情的发现在本质上也没有什么不同，尽管我所处的地位不利于看到自己的怪相和手势，也不利于听到自己的语调。动机和心情并不像平常人们对于那些人为的“特许途径”所作的描述那样，可以为意识直接告知或者是内省的对象。它们不是“经验”，正如习惯或疾病不是“经验”一样。

116

第五章　素质与事件

（1）前言

我在前面已经论证了，我们平常用来描述和解释人们行为的许多语词表示的是素质而不是事件。说一个人知道某事或渴望成为某种人并不是说，他在一个特定的时刻正在做或经历某种事情，而是说，他在需要时能够做某些事情，或者说，他在某些情况下倾向于做某些事情或感受到某些东西。

就其本身而言，这很难说不是（差不多就是）日常语言用法的一个单调无味的事实。“知道”、“拥有”和“渴望”这些动词的用法与“奔跑”、“醒了”或“感到刺痛”等动词的用法不同；我们不能说：“他对如此这般的东西知道了两分钟，然后不知道了并且喘了一口气之后又开始知道了”；“他逐渐地渴望成为一个主教”；或“他现在正从事于拥有一辆自行车”。用素质词来描述人也并不是人的特征。我们同样用许多素质词来描述动物、昆虫、结晶体和原子。我们不仅一直需要谈论实际上发生的事件，也一直需要谈论肯定会发生的事件；不仅一直需要报道各种事件，也一直需要对它们作出解释；不仅一直需要说出各种事物的目前情况，而且一直需要说出怎样能够控制这些事物。此外，仅仅说一个词是表示一种素质的素质词无非是说不应用它来描述事件，除此之外这种说法并没有作出更多的说明。素质词其实有许许多多不同的种类。嗜好与习惯不是同一类东西，它们又都不同于技能，不同于癖性，不同于风尚，不同于病态的憎恶，也不同于手艺。筑巢与有羽毛是不同种类的特性，能导电与有弹性也是不同种类的特性。

不过，副机械论传说的风行使得许多人忽视了素质性概念的实 117
际作用方式而把素质性概念解释为对于隐秘的原因和结果所作的描述中的一些项目，因此，注意到这样一个事实，即我们用来描述人的特定行为的许多基本概念都是素质性概念，就有着一种特殊的意义。许多人把包含这些素质词的句子解释为对于特定的但却看不见的事实的明确报道，而不是解释为一些可检验的、开放的假言陈述和我将称之为“半假言陈述”的陈述。过去人们认为，“力”这个术语指称了一种隐秘的发挥着力量的行动者，这种陈旧的错误现在在物理学中已被抛弃，但与此相关的一些错误却仍然存活在许多关于心灵的理论之中，它们也许只是在生物学中即将死亡。

这种意义决不应当加以夸大。我们用来描述人的特定行为的词汇并不仅仅由素质词构成。法官、教师、小说家、心理学家和街上的行人在谈论人们怎样或应当怎样行动和作出反应时必定还要运用大量的事件词。这些事件词并不比素质词少，并且也具有各种各样的类型。我们将发现，对上述某些类型差别不以为意，既造成了人们把心理的东西等同于幽灵似的东西，也是由于人们把心理的东西等同于幽灵似的东西造成的。在这一章中，我将要探讨心理事件词的两个主要类型。我并没有认为，心理事件词就只有这两类。

（2）素质性陈述的逻辑

当人们说一头奶牛是反刍动物或说一个人是吸烟者时，人们并不是说，那头奶牛现在正在反刍或那个人现在正在吸烟。成为反刍动物乃是倾向于不时地反刍，成为吸烟者乃是有吸烟的习惯。

除非存在着反刍和吸烟这样的过程或事件，否则就不可能存在反刍的倾向和吸烟的习惯。“他现在正在吸烟”与“他是一个吸烟者”所说的并不是同一类事，但除非像前者这样的陈述有时是真的，否则像后者这样的陈述就不可能是真的。“吸烟”这个短语既
118 有描述事件的用法，而作为这类用法的派生物，它又有陈述倾向的用法。不过情况并非总是如此。有许多陈述倾向和陈述能力的表达式并非也能用来报道事件。我们能够说，某物是有弹性的，但当需要说出这种潜能在什么样的实际事件中得到实现时，我们就不得不改用其他的词汇说，那个物体在拉长之后正在缩短，在压缩之后正在膨胀，或者，它刚才由于突然的撞击而蹦跳过。与“在反刍”对应于“是反刍动物”不同，“有弹性”并没有类似的对应的动作性动词。这种不类似的理由也不难找到。对于一个有弹性的物体，我们可以期待几种不同的反应，而对于一个我们称为反刍动物的生物，我们大致只能期待一种行为。同样，若说某人是“贪婪的”，那么根据这个描述便可预言多种多样不同的活动和反应，而若说某人是“吸烟者”，那么根据这个描述大致只能预言一种活动。简而言之，有些素质词是非常概括的或可以限定的，其他一些素质词则是非常明确的或已经限定的；我们为了报道概括的倾向、能力和

可能性的各种不同表现所使用的动词往往不同于我们为了命名那些素质所使用的动词，而对应于非常明确的素质动词的事件动词则往往就是那些非常明确的素质动词。可以说一个面包师（baker）现在正在烤面包（baking），但我们却不能说一个食品杂货商（grocer）现在“正在搞食品杂货（grocing）”，而只能说他现在正在卖糖，正在称茶叶，或正在包装黄油。此外还存在着介于二者之间的情况。我们会带着疑虑说医生（doctor）现在正在医某人（doctoring someone），尽管我们不会说律师（solicitor）现在正在从律（solicitoring），而只会说他正在起草一份遗嘱，或正在为一个委托人辩护。

“知道”、“相信”、“渴望”、“聪明的”和“有幽默感的”这样一类素质词是一些可以限定的素质词。它们表示的是做多种多样不同的事情的能力、倾向或倾向性，而不是做唯一一种事情的能力、倾向或倾向性。认识到“知道”和“相信”通常用作素质动词的理论家们往往不注意这一点，却易于认定，必定存在着对应的知道活动或理解活动和相信状态；事实上一个人决不能发现另一个人在作这类被错误地假设出来的活动或正处于这类状态之中，为了说明这
个事实，人们往往把这些活动和状态定位于行为者的秘密的洞穴 119
之中。

与此类似的一个假定会导致下述结论：既然当律师是一种职业，就必定存在着职业性的从律活动，可是大家从未发现一个律师在做任何这样的独一无二的事情，而只看到他在做多种多样不同的事情，如起草遗嘱、为委托人辩护以及在别人的签字旁连署等等，所以他的独一无二的职业性从律活动就必定是在封闭了的门

背后作出的。使得人们把素质词解释为事件词的诱惑，以及使得人们假设凡具有一种素质性用法的动词也必定具有一种对应的事件性用法的上述那种诱惑，便是这同一个神话的两个根源。但它们并不是这个神话的唯一两个根源。

现在我们必须来简要地讨论一个一般性的异议，因为人们有时用这个异议来全盘反对谈论能力、倾向、可能性和倾向性。他们常常老生常谈，说潜能不是现实的东西。除了存在着的事物和发生了的事件之外，这个世界并不含有其他仅仅是“将会存在的事物”（would-be things）和“可能发生的事件”（could-be happenings）。说一个正在睡觉的人能够阅读法文书，或者说一块干燥的糖可溶于水中，这似乎是在声称给予了一种属性的同时又声称把这种属性放入了冷库。但一种属性要么刻画了某物，要么没有刻画某物。它不能够仅仅储存在账户上。或者，换一种说法，一个有意义的肯定陈述句必须或者为真或者为假。假如它为真，那么它就断定了某物或某些事物具有某种特性；假如它为假，那么它所谈论的事物便缺乏那种特性。在“一个陈述为真”与“这个陈述为假”二者之间没有中间道路，因此一个陈述所描述的事物无法仅仅由于能够或很可能具有或缺乏那种特性而逃避这种析取。钟能够准确地或不准确地报时；它却不能也许准确但实际上既非准确也非不准确地报时。

人们对于那块糖是可溶的或那个睡眠者能阅读法文书这样的陈述有一种说明，亦即认为这类陈述断定了额外事实的存在，就这种说明而言，上述异议是有道理的。认为素质词指称了各种隐秘

的行为者或原因，亦即指称了存在于或发生于某个地狱边境地带[①]的事物或过程，这的确是旧的官能理论的错误。含有“或许”、 120
“可能”以及“假如……就会……”这样一些语词的句子并不报道地狱边境地带的事实，这是个真理，不过这个真理并不蕴涵着这类句子没有它们自己的正当工作要去完成。报道事实只是句子的许许多多工作之一。

无须论证便可表明，使用疑问句、祈使句和祈愿句并不是为了把事物的存在或出现告知给听者，而是为了其他的目的。不幸的是，的确需要某种论证来表明，许许多多有意义的（肯定的和否定的）陈述句也具有不同于报道事实的功能。现在依然有人十分荒谬地认定：任何真语句或假语句都断定了或者否定了所提及的一个对象或一些对象具有某种特定的属性。事实上，有些句子是如此，而大多数句子却并非如此。论述算术、代数、几何、法学、哲学、形式逻辑和经济学理论的书籍几乎不含有事实陈述。这就是为什么我们称这类学科为“抽象”学科的原因。论述物理学、气象学、细菌学和比较语文学的书籍只有极少一些事实的陈述，尽管这些书会告诉我们在哪里可以找到事实的陈述。技术手册、评论著作、布道说教、政治演说甚至于铁路时刻表也许或多或少是指导性的，而且其指导方式是各种各样的，但它们也极少教给我们单称的、定言的关于属性或关系的真理。

我们先把不具有事实报道任务的大多数各类句子搁在一边，

① 地狱边境地带，英文为 limbo world。作者把可见的事物或事件说成是在现实世界中发生的，把看不见的事物或事件比喻为在鬼魂世界中发生的。地狱边境地带意为二者的过渡地带。——译者

直接来讨论法则。因为,那些论及个体具有能力、可能性、倾向以及其他东西的断定虽然本身不是法则陈述,这些断定所具有的一些特征却能够在我们讨论了法则句的某些特征之后被充分地揭示出来。

法则常常在语法上不复杂的陈述句中陈述出来,但它们也能够在其他的结构中陈述出来,尤其能在"任何东西若如此如此,便这般这般"或"假如一个物体没有东西支撑,它便以如此这般的加速度下降"这类形式的假言语句中陈述出来。我们并不把一个假言语句叫做"法则",除非它是一个"变元的"假言陈述或"开放的"假言陈述,也就是说,这种假言陈述的条件从句至少含有一个像"任何"或"每当"这样的表达式。正是由于这种特征,一个法则才

121 适用于各种实例,尽管它的陈述并没有提到实例。假如我知道,任何一个钟摆若比另一个钟摆长,就会比较短的钟摆摆动得慢,其慢的程度与它超过较短的钟摆的长度成比例,那么,若我发现一个特定的钟摆比另一个特定的钟摆长三英寸,我就能推出它的摆动速度会慢多少。知道这个法则并不包含已经发现了上述两个钟摆;对这个法则的陈述也不包含对这两个钟摆的存在的报道。另一方面,知道或甚至理解这个法则也不包含知道,可能存在着满足其条件句从而也满足其结论句的特殊事实。我们不得不首先学会运用关于特殊事实的陈述,然后才能学会运用实际上适用于或可能适用于它们的法则陈述。法则陈述较之满足它们的事实陈述来说,它们所属的言述层次不同于并且高于事实陈述所属的言述层次。与此类似,代数陈述所属的言述层次也不同于满足它们的算术陈述的言述层次。

法则陈述可以为真或为假，但它们陈述的真理或谬误与它们所适用的或应当适用的事实陈述所断定的那些真理或谬误并不属于同一类型。它们有不同的任务。我们可以这样来阐明其关键性的不同。试图建立法则的部分目的至少是要探明：怎样从一些特殊事实推出另一些特殊事实，怎样用其他事实来解释一些特殊事实，以及怎样引起或阻止特殊事态的发生。不妨说人们把法则用作一张推论票证（一张定期票证），它准许其持有者从断定一些事实陈述走向断定其他事实陈述。它还准许其持有者对给定事实提供解释，并准许他们操纵现有的或正在发生的事物来产生所希望的事态。若一个学生只会背诵一条法则，那么我们的确不应当认为他已学会了那条法则。正如一个学生为了证明自己知道语法规则、乘法运算规则、下棋规则或礼仪规则，他必须能够并且准备在具体的活动中运用这些规则，同样，为了证明自己知道一条法则，他必须能够并且准备在对特殊事实作具体的推论时、在解释它们时，或者也许在引起或阻止它们的发生时运用这条法则。为了教授一条法则教师可以做许多事情，但他至少应当教会学生怎样在 122
理论上和实践上利用特殊事实搞出新的东西。

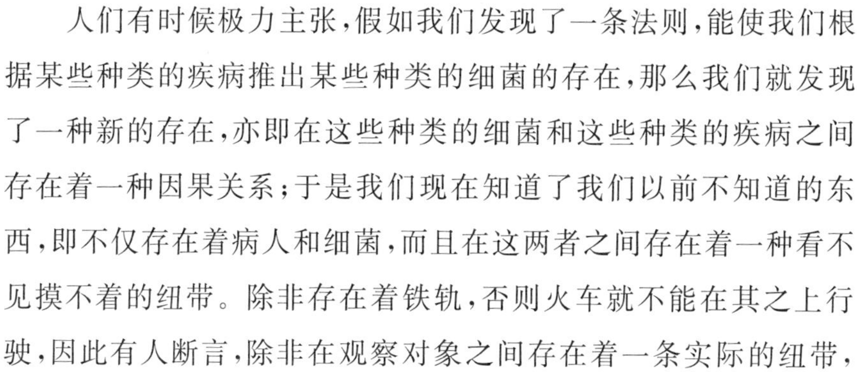

人们有时候极力主张，假如我们发现了一条法则，能使我们根据某些种类的疾病推出某些种类的细菌的存在，那么我们就发现了一种新的存在，亦即在这些种类的细菌和这些种类的疾病之间存在着一种因果关系；于是我们现在知道了我们以前不知道的东西，即不仅存在着病人和细菌，而且在这两者之间存在着一种看不见摸不着的纽带。除非存在着铁轨，否则火车就不能在其之上行驶，因此有人断言，除非在观察对象之间存在着一条实际的纽带，

尽管它决不能被观察到，否则细菌学家就不能根据病人的临床观察预测细菌的显微观察。

并没有人反对使用“因果关系”这一熟悉的用语。细菌学家确实发现了细菌和疾病之间的各种因果关系，因为这不过是以另一种方式说，细菌学家确实建立了各种法则，从而为自己提供了一些推论票证，这些推论票证能使他们从疾病推出细菌，用关于细菌的各种断言来解释疾病，并用消除细菌的办法来防止和治疗疾病，如此等等。但是，若这样来谈论法则的发现，仿佛发现一条法则就是发现了第三种观察不到的存在，那就回到把开放的假言陈述解释为单称定言陈述的旧习惯中去了。这好比说，语法规则是另一种未说出来的名词或动词，或者，下棋规则是另一种看不见的棋手。它使人们回到那种旧习惯中去，即认定各种各样的语句都担负着同一种任务：把一个谓词归之于所提及的对象。

“推论出来的铁轨”这个特别为人喜爱的比喻正是这样使人误入歧途的。火车存在着，而铁路线正是在同样的意义上存在着，我们发现火车存在着，而我们以同样的方式发现铁轨存在着。断言火车从一处驰向另一处确实蕴含着，在两处之间存在着可以观察到的铁轨。因此，谈论“推论出来的铁轨”便意味着，从疾病推出细菌事实上根本不是在推论，而是在描述第三种实有体；它不是在**论证**“因为如此如此，所以这般这般”，而是在**报道**“在这种被观察到
123 的如此如此与那种被观察到的这般这般之间存在着一种未被观察到的纽带”。但若我们接着问：“为什么要假设这第三种未被观察到的实有体呢?”唯一的答案便是：“为了证明我们有理由从疾病推出细菌。”这种推论始终被认为是合法的。没有充分的理由而感到

需要的东西其实是一种故事,这种故事看来要把“因此……”和“假如任何……”这种形式的语句归约为“这里存在着……”这种形式的语句,亦即会抹杀论证与叙述之间的功能性区别。但是,如同火车票不能被“归约”为由之而成行的乘车旅行的古怪对等物,并且,如同乘车旅行不能被“归约”为作为其起点和终点的火车站的古怪对等物,同样,法则陈述也不能被“归约”为它们所准许的推论和解释的对等物,并且推论和解释也不能被“归约”为构成其终点的事实陈述的对等物。陈述事实不同于陈述从事实陈述到事实陈述的论证,而语句的这两种任务又都不同于为这类论证提供理由。我们必须先学会运用语句来陈述事实,然后才能学会运用语句来陈述论证,而在此之后,我们才能学会运用语句来为论证提供理由。当然,语句还有其他许许多多任务,但这不是我们目前要考虑的事情。例如,这几页书上的句子就不具有它们所描述的任务。

现在我们可以回过头来考虑素质陈述了。它们大体上是这样的陈述:所提到的对象,不论是兽还是人,具有某种能力、倾向或天性,或易于受某种可能性的支配。显然,这类陈述不是法则,因为它们提到了特殊的事物或人。另一方面,它们又与法则相似,因为它们部分地是“变元的”或“开放的”。说这块糖是可溶的乃是说,在任何时间任何地点若将它浸入任何一汪水中,它就会溶解。说那个入睡者懂法文乃是说,若有人对他说法语或给他看法文报纸,他就会贴切地用法语作答、恰当地动作或正确地把法语译为本国语言。当然这样说未免太精确了。如果我们发现,他在睡眠、心不
在焉、喝醉了酒或惊慌失措时没有恰当地作答,或没有正确地译出 124
高度技术性的论文,我们不会因此而撤回我们的陈述:他懂法文。

我们的期待仅仅是，他对于大部分日常的法语使用和法语理解任务通常都能应付自如。“懂法文”是一个含糊的表达式，在大多数情况下，它虽然含糊却仍然有用。

曾有人认为，谈论个体素质的陈述虽然其本身不是法则，但却是来自法则的推论，因而我们在能够作出这类素质陈述之前必须首先学会一些也许是原始的和含糊的法则。但一般来说这种学习过程却是反向进行的。我们在学会了陈述素质陈述之间的一般性相互关系的法则之前，首先学会了对个体作出许多素质陈述。我们在得知任何有羽毛的个体都是卵生的之前，首先发现了有些个体既是卵生的又是长着羽毛的。

关于特殊的事物和人的素质陈述相似于法则陈述，还在于我们以一种部分相似的方式运用它们。素质陈述适用于对象的活动、反应和状态，或为对象的活动、反应和状态所满足；它们是一些推论票证，准许我们预测、回顾、解释和改变这些活动、反应和状态。

自然，迷信所有真的陈述句或者描述了存在物或者报道了事件的人会要求将“这根金属线导电”或“张三懂法文”这样的句子解释成：它们与“这根金属线正在导电”和“张三正在说法语”传达了同一个类型的关于事实的信息。除非现在正发生某种事情——即便不幸的是它发生在幕后，否则这类陈述怎么能够是真的呢？但他们仍然不得不同意，我们确实常常知道金属线是导电的或有些人懂法文，而无须在此之前首先发现任何不可发现的事件。他们也不得不承认，发现这些藏而不露的事件在理论上的用处仅仅在于，它给了我们进行那种预测、解释和改变的权利，尽管我们早已

在做这些事情并且常常知道我们有权利这样做。最后他们还不得
不承认，这些假设的过程自身的存在至多不过是他们自己的推断，
推断的根据是我们能够预测、解释和改变各种个体的可观察的活 125
动和反应。不过假如他们需要一些实在的“铁轨”以便运载日常推论，那么他们将不得不提供另外一些实在的“铁轨”，来证明自己有理由从日常推论的合法性专门推出一些假设的“铁轨”以便运载这些日常推论。这样来假设无穷等级的“铁轨”甚至对那些为其第一步所吸引的人也鲜有吸引力了。

素质陈述既非对于已观察到的或可观察到的事态的报道，也非对于未观察到的或无法观察的事态的报道。它们不叙述任何事件。但它们的任务与事件的叙述紧密相关，因为，若它们是真的，它们就为叙述出来的事件所满足。“张三正在用法语打电话”满足了“张三懂法文”所断言的东西；一个探明了张三懂法文的人根本不需要别的票证来使自己能够根据张三读过一份法文电报论证说，张三已弄懂了这份电报的意思。知道张三懂法文也就持有了那张票证，预期张三会理解这份电报就是在持这张票证作旅行。

应当注意到，认为素质陈述不叙述任何事件与承认素质陈述显然能够具有时态，二者之间并不存在不相容性。“他曾吸了一年香烟”和“这块橡皮自去年夏天就失去了弹性”是完全合法的素质陈述；假如个人绝不可能在将来知道某种东西，那么就不会存在教育职业。推论票证可以有短期的、长期的或无限期的。一条板球规则可以仅仅在一段试验期间有效，甚至一个大陆的气候也可以一个纪元一个纪元地发生变化。

（3）心理能力和倾向

可供我们用来谈论事物、生物和人的素质词为数无穷。其中有些素质词能够中性地适用于所有各种事物；例如，有些金属块、有些鱼和有些人都重 140 磅，有弹性，易燃，并且所有这些对象若没有东西支撑，都会以同样的加速度下降。另一些素质词却仅仅适用于某些种类的事物；例如，“冬眠”只能或真或假地适用于生
126 物，而“托利党党员”只能或真或假地适用于既非白痴、婴儿也非野蛮人的人。我们关心的是素质词的一个有限类，即那些仅仅适合于刻画人的素质词。事实上，我们关心的比这个类要更为窄一些，因为我们仅仅关心那些适合于刻画能够展示出理智特征和性格特征的人类行为的素质词。例如，我们并不关心那些也许碰巧是人所特有的纯粹反射，也不关心那些碰巧是人体特有的生理组织。

当然，这种限定的界线是模糊不清的。婴儿和狗都可以通过训练对命令、指向以及吃饭铃声作出反应；类人猿能学会使用工具，甚至能学会制造工具；小猫很顽皮，鹦鹉爱模仿。我们尽可以说，动物的行为是本能的而人的部分行为是合乎理性的，这样说虽然注意到了一个重要区别或一族重要区别，但区别的边界本身还是模糊不清的。婴儿的本能模仿确切地说是在什么时候发展为合乎理性的装模作样的？儿童从哪一个生日起不再像狗那样对吃饭铃声作出反应而开始永远像一个天使那样对它作出反应了？城郊和农村之间确切的分界线究竟在哪儿？

由于本书在整体上是讨论我们用来谈论心灵的一些基本的素质词和事件词的逻辑行为的，因此这一节有必要指明我们所选择

的一些素质词的各种用法之间的某些一般区别。在此不打算讨论所有这些词项，甚至也不打算讨论这些词项的所有各种类型。

许多素质陈述可以借助语词“能”、“过去能”和“能够”表达出来，虽然无须如此，并且通常也不如此。“他是一个会游泳的人”这个陈述若并不表示他是一个游泳能手，便仅仅意味着他能游泳。不过语词“能”和“能够”有许多不同的用法，下面各个例子就可以说明这一点。“石块能漂浮(因为浮石会漂浮)”；“那条鱼能游(因为它并没有失去游的能力，尽管它现在在泥里半死不活的)”；“张三能游泳(因为他已学会了游泳并且还没有忘记)”；“李四能游泳(假如他愿意学的话)”；“你能游泳(只要你努力)”；“她能游泳(因 127
为医生已撤回了禁令)”，如此等等。第一个例子指出，不存在任何许可证准许推出，因为这是一块石头，所以它不会漂浮；第二个例子否定了一种物理障碍物的存在；最后一个例子断言了一种戒律性障碍的中止。第三、第四和第五个陈述报道了一些个人的性质，然而提供了不同种类的信息。

为了阐明“能”和“能够”的某些不同用法所具有的不同力量，对于有时候被称为“模态词”的表达式如“能”、“必须”、“可以”、“必然”、“未必”、“未必不”等表达式的逻辑作一个简要的研究是合适的。一个陈述，若大意是某物必须或必然如此，便起着我所谓的“推理票证”的作用；它准许我们从该陈述也许已予以规定也许未予以规定的其他某物推出此物是如此。若它的大意是某物必然不如此或不能如此，那么它就起着另一张许可证的作用，准许我们推出此物不是如此。然而有时候需要否认这样一张准许推出某物不是如此的许可证，于是我们常常这样说，此物能够如此或可能如此。说某物能够如此并不蕴涵着此物是如此或不是如此，当然也不蕴涵着此物悬于是如此与不是如此之间，而仅仅蕴涵着并不存在那样的许可证，可以准许我们从已得到规定或未得到规定的其他某物推出此物不是如此。

这个一般的说明也适用于大多数“假如-那么”语句（‘if-then’ sentences）。一个“假如-那么”语句几乎永远能意译为一个含有模态表达式的语句，反之亦然。模态语句和假言语句具有同等的力量。任取一个日常的“假如-那么”语句，比方说，“假如我在那张梯子底下走过，那么我会在那天遇到麻烦”，考虑一下应当如何用通俗口语表述它的矛盾命题。若把一个“不”字加在条件句的动词上，或加在结论句的动词上，或同时加在二者上面，那都不行，因为所有这三种做法的结果都照样是一种迷信的陈述。可行的说法是：“不，情况不是如此：假如我在梯子底下走过，那么我会遇到麻烦。”但这不是便利的说法或口语。为了否定这个迷信我们通常会说：“不，我可以在那张梯子底下走过并且不会遇到麻烦”或“我能
128 在梯子底下走过而不遇到麻烦”；或者概括地说：“在梯子底下走过的人未必会遇到麻烦。”反之，最初那个迷信陈述也能够表述为：“我不能在梯子底下走过而不在那天遇到麻烦。”“假如-那么”这个用语和模态用语之间不过存在一种文体的不同而已。

然而决不可忘记，“假如”、“必须”、“能够”这类语词还有其他一些用法，在那些用法中上述那种等价就不再成立了。“假如”有时候意味着“即便”。它还常常用于提出有条件的许诺、威胁和担保。“能够”和“必须”有时候则被用来表述非理论上的许可、命令和禁令。诚然，在准许或不准许作出推论与准许或不准许做其他

事情二者之间存在着类似之处，但二者之间也存在着很大的差别。例如，我们并不理所当然地把医生的裁决，如“病人必须卧床休息，能够口述信稿，但决不可吸烟”，说成是真的或假的；而把这样一些语句，如“一个三段论式能够有两个全称的前提”、“鲸鱼若不一次又一次地浮出水面就不能生存”、“自由落体必然加速下降”以及“在梯子底下走过的人无须在那天遇到灾难”，说成是真的或假的却是很自然的。“必须”、“可以”和“不可以”在伦理学上的用法与上述两类用法都有近似之处。我们随时可以讨论含有这类语词的伦理学陈述的真实性，但作出这类陈述的意义在于调整人的部分行为而不在于调整人的推论。由于同时具有上述二种特征，伦理陈述与其说相似于医生给予病人的摄生法指示，不如说相似于医学教科书给予医生的处理建议。伦理陈述不同于仅从个人偏好出发的特殊训谕和申斥，它们应当被看作提供给任何潜在的训谕者和申斥者的授权证，而不应当被看作提供给实际接受训谕和申斥的人的授权证，也就是说，不应被看作个人的行动票证（action-tickets），而应被看作非个人的责戒票证（injunction-tickets）；它们不是命令而是只有命令和惩罚这样的东西才能够予以满足的“法则”。像成文法一样，伦理陈述不应被解释为命令，而应解释为发布命令和强化命令的许可证。

以上我们对模态语句的各种任务作了一般性的探讨，现在可以返回来考虑几种选择出来的用于描述个人性质的“能够”语句之间的某些特定差别了。

说张三能游泳不同于说一条小狗能游泳。因为说那条小狗能 129
游泳与说它从未学过游泳或者说它练习过游泳都是相容的，而说一个人能游泳则蕴涵着他已学会了游泳并且还没有忘记。能够通过教育而获得一些能力事实上并不是人的特质。我们教会婴儿走路和使用匙子,同样也能够教或训练小狗学会乞讨。但有些种类的学习,包括大多数人学会游泳的方式,含有对于口头指导的理解和运用,或至少含有对于示范动作的理解和运用;大家会毫不犹豫地承认,能够以这些方式学会各种事情的生物便具有心灵,而在这里,狗和婴儿的可教性却使我们迟疑不决,不知道是否可以说它们也有资格取得这种证书。

说李四能游泳(因为他能学会游泳)乃是说他有能力理解和运用这类指导和示范,虽然他也许还没有开始这样做。对他作出如下的预言将是一个错误:既然他现在在水中无能为力地踉跄挣扎,他在学过游泳之后也仍然会在水中无能为力地踉跄挣扎;而对一个白痴作出这样的预言则会是正确的。

说你能游泳(如果你作出努力)乃是在使用令人感兴趣的一种居间的"能"。张三不必现在就努力去学游泳,李四无论怎样努力还是学不会游泳,相反,你把全部心思都用到了学游泳上面,你知道怎样去做而只是没有去做。你理解了指导和示范,但你仍然不得不亲自实践,在实践中运用指导和示范。这种借助于有意的并且也许是困难的和令人惊恐的实践而学会怎样运用指导,在我们看来也是具有心灵的生物特有的东西。它展示了某些性格特征,尽管这些性格特征与甚至在游戏中也会显示出顽强和勇气的小狗所展示出来的那些性格特征相比属于不同的等级,因为初学者是怀着发展自己的能力的意向努力去做某种困难的和令人惊恐的事情的。因此,说他若努力便能游泳既是说他能理解指导也是说他能有意地训练自己运用这些指导。

还可以不费劲地想到“能”和“能够”的许多其他用法。在“张三从小就会游泳,现在他已能发明新的泳法”这个语句中,就可以
看到“能”的另一种用法。“能发明”并不意味着“已学会了并且还 130
没有忘记怎样发明”。这种用法也根本不同于“能打喷嚏”中的“能”。此外,“能够战胜除一流泳手之外的任何泳手”中的“能”所具有的力量既不同于“能游泳”中的“能”,也不同于“能发明”中的“能”。它是适用于跑马比赛的一种“能”。

“能”还有一种与我们的中心论题有特殊相关性的特征。我们常常说一个人或一个会表演的动物能做某事,意即他能正确地或出色地做此事。说一个儿童能拼写单词乃是说,他不仅能给出字母的这一组合或那一组合,而且能按正确的顺序给出正确的组合。说他能打缩帆结不仅是说,他摆弄绳子时有时打出了缩帆结有时打错了缩帆结,而且是说,任何时候或几乎在任何时候,每当需要他就会打出缩帆结,或至少是说,只要需要并且他又努力,就几乎总能打出缩帆结。我们确实常常把“能说出”这个短语用作“知道”的译义,此时“说出”意味着“正确地说出”。当一个儿童只会盲目地说一些表示时刻的话时,我们并不认为他能说出时间了,而只是当他有规则地报出符合于钟的指针或太阳的位置的时刻时——不论这些位置在哪里,我们才认为他能说出时间了。

有许多行为动词,我们用它们描述人,有时也不无疑虑地用它们描述动物,它们不仅表示活动的出现,而且还表示适当的或正确的活动的出现。这些动词表示成就。有些动词,如“拼写”、“抓住”、“解决”、“找到”、“赢得”、“治愈”、“得分”、“欺骗”、“说服”、“到

达”以及无数类似的动词，不仅表示某种行为已经作出，而且还表示行为者通过作出这种行为而办成了某种事情。它们是表示成功的动词。然而成功有时是靠运气；一个板球队员可以无意地挥手一击而得分。但当我们说，某人能办成某类事，如解出字谜或治愈坐骨神经痛，此时我们的意思是，完全可以指望他不靠运气而经常获得合乎情理的成功。他在通常情况下知道怎样获得成功。

我们也使用一些对应的表示失败的动词，如“未达到”、“拼错”、“失手”、“输了”、“弄糟”和“算错”等等。假如一个人能拼写或
131 计算，他必定也有可能拼错或算错，这是一个重要的事实；但“能拼写”和“能计算”中的“能”的含义很不同于“能拼错”和“能算错”中的“能”。前一种“能”是一种能力，后一种“能”却不是另一种能力，而是一种可能性。为了某些目的，还有必要注意到“能”的这两种含义又不同于“能”的另一种含义。在那种含义上我们可以正确地说，一个人不能不正确地解出字谜，不能不成功地赢得比赛，不能徒劳地找到珍宝，或不能无效地证明一个定理。因为这种“不能”是一种逻辑上的“不能”。它根本没有涉及人的能力或局限性，而只是说，“不正确地解出”这类表达式是自相矛盾的表达式。以后我们将会看到，认识论者对于某种无法矫正的观察的渴望，在相当程度上是出于未注意到，“观察”在它的一种含义上是一个表示成功的动词，因而在这种含义上，“错误的观察”像“无效的证明”或“不成功的治愈”一样，是一个自相矛盾的表达式。但正如“无效的论证”和“不成功的处理”是逻辑上允许的表达式一样，当“观察”并非用作一个“找到”动词（“find” verb）而用作一个“搜寻”动词（“hunt” verb）时，“无结果的观察”或“徒劳的观察”也是可允许的

表达式。

我们已经用了足够的篇幅来表明，存在着形形色色的各种“能够”词，并且在“能够”表达式这个类中还存在着形形色色的各种能力表达式和可能性表达式。其中只有某些能力表达式和可能性表达式是专用于描述人的，但即便就这些表达式而言，也存在着各种各样的类型。

倾向不同于能力和可能性。“如果……本来会”(Would if…)不同于“本来能够”(could)；“当……便会做……”也不同于“能”。粗略地说，说“能”乃是说，不可断言某事将不是如此，而说“倾向于”、“不断”或“易于”则是说，可以断定它将是如此或曾是如此。所以“倾向于”蕴涵着“能”而不为“能”所蕴涵。“当月光明亮的时候菲多[1]便倾向于狂吠”所表达的不止是“假如月光明亮，菲多不一定不出声”。它准许听者不仅不指望菲多不出声，而且肯定地期待着吠叫声。

但倾向有许多类型。菲多在夏天倾向于生疥癣(除非特别规定它的饮食)不同于它在月光明亮时倾向于吠叫(除非它的主人呵斥它)。一个人每隔一定时间便要眨一下眼睛与他在窘迫时便会 132
不停地眨眼睛是两种不同的倾向。我们会把后者叫做一种“癖性”，但不会把前者叫做“癖性”。

我们把某些行为倾向叫做“纯粹的习惯”，把其他一些行为倾向叫做“喜好”、“兴趣”和“嗜好”，又把另一些行为倾向叫做“工作”和“职业”，以此来区分不同的行为倾向。先穿上右脚的袜子后穿

---

① Fido 为狗名。——译者

上左脚的袜子也许是一种纯粹的习惯，当不影响工作并且天气又允许时去钓鱼也许是一种嗜好，而驾驶卡车也许是一种工作。当然，也很容易想到一些难以确定的两可的惯常行为，要将它们加以分类我们会感到为难；有些人的工作就是他们的嗜好，而有些人的工作和嗜好几乎就是纯粹的习惯。不过我们对这些概念本身的区别还是相当清楚的。出于纯粹的习惯作出的行动是并非故意作出的行动，并且即便在刚刚作出它之后，行为者也无须能够报告已经作出了这个行动；他的心也许一直在其他东西上。作为一个人工作的组成部分作出的行动虽然可以出于纯粹的习惯，但他在不工作时仍然不会作出它们。士兵们休假回家时不会作正步走，而只是当他知道他不得不正步走或应当正步走时，他才会作正步走。他穿上制服时便恢复这个习惯，脱下制服时便中断这个习惯。

如我们所说，嗜好、兴趣和喜好的运用是“为了快乐”。但“为了快乐”这个短语能够使人误入歧途，因为它暗示，这些运用是一种投资，我们期望可以从它那里得到一笔红利。事实正相反，我们做这些事情是因为我们喜欢这样做，或想要这样做，而不是因为我们喜欢或想要某种附属于它们的东西。我们勉强地投入资本，目的在于获得使这笔支出上算的红利，假如我们有机会得到红利而无须投入资本，我们就会高兴地省去这笔支出。但钓鱼者不会接收或理解那种不带有钓鱼活动的快乐。他所享受的正是钓鱼活动而不是钓鱼活动所产生的某种东西。

说某人现在在欣赏或厌恶某事便蕴涵着，他正在留意此事。
133 若说他虽然丝毫不注意他所听见的音乐但音乐却使他感到愉快，
这便存在着一个矛盾。当然，若说他正在倾听音乐但既不欣赏也没有厌恶它，这便不存在什么矛盾。因此，说某人喜爱或爱好钓鱼不仅蕴涵着，他在没有受到不让去的压力或束缚时倾向于去河边垂钓，而且蕴涵着，他倾向于专心钓鱼，倾向于沉浸在对钓鱼的白日梦和回忆之中，沉醉在谈论钓鱼的话题和书本里。但这还没有说出事情的全部真相。一个认真负责的记者倾向于专心倾听公开的演讲，即便他在不受职责的束缚时不会这样做。他下班后就不去听演讲了。下了班后他也许往往把全部身心投入到钓鱼中去了。他虽然不得不作出努力使自己全神贯注于听演讲，却不必作出那样的努力使自己全神贯注于钓鱼。他不费劲就达到了全神贯注。“喜爱”的大部分含义便在于此。

除了纯粹的习惯、工作和兴趣之外还存在着许多其他类型的较高等级的倾向。有些行为规则是对于行为者强加给自己的一些决定或政策的坚持，有些行为规则则是对于别人灌输给行为者的一些行为准则或宗教的坚持。上瘾、雄心、使命、忠诚、献身和习惯性疏忽都是行为倾向，但它们是非常不同的各种倾向。

有两点可用来阐明接受能力与倾向，或做事能力与倾向性之间的某些区别。(a)技能和爱好都能假冒，我们使用贬称如“庸医”和“江湖郎中”来称呼那些装作能够完成各种事情的骗子，同时使用贬称“伪君子”来称呼那些装出各种动机和习惯的骗子。(b)认识论者往往使自己和他们的读者对知识和信念的区别这个问题困惑不解。有些认识论者建议，它们的区别仅仅在于某种程度上的不同；而有些认识论者则建议，它们的区别在于，“知道”中存在着某种可予以内省的成分，而“相信”中则没有这种成分，反过来也是如此。造成这种困境的部分原因在于，他们假定“知道”和“相信”

是表示事件的。但是，即便大家看到了二者都是素质动词，也还必须看到，它们是完全不同类型的素质动词。“知道”是一个表示能力的动词，而且是一种特殊的能力动词，这种能力动词用来表示被描述的人能够办成或能够彻底搞清楚一些事情。相反，“相信”是
134 一个表示倾向的动词，而且是一个并不意味着任何事情被办成或者被彻底搞清楚的倾向动词。“信念 ”可以为“固执的”、“动摇的”、“坚定的”、“不可战胜的”、“愚蠢的”、“狂热的”、“一心一意的”、“间歇的”、“热诚的”和“孩子般天真的”这样一些形容词修饰，这些形容词中有些或全部也适用于修饰“信任”、“忠诚”、“爱好”、“厌恶”、“希望”、“习惯”、“热忱”和“上瘾”这样的名词。像习惯一样，信念可以根深蒂固、迅速形成，也可以彻底放弃；像党派偏见、献身精神和希望一样，信念可以是盲目的和迷人心窍的；像厌恶和恐惧一样，信念可以不公开承认；像时尚和爱好一样，信念可以有感染力；像忠诚和敌意一样，信念可以为阴谋诡计所造成。别人能力劝或请求一个人不要相信某些事情，这个人也可以成功地或不成功地试图不再相信它们。有时候一个人会真心诚意地说：“我不能不信事情是如此这般”。但这些措辞以及它们的否定式，却没有一个可用于“知道”，因为“知道”就是有了把某事彻底弄清楚的装备，而不是倾向于以某些方式来作出举动或作出反应。

粗略地说，“相信”与动机词(motive words)属于同一个家族，而“知道”则与技能词(skill words)属于同一个家族；因此我们会问，一个人是怎样知道这个的，另一方面却只是问，一个人为什么相信那个，这就像我们会问，一个人是怎样打丁香结的，另一方面却问，他为什么想要打丁香结或为什么总是打错了平结。技能是

有方法的，习惯与爱好则有根源。同样，我们会问，是什么使得人们相信或惧怕某些事物，而不会问，是什么使得他们知道或得到了某些事物。

当然，信念和知识（即关于“**那个事实**”的知识）大体上在同一领域中运转。能够说成是已知或未知的事物也能够说成是相信或不相信的东西，这多少有点类似于能制造出来的东西也是能输出的东西。一个相信冰层很薄而有危险的人会像一个知道冰层很薄而有危险的人那样发出警告、小心翼翼地滑冰并对相关问题作出回答；假如有人问他，他是否知道情况确实如此，他也许会毫不犹豫地声称他知道情况确实如此，只是到了有人问他，他是怎样知道这一点的，他才会感到窘迫。

有人会说，信念类似于知识而不类似于对人的信任、对事业的热忱或对于吸烟的上瘾，因为它是“命题性的”；这种说法虽然不完全错，却过于狭隘了。的确，相信冰层很薄而有危险性意味着毫不犹豫地告诉自己和别人冰层很薄、毫不犹豫地默认别人的大意如 135
此的断言、毫不犹豫地反对相反的意见、毫不犹豫地从原初的命题得出一些结论，如此等等。但是，这种信念同时也意味着会小心翼翼地滑冰、会不寒而栗、会老是想象着可能发生的灾难并且会警告其他的滑冰者。它是一种倾向，不仅倾向于作出某些理论上的步骤，还倾向于作出某些行动上和想象上的步骤，倾向于具有某些感触。不过这些东西一起悬挂在一个共同的“命题挂钩”（propositional hook）上面。“薄冰”这个短语会同样地出现在对于不寒而栗、警告、小心翼翼地滑冰、声明、推论、默认和非议的描述之中。

当然，一个知道冰层很薄并且对它的厚薄很介意的人也会以这些方式作出举动或反应。但是，与“因为他相信冰层很薄所以他不往冰上滑”这句话的意思相比，“因为他知道冰层很薄所以他不往冰上滑”这句话使用了“因为”的一个完全不同的含义，或者说，作出了一种完全不同的“解释”。

(4) 心理事件

我们有许许多多种描述方式，来描述人们现在正忙于此事，描述人们经常经历那事，描述人们由于某个行为而花费了几分钟时间，或描述人们很快便取得了结果或很慢才获得了结果。这类事件的一个重要的子类是那些展示了性格特征和理智特征的事件。从一开始就必须注意到，说人的某些行动和反应展示了性格特征和理智特征是一回事，而根据一种不幸的语言风尚，说出现了一些心理活动或心理过程则完全是另一回事。后一种说法在传统上属于两个世界的说法，亦即某些事物存在或发生于“物理世界之中”，另一些事物则不存在或发生于物理世界之中而存在或发生于另一个比喻性的地方。拒斥这种说法与保留一种大家所熟悉的区别，例如咿呀学语和有意义地谈话之间的区别或痉挛和发信号之间的区别，是完全相容的；同时，不论在什么程度上接受两个世界的说法，也并不能澄清或巩固这种区别。

我一开始要考虑一组概念，所有这些概念都可以放到“留心”这个由于是含糊的因而是有用的标题之下。换言之，它们都同样可以称为“留意概念”(heed concepts)。我指的是这样一些概念：
136 注意、留神、专心、用心、全神贯注、潜心于某事、思考正在做的事情、警惕、兴趣、专心致志、研究和企图，等等。“心不在焉”是一个

短语，它有时用来表示一种状况，在这种状况下人们作出了举动或反应同时却没有留意他们正在做的事情或没有注意正在发生的事情。在英语中我们还可以看到“留心”的一种比较专门的含义，在这种含义上，说一个人留心自己吃的东西不仅意味着他很注意自己吃的东西，而且还意味着他对自己吃的东西很介意。欣赏与憎恶蕴涵着留意，但不为留意所蕴涵。“欣赏”和“憎恶”属于动词的一个大类，这个大类已含有留意的意思。我们若说某人在心不在焉地琢磨、探究、检查、争辩、计划、倾听或玩味，就不能不犯错误。一个人可以心不在焉地咕哝或玩弄，但假如他在计算或在仔细检查，那么说他多少留意着自己正在做的事情就是多余的。

各种各样的留心都可以有程度上的不同。一个驾驶员可以非常小心地、适当小心地或者不那么小心地驾驶汽车；一个研究者能够全神贯注地或者不那么全神贯注地工作。一个人并非任何时候都能说出，他对自己从事的工作是用了全部心思，还是只用了部分心思。试图记住一首诗歌的儿童也许觉得自己一直非常专心，因为自己一直盯着书本，低声念着词句，蹙着眉并且始终没有注意外界的动静。但是，如果他在整个过程中始终没有受到干扰，也没有被打断过，可仍然不能背出那首诗歌，不能说出诗歌的内容，不能发现同伴的背诵中有什么错误，那么，他声称自己始终十分专心的说法就不会被老师接受，甚至也许会被他自己撤回。

传统上对意识所作的有些说明至少在某种程度上已经作了尝试，试图澄清各种留意概念，其一般做法是要求把各种留意概念共有的某种独一无二的成分分离出来。它们通常用凝视[①]或检查的

① 原文为 contemplation，作者在这里意指“用心目所作的观看”。——译者

说法来描述这种共同的成分，似乎具有某种瘙痒感和注意到这种瘙痒感之间或阅读一段文章和研究这段文章之间的部分区别就在于，打个比喻说，具有瘙痒感或阅读这段文章发生在光线充足的地方并且就发生在感触者或阅读者的眼皮底下。但是，留意并非是一种检查或监视，相反，检查和监视本身倒是留意的特殊运用；因
137 为不论一个人在本义上还是在比喻的意义上被称为一个检查者，若问他是一个仔细的还是一个粗心的检查者、是一个警醒的还是一个昏昏欲睡的检查者，那总是有意义的。某人一直在仔细观察草坪上的一只鸟并不蕴涵着他也一直在比喻性地“观察”自己的观察；他一直在用心于绘制漫画并不蕴涵着他一直在观察自己的手指的活动或别的什么东西的活动。留意地做某事并不在于把一个实践行为与一个理论思维活动、一个调查研究活动、一个细查活动或“认知活动”结合在一起；否则，留意地做任何一件事情都会包含着留意地做无数事情。

用凝视的说法来错误地描述留意，其部分动机源于一般的理智主义传统，根据这种传统，理论思维活动是心灵的本质性功能，而比喻性的凝视则是理论思维的本质。但此外还存在着一种更受尊重的动机。的确，假如一个人一直在做或经历着某事并且一直留意着自己正在做或经历的事情，那么他就能说出所做或所经历的事情（只要他有言语表达能力）；他无须搜寻证据，无须作任何推论，甚至无须一时不知该说什么，就能说出自己所做或所经历的事情。它就在嘴边，能被他毫不迟疑、不加探究地说出来，就像讲述熟悉的或显而易见的事情一样。由于标准的“明显”范例取自于在良好的光线下从有利的观察点所见到的熟悉的事物，我们自然喜

欢把无须费劲毫不迟疑地讲述某些事物的各种能力都说成是出自像“看见”这样的活动。因此我们喜欢说“看出”了含义、“看出”了笑话。但是，在有利的环境下看见熟悉的东西这类事例尽管可以用作“熟悉”和“明显”这两个概念的例证，却不能阐明这两个概念。

此后我们将不得不考虑，能立即说出一个人所作的举动和反应的能力是怎样包含在对它们的某种留意之中的。在这里有必要指出，能立即回答关于一个人的举动和反应的问题并没有穷尽我们对这些举动和反应的留意所包含的内容。小心地驾驶汽车不仅能使驾驶员令人满意地回答关于他的操作的问题，而且也减少了发生事故的危险性。用心于各种事情并不仅仅使我们能对它们作
出真实的报道，心不在焉与其说只表现为“在证人席上不知所措”， 138
不如说表现为其他一些东西。除偶尔的情况之外，留意不是一个认知概念。调查研究不是我们唯一用了心思的工作。

我们现在可以转而考虑各种留意概念的逻辑行为的一个新的特征了。当一个人一边走路一边哼着曲子时，他同时在做两件事情，他可以中断其中的任何一件事情而同时不中断另一件事情。但当我们谈到一个人在留心自己所说的东西或在留心自己吹奏出来的曲子时，我们并非说他同时在做两件事情。他不能同时既不断地注意自己的阅读又停止了阅读，也不能同时既不断地用心于驾车又不再驾车了，尽管他当然能够不停地阅读同时不再注意自己的阅读，能够不停地驾驶汽车同时不再用心驾车。对于“阅读”和“注意”、“驾驶”和“用心”这样一些成对的动作性动词的使用会使人认为，每当这两个动词都得到正当的使用时，就必定存在着两种同步的并且也许是联结在一起的过程，因此，我们不妨回想一

下，用一个表示留意的副词来代替表示留意的动词是完全符合语言习惯用法的，这也许不无助益。我们经常谈到专心地阅读、小心地驾车以及认真地驾船，这种用法具有一个优点，即暗示了所描述的东西是具有某种特殊品质的一个活动而不是在不同的“地点”作出的彼此之间系着一根独特的缆索的两个活动。

那么，这种特殊的品质是什么呢？这个问题令人困惑，因为留意副词修饰其所系的动作性动词的方式看来完全不同于其他各种副词修饰其动词的方式。一匹马可以描述为在快速地或在缓慢地奔跑，在平稳地或在不平稳地奔跑，在笔直地或在曲折地奔跑；简单的观察或甚至摄制的电影片就能使我们判定这匹马的奔跑方式。但当一个人被描述为在小心地驾车、在专心地吹口哨或在心不在焉地吃东西时，他的活动的特殊品质似乎是观察者、照相机和口述录音机所捕捉不到的。也许紧皱双眉、沉默寡言和目不转睛可以是专心致志的证据；但这些东西可以假装出来，也可以是纯粹的习惯。无论如何，说他在用心工作并不仅仅意味着他工作时的可见的言行；我们不会由于听说他的言行是平静的就收回他当时
139 是在全神贯注做事的看法。但假如这种特殊的品质是不可见的，那么我们似乎不得不在下述两种解释中作出选择，或者说，它是归因于公开活动的某种隐蔽的伴随物，或者说，它是行为者的某种纯素质性的特性；换言之，或者说，专心地吹口哨是发生于不同“场所”的两个事件的串联，或者说，专心地吹口哨这种描述提及了一个公开事件并且对吹口哨者作出了某种开放的假言陈述。接受前一个看法就会重新陷入两个世界的传奇。它还会使我们陷入那种特殊的难题：既然“留心”会因此是一种活动并且它不同于据说是

被留心的公开活动，那么就不可能说明，为什么留心这种活动不能独立存在，如同哼曲子能够无须伴随着走路那样。另一方面，接受素质性的说明显然会使我们认为：虽然可以正当地说，一个人现在正在吹口哨，却不能正当地说，他现在在全神贯注或在留神；然而我们十分清楚，这类说法是合法的。不过这一点还必须更充分地加以考察。

假如我们想要探明某人是否一直注意着自己正在读的东西，我们一般都是通过事后不久的盘问来解决这个问题的。假如他对这一章的要旨和言词谈不出任何东西，假如他在这一章的与第一章相矛盾的其他段落中挑不出任何毛病，或者，假如他听说了这一章中早已提到过的某种东西之后表示惊讶，那么，除非他在阅读之后回答问题之前遭受了脑震荡，除非他在答题时很兴奋或者困倦了，否则我们就会相信，他并没有注意所读的东西。注意所读的东西蕴涵着，作好了通过这类随后的检验的准备。同样，某些种类的事故或接近于事故的事件会使我们相信，驾驶员当时没有留神。留神蕴涵着，作好了应付某些种类的突然事件的准备。

但这不可能是事情的全部。一方面，还有其他许多表示过程的动词，它们虽然不能列入表示留意的动词之中，却带有类似的素质性性质。“他正濒临死亡”、“正在恢复知觉”、“正日益虚弱”、“他正接受催眠”、“接受麻醉”、“经受免疫”，这些话都是事件的报道，但其为真的条件却是，某些可以预言这个人的未来的可检验的假言陈述为真。另一方面，我们不仅可以说某人正思考着自己在说的东西、不时地注意到自己的坐椅硬邦邦的、开始全神贯注了或不 140
再全神贯注了，而且完全可以命令或要求某人用心，尽管我们不能

命令他能够或很可能做某些事情。我们还知道，专心地读书可能比不专心地读书更令人疲劳。因此，我们把这样一种留意概念用于一个人时确实是在说某种素质性的东西，同时也确实是在说某个事件。我们是在说，他在一种特定的心境下做了所做的事情，对于这种心境的说明需要提及他能够作出、准备作出或很可能作出的举动和反应的方式，而他在那种心境下的举动本身却是可计时的事件。

重述一下这个问题，若把人们在完全不相似的心境下作出的两个或两个以上的公开举动录下像或录下音来，那么这些公开举动的录像或录音即便不是经常可以、却是有可能随人所愿地做到极其相似的。一个人用钢琴弹奏一首乐曲，这也许是为了消遣，也许是为了取悦于听者，也许是为了练习，也许是为了教学，也许是出于强制，也许是在拙劣地模仿另一个钢琴家，也可以是在心不在焉地纯粹机械地弹奏。因此，由于这些行为之间的区别不是总能通过摄影或录音记录下来，我们就会说，这些区别或者在于行为者的内心伴随着出现了某些只能为他本人所查知的活动和反应，或者在于行为者的公开行为满足了一些不同的开放的假言陈述。换言之，说弹奏者弹奏《甜蜜的家》(Home Sweet Home)是在示范应当怎样弹奏这首乐曲，这种说法具有一种内在的复杂性，就其某种要素而言它不同于说弹奏者弹奏《甜蜜的家》是在拙劣地模仿另一个弹奏者，尽管就其可见的要素而言二者是相似的。这些对外表相似的一些事件所作的复合描述是否应当解释为是对相似的公开事件与不相似的隐秘事件的结合所作的描述，抑或应当以另一种方式解释它们的区别？它们断定了双重的事实，还是断定了附有不同推论票证的单一的事实？

这两种选择看来都是不可接受的，尽管第二种选择提供了正确答案的一个必不可少的部分。像大多数二分法一样，“或者定言或者假言”这个逻辑学家的二分法不可全盘予以采纳。在此我们要接触这样一类陈述，它们的任务就是要跨越这条二分法的鸿沟。除了那些对二分法入了迷的人，在其他人看来，若认为一个陈述可 141
以在某些方面类似于纯事实陈述而在另一些方面类似于推论许可证；或者认为一个陈述可以同时是叙述性的、解释性的和有条件地预言性的而无须由一些可分离的子陈述结合而成，其中并无令人极其反感的东西。任何大意为“因为其他某物如此所以某物如此”的陈述若要为真，必须具备两个条件：某些事实成立；可以从一个事实推出另一个事实。一个陈述若可被其反对者说成是部分为真部分为假，那也不属于这种陈述。

“你本来就不会赶上最后一班火车”这个口头的责备不仅指责了受责备者没有赶上火车，而且宣称了别人本来就能够预料他会误车。受责备者事实上已犯的过错正是别人本来能够预测的事情之一。他就是干那种事情的人。这个责备包含了一个部分得到满足的开放的假言陈述。它没有并且也不可能完全被满足，因为别人本来还能够预测：即便他当时去了公用电话间（他也许没有去过），他也不会带有合适的零钱；即便他当时打算寄一封信（他也许没有作过这种打算），他也会误了最后一班收信时间。我将把“你本来会做你做了的那件事”这样的陈述叫做“半假言陈述”（semi-hypothetical statement）或“混定言陈述”（mongrel categorical statement）。日常作为举例引用的定言陈述大都是混定言陈述。

与此相应，说某人做了某事并在一定程度上留意了自己所做的事情，便不仅仅意味着，可以说，他当时对各种各样本来可以出现但也许没有出现的相关任务和检验都作好了准备；而且还意味着，他对于自己实际上已作了处理的任务也作好了准备。他当时处于这样的心情或心境之中：假如需要就去做许多实际上可以不需要去做的事情；而根据事实本身，他当时处于至少去做这一件实际上需要去做的事情的心情或心境之中。由于处于那种心境之中，他*本来就会*做他已做了的那件事情，假如需要的话，他*本来还会*去做其他许多他没有做的事情。说他留心了自己正在做的事情，这种说法既是对于另外一些事件的有条件的预测，同样也是对于实际发生的事件的解释性报道。

142 这种类型的陈述并非专用以描述人的较高层次的行动和反应。较之说一块方糖是可溶的而言，说那块方糖在溶解便说了某种更为事件性的东西；但较之说它是潮湿的而言，说它在溶解则说了某种更为素质性的东西。较之说一只鸟是候鸟而言，说那只鸟正在定期移栖便说了某种更为事件性的东西；但较之说它在飞向非洲而言，说它正在定期移栖则说了某种更为素质性的东西。在特定情况下，那块方糖和那只鸟*本来就会*做它们实际上做了的事情，并且，假如某些可规定的条件形成了，它们本来还会做其他许多可规定的事情，尽管这些条件也许还没有形成。

说一只鸟在定期移栖较之说它在飞向非洲而言是一种更复杂的说法，但这种更复杂并不在于叙述了更多的事件。只有一件事需要在进行，亦即那只鸟在特定的时刻正飞向南方。较之“它在飞向南方”而言，“它在定期移栖”并没有说出更多的历史事实，但说出了一个更富有意义的历史事实。它可以在较多的方面是错误的，但也在较多的方面是富有教益的。

这一点与“因为”的一种非常普通的用法相关，“因为”的这种用法不同于先前已为我们所区别的所有各种用法。“那只鸟在飞向南方”和“那只鸟在定期移栖”这两个陈述都是事件性报道。对于“那只鸟为什么飞向南方?”这个问题，我们能够完全正当地回答说，“因为它在定期移栖”。然而定期移栖过程不是一个不同于飞向南方的过程；因此它不是那只鸟飞向南方的原因。并且，既然“因为它在定期移栖”这个语句报道了一个事件，所以它所说的与“因为它是一只候鸟”所说的也不是同一回事。我们必须说，“它在定期移栖”用半叙事性、半预言性和解释性的词项描述了一个飞行过程。它并没有陈述一条法则，但它用含有法则含义的词项描述了一个事件。动词“定期移栖”带有一个生物学信息，正如动词“溶解”带有一个化学消息。“它在定期移栖”为“它是一只候鸟”这个推论提供了理由，正如“它在溶解”为“它是可溶的”这个推论提供了理由。

因此若有人问，一个人为什么读某一本书，我们也常常可以正确地回答说，“因为他对所读的东西感兴趣”。然而有兴趣读那本书并不是在做或经历两件事情，以致这种兴趣可以成为读那本书 143
的原因。如同定期移栖解释了飞向南方一样，兴趣以相同的一般方式，尽管不是以相同的特殊方式，解释了阅读。

我已指出了一个关于留意概念的事实，亦即可以正当地命令或要求某人留意、谨慎、注意、努力学习等等。一个人也可以同样正当地要求自己这样做。但显然我们不能命令一个人纯粹地留意或纯粹地注意。要使这种命令为人服从或不服从，它就必须被理解为规定了受命者应当留意去做的事情。例如，我们既可以要求一个学生、一个校对员，也可以要求一个目疾者，仔细地阅读某一段文字；假如那个学生注意到了印刷错误而没有注意到论证内容，那么他就没有服从对他的指示；假如那校对员注意到了论证内容而没有查知印刷错误，那么他也没有服从对他的指示；眼科医生则既不打算要他的病人对那段文字的论证说出自己的印象，也不打算要病人对印刷错误说出自己的印象，而仅仅要病人说出印刷字母在他看来是模糊不清的还是清晰的，是黑色的还是灰色的，是歪斜的还是垂直的。显然，这种说法对于一般的留意都是适用的。我们不能仅仅说一个人感兴趣、专注或试图；例如，他必定是在有兴趣地读一篇社论，是在专注地钓鱼或是在试图爬这棵树。“喜爱”和“不喜欢”也同样要求使用一个特定的动作性动词的分词作为补语，如“游泳”、“听巴赫的作品”和“什么事情也不做”等等。

当我们说一个人正用心于上述某种可规定的行动或反应时，在所用动词的某种含义上，若说他正在“思考”或“留意”或“用心于”自己在做或在体验的事情，那是合理的。这样说并不意味着，他必定在自我谈论自己正在做或正在体验的事情。他无须低声地对自己发表评论、提出责难、作出指示，鼓励自己或作出判断，尽管他可以这样做，并且，假如他真这样做了，那么问他是否在思考自己的这类低语也是一个正当的问题。有时候人们认为，一个沉迷于谈论的人如哈姆雷特之所以不用心于交给自己的任务，正是因为他在用心于那个次要的任务：自己对自己谈论他的首要任务；有
144 时候一个试图用法语进行交谈的人，由于在用英语思考怎样用法语交谈而实际上不能专心于自己本来应做的事情。思考或留意正

在做的事情并不蕴涵着不断地或周期性地运用智力进行谈论。相反，运用智力进行谈论只是思考或留意所做之事的一个突出例子，因为它既是在说一些东西，又是在思考所说的东西。它是留意性行为的一个种类，而不是留意性行为的因果性条件。不过，借助于智力给予和接受的教导的确常常是行动的一个必不可少的指南。有许多事情，除非我们留意了适当的和及时的指导——即便那些指导必须由我们自己给出，否则我们便无法去做或无法做得出色。在这类情况下，试图做要做的事情既包含着试图及时对自己进行合适的指导，也包含着试图遵循这些指导。

现在让我们考虑一下一种行动，这种行动虽然不包含什么创造性，却包含着某种程度的留意，而本能的、纯习惯性的或纯反射性的行动是不包含留意的。一个为服从命令而上刺刀的士兵和一个出于任何其他目的而上刺刀的人可以作出一些同样的动作。“顺从地”并不表示肌肉的一种特殊活动方式。它也不指称或意谓任何自我交谈或自我指导。因为，并没有人命令他去自我交谈或自我指导，即便他那样做了，自我交谈或自我指导也不能解释他的上刺刀活动，因为遵循自我指导只会是顺从地作出举动的另一个例子。然而，顺从地上刺刀在某种意义上的确意味着在上刺刀的同时还想着这是别人要他做的事情。假如换了不同的命令或听错了命令，他本来不会去上刺刀；如果问他为什么那样做，他会毫不迟疑地回答说这是命令。

正如那只在定期移栖的鸟并非既在飞往南方又在做或经历其他某件事情，那个士兵也不是在做两件事情：既在上刺刀，又在服从一个命令。他通过上刺刀来服从命令。对于“他留意了那个命令吗?”这个问题,“是的,一下命令他就装上了刺刀”便是一个可以令人满意的回答。当然,他也可能并没有听见命令却碰巧在那个时候仅仅为开玩笑而装上了刺刀。在那种情况下,说他为服从命令而上了刺刀就会是假的说法。

我们可以说,他的主要目的就是服从班长给他下达的任何命
145 令。假如我们问,“他在用心于什么?”那么答案便是,“他在用心于给他下达的命令。”假如上刺刀就是班长想要他做的事情,那么他只会去上刺刀。对于他的心境的描述既包含着直接提到给他下达的命令,也包含着间接提到上刺刀的举动,因为后一种提及是有条件的提及。可以说,他上刺刀的行动是在引号中作出的;他由于实际上得到做这件特殊事情的命令才上了刺刀。假如换了不同的命令,他本来会做别的什么事情。他处于这样的心境之中:去做下令要他做的任何事情——包括上刺刀。他上刺刀的举动是可以有条件地回溯预测的(retro-predictable),于是条件变项的值便得到了确定。[①]

同样,一个效颦者也许只是说了一些语词或作了一些姿态而已,但他惟妙惟肖地说出的语词和作出的姿态仅仅是为表现原作者的那些语词和姿态。假如原作者以任何其他方式作出了言论或行动,效颦者本来也会这样做的。他不必在同时告诉自己或同伴,

① 条件变项的值(value of the variable condition)可说是一个符号逻辑术语。作者这句话的意思是,“去做下令要他做的任何事情”可以翻译为一个条件语句:“对于任何一件事,假如下令要他做某件事,他就去做这件事。”根据这个条件语句,我们可以从“他上了刺刀”回溯推出“下令要他上刺刀”。在这里,“下令要他上刺刀”可以说是“下令要他做某件事”这个条件变项的值。——译者

这就是原作者的言行方式。为了表明原作者怎样谈话和耸肩，无须先有或伴有任何描述性的评论；有时候也无法作出这样的评论，因为描述的技能常常不如表演的技能。效颦者的言语和耸肩是对于被仿效者的言语和耸肩的模仿，但他不必在模仿的同时断言，它们是一些模仿。

但是，当我们说一个行为者做某事是作为受命的行动，或作为一种模仿，或作为实践，或作为达到目的的一种手段，或作为一种游戏，或一般地说作为一种特定计划的实施时，作为(as)这个词具有什么力量呢？纯粹机械地作出某些动作与试图通过作出一些完全相似的动作来满足某些特定的要求，这两者的区别是什么？或者说，遵照命令上刺刀与为了战斗而上刺刀这两者之间的区别是什么？

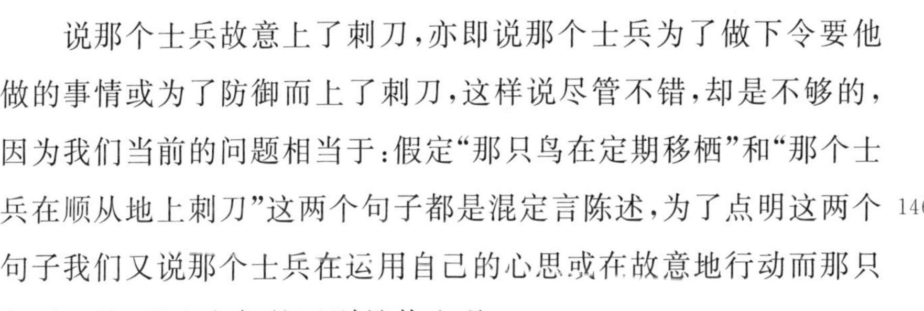

说那个士兵故意上了刺刀，亦即说那个士兵为了做下令要他做的事情或为了防御而上了刺刀，这样说尽管不错，却是不够的，因为我们当前的问题相当于：假定“那只鸟在定期移栖”和“那个士兵在顺从地上刺刀”这两个句子都是混定言陈述，为了点明这两个 146
句子我们又说那个士兵在运用自己的心思或在故意地行动而那只鸟则不然，那么它们的区别是什么呢？

这个问题的答案至少包含如下内容。说一块方糖在溶解，说一只鸟在定期移栖，或者说一个人在眨眼睛，这并不意味着，那块方糖已学会了变成液体，那只鸟已学会了在秋天飞向南方，或那个人已学会了在受惊时眨眼睛。但是，说一个士兵顺从地上了刺刀或为了防御而上了刺刀却确实意味着，他已学会了一些课程并且还没有忘记那些课程。新兵在听到上刺刀的命令时或在看到敌兵接近时并不知道怎样处置手中的刺刀，他不知道怎样上刺刀，也不知道什么时候应当上刺刀什么时候不应当上刺刀。他也许甚至于不知道怎样解释命令或服从命令。

并非所有获得的能力或倾向都能归类为心灵的特征。向右侧卧着睡觉的习惯就不是理智或性格的特征；一听到“半斤”这个单词便会说出或在心中默念出“八两”的习惯是我们在无意中获得的一种习惯，可是我们不应当称它为被我们学会的习惯。这种习惯虽然养成了但并不是我们故意养成的；我们平常也不使用或应用它。在无意中机械地获得一些能力便不再是学习。甚至于专心地背诵韵文这种原始的学习形式，也不仅仅确实会培养出背诵这些韵文的浅薄的能力，而且会确实培养出背诵其他各种东西的较有价值的能力以及培养出通过研究而生成各种能力的更有价值的能力。为了使自己成为一般来说是可教的人，专心地背诵韵文是基本的一课。

儿童、半文盲、老式的军人以及某些教书匠往往认定，受教育和受训练就在于使自己仅仅能够重复老师所教的课程。但这是一个错误的假定。假如一个儿童只会从头至尾正确地背诵乘法表，那么我们应当说他还处于初学乘法表的阶段。除非他能够对突然提出的任何乘法问题(其难度低于 12×13)迅速给出正确的答案，并且除非他能够运用乘法表告诉我们，比方说，在一个有六个人的房间里共有多少脚趾，否则，他就还没有真正学会乘法表。一个登
147 山者若只能在受训的条件下翻越他在受训时曾翻越过的那些适合初学者的攀登地，并且只会做当时学过的那些动作，那么，他也不是一个训练有素的登山者。学习乃是使自己逐渐能够在属于某些

一般类别的**任何**情况下做某种正确的或合适的事情。学习乃是使自己逐渐准备好应付某些范围内的一些**可变**要求。

说某人正在某种程度上以某种形式留意地做某事不仅仅意味着，他已作好了上述某种准备，而且还意味着，他实际上正在应付一个具体的要求，并且他在应付这个要求时本会应付或将会应付本可以出现或也许会出现的那个范围内的任何其他要求。他处于一种“准备好了”的心境之中，因为他既准备好了在那种情况下做那件事并在准备好的状态下做了那件事，同时也准备好了去做也许会要他去做的任何其他事情。说一个驾驶员正留着神并不蕴涵着，他已想到一头驴子可能会突然从那条侧街中窜出来。他能够在没有预料到这类意外事故的情况下准备好应付这类事故。的确，他本来可以在没有准备好应付它们的情况下预料到它们的发生。

在这一章的前一部分我曾应允要解释一下，既然用心于一件任务并不在于把一个检查活动或研究活动与完成那项任务联系在一起，为什么我们仍然期待用心做事情的人能够不加研究地说出他已在从事或投身的事情。留意不是一种第二层次的理论思维工作，但它却似乎蕴涵着留意者能随口回答有关其第一层次的工作的理论问题。除非留心地做事情或感受事情至少体现了对所做或所感受的事情的某种研究，否则我怎么能知道自己一直在留心地做或感受的事情？我怎么能够描述我先前没有检查过的事情呢？

部分答案似乎是这样的：并非所有的谈话，而且的确并非大部分初等的谈话，都在于传达一般性的知识。例如，我们最初并不对婴儿说些他当时不感兴趣的事物的名称，而只对他说些他在当时

当地感兴趣的事物的名称。这样，事物名称的用法就注入了对事
148 物的兴趣之中。在某种程度上我们以类似的方式就儿童正在尝试的事情给他以指导、忠告、示范、训斥和鼓励，而不会等到他空闲无事时才教他怎样做各种事情。指导与实施同时进行结果不一定是分散对实施的注意力，“试图遵循教导”乃是“试图做那件事”的一部分，儿童在学习做事情的同时也在学习更好地理解和运用关于怎样做那件事的教导。因而，他也在学习同时扮演指导者和学生的角色，既学习指导自己又学习留意他自己的指导，亦即学习使自己的行符合于自己的言。

优秀的裁判员不会在比赛的每时每刻都吹哨子，训练有素的运动员也不会一听到裁判员的哨声就停止用心于比赛；倒不如说他表明了，除非他确实注意到了哨声，否则他并不在用心于比赛。在某种程度上我们大家都被训练成为我们自己的裁判员，虽然我们并不时时刻刻或在大部分时间中吹哨子，但我们在大部分时间中都准备着或半准备着(half-ready)在情况需要的时候吹哨子，并且在哨子吹响的时候听从哨声。

裁判员在比赛中的干预通常是命令性的，而不是描述性的或报道性的。他在那里是为了使比赛易于进行下去，而不是为了向新闻记者提供赛场情况。他给出的是裁决和指责而不是报道。但是，准备在赛况需要时给出合适的裁决也就是准备在新闻记者吵吵嚷嚷地要求时给出报道。他知道应发出什么命令，因此也知道应报道什么事实。但他不必为了收集事实而去研究自己的命令。粗略地说，他只需调整自己的语调——如实地说出他本可以命令性地喊出或严厉地作出的裁决。用陈述语气叙述事情便是用了最

老练的说话方式，因为这是最不动情感的说话方式。

同样，假如我们受过适当的训练，那么我们就常常能为我们当时所从事的工作提供一些多少是中肯的和有益的命令、建议和裁决。当我们从对自己作一些有关的告诫和评判转向对提问者（他们也可以是自己）作一些正确的描述时，我们不得不做的不是研究工作，而是改变措辞。知道对某些要求作些什么中肯的答复就是 149
也知道对其他一些要求作些什么中肯的答复。在我们不能对自己作出许多指导或判断的情况下，如在创作笑话、理解人物角色或构作抒情诗的时候，我们也不能就自己正在做的事情对询问者作出许多答复。于是我们提到“灵感”和“直觉”，这就使我们可以不必回答问题。

（5）成就

出于我们的目的，另外还有一类事件词应受到特别注意，那就是我在别处称之为“成就词”（achievement words）、“成功词”（success words）或“获得词”（got it words）的那类事件词以及它们的对立面“失败词”（failure words）或“失去词”（missed it words）。这些词是真正的事件词，因为无疑可以正当地说，某人在一个特定时刻踢进了一球，某人屡次解出了字谜，或某人很快就理解了笑话或找到了顶针。这类词中有些词表示在某种程度上突然达到的顶点或结局；其他一些则表示在某种程度上被延续了的过程。在一个能指定的瞬间，顶针找到了，对手被打败了，赛跑赢了；而在很长一段时间内，秘密可以一直没有泄露，敌人可以始终处于绝境之中，领先地位可以继续保持着。所以，成功地望见鹰隼不同于成功地把鹰隼保持在视线之内。

我们日常用来表达这些“获得”和“保持”的动词都是动作性动词，诸如“赢得”、“发掘出”、“找到”、“治愈”、“使之信服”、“证明”、“骗取”、“开启”、“保卫”和“隐藏”等等；这个语法上的事实往往使得人们——亚里士多德例外——没有注意到这类动词与其他一些表示活动或过程的动词在逻辑行为上的不同。例如，踢与踢进、治疗和治愈、搜寻与找到、抓与紧握、听与听见、看与看到、旅行与到达之间的不同即便确曾为人们所注意到，也被解释为并列的活动种类或过程种类之间的不同，然而事实上这些不同完全属于另一种不同。由于在很有希望获得成功的时候我们常常借用成就动词(achievement verbs)来表示相应的作业活动(task activities)的作出，这些不同就更容易为人忽略。我们可以说一个赛跑运动员在比赛中从一开始就在赢得胜利(winning his race)，尽管事实上他
150 最后不一定赢得胜利；一个医生可以夸口说他在治愈(is curing)病人的肺炎，而事实上他的治疗并没有导致预期的痊愈。“听见”(hear)有时候被用作“听”(listen)的同义词，“改过”(mend)有时则被用作“试图改过”(try to mend)的同义词。

作业动词(task verbs)与对应的成就动词在逻辑力量上的一个很大不同是，在运用成就动词时我们是在断言，除作出了从属的作业活动之外——假如这些作业活动存在的话，某些事态已建立起来了。赛跑者若要赢得胜利，不仅他必须跑而且他的竞争对手必须迟于他到达终点；医生若要治愈一个病人，他的病人就必须既得到治疗又恢复了健康；搜寻者若要找到顶针，在他指出它的时刻他所指的地方就必须有一个顶针；数学家若要证明一个定理，那个

定理就必须是真的并且如他表明的那样是从某些前提中得出来的。行为者对于自己的努力和感触的自我报道并不能独自说明他是否已完成了他曾试图完成的事情。他可以轻率地断言能取得预期的成功，但假如他发现尽管自己尽了最大的努力事情仍然出了毛病，那么他会收回自己的断言。假如我发觉那里并不存在印刷错误，那么我会收回自以为看到了印刷错误的看法。假如我发觉投票人投了竞争对手的票，那么我也会收回自以为已说服了投票人的看法。

这个一般性论点的一个推论是，部分地或全部地把成功归诸好运气这总是有意义的，尽管这当然不会总是真的。一个挂钟可以为偶然的一击所修复，珍宝也可以在第一铲后就被发掘出来。

由此还可得出，有些成就能够不通过做工作而获得。我们有时不搜寻就找到了东西，不提出申请就获得了职位，不掂量证据就得出了真的结论。不劳而获的东西常常被说成是“给予的”。不费力的所得是“给予的”，较费力的所得是“提供的”，费力的所得是“造成的”。

若说一个人作了奋斗并且赢得了胜利，或作了旅行并到达了目的地，那并不是说他做了两件事情，而是说他做了一件具有某种结局的事情。同样，一个作了瞄准但未击中的人也没有做了一件工作后接着又做另一件工作；他做了一件事，但未做成。因此，当我们期待一个始终在努力取得某种成就的人能够不加研究地说出 151
他已在从事的工作时，我们并不期待他必定能不加研究地说出他是否已取得成就。成就和失败并不是人们常常——即便是令人误入歧途地——称之为“直接觉知”(immediate awareness)的对象的那种事件。它们不是举动、努力、工作或行为,而是指某些举动、工作、努力或行为取得了某些结果——纯粹侥幸的成就除外。

因此,我们能够有意义地说,某人徒劳地或成功地作了瞄准,某人殷勤地或不殷勤地对病人作了治疗,某人缓慢地或迅速地、有条不紊地或杂乱无章地扫视了一下树篱;而不能有意义地说,某人徒劳地或成功地击中了目标,某人殷勤地或不殷勤地治愈了病人,某人缓慢地或迅速地、有条不紊地或杂乱无章地看到了巢穴。适合于修饰作业动词的副词一般不适合于修饰成就动词;特别是留意副词,如"小心地"、"专心地"、"认真地"、"警惕地"、"诚心诚意地"和"固执地"等等,不能用来修饰"发现"、"证明"、"解决"、"查知"或"看见"这样的认知性动词,正如它们不能用来修饰"到达"、"修复"、"购买"或"征服"这样的动词。

有许多事件性动词被用来描述人的探究生涯中的各个项目,其中有些是成就动词而另一些是作业动词,由于没有注意到这一点,便导致了一些毫无理由的困惑,因此导致了一些散播神秘事物的理论。人们曾假设,有些专门的认知举动和活动对应于"看到"、"听见"、"尝出"、"推出"和"回想起"这样的动词,正如大家熟悉的一些举动和活动事实上对应于"踢"、"跑"、"看"、"听"、"争吵"和"告诉"这样的动词;仿佛说一个人在看并且看到了东西类似于说他边走路边哼曲子,而不类似于说他在钓鱼并且钓到了鱼,也不类似于说他在搜寻并且找到了东西。但知觉动词与搜寻动词不同,它们不能被"成功地"、"徒劳地"、"有条不紊地"、"无效地"、"勤劳地"、"懒散地"、"迅速地"、"小心地"、"勉强地"、"热情地"、"顺从地"、"审慎地"或"有信心地"这样的副词所修饰。知觉动词不表示行为或做事方式,更不表示秘密的行为或秘密的做事方式。粗略地说,知觉动词不属于参赛者的词汇,而属于裁判员的词汇。它们 152
不是尝试,而是由于尝试或由于幸运获得的东西。

认识论者有时承认,他们觉得所假定的看到、听见和推出等认知活动极其难以捉摸。假如我望见一只鹰,那么我就发现了那只鹰,但我并没有发现我对于那只鹰的“看见”。我对于那只鹰的“看见”似乎是一种古怪的透明过程,说“看见”是透明的过程,是因为我在查知一只鹰时并没有查知任何符合于“看到一只鹰”中的动词的其他东西。但是,当我们认识到“看见”、“望见”和“发现”并非过程词(process words)、经验词(experience words)或活动词(activity words)时,这种难以理解就消失了。它们并不表示令人困惑地不可查知的行动或反应,正如“赢了”并不表示少许令人困惑地不可查知的赛跑活动,“开启”也不表示少许未报道出来的转动钥匙的活动。我之所以不能发觉我自己的“看到”或“推断”的原因是,这些动词具有“完成‘发觉我自己……’这个短语”的错误类型。“你在做什么?”和“他当时在经历什么事情?”等问题是不能用“在看到”、“在结论”或“在打败”来加以回答的。

作业动词与成就动词或“尝试”动词与“获得”动词之间的区别使我们避免了另一个理论上的麻烦。人们很久以前就已认识到,“知道”、“发现”、“解决”、“证明”、“发觉”、“看到”和“观察到”(至少在 observe 的某些标准用法中)这样的动词在很大程度上是不能为“错误地”和“不正确地”这样一些副词所修饰的。由于无意识地认为这些动词以及类似的动词表示一些特定种类的活动或经验,有些认识论者曾感到自己不得不假设,人们具有某些特殊的探究方法，遵循这些方法便不会有犯错误的危险。人们无须、的确也无法小心地遵循这些方法，因为这些方法并没有提供运用“小心”的机会。“发现”在逻辑上不可能是无结果的，证明在逻辑上也不可能是无效的，这种逻辑上的不可能性曾被错误地解释为一种准因果性的不可能性（quasi-causal impossibility），亦即不可能走上歧途。只要走上恰当的道路，只要让恰当的心智能力任意驰骋，不可改造的观察或自明的直觉就不能不接着而来。因此，人们有时是不会犯错误的。同样，假如击中靶心被解释为一种特别的瞄准，假如治愈被解释为一种特别的治疗，那么，既然两者在逻辑上都不可能出毛病，于是就会得出，存在着一些特别的防错的（fault-proof）
153 瞄准方式和治疗方式。而且也存在着一些暂时不会出错的射手和一些偶尔不会出错的医生。

其他一些认识论者不喜欢把暂时的不出错性归诸人，这是正确的，但他们却采取了另一种同样不可能成立的立场。他们也无意识地认为这些成就动词表示一些特定种类的活动或经验，但他们断定，归根结底，它们所表示的活动或经验不是防错的。我们能够知道虚假的情况，能够错误地证明事情，能够不正确地解决问题，并能看到不应在那里被看到的东西，这就类似于说，我们能够“环外命中”地击中靶心，能够使病情更加恶化而治愈病人，或能够无须第一个冲线而赢得赛跑。当然，输掉了赛跑与自称赢得了赛跑二者之间并不存在不相容性，使疾病更加恶化与夸口说已治愈了疾病二者之间也不存在任何不相容性。仅仅说“我看到了一只鹰”并不蕴涵着那里有一只鹰，尽管正确地说“我看到了一只鹰”确实蕴涵着那里有一只鹰。

决不可认为，把某些所谓的认知动词以这样的方式纳入成就动词的总类之中，便阐明了一切问题。“推演”的逻辑行为在某些方面类似于“踢进”、“打败”或“开启”的逻辑行为，但这个事实并不蕴含着，“推演”的逻辑行为在每个方面都类似于上述三个动词中的任何一个；达到一个结论(arriving at a conclusion)也不是在每个方面都类似于到达巴黎(arriving in Paris)。我的论证旨在具有一个主要是否定性的意义，即展示出，假设一些神秘的行动和反应来对应某些熟悉的传记性事件词为什么是错误的，又为什么会吸引人。

154

第六章　自我认识

(1) 前言

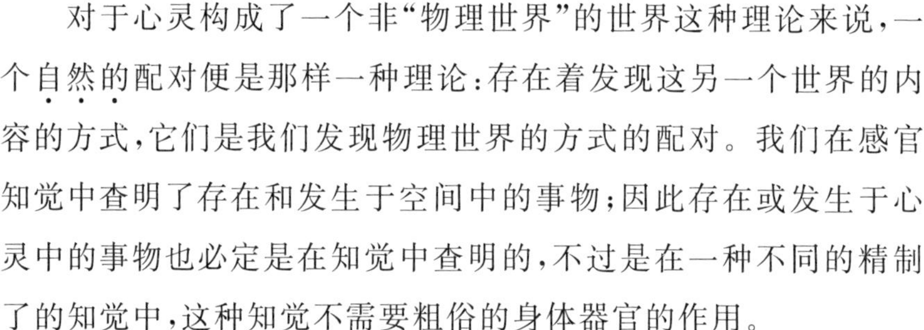

对于心灵构成了一个非“物理世界”的世界这种理论来说，一个自然的配对便是那样一种理论：存在着发现这另一个世界的内容的方式，它们是我们发现物理世界的方式的配对。我们在感官知觉中查明了存在和发生于空间中的事物；因此存在或发生于心灵中的事物也必定是在知觉中查明的，不过是在一种不同的精制了的知觉中，这种知觉不需要粗俗的身体器官的作用。

188

不仅如此，人们还曾认为有必要表明，心灵拥有领悟它们自己的状态和活动的能力，这些能力优于它们领悟外在世界的事实的能力。假如我要知道、相信、猜测外在于我的事物和事件的任何情况，或甚至对之感到疑惑，那么据认为我对自己的这些认知活动就必定有不断的不会出错的领悟。

因此人们常常认为，(1)心灵不能不时时觉知到那些所谓占据着它的私人舞台的活动，(2)心灵至少还能够有意地借助于一系列非感官的知觉细查它自己的某些状态和活动。而且，据说那种时时的觉知(一般叫做“意识”)和那种非感官的内在知觉(一般叫做“内省”)都是不会出错的。心灵具有一种双重的进入它自己的活动的特许通道，这使心灵的自我认识不但在发生上先于、而且在质量上优于它对其他事物的把握。我可以怀疑我的感官的见证，却不能怀疑意识或内省的判决。

大家始终承认，心灵的这种发现心理状态和活动的能力有一种
局限性，亦即：尽管我能直接知道自己的心理状态和活动，却不能直 155
接知道你的心理状态和活动。我能意识到自己的全部感触、意志活动、情绪和思维活动，并且能通过内省细察其中的一些东西。但我不能通过内省观察或意识到你的心灵活动。我只能根据你的身体动作作出一些复杂的和脆弱的推论，从而使自己相信，你是有心灵的。

这种双重特许通道的理论如此强有力地影响了哲学家、心理学家和许多普通人的思想，以至于现在人们常常认为，只要赞成心灵是第二剧场的教条，只要说心灵的意识和内省发现了在它之中演出的各个场面，这就足够了。根据我所论证的观点，意识和内省不可能是“官方”理论描述的那些东西，因为它们的所谓对象是一些神话；但机器中幽灵的教条的拥护者往往论证说，被认定的意识和内省的对象不可能是神话，因为我们能意识到它们，并能通过内省观察它们。这些想象的对象发现方式是一些令人起敬的证件，保证了这些对象的实在性。

所以，在这一章中我试图表明，关于意识和内省的“官方”理论是一些逻辑混乱的产物。当然，我并不想去证明，我们没有或不可能得到需要去获取的自我认识。相反，我将试图表明我们是怎样获得这类知识的，但在此之前我不得不证明，这类知识并不是通过意识或内省获得的，尽管人们通常是这样来描述这些所谓的特许通道的。为了使任何读者不至于一想到自己被剥夺了通向其所谓

内在自我的两重化特许通道就感到沮丧，我可以添上一个令人感到安慰的承诺：根据我将给出的对于自我认识的说明，我们可以得到的关于他人的知识将回复到近于自我认识的地步。关于我自己，我能够探明的东西在性质上相同于关于别人我能够探明的东西，探明的方法也几乎相同。所剩下的在必需材料的供给方面的不同，虽然在我所能得到的自我认识与对你的认识二者之间造成了某些程度上的不同，但这些不同也并不都有利于自我认识。在
156 某些相当重要的方面，对我来说，获取我想要得到的对你的认识比获取同样性质的自我认识会更容易一些。而在其他某些方面，那样做会更困难一些。不过在原则上，尽管这不同于在实践上，张三探明张三的方式与张三探明李四的方式是相同的。丢弃了对于特许通道的希望也就是丢弃了对于认识论的孤立主义的恐惧；我们在失去唯我论的甘美的同时也失去了唯我论的苦涩。

（2） 意识

在开始探讨哲学家的意识概念或关于意识的各种概念之前，首先考虑一下语词“意识到的”和“意识”在日常生活中未受到专门理论约束时的某些用法，是可取的。

(a)人们常常这样说，“我当时意识到家具已被重新安放过了”。或者说，“我当时意识到他没有平时那么友好”。在这样的上下文中，人们用语词“意识到的”代替了“探明”、“认识到”和“发现”这样一些语词，来指示某种值得注意的朦朦胧胧的因而不能言喻的领悟。家具看起来有些不同了，但观察者说不出不同在哪里；那个人的态度有些不随和，但说话者指不出不随和在什么地方。尽

管就上述朦胧领会的不可表达性和模糊性而言存在着一些哲学上令人感兴趣的问题，“意识到的”的这种用法并不蕴涵着人们身上存在着任何特别的领悟官能、领悟方法或领悟通道。在这种含义上，我们意识到的东西可以是一个物理事实，也可以是一个关于别人的心理状态的事实。

(b)人们常常用“意识到的”和“自我意识到的”(self-conscious)来描述一些人表现出来的局促不安，尤其是青年人表现出来的局促不安，这些人对别人对他们的性格特征和理智特征所持有的意见感到担忧。在这种含义上，羞怯和做作是通常人们表现自我意识的方式。

(c)人们有时候在一种更为一般的意义上用“自我意识到的”来表示某人达到了留意于他自己的性格特征或理智特征的阶段，不论他是否因别人对他的这些特征作出的评价而感到局促不安。在这种拓宽了的含义上，当一个男孩开始注意到，自己比大部分伙伴更喜欢算术或更不想家时，他便开始有自我意识了。 157

当然，在这种拓宽了的含义上，自我意识对于如何生活具有头等重要性，因此自我意识的概念对伦理学具有重要性；但自我意识的单纯使用并不蕴涵着什么特殊的学说，可以说明一个人怎样对他自己的性格特征和理智特征作出评价并对之进行检查，或者说明一个人怎样把自己与熟人的这类特征进行比较。

弗洛伊德的用语“无意识”和“下意识”与“意识到的”的这种用法有密切的关系；因为，若说嫉妒、憎恶或各种性欲冲动是“无意识的”，那么至少其部分的意思是，有这些冲动的人不仅没有认识到它们在自己身上的力量，甚至没有认识到它们在自己身上的存在，而且在某种意义上也不愿认识到这些东西。他部分地逃避了评判自己是哪一种人的任务，要不他就系统地使自己的评判带有偏见。弗洛伊德对逃避这类评价或带偏见地作这类评价的倾向的病因、诊断、预后和治疗方法作了说明，不过这种说明没有也无须求助于一个人怎样对自己的素质作出正确的或错误的评价这个认识论问题。

(d)有一种用法与“意识到的”、“自我意识的”和“无意识的”的上述一些用法完全不同，根据这种用法，可以说一个麻木的或麻醉了的人从脚直至膝盖丧失了意识。在这种用法中，“意识到的”意味着“敏感的”或“有感觉能力的”，“无意识的”则意味着被麻醉了或不敏感的。当一个人对任何掌击、声音、刺痛或气味不再敏感时，我们就说他已丧失了意识。

(e)还有一种含义，它与上述最后这种用法密切相关却又与它有所不同，在这种含义上，当一个人没有留意到一个感觉时，我们可以说他没有意识到这个感觉。在这种含义上，一个正在进行热烈争论的行人可以没有意识到自己的起了泡的脚后跟上的感觉，本书的读者在开始读这个句子时也很可能没有意识到自己的颈背或左膝盖上的肌肉感觉和皮肤感觉。一个人还可以没有意识到或不知道自己在皱眉、在随着音乐打拍子或在喃喃低语。

“意识到的”在这种含义上意味着“留意”；于是可以有道理地说，即便一种感觉具有中等强度，也几乎未被感觉者注意到，这就
158 是因为那时他的注意力极其牢固地固定在其他东西上了。反之，一个人可以敏锐地留意到非常微弱的感觉；例如，当他受到阑尾炎引起的惊吓时，在这种含义上他会强烈地意识到根本不剧烈的胃痛。根据这种含义，一个人还可以强烈地意识到，可以几乎没有意

识到，也可以完全没有意识到，如担忧引起的痛苦和怀疑引起的疑虑这样的感触。

一个人留意到身体器官上的感觉和感触并不蕴涵着，他的这些感觉和感触是不会出错的。他可能会把它们的原因搞错了，也可能会把它们的所在位置弄错了。甚至在它们是实在的还是幻想出来的问题上，他也可能出错，如疑病症患者。“留意”并不指称一种导向认知上的确实性的特殊管道。

哲学家们，主要是自笛卡尔以来的哲学家们在他们的知识理论和行为理论中运用了一种意识概念，这种意识概念相对来说与上述任何意识概念都没有什么近似之处。许多种类的思想家都把心灵看作第二剧场，在其中演出的事件享有假定的“心理事物”的地位并且相应地不具有假定的“物理事物”的地位。因此他们断言，这些事件的基本的确定的特性是，每当它们出现时，它们总是带着意识出现的。在“觉知”(aware)的某种含义上，心灵的状态和活动是一些必定为心灵觉知的状态和活动，而且这种觉知不可能是虚妄的。心灵所做或所经验的事情是自我告知的，这一点被假定为一种特征，这种特征并非有时而是永远刻画了心灵的活动和感触。规定它们为心理事物的部分定义是，它们的出现蕴涵着，它们是自我告知的。假如我思维了，希望了，回想了，意愿了，懊悔了，听见了声音，或感到了疼痛，那么，就根据这一事实我便必定知道自己在这样做。即便我做梦看见了一条龙，我也必定得知我看到了龙，尽管常常可以承认，我不一定知道自己是在做梦。

假如否认了第二剧场的存在，那么，要说所谓发生在这个剧场中的各种事件是自我告知的并要阐明这种说法的含义，就自然有

点困难。但有些地方还是很清楚的。比方说，当我对一个谜的谜底发生疑惑并且就根据这一事实我是在有意识地发生疑惑时，并没有人认为我同时作出了两个注意举动，一个举动是注意到了那个谜，另一个举动是注意到了我在对那个谜发生疑惑。概括地说，
159 也没有人认为我的疑惑举动和这个举动的自我告知是两个不可分解地结合在一起的不同活动或过程。倒不如只好再用比喻说，心理过程是发磷光的，就像热带的海水，它靠着自己发射出来的光而使自己可见。或者，用另一个比喻说，心理过程是为心灵"偶尔听到的"，不过所听到的正是心灵自己的过程，这就有点像一个说话者偶尔听到他本人说出的话一样。

当认识论者的意识概念最初开始流行时，它在某种程度上似乎是新教徒的良心概念的转用。新教徒曾不得不坚持，一个人无须忏悔神父和经院学者的帮助就能够知道自己灵魂的道德状况和上帝的愿望，因此他们谈论上帝赋予的私人良心之"光"。当伽利略和笛卡尔对力学世界的表述似乎要求，应当宣称心灵构成了一个对应的世界而把心灵从机械论中拯救出来时，人们就感到需要对下述问题作出解释，即：怎样也能在既无教育的帮助又无感官知觉的帮助的情况下确定这个幽灵世界的内容。"光"的比喻看来特别合适，因为伽利略的科学在如此大的程度上是处理这个因视觉而得到发现的世界的。人们引入了"意识"，让它在心理世界中担负起光在力学世界中所扮演的角色。在这种比喻的含义上，心理世界的内容被认为是自我发光的或光辉灿烂的。

洛克在描述心灵能够一次又一次地对自己当下的状态和过程作出故意的仔细观察时又使用了这个模型。他从脸在镜中的反映

(reflection)这种为大家熟悉的光学现象中借用了“反射”(reflex-ion)这个词，把这种所谓的内在知觉叫做“反省”(reflexion)(我们叫做“内省”)。心灵能够在自己的活动发出的“光线”下“看到”或“观看”自己的活动。关于意识的这个神话是一种副光学(para-optics)。

“偶尔听见”、“磷光”或“自我发光”这类比喻暗示了另一种需要加以作出的区分。确实，当我在做、在感受或在目睹某种事情时，我通常能够并且事实上也时常迅速地通过回顾留意到我刚才所做、所感受或所目睹的事情。我所注意的事情常常在我身上留有某种记录或痕迹，以致若有人问我刚才听见了什么、想象了什么
或说了些什么，我通常能给出正确的回答。当然，我实际上并不总 160
是能够回顾刚刚过去的一瞬间；否则，在早晨被叫醒的几秒钟内，我就会回想起我刚才回想起我刚才回想起……听见了敲门声；一个事件就会产生一个无穷系列的对于它的……回忆的回忆，使我根本没有机会留意任何后继的事件。不过，在一种正当的含义上一般可以说，我知道刚才是什么东西吸引了我的注意力或部分注意力，也就是说，假如有机会的话，我一般能对它作出一个记忆性的报道。这并不排斥我有时会作出一个错误报道的可能性，因为即使事隔不久的回忆也不能免于粗心或偏见。

假如需要，事实上我们一般能够说出刚才是什么东西吸引了我们的注意力，之所以提到这个事实是因为，按照流行观点的说法，意识在一个或两个重要的方面不同于这种“记录保持”。首先，根据那个理论，说心理过程可以意识到并不意味着，我们事实上或能够在事后对心理过程作出报道，而意味着，“心理过程向我们通

报自己的发生"是心理过程发生的特性，因而这类通报并不后于心理过程的发生。所谓意识的声明若确实可以用语词表达出来，就会用现在时态而不是用过去时态表达出来。其次，那个理论认定，当我意识到自己当下的心理状态和心理活动时，我便在"知道"的一种非素质含义上知道我正在经验和正在做的事；这就是说，事实上我不仅在必要时能够对我自己或对你说出我正在经验和做的事情，而且我正在主动地知晓自己正在这样做。尽管并没有出现双重的注意活动，但当我发现手表已不走了时，同时也就发现了自己正在发现手表已不走了；就在我查明了手表的一种真相的同时，关于我自己的一种真相也在我心中闪现或发光。

我将论证，如此描述出来的意识是一个神话，从而很可能有人会认为我是在论证，心理过程在某种抑制的意义上是无意识的，也许类似于我常常不能说出自己的习惯性动作和反射性动作。为了防止这种错误的解释，我可以非常概括地说：第一，我们通常确实知道自己在用心于什么，但并不需要任何磷光之类的说法来解释
161 我们是怎样得知它的；第二，知道自己在用心于什么并不蕴涵着我们对自己的活动和感触实际上有一种持续不断的监视或细查，而仅仅蕴涵着我们除了别的天然倾向外还天然倾向于在有心境的时候坦白自己的活动和感触；第三，我们一般知道自己在用心于什么这个事实并不蕴涵着我们发现了任何幽灵性的事件。

对于这种理论——因为心理事件按照定义是有意识的或在比喻的意义上是自我发光的，所以心灵必定知道自己在做的事情，根本的反对意见是，不存在任何这样的心理事件；根本不存在发生于一个第二地位的世界(second-status world)中的事件，因为不存在这样的地位,也不存在这样的世界,因此我们也不需要特殊的方式来认识这样一个世界中的居民。但除此之外还存在着另一些反对意见,接受那些反对意见并不依赖于对机器中幽灵的教条的摈弃。

首先(这个反对意见只是作为一个有说服力的论证),任何人若不委身于一种哲学理论,就决不会为了证明自己对事实所作的断言是正确的而这样说:他是“从意识中”或“由于意识的直接声明”或“根据直接的觉知”发现那个事实的。为了支持自己对事实所作的断言他会说:他亲自看到了、听见了、感到了、嗅出了或尝出了如此这般的东西;为了支持其他一些类似的陈述他会多少有点不确定地说:他记得自己看到了、听见了、感到了、嗅出了或尝出了它。但假如有人问,他是否真的知道、相信、推出、害怕、记得或嗅出某物,他决不会回答说,“噢,是的,确实如此,因为我意识到了甚至是鲜明生动地意识到了这一点”。然而根据“官方”学说,正是这样的回答应当成为他最后的诉诸手段。

其次,有人认定,我意识到自己的心理状态和心理活动,这或者意味着我知道它们,或者意味着我之所以知道它们的充分必要的根据。但是,这样说就是滥用了“知道”这个动词的逻辑,甚至是滥用了它的语法。谈论知道或不知道这一阵雷鸣或那一阵剧痛、这个彩色的表面或那个得出结论或理解笑话的举动,那是无意义的;这些东西是一些错误地跟在“知道”这个动词之后的那种类型的宾格。知道和不知道意味着知道和不知道某物是如此,例如,知道和不知道那隆隆声是雷鸣或那彩色表面是干酪的外皮。而这一 162
点正是要害之处,它表明光的比喻是无益的。充分的光照有助于

我们看见干酪的外皮，但我们不能说，“光线太差了，我没法知道干酪的外皮”，因为“知道”与“看”不是同一类东西，所知道的东西与所照亮的东西也不是同一类东西。诚然，我们可以说，“由于太暗我无法认出我所看到的东西是干酪的外皮”，但认出我所见之物同样不是另一种视觉行为。我们并不需要一支手电筒来帮助我们看见我们之所见并且需要另一支手电筒来帮助我们认出我们之所见。因此，即便在东西被照亮和心理过程被意识到二者之间存在着某种类似之处，由此也得不出，心理过程的拥有者会认出那个心理过程是什么东西。这种类似之处或许可以想象地解释心理过程怎么是可辨别的，但它却不可能解释我们是怎样查明心理过程的真相、避免或纠正有关它们的错误的。

再者，断言某人可能认不出自己的真实心境，这并不包含矛盾；事实上大家都知道，人们时常这样。他们会错误地认为自己知道某些东西，因为这些东西实际上是假象；他们会在自己的动机方面自欺欺人；他们会吃惊地注意到钟已不再滴答作响，因为他们觉得自己一直没有意识到的钟曾在滴答作响；他们在做梦的时候不知道自己在做梦，在清醒的时候有时也不能肯定自己是不是在做梦；他们恼怒或兴奋时，会真诚地否认自己恼怒了或兴奋了。假如意识真是它被说成是的那种东西，那么在逻辑上就不可能发生这样的辨认上的失败和错误。

最后，即便不说据认为是任何心理状态或过程固有的“自我告知”需要一种独立的注意活动或构成了一种独立的认知活动，但仍然可以说，我在推论过程中所意识到的东西不同于我通过推论所理解的东西。我的意识对象是推论过程，但我的推论对象也许是根据几何学前提得到几何学结论。我的推论可以用语词表达为："因为这是个等边三角形，所以它的每个内角都为60度。"我所意识到的东西则可以用语词表达为："这里我正在从如此如此推出这般这般"。但若这样，那么根据"官方"学说，似乎就可以有意义地 163
问，我是否还没有意识到自己意识到自己在推论；亦即问，我是否还不能说："这里我正在发现这样的事实，即我正在这里从如此如此推出这般这般。"如此下去便会永无止境；任何心理状态或心理过程都会不得不包有无数层意识洋葱皮。假如要摈弃这个结论，那么就不得不承认，心理过程中的某些要素，亦即构成了心理过程的所谓最外一层自我告知的那些要素，其本身并不是我们能够意识到的东西；于是，"意识到的"就不再能保留为"心理的"一词的定义的一部分了。

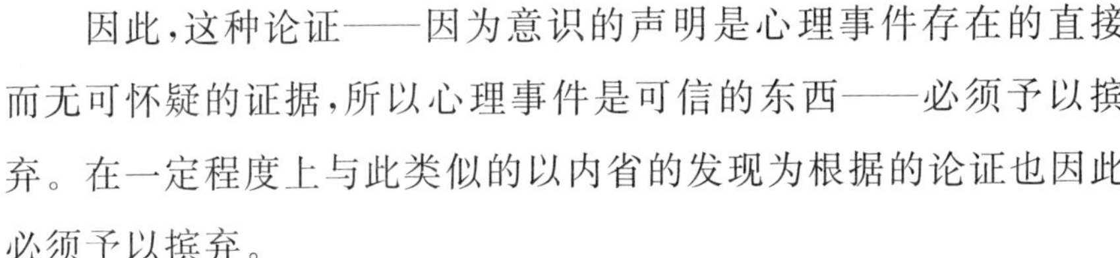

因此，这种论证——因为意识的声明是心理事件存在的直接而无可怀疑的证据，所以心理事件是可信的东西——必须予以摈弃。在一定程度上与此类似的以内省的发现为根据的论证也因此必须予以摈弃。

(3) 内省

"内省"是一个技术性用语，在不搞理论之人的自我描述中很少可以见到它的使用。至于"内省的"这个形容词，则可见到较多的使用，人们通常在一种无关痛痒的含义上用它来表示，某人比平时更加留意于有关他自己的性格、能力、缺陷和怪癖的理论问题和实践问题；此外它的使用还常常意味着，那个人反常地担忧那些问题。

技术性用语“内省”曾被用来指称一种假定的知觉。据认为，就像一个人可以在某个特定的时刻倾听一支长笛曲、品尝一杯葡萄酒，或凝视一挂瀑布一样，这个人也可以在一种非视觉的含义上“凝视”他自己当下的某种心理状态或心理过程。这种心理过程或心理状态得到了审慎而专心的仔细考查，因此能够列为他的观察对象之一。另一方面，内省在一些重要方面据说不同于感官观察。被看或被听的事物是公开的对象，在原则上可为任何处于适当位置的观察者所观察，然而心理状态或心理过程据认为只能被它的拥有者通过内省进行仔细考察。再者，感官知觉含有身体器官的作用，如眼睛、耳朵或舌头的作用，内省则不含有任何身体器官的

164 作用。最后，感官知觉决不能逃脱迟钝或甚至是幻觉的可能性，然而，不管怎么说，根据那些较大胆的理论，一个人观察自己的心理过程的能力却永远是完美的；他也许还不懂得怎样利用自己的能力或怎样安排或区别它的发现，但他在内省时决不会有任何相当于耳聋、散光、色盲、眼花缭乱或飞蚊症的毛病。根据这些理论，内在知觉树立了真实的知觉的标准，感官知觉是永远无法与之比美的。

据认为，内省的发现至少在一个方面不同于所谓意识的声明；内省是一种专心的活动，人们只是偶尔为之，意识则被认为是所有心理过程都恒常具有的一种要素，人们并不需要在特定的专心活动中才发觉它。而且，我们为了找到一些特定问题的答案才进行内省，然而不论我们是否想望意识，我们总有意识；每个人在清醒时都始终有意识，但只有那些一次又一次地对自己心中正在发生的事情感兴趣的人们才会去内省。

人们大概会承认，只有经过专门训练的人才会谈论“内省”，但在“他发觉自己不知该怎样做如此如此的事情”或“当我发觉自己惊慌失措时，我便做了这般这般的事情”这样的话语中，普通人至少表达了内省这个词的部分含义。

现在暂且假定确实存在着假设的幽灵性事件（否认这一点是本书的否定性目的），即便如此，人们仍然有理由反对这样一个初看起来似乎有道理的假定：还存在着一种知觉，能够把这些事件中的任何一个事件作为它的专有对象。其一，这样一种内在知觉活动的存在将要求，观察者能够同时专心于两件事情。例如，他会决心早起并会在同时观察他的决心活动；会专心于早起的计划并会在知觉上专心于自己对于这个计划的专心。这个反对理由在逻辑上也许并不是致命的，因为可以论证说，不管怎么样，有些人在实践之后能够把专心于驾驶汽车与专心于交谈结合在一起。我们谈论专心一致，这意味着分割注意力是可能的，尽管有些人会把注意
力的分割说成是注意力在迅速地来回转换，而不把这种分割说成 165
是在同时对注意力进行分配。许多人最初对自己确实能进行“官方”理论所描述的内省确信无疑，但是，当他们相信自己为了进行内省将不得不同时作出两次注意时，他们便渐渐对自己能否进行内省起了怀疑。相对于确信自己能进行内省而言，他们更确信自己并不能在同时作出两次注意。

不过，即便主张我们在内省时会同时作出两次注意活动，那也要承认，可能在同时发生的注意活动的数目总有某个极限，由此可得出，必定存在着一些不可内省的心理过程，亦即那种体现了以最大可能数标出的同时性注意活动的内省。于是，对于主张这种理

论的人来说就会产生这样一个问题：人们怎么会知道那种活动发生了，因为，假如这种知识不是由内省获得的，那就会得出，一个人对于他自己的心理过程的知识不能总是基于内省之上。但假如这种知识并不总是基于内省之上，那么它究竟是否基于内省之上就可予以怀疑。也许有人会求助于另一种形式的特许通道来反击这个反对理由；我们并不是由于对自己的内省进行内省而知道我们能进行内省的，而是根据意识的直接声明而知道这一点的。对卡律布狄斯大漩涡的游客来说，斯库拉岩礁看来是更为宜人的胜地[①]。

当心理学家还没有变得那么谨慎的时候，曾坚持认为，内省是获取关于心灵活动的经验信息的主要源泉。他们不无自然地困惑地发现，一个心理学家报道的经验事实有时与另一个心理学家报道的经验事实彼此冲突。他们常常公正地相互指责，认为对方自称由内省发现的那些心理现象正是他们的先入之见使之预期要发现的心理现象。假如关于内在生活和内在知觉的那些彼此结合在一起的理论是真确的，那么还会出现一些最终应当可以通过内省得到解决的争论。例如，理论家们争论，是否存在着不同于理智活动并且不同于习惯地遵从禁忌的良心活动。他们为什么不看一看并且看出了答案呢？或者，假如他们这样做了，他们的报道为什么

① 斯库拉(Scylla)和卡律布狄斯(Charybdis)都是希腊神话中的人物，前者据说是溺死航海者的六头女妖，成为意大利墨西拿海峡中的一块巨礁的名字，后者是吞噬船只的妖魔，成为斯库拉岩礁对面的一个大漩涡的名字。在这里作者的意思是，主张"官方"理论的人就像航海者那样处于前有岩礁后有漩涡的两难困境中，他们无论选择哪条途径，都不能解决问题。——译者

彼此不相吻合呢？再者，许多对人的行为作了理论思考的人宣称，存在着某些**独特的**符合于对“意志活动”的描述的过程；我已论证 166
过，并不存在这类过程。既然这个问题应当可以容易地得到解决，就像食品柜中是否有洋葱的气味这个问题那样容易得到判定，我们为什么还要对这些过程的存在作论证呢？

对于内省说还可以提出最后一个反对理由，它来自休谟。有些心理状态无法冷静地予以细查，因为处于那些状态便意味着不冷静，或者说冷静便意味着并不处于那些状态。没有一个人能够通过内省细查惊慌的状态或暴怒的状态，因为根据“惊慌”和“暴怒”的定义，在科学的观察中表现出来的不动情感并不是有激情之人的心理状态。同样，既然逗乐引起的捧腹不是清醒的实验家的心理状态，那么对于笑料的欣赏也不是一种可内省的事件。像这些多少有点狂热的激情这样的心理状态只能在回顾中得到考察。然而，这种限定不会带来任何灾难。较之其他心理状态而言，我们对于惊慌或逗乐的心理状态并不更缺乏了解。假如回顾能够给我们提供某些心理状态的知识所需要的材料，那么就没有任何理由说回顾不应当为所有各种心理状态的知识提供所需的材料。而这正是“发觉(catch)自己在做如此如此的事情”这样的通俗用语看来所意味的东西。由于我们追赶并且赶上了，所以才抓住了(catch)已从我们身边逃脱的东西。我开始做白日梦之后，也许是刚开始不久，发觉(catch)自己正幻想在山间散步；或者，我仅仅哼出了最初几个音符，就发觉自己在哼一首特定的乐曲。回顾不论是及时赶到的还是姗姗来迟的，都是一个真实的过程，它可以免除由于假定注意力被多次分割而引起的那种麻烦；也可以免除由于

假定狂热的激情能够成为冷静的、当下的细查对象而引起的那种麻烦。

所以，当人们熟悉地谈论内省时，他们所想到的部分东西就是这种可信的回顾过程。但是，就回顾的对象而言，并不存在任何本质上是幽灵的东西。我能发觉自己在做白日梦，以同样的方式，我能发觉自己在抓痒；我能发觉自己在无声地独白，以同样的方式，我能发觉自己在出声地说一些东西。

167 我所回想的东西总是可以在“自己做了如此如此的事情”这种形式中表述出来，这一点不但真实，而且很重要。我回想到的不是雷鸣而是自己听见了雷鸣；或者说，我发觉自己在发誓，但在同样的含义上我并没有发觉你在发誓。我的回顾对象是我自传中的事项。不过，这些事项虽然是个人的东西，却无须是那个自传中私密的或未说出来的事项，尽管它们能够是这样的事项。我能够回忆起自己看见了一些东西，我也能够同样多地回忆起自己想象过一些东西，我能够回忆起自己的公开举动，我也能同样多地回忆起自己的感觉。我能够说出我在自己的头脑中做的计算，但我也能够说出我在吸墨水纸上做的计算。

“回顾”会载有一些被指定由“内省”搬运的货物。但它不会载有全部将为“内省”搬运的货物，尤其不会载有许多哲学上珍贵的或易损坏的包裹。不论我可以多么精确地回忆一个活动或感触，即便当下的回忆也易于被蒸发和冲淡，除此之外，我也许还会认不出它的本性。昨天感到的剧痛今天回想起来究竟是真正的怜悯引起的还是由内疚引起的，不一定因为我的记忆很清晰而仍然显而易见。编年史并不解释它们记载的东西。

回顾是自传性的，这一事实并不蕴含着，它为我们提供了一个通往具有特殊地位的事实的特许通道。但是，它的确为我们提供了大量的有助于我们对自己的心理行为和心理性质作出评判的材料。日记并不是记载幽灵事件的编年史，但它是得知记日记者的性格、才智和经历的一个有价值的信息来源。

(4) 无须特许通道的自我认识

我已从几个方面论证了，当我们谈论一个人的心灵时，我们并不是在谈论一个第二剧场，那里正在发生一些地位特殊的事件，而是在谈论他的整体生活中一些事件的某些安排方式。他的一生并不是由两类不同的材料构成的一个双重事件系列；它是一系列事件的一个串连，这一类事件与那一类事件之间的不同很大程度上在于，不同逻辑类型的法则命题与似法则命题适用于或不适用于它们。因此，对一个人的心灵所作的断言乃是对那个人所作的一
些特殊种类的断言。所以，一个人与他的心灵之间的关系问题就 168
像一个人的身心之间的关系问题一样，都是不恰当的问题。它们之不恰当非常类似于问：“下议院与英国政体之间有什么具体的事务往来?”

由此可见，若像理论家们常做的那样，谈论某人的心灵知道了这个或选择了那个，那是一种逻辑谬误。事实上是那个人自己知道了这个或选择了那个，尽管满可以将这个事实归类为那个人的心理事实。在某种程度上与此类似的是，若谈论我的眼睛看到了这个东西或我的鼻子嗅出了那个东西，那也是不恰当的；相反，应当说我看到了这个东西或我嗅出了那个东西，而这些断言则含

有关于我的眼睛和鼻子的某些事实。不过这个类比并不确切，因为我的眼睛和鼻子是感觉器官，而“我的心灵”并不表示另一种器官。它表示的是我做某些种类的事情的能力和倾向，而不是个人的某种器官——没有它我就不能或不会去做这些种类的事情。同样，英国政体并不是并列于行政机构、司法系统、英国国教、议会和王室的另一个起作用的英国政治机构。它也不是这些机构的总和或它们之间的一个联络参谋机构。我们能够说，英国已开始投票选举了；但却不能说，英国政体已开始投票选举了，尽管英国已开始投票选举这个事实可以被称作英国的一个政体方面的事实。

实际上，虽然避免使用“心灵”或“各种心灵”并不总是方便的做法，但使用这两个名词的确要在逻辑上冒相当大的风险。这种用法极其容易使人构作逻辑上不恰当的合取式、析取式和原因-结果命题，例如“如此如此的事情发生在我的身上而不是发生在我的心中”，“我的心使我的手写起字来”，“一个人的身与心彼此之间相互作用”等等。当情况需要我们从逻辑上率直地使用语言时，就应当仿效小说家、传记作者和记日记者给我们树立的榜样，他们只谈论人做了或经历了各种事情。

“一个人对自己心灵的活动能得到什么知识？”和“他是怎样得到这种知识的？”这些问题由于其本身的语言表达方式就暗示了荒谬的答案。它们暗示，一个人若要知道自己是懒散的或已小心地做了一道算术题，他就必须窥探一下一个没有窗户的密室内的情
169 景，这个密室为一种非常独特的光所照亮，而且只有他才拥有进入这个密室的通道。一旦问题得到了这样一种解释，那么，“一个人

对另一个心灵的活动能得到什么知识?”和“他是怎样得到这种知识的?”这些类似的问题由于其本身的语言表达方式看来就排除了任何答案;因为它们暗示,一个人只有通过窥探另一个密室内的情景才能知道另一个人是懒散的或已小心地做了一道算术题,而根据假设,他不拥有进入那个密室的通道。

事实上,问题并不属于这种类型。它只是方法论的问题:我们怎样建立、运用关于人的公开和不公开行为的某些种类的似法则命题。我观看一个棋手和其他棋手下棋,从而理解了他的技能和策略;我观察某个学生的工作,注意他的各种辩解,倾听他的谈话,并且把他的表现与其他人的表现作比较,从而得知他是懒散的、有雄心的、有才智的。假如我本人碰巧就是那个学生,情况也没有什么大的不同。我的确能够因此倾听他的更多的谈话,因为我是他的无言的思想独白的听众;我注意到他的更多的辩解,因为他作这些辩解时我总是在场。另一方面,我把他的表现与其他人的表现作比较却更为困难了,因为考查者本人在接受考查。这会使考查者难以保持中立,也会阻止被考察者的行为在质询时暴露在光天化日之下。

重申一下前面提出的一个要点,问题并不是“我是怎么发现我或你有一个心灵的?”这样一个封套问题(envelope-question),而是具有如下句型的一系列特定的问题:“我怎么发现我比你更不自私?我怎么发现,我长除法做得很好但不料微分方程却做得很糟糕?我怎么发现,你患了某种恐惧症并且往往逃避面对某些种类的事实?我怎么发现,我比大多数人更容易激动但却不如大多数人那么容易陷入恐慌、晕头转向或病态的认真?”除了这类纯粹的

素质性问题之外还存在着一系列特殊的行为问题和事件问题，它们具有如下的句型：“我怎么探明我理解了那个笑话而你却没有？我怎么探明你的行动比我的行动需要更大勇气？我怎么探明我为你提供的服务是出于责任感而不是出于对赞誉的期望？我怎么探明，虽然我当时没有充分理解所听到的话，但仔细想过之后确实完
170 全理解了，而你却从一开始就完全理解了？我怎么探明自己昨天想家了？”这些种类的问题并没有提出任何神秘的东西；我们完全知道如何着手工作以便找到它们的答案；虽然常常不能最终解决它们并且也许不得不突然停留在纯粹的猜测之上，但是，即便如此，我们也完全明白什么种类的信息会满足我们的要求，只要我们能得到它；并且我们也知道得到这些种类的信息是怎么回事。例如，在听了一个论证之后，你断言你完全理解了这个论证；但你也许是在欺骗自己，或是在试图欺骗我。假如在此之后我们便分别了一两天，那么我就不再能检验你是否确实完全理解了它。但我仍然知道什么样的检验可以解决这个问题。假如你用自己的话复述了那个论证或把它译成了法文；假如你想出了恰当的具体例证来说明那个论证中的概括和抽象；假如你经受住了盘问；假如你正确地从那个论证的各个不同阶段得出了进一步的结论并且指出了那个理论与其他理论不一致的地方；假如你根据那个论证的本性正确地推出了论证者的理智特征和性格特征并且准确地预见了他的理论的此后发展，那么我就不会再要求进一步的证据以证明你完全理解了它。正是同样种类的检验会使我相信自己已完全理解了它；唯一的不同之处在于，我很可能不会把我的推演、例证等等出声地表达出来，而会比较马马虎虎地以无言的思想独白把这些

东西告诉自己；并且我很可能会比较容易地相信自己已完全理解了而不那么容易相信你已完全理解了。

简而言之，“你理解了它”的部分**含义**乃是，假如这般这般，那么你就能够并且会如此如此做，而**检验**你是否理解它的**标准**乃是满足这些一般假言陈述的结论句的一系列行为。另一方面应当注意到，并不存在任何单独的可以确定你已经理解了那个论证的核心行为，不论它是公开的还是在你头脑之中。即便你自称你已经体验到了刹那之间的或喀哒一声的领悟并且事实上已做到了这一点，但假如你发现你不能用语言说出它，不能举例说明它，不能推广它或重新铸造它，那么你仍然会收回你的另一个主张——你已 171
理解了那个论证；你会承认某个别人已理解了它，因为他能够答出有关它的一切考查题，尽管他没有报道任何喀哒一声的领悟。另一方面还应注意到，虽然没有办法详细规定出一个人必须满足多少或哪些从属检验(sub-tests)才能取得完全理解那个论证的资格，但这并不意味着，任何数目有限的一套从属检验都是不够的。为了判定一个男孩是否会做长除法，我们并不要求他试做一百万道、一千道，甚至一百道不同的长除法题。我们不会在做对一次之后就感到很满意，但不会在做对二十次之后仍感到不满意，只要我们审慎地使这些除法题多样化了，而且他在此之前没有做过这些题。一个优秀的教师不仅会记录下那个男孩的正确的和不正确的解答，而且还会注意到他得出这些解答的步骤，所以他很快就会感到满意，假如他让那个男孩对自己的各部分演算作出描述和证明，那么他就会更快地感到满意，尽管确有许多男孩会做长除法却不会对做题时的演算作出描述和证明。

我发现我的动机或你的动机的方式很类似于我发现我的能力或你的能力的方式，尽管二者不完全相同。实践方面的一个大不同是:我在考查某个人的能力时能够掂掂他的斤两，而我在考查他的爱好时却无法这样做。为了发现你的高傲或爱国的程度，我仍然必须观察你的行为、言论、举止和语调，但我不能对你进行会被你认出的考查性的检验或实验。你会产生一种特别的动机，以一种特殊的方式来对这类实验作出反应。你也许会出于纯粹的高傲而试图表现得很谦卑，或者，你也许会出于纯粹的谦卑而试图表现得很高傲。尽管如此，日常的观察通常还是能够很快地解决这类问题。高傲就是倾向于夸耀自己的优点，可怜或取笑别人的缺陷，倾向于幻想想象中的胜利，追忆实际上的胜利，倾向于很快就对使自己丢脸的谈话感到厌烦，倾向于过多地与名人交往而节制与无名之辈的交往。检验一个人是否高傲的标准就是在这类情况下他
172 所采取的行动和表现出来的反应。为了作出自己的判断，日常的观察者并不需要观察到被考查者的许多轶事、讥笑或谄媚行为，除非被考察者和考察者碰巧是同一个人。

查明一个人的心理能力和心理倾向是一个归纳的过程，是一种从观察到的行动和反应到似法则命题的归纳。查明了这些长期存在的性质之后，我们便把这样一种归纳的结果应用于新的样本，从而对一个特殊的行动或反应作出解释，除非存在着公开的表白，使我们可以不作探究就知道这种解释。当然，这些归纳不是在实验室的条件下完成的，也不是用任何统计手段完成的，正如牧羊人的气象知识或通看各科病人的医生对一个特定病人的体质的把握也不是在实验室的条件下或用任何统计手段得到的。但它们通常

是足够可靠的。若说有批判力的、没有偏见的、仁慈的、经验丰富而且兴趣浓厚的观察者对于性格的评判和对于行为的解释往往既来得迅捷又可靠，而低劣的评判者的评判和解释往往来得较慢并且较不可靠，那是老生常谈。同样，既精通自己的课题又对候选人抱有合理的同情心、有经验且敏锐的考察者所给的评分往往大致是公正的，而低劣的考察者所给的评分往往与应给的分数等级有较大的出入。这些老生常谈旨在提醒我们，在实际生活中我们十分熟悉评估各种人并说明其行为的技术，可是根据标准的理论，这样的技术是不可能存在的。

有一类人，也就是装出自己其实缺乏的品质并且掩饰自己其实具有的品质的那些人，他们的心理性质和心境特别难以评判。我指的是伪君子和假充内行的人，亦即假装有一些动机和心情的人和假装有一些能力的人；这就是说，我们多数人在一生中的某些时间内都是伪君子，而我们某些人在一生中的大部分时间内则是假充内行的人。假装有一些自己实际上没有的动机和能力，或假装自己的动机达到了实际上并不具有的强度以及假装自己的能力达到了实际上并不具有的水平，这总是可能的。假如没有可能作出并且有效地作出了这样的装扮，那么剧场就不可能存在。而且，一个人要扮演一个角色来欺骗别人或他自己（观众在剧场里并没有受到欺骗，因为他们花了钱去观看标榜自己是演员的人的表 173
演），这也总是有可能的。所以，乍一看来似乎没有一个人能具有他自己的心灵或别人的心灵的恰当知识，因为没有一种可观察的行为使得我们能够这样谈到它："绝不可能被人装出来。"的确，我们平常在实践上并不由于这种假装的可能性而感到困恼，但有些

人感到了一种理论上的困恼，因为，假如任何特殊的行动或反应都可能是一个假装，那么，所有的行动或反应难道就不会都是假装吗？我们对于别人的和自己的行为的所有评判就不会一律都弄错吗？人们有时候对感官知觉也有一种类似的困恼，因为，既然没有任何东西能够阻止任何特殊的感觉表象成为错觉，看来就没有任何东西能够阻止所有的感觉表象都成为错觉。

不过，普遍装假的恐吓是一种空洞的恐吓。我们知道假装是什么。假装乃是蓄意地以那些并非在假装的人的行事方式行事。假装悔悟就是模仿悔悟的人装出一些姿态、腔调、言行。因此伪君子和受他欺骗的人都必定知道，一个人在悔悟并且不单单是在假装悔悟时是什么样子。假如我们通常不能正确地估量一个人的悔悟，那么也就谈不上受骗上当，认为那个伪君子确实悔悟了。而且我们知道虚伪是怎么回事，虚伪就是试图让人看上去在受一个动机驱使而其实这个动机并不存在。我们知道伪君子必定会使用的种种花招。我们还拥有一些判断标准，据此来判断伪君子是否使用了这些花招，是聪明地还是愚蠢地使用了这些花招，尽管我们并非总能使用这些标准。因此我们有时候能够查知虚伪，有时则不能；但甚至在不能查知虚伪的时候，我们也知道假如另外还能获得哪些种类的线索，就可以使虚伪显形。例如，我们倒想看看，假如告诉他，他自称要为之献身的事业需要他的一半财产或生命，他会怎么做。我们所需要的是一种判决性实验（experimentum crucis)，尽管我们常常做不了这种实验，正如医生常常需要但却无法做一种判决性实验以便在两种诊断之间作出判决。判定“虚伪”和“假充内行”是一件归纳工作，它之不同于日常的评估动机和能力

的归纳仅在于，它是一种第二等级的归纳。归纳的目的是要发现，174
某人是否试图在他和我们都已通过归纳发现了某些并非是假装的行为之后模仿这些行为。当我们和伪君子都已懂得怎样会暴露虚伪时，我们也许不得不应付第二等级的伪君子，这种双重假装者已经懂得怎样不像第一等级的伪君子那样去行事。假装并没有任何神秘之处，尽管老练的假装难于查知而成功的假装是未被查知的假装这类说法只不过是同义反复。

迄今为止我们主要考察了某些牌号的自我认识和关于他人的知识，这些牌号的知识在于对人的长期存在的倾向和能力作出多多少少是评判性的估价；同时我们也附带考察了运用这些估价来解释特殊事件的情形。我们还考察了我们是怎样解释或理解行为过程的。但“知道”还有另一种含义，在这种含义上大家常说，一个人知道自己在当时所做的事情、所思考的问题、所感受到的东西等等，这种含义更接近于意识的磷光理论试图说出而未能说出的东西。为了阐明“知道”的这种含义的力量，我们应当首先考虑某些种类的情况，在这些情况下一个人会承认，他当时不知道自己在做什么，尽管他当时的所作所为并非无意识的动作而是智力的活动。一个试图解纵横填字字谜的人碰到一个字谜；他在短暂地或长久地停顿之后得出了答案，但却否认曾意识到自己为得出这个答案采取过任何能予以详细说明的步骤或办法。他甚至会说，当时他在思考，并且知道自己在思考字谜的其他某个部分。他在某种程度上惊异地发现，自己已得出了字谜的答案，因为在此之前他并未意识到自己曾经在脑中把字母移来移去或者变来换去，也没有意识到自己曾考虑过任何不成功的字母重组。然而他的答案是正确

的，而且他可以多次成功地重复整个解字谜的过程。我们即兴而发的妙语也常常会有类似的情形而使我们感到惊异。

然而，通常我们对发觉自己吹过口哨、作过计划或想象过某事并不感到诧异，假如有人就此提问，我们会说自己不感到诧异，因为当时知道自己在做这些事。当我们说“我做了如此如此的事并且当时知道自己在做这件事”时，应当添加一个什么样的说明呢？
175 诱人的回答会是：“不错，当我做那件事时，我心中必定闪现或浮现过我在做那事，或者，假如那行动是个延续的过程，那么当时我心中必定不断地闪现或浮现过我在做那事。”但这些闪现和浮现的比喻却使我们感到不踏实，因为，即便能肯定当时知道自己在做什么，我们平时也没有回忆起这样的闪现或浮现。而且，即使曾经有过任何这样的闪现或浮现，也会再次发生同样的问题。当这些闪光发生的时候，你是否知道你在获得这些闪光？而当它们没有发生的时候，你是否知道你不在获得它们？你心中是否闪现过“你心中正在闪现你在吹口哨？”或者，就你知道某事在发生而言，这是否并非总是一桩在你心中闪现的事情？

当我们说一个人当时对某事的发生并不感到诧异时，也可以说他在此之前已预料到它的发生或已经对此作了准备。不过，“预料”这个词有两种显著不同的用法。有时候它的意思是，这个人在一个特定的时刻考虑过并接受了下述命题：那事会发生或者可能会发生；在这种含义上，“你究竟是在什么时候作出预测的？”这个问题就会有一个答案。但有时候它的意思则是，不论这个人是否作过这样的预测，他当时始终在准备应付此事的发生或对此作好了准备。在这种含义上，预料天会下雨的园丁无需反复把注意力从园艺工作转向无声的或有声的对于下雨的预测；他只是把浇水壶留在工具棚里，把雨衣放在随手拿得到的地方，并栽种了更多的树苗花苗，如此等等。他的预期方式不是偶尔地或不断地作出口头的预言，而是做适当的园艺工作。整个下午他一直在准备应付下雨并且为此作好了准备。也许有人会反对说：“是这样，但他也必定在不断地考虑天将下雨这个命题。这就是他把雨衣放在随手拿得到的地方并把浇水壶放在工具棚里的原因。”但此种说法很容易予以反驳：“请说出他在哪些特定的时刻曾告诉过自己或别人天要下雨了，再说一说他是在这些预言之间的间隔期间内预料有雨呢还是并非如此。”他曾在这个、那个或别的什么时刻预言过天要下雨，只是因为他一直在预料天会下雨；出于同样的理由，他才把雨衣放到了随手拿得到的地方并把浇水壶放到了工具棚里。在这 176
种含义上，“预料”不是用来表示一个事件而是用来表示一种持续的状况或心境的。他整个下午都处于一种心境之中，在这种心境中他除了会用将来时态说到某些偶然事件中的某些事物之外，还会做某些园艺工作，会把雨衣放在随手可拿到的地方，如此等等。在这种含义上，预料就是作好准备；而发出警告，不论是私下的还是公开的警告，都仅仅是其中的一种预防措施。因此，当我们说那个园丁并没有对下雨感到诧异，或他曾肯定天要下雨，或曾作好了天将下雨的准备时，除非偶然，我们所指的并不是任何内心的预见性“闪光”，也不是任何无声的或有声的用将来时态说出的话语。他整个下午的活动，不论是园艺活动还是说话活动，都是在预料天会下雨的心境中作出的。

这个分析可用来解决我们的问题。有许多经常要做的工作需

要连续不断的努力；做第二步工作需要先做完第一步。有时候在先的步骤对于后来的步骤如同手段对于目的，例如摆好餐具是为了进餐。有时候在先的步骤与后来的步骤则处于另一种关系之中：吃第一道菜并不是为了吃第二道菜；开始哼乐曲也不是为了哼完它。工作虽然需要连续的努力，它之分为一些步骤或阶段却常常只是人为的，当工作只完成了大约一半或四分之三时，若说它也许会突然停下来，这仍然是有意义的。假如，行为者正在某种程度上留意地进行这样一个连续活动，那么在某种意义上他必定在活动的任何特定阶段都想着下一步应当做的工作和已经完成了的工作；他必定始终关心着所到之处并且期待着或甚至打算着进入此后的各个阶段。这种情形有时候被表述成：总之在做那些连续性的或多或少需用智力才能完成的工作时，行为者必定从一开始就已对要做的事情有了一个计划或方案，并且必定在进展过程中不断地参照已定的计划。这种情形确实常常发生，但不可能总是发生；即便确实发生了这样的情形，对方案的如此构作和参照也不足以解释工作的连续而有条不紊的进行，因为构作和参照计划本身
177 就是运用智力连续进行的一些连续活动，认为在运用智力进行任何一个连续活动之前必定先有一系列无穷的连续活动，那将是荒谬的。对计划的时断时续的参照也不能解释：我们怎么知道在不参照计划的时候应当做什么；怎么知道在不同的工作阶段应当参照计划的哪些项目；又怎么知道目前正在做的事情是符合于不久前所参照过的计划的。

要说一个人在做一件并非马上就能完成的工作时，会在心中考虑以后各个阶段所要做的事，其主要的含义是，他已准备好在必

要时，亦即在第二步工作完成之后，做第三步工作；其附带的含义是，他已准备好告诉自己或外界，假如没有受到阻碍他本来会接着做出什么事情。他在实施任何特定步骤的同时，也在准备应付随后应当出现或也许会出现的事件，所以当这种事件真的来临时，他并不感到诧异。在这种含义上，他也许始终注意到了自己正在做的事情，即便他的注意力完全是在工作之上，而并没有分别用在工作与对工作的实施所作的思考或记述之上。

在其他一些情况下，如当一个人突然说出一句未经事先考虑的打趣话时，他会对自己所做的事情感到诧异，并且不会说自己当时就已知道自己在做什么，甚至不会说自己在试图开个玩笑。其他一些凭一时冲动突然做出的举动也是如此。这种举动完全可以是正当的举动，但行为者不知道自己是怎么做出它的，因为事先并没有准备。他对此没有准备并不是不知道自己在做什么的结果或原因；二者是同一回事，不过是不同的表述。

与那个诧异地发觉自己即兴开了一个漂亮的玩笑的人不同，追求一种新的论证的人通常意识到自己在做什么。他也许会对得到的结论感到诧异，但却不会对得到了结论感到诧异。逐步地展开推理表现了要达到一个结论的努力。因此他知道自己当时在做什么，但这并不意味着，他不得不用另一些对“他对前提的考虑”所作的考虑活动来冲淡他对前提的考虑——他无须让任何这样的枝节问题在他心中闪现或浮现，而意味着，他不仅准备着作出将采纳 178
的推理步骤，而且准备着应付其他各式各样的可能事件，诸如要他回答自己在做什么、有什么正当理由采取这条思路而不采取那条思路等等，尽管大部分这些可能事件从不会出现。意识的磷光理

论在某种程度上是一种尝试，它试图把表示心境的概念，如“准备着”、“准备好”、“警惕着”、“记在心中”、“不会诧异”、“预料”、“认识到”和“感觉到”等等，解释为表示各种特定的内在事件的概念。

这种说明也完全适用于“不忘”(not-forgetting)。一个在谈话的人，当他把一句句子说到一半时，通常是不会忘记句子是怎样开头的。在某种意义上他一直不断地关心着已说出的东西。但是，若认为他在说每一个词的同时都在心中重复所有在此之前说出的东西，那是荒谬的。且不论从物理上说说话者在第十八个词正要让位给第十九个词之际不可能重复先前的十七个词，这个重复过程就其本身而言也是一个连续活动，重复后面各个词又会需要说话者在此之前随时关心着重复前面各个词。“还没有忘记”不能用实际上的回忆来加以描述；相反，回忆仅仅是对“还没有忘记”这种条件的一种运用。“记在心中”不是回想；它是使某些东西，尤其是使回想成为可能的条件。

因而，借助于智力进行连续性活动确实蕴涵着，行为者在整个活动过程中既熟悉自己已完成的事情，也熟悉等着自己去做的事情，而并不蕴涵着，这类活动的背后存在着监测第一等级实施的第二等级实施或过程。当然，假如行为者受到敦促，他能够一次又一次地向自己或外界宣告：“请注意，我正在这里用口哨吹奏《甜蜜的家》。”所谓他正处于我们称之为“意识到自己在做什么”的那种特殊心境中，其部分的含义就是，他能够一次又一次地作出这样的宣告。但是，不仅他专心于用口哨吹奏那首乐曲这个事实并不蕴涵着他实际上作出了这样的宣告，而且，每当他作出了这样的宣告，他的专心就会被打断。

迄今为止我已用吹奏一首乐曲或说出一句句子这样一些比较 179
简短的活动阐明了连续行为的含义。但在一种不太严格而较有弹性的含义上，整个一次谈话可以是一个连续的行为；进行一天或一年的工作和消遣也可以是一个连续的行为。吃麦片粥不是一个一下就能完成的行为，吃早饭也不是一个一下就能完成的行为；作一次演讲是一个连续的行为，作一系列演讲也是一个连续的行为。

在这种含义上，一个人也可以意识到别人在做什么，意识的方式差不多就像他可以意识到自己在做什么一样。倾听别人的一句话或一次讲演是一个连续活动，在这个连续活动中听者像说者一样，既没有整个地忘记谈话的先前部分，也不必不断地回想谈话的先前部分，他在某种程度上准备着倾听谈话的后面各个部分，可是不必告诉自己他是怎样预料语句或演讲的后面部分的。他的心境无疑很不同于说者的心境，因为说者不时地在创造或发明，而听者则在被动地接受；听者也许常常诧异地发现说者说了某些东西，而说者则很少会感到诧异；听者也许觉得很难跟上语句和论证的思路，而说者却能非常容易地做到这一点。说者打算说一些非常特定的东西，而听者只能大致地预计他会讨论什么种类的题目。

但这些差异都是程度的差异，而非种类的差异。说者比听者更清楚自己所说的东西并不表明，说者具有特许的通道来达到那类听者无法达到的事实，而仅仅表明了，由于二者的处境不同，说者能够充分知道听者常常不能够充分知道的东西。一个人的话题转换往往使他的未婚妻感到吃惊和困惑，但却不会使他的妻子感到那么吃惊和困惑；亲密的同事彼此之间也不必像对新来的学生那样经常解释自己的意思。

出于阐述的目的，我曾把普通人在某特定时刻通常意识到自己所做之事的方式与细心慎重之人评估别人和自己的性格、解释
180 别人和自己的行动的方式区别开来。二者之间无疑存在着许多大的不同。评价或考察需要特殊的天赋、兴趣、训练、经验、比较能力和概括能力以及不偏不倚的公正；仅仅意识到一个人吹奏什么乐曲或在哪儿行走则不出一个普通儿童的能力之外。尽管如此，对一个人所做之事的最原始的知识却可以渐渐过渡到对各种特殊行为的最老练的评估，这很像儿童对停在给料器上的知更鸟的兴趣可以渐渐过渡到鸟学。一个在解答算术题的男孩会以最原始的方式意识到自己所做的事情，因为他在思考数（并不是在思考对于数的思考）时，并没有忘记计算的前几个阶段，他心中记着乘法规则，对自己得出了答案也不会感到诧异。不过在警觉、谨慎和老练方面，他只是在程度上不同于对他的结果作验算的男孩，不同于试图弄清他在哪儿犯了错误的男孩，不同于能发现和解释别人的计算错误的男孩；而最后那个男孩也只是在程度上不同于相互合作的父母、专职教师或考查者。刚刚学会答出简单的算术题的男孩很可能还不会准确地说出自己所做的事情或说明自己为什么要采取所采取的步骤；考查者却能够用一种相当准确的高度形式化的评分系统评价候选人的实际行为。但在这里，初学者对自己所做之事的不能言喻的知识也可以通过一系列等级而渐渐过渡到考查者用数字表示出来的评价符号。

一个人对自己和别人的知识可以具有许多大致可区分开来的等级，这些等级也相应地产生许多大致可区分开来的“知识”的含

义。他可以意识到自己在用口哨吹奏《蒂珀勒里》[①]而不知道吹奏它是为了表现出一种自己未感受到的镇定。他也可以意识到自己在假装镇定而不知道他试图加以掩盖的战栗出自一种内疚引起的激情。他可以知道他感到内疚而不知道它出自某种特定的压抑。但是，我们通常考虑一个人是否对自己有所了解时，这种考虑丝毫也不意味着，为了解释他怎样获得或本来可以怎样获得这种知识，181
假设一种特许通道是必要的或有助益的。在某些方面，取得有关自己的这类知识比取得有关别人的这类知识要容易一些；而在另一些方面，这却要困难一些。但这些容易不容易的差异既不来自也不导致一个人的自我认识与他对别人的知识之间的本质差异。不存在任何形而上学的铁幕使我们彼此之间不得不永远成为完全陌生的人，尽管日常环境和某种审慎的为人处世会使我们在彼此之间保持一种适当的距离。同样，也不存在任何形而上学的镜子使我们不得不对自己永远能够知道得一清二楚，尽管我们从日常的社交生活和非社交生活中学会了对自己有适当的了解。

（5）未经思索的言谈的揭示

我们对别人和自己的所知仰仗于我们对别人和自己的行为方式的注意。不过有一类人类行为我们可以最可靠地予以依赖。当被考察者已学会了言谈并且用一种我们熟悉的语言言谈时，我们把他的部分言谈用作我们对于他的所知的原始来源，那就是发自自然的、坦率的和无准备的言谈。当然，大家都知道，人们常常对

① Tipperary 是爱尔兰南部的一个县，在本文中为一首乐曲的名称。——译者

别人有所保留，常常要隐瞒一些东西，而不让它们泄露出来。大家还知道，人们常常不那么真诚，常常在言谈中故作姿态，特意给人留下虚假的印象。但是，言谈能够是谨慎的和经过思索的这个事实本身就蕴含着不慎重的、未经思索的言谈是可能的。有所保留就是故意进行抑制而使自己不坦率，虚伪就是故意忍住已到了嘴边的话而不把它们说出来，同时假装坦白地说出不打算说的东西。按照“自然的”一词的某种含义，自然的所为是说出自己的心思，经过雕琢的所为则是抑制住自己不这样做，甚至是假装这样做而实际上并没有这样做。而且，未经思索的言谈不仅是自然的或未经雕琢的，而且是常规的谈话方式。我们之所以不得不作出特殊的努力来隐瞒一些东西，只是因为让它们泄露出来是我们的正常反应；我们之所以能发现不真诚的做法，只是由于我们熟悉各种可以装出来的自然的谈话方式。这样说并不是要给人类本性戴上合乎
182 道德的桂冠。未经思索的言谈并不意味着诚实或坦率。诚实是一种经过高度雕琢的素质，因为它是试图戒除不真诚的素质，正如坦率是试图避免有所保留的素质。一个人若从来不知“不真诚”或“有所保留”为何物，便不能是诚实坦白的，正如一个人若从来不知天真直率的言谈为何物，便不能是不真诚的或有保留的。

经过思索的言谈还有其他一些种类，其中某些种类将不得不在较后的阶段予以探讨，它们不属于常规的社交性交谈而属于一些较为严肃的事务。物理学家、法官、传教士、政治家、天文学家和几何学家可以在口头上说出自己的意见、裁决、训诲、理论和公式，但他们此时并不是在“闲谈”的意义上而是在“宣告”或“提议”的意义上谈话。也许他们对自己的言词作了准备，但至少对自己的言

词作了掂量。他们并没有说出最初到嘴边的话，因为他们在演讲方面受过训练。与自发的闲谈不同，他们一般会容忍别人把他们所说的东西记下来甚至印出来。这种谈话不是未经思索的或自发的谈话，不是无意中说出来的或脱口而出的，而是发表出来的。它们的作者要考虑说什么、怎样说，以便准确地产生出恰如其分的效果。这类谈话确是平淡乏味的。

我们需要既把常规的未经思索的言谈与经过思索的交谈性言谈作比较又把它与未经思索的非交谈性言谈作比较，因为它是后两者的基础。我们不仅在学会进行谨慎的和不真诚的交谈之前、在学会进行字斟句酌的谈话之前就会进行未经思索的交谈性言谈；即便在此之后我们在言谈的一大部分时间里仍然会说一些最初到嘴边的东西。伪装和严肃仅仅是时断时续的必需品。

而且，不仅在与别人进行平易的、未经考虑的交谈时，我们会说一些最初到嘴边的东西，而且在进行从容的、无拘无束的、通常是无声的自我交谈时，我们也是这样。

在进行未经思索的闲谈时，我们谈论自己在当时最感兴趣的任何东西。它不是一种竞争性的兴趣。我们谈论园子，是出于会使我们到园子里去查看和闲逛的动机，亦即出于对园子的兴趣。
我们闲聊自己的晚饭，不是因为对它不感兴趣，而是因为对它感兴 183
趣。我们也许因为饿了而谈论晚饭，正如我们因为饿了而吃晚饭；我们在爬山时步伐很难会不沉重起来，正因为这一原因，我们很难会不谈论山的陡峭。自发的言谈不是一种附属的、竞争性的兴趣，它是一种活动，辅助人们对不管什么样的事物感兴趣。

一个对缠了结的鞋带感到烦恼的人若已学会了讲话，也处于用言语表达自己的烦恼的心情之中。他以一种烦躁的语调谈论它。正是因为未经思索地作出那种表达是他处于那种心境时会做的事情之一，所以他的言说，以及他的言说方式，揭示了或使我们知道了他的心境。烦躁地用力拉扯鞋带也许是他处于那种心境时会做的另一件事。那个缠结足以激怒他，因此使他恼火地谈论它。

一方面，未经思索的言谈并不是人们在使用它们时所处的心境的结果，因为心境不是事件；但在另一方面，它们也不是关于那些心境的报道。假如卡车司机急切地问："去伦敦走哪一条路？"他便暴露了急于想知道那条路的心情，但他并没有对这种心情作出一个自传性的或心理的表白。他说出这句话不是因为想要告诉我们或告诉他自己有关他自己的情况，而是因为想要踏上去伦敦的正确道路。未经思索的言谈不是自我评论，尽管我们不久将会看到，当我们终于有兴趣作出自我评论时，它们构成了自我评论的主要证据。

许多未经思索的言谈含有明确的兴趣措辞，我在别处称之为"表白"，如"我想要"、"我希望"、"我打算"、"我不喜欢"、"我感到抑郁"、"我奇怪"、"我猜想"和"我感到饿"等等；这些兴趣措辞的语法会引诱人把含有它们的所有语句都错误地解释成自我描述。但人们最初使用"我想要……"时并不是用它来传递信息的，而是用它来提出请求或要求的。它的作用与"请"字不相上下，其作用并不在对一般性知识作出贡献。对这种言谈用"你真想要？"或"你怎么知道这一点的？"来作答，显然是不恰当的。"我恨……"和"我打算……"在其原初的用法中也不是用来告诉听者关于说者的事实的，否则，当别人以我们说"他恨……"和"他们打算……"时所用的那

种冷淡的、报告消息的语调说出“我恨……”和“我打算……”时，我 184
们听到后就不会感到诧异。相反，我们预料别人将分别用一种厌恶的和一种坚决的语调说出它们。它们是处于厌恶和决断的心境之中的人的言谈。它们是人们憎恶地或坚决地说出来的东西，而不是为了增进有关憎恶和决断的传记知识而说出来的。

一个人可以注意到某个说话者的未经思索的言谈，说话者可以是这个人本人也可以不是，假如这个人对说话者的兴趣具有恰当的方向并且懂得说话者所使用的语言，那么他若要对说话者的心理性质和心境发表评论，他就处在特别有利的位置上。尽管细心考察说话者的其他行为，诸如他的其他公开举动、他的迟疑不决、他的眼泪和大笑，也可以告诉考察者许多东西，但这类行为按其职责和地位并不是易于看到或易于解释的。然而言谈按其职责和地位就是为人所听、为人所解释的。学会谈话就是学会使别人理解自己。为了根据你的未经思索的言谈或甚至我自己的未经思索的言谈所用的语词和语调来探明谈话者的心境，我并不需要侦探才具有的能力。

当说话者谨慎地进行言谈时——我们常常不知道事情是否如此，即便自我表白时也常常不知道事情是否如此——便确实不得不运用侦探所具有的品质了。我们现在不得不根据说话者的言行来推断出说话者若不那么谨慎时本会说出来的东西，并推断出说话者之所以那么小心谨慎的动机。要弄清楚一本可打开的书里面写着什么东西只需阅读一下；要弄清楚一本打不开的书里面写着什么东西却需要假设和证据。但是，不得不看透隐蔽之物并不蕴含着不得不看透非隐蔽之物。

“自我意识”经常表示的东西之一是我们对自己的未经思索的言谈的注意，包括对自己的明确表白的注意，不论这些言谈是大声说出来的，轻声低语说出来的，还是在头脑中说出来的。我们能窃听自己的出声的言谈和无声的独白。在注意到这些未经思索的言谈的同时我们便准备着做新的事情，亦即准备着描述这些言谈所揭示的心境。但这种活动并无任何本质特征。我能留意我无意中听到的你的言谈，也能留意我无意中听到的我自己的言谈，尽管我
185 不能在无意中听到你对你自己道出的无声的独白。假如你用密码书写你的日记或把它锁藏起来，我也不能阅读你的日记。的确，不仅这种自我研究类同于对别人的不谨慎言谈以及此后对别人的谨慎言谈所作的研究，而且，我们还通过首先参与公开讨论别人的言谈、阅读小说中主人公的言谈及其解释性描述而学会了对自己的言谈作出这种研究。

有批判眼光的读者也许会问：既然我刚才提及的言谈通常说来显然都是一些恰当的言谈，言谈者对自己所说的话是认真的；既然我刚才所提及的都是有意义的和可理解的言语，而不是像哄笑、咿呀学语或胡言乱语这样的东西，那么我为什么不用“思维”这个动词来代替“谈话”、“闲谈”、“交谈”和“说出”这样一些通俗的动词呢？我的理由有两个，并且彼此紧密相关。首先，我所考察的言谈属于说话者和听话者之间的社交性交谈，听话者和说话者可以是同一个人。这种言谈的要旨在于交谈。既然构成交谈的许多言谈并不使用陈述语气，而是一些问题、命令、抱怨、嘲弄、责骂、祝贺等等，我们便不能在这类情况下谈论由它们表达出来的“思想”、“判断”或“命题”那样的认识论的宠儿。其次，我们倾向于为那些经过

思索的和严格训练出来的言谈的运用保留“思维”这个动词，正是那些言谈构成了理论和政策。我们虽然在育儿室里就学会了闲谈，但即便为了学习理论思维的基本原理也不得不进学校。理论思维的技术是在规定的课程中学会的，而交谈性的言语则几乎完全是通过交谈获得的。因此，为了提供前提和说出结论这样的特殊目的而使用语句，特别是为了这些特殊的目的而使用某些种类的直陈语句，是一种迟来的和经过雕琢的使用，而且必定晚于对语句和措辞的各种交谈性的使用。当一个理论或它的一小部分出声地为人讲述出来而不是通过它原有的印刷形式传达出来时，我们会迟疑不决，不知道是否应当用“谈话”这个名称来称呼那种讲述，我们还会断然拒绝用“闲谈”或“交谈”来称呼它。那种讲述意在说教而不意在交际。它是一种工作，而未经思索的闲谈则不是任何种类的工作，甚至算不上舒适的或令人惬意的工作。

(6) 自我 186

不仅理论家，而且非常纯真的人，包括年幼的儿童在内，都会对“我”这个概念感到困惑不解。儿童们有时为“要是我变成了你并且你变成了我，事情会怎么样?”和“我生出来之前在哪儿?”这样的问题伤脑筋。神学家一直对“一个个体之中是什么东西得到了拯救或受到了诅咒?”这个问题感到烦恼，而哲学家则一直在思索：“我”是否指称了一种特殊的独立的实体，我的不可分割的连续的同一在于什么。并非所有这类疑难都起因于无意之中对副机械论假说的采纳。我在这一节中打算尽力公正地对待这类谜的一个特殊家庭，阐明和解决这类谜也许具有某种一般的理论上的重要性。

我所指的那些谜都依赖于一种东西，我将把它叫做“我”这个概念的“系统的难以捉摸”。一个儿童，比方说基姆，不信奉任何理论也没有任何理论素养，他最初问自己“我是谁？我是什么？”并不是因为想要知道表格中所填的他自己的姓名、年龄、性别、民族或职位。他知道自己的所有日常“面具”(personalia)。不过他觉得，还有一种别的什么东西藏在幕后，他的“我”就表示这种东西，在列举了自己的所有日常“面具”之后仍然不得不描述这种东西。他还非常模糊地感到，不论他的“我”所代表的是什么，它总是某种非常重要的完全独一无二的东西，它的独一无二就在于，它或类似于它的任何东西都不属于其他任何人。它只能有一个。“你”、“她”和“我们”这样的代词一点都不使人感到神秘，而“我”却令人感到神秘。它之所以令人感到神秘，不管怎么说在某种程度上是因为，那个儿童越试图抓住“我”所代表的东西，就越做不到这一点。他只能捉住它的上衣后摆，它本身却总是冷酷无情地先走一步。它就像一个人的头部投影，不会等着让他自己扑住。但它却从不走在前面很远的地方；的确，有时它似乎根本没有走在追逐者的前面。它把自己投入到了追逐者的肌肉之中而逃脱了追捕。它离得那么近，甚至于一伸手便可捉住它。

理论家们发觉自己同样被“我”这个概念挫败了。甚至休谟也承认，当他试图对自己的所有各种经验作一概述时，他发觉其中没
187 有任何东西可与“我”这个词相符合，但他仍然不相信，在经验之外就不存在某种重要的东西了，因为没有它，他的概述就无法对他的经验作出描述。

其他一些认识论者也感到了类似的疑惑。我应当不应当把

“我知道自己”列在我能够认识的各类东西的表上呢？要说“不应当”，这似乎使“我知道自己”变成了一种在理论上不结果实的神秘之物；但要说“应当”，这又似乎使渔网变成了它本身捕获到的许多鱼中的一条鱼。不论是认可还是否认法官能被置于被告席中，看来都是危险的答复。

我稍后将试图解释“我”这个概念的这种系统的难以捉摸，并且试图用它来解释“我”这个概念与“你”和“他”这些概念之间的明显不同。但在此之前首先考虑一下适用于所有人称代词的一些要点，会有助于我们的考察。

人们，包括哲学家在内，往往这样来提出自我由什么构成的问题：他们问，语词“我”和“你”是什么东西的名称。他们熟悉名为“泰晤士”的那条河流，熟悉叫做“菲多”的那条狗。他们也熟悉各有其名的熟人和自己。于是他们模糊地感到，既然“我”和“你”都不是公众所知的姓名，它们就必定是另一类古怪的名称，从而必定是隐藏在一些人的背后或身内的另外一些个体的名称，而这些人则由于其常用的姓名和教名而为大家所知。由于代词不在萨默塞特大厦[①]登记，它们的主人必定与在那里登记教名和姓名的主人多少有所不同。但这种提问题的方式从一开始就是错误的。“我”和“你”的确不是“菲多”和“泰晤士”这样的固定专名，但它们也不是不固定的专名。它们不是专名，或者说它们根本不是名称，正如“今天”并不是眼下这一天的暂时的名称。我们一开始到处搜寻以

① 原文为Somerset House，它是或者曾经是英格兰地区和威尔士地区的户籍中枢。所以这句话的意思是，代词不可能是人的姓名。——译者

代词为其名称的存在物,没有理由的神秘化也就开始了。当然,含有代词的语句确实提及了可予以确认的人,但所提及的人由于代词而得到确认的方式完全不同于他们由于专名而得到确认的方式。

188 这种不同暂且可以用下列方式指出来。有一类语词(为了便于提及可叫做"索引词"),它们向听者或读者指示特定的事物、事件、个人、地点或时刻。比如"现在"就是一个索引词,它向听到"火车现在正在通过大桥"这一语句的人指示火车过桥的特定时刻。当然,"现在"一词可以在任何一个白天或夜晚的任何一个时刻为人所用,但它并不意味着"在任何一个白天或夜晚的任何一个时刻"。它指示一个特定的时刻,那时听者可以听到有人说出"现在"一词。当火车通过大桥时,"现在"一词的说出便指示出火车通过大桥的时刻。吐出"现在"一词的时刻就是"现在"一词所指示的时刻。与此有些类似的是,"那个"一词常常用来指示说话者吐出这个词时用食指所指的那个特定的事物。有时候,"这里"指示发出"这里"这个声音的说话者所在的那个特定地点;而"这一页"这一短语所指示的就是印有"这"的那一页。其他一些索引词则间接地进行指示。"昨天"指示说出它或在报纸上印出它的前一天;在某些用法中,"当时"(then)指示一个时刻或一段时期,这个时刻或这段时期与听到或读到它的时刻处于一种规定了的关系之中。

有些代词,如"我"和"你",至少有时是直接索引词,而其他一些代词,如"他"和"他们"以及在某些用法中的"我们",则是间接索引词。"我"能够指示发出"我"这个声音或写出"我"这个书写记号的那个特定的人;"你"能够指示听到我说出"你"这个词的那个人,

它还能够指示读到我书写的或印制下来的“你”这个词的那个人，不论他是谁（也许是几个人）。在任何场合下，一个索引词的物理存在总是整个地附加在这个词所指示的东西之上的。因此“你”就不是我和其他人暂时赋予你的一个古怪的名称；它是一个索引词，在特殊的交谈背景下向你指示出我正对之发表议论的那个对象是谁。“我”并不是另外一个存在的另外一个名称；当我说出或写出它时，它指示也能用专名“吉尔伯特·赖尔”予以称呼的同一个个体。“我”不是“吉尔伯特·赖尔”的一个别名；当吉尔伯特·赖尔使用“我”时，它便指示“吉尔伯特·赖尔”所命名的那个人。

但这还远非事情的全部。我们现在不得不注意到，我们以多 189
种多样的不同方式使用了代词和专名。由于这种发现，同时却没有领会到“我”以及在较小的程度上“你”与“他”的这些不同用法之间存在的差别，就引起了各种进一步的神秘化。

在“我在火堆面前暖我自己”这个语句中，可以用“我的身体”来代替“我自己”这个语词而不损害原句的含义；但若用“我的身体”来代替“我”这个代词，就不能不是在制造胡说了。同样，“我死之后把我焚毁”这句话并不含有任何自我消灭的意思，因为人们是在不同的含义上使用宾格的“我”和主格的“我”的。所以，我们有时候能够用“我的身体”来意译第一人称代词，有时候则不能。甚至在某些情况下，可以谈论我的身体的一部分，但却不能用主格的“我”或宾格的“我”来代替它。假如我的头发被火烧焦了，我能说：“我没有被烧焦，只是我的头发烧焦了。”可是我决不能说：“我没有被烧焦，只是我的脸和手烧焦了。”身体上的感觉迟钝而不能随意运动的部分尽管属于我，但不是我的组成部分。相反，身体的机械辅助物，诸如汽车和手杖，却能够被人用主格的“我”和宾格的“我”来称呼，例如“我撞了邮筒”，它的意思等同于“我驾驶的汽车（或者属于我并且载着我的汽车）在行驶时撞了邮筒”。

我们现在且来考虑一下某些语境，在这些语境中无疑不能用“我的身体”或“我的腿”来替代主格的“我”或宾格的“我”。假如我说“我在那次撞车中受了伤，心中感到烦恼”，尽管我也许会接受用“我的腿受了伤”来代替“我受了伤”，但我不会同意以任何这样的方式来重构“我感到烦恼”。若谈论“我的头在回想”，“我的大脑在做长除法”或“我的身体在与劳累作斗争”，那也同样荒唐。也许正是由于这类搭配的荒唐，才会有如此多的人感到要把一个人描述为一个身体和一个非身体的联合。

不过，我们还没有穷尽主格的“我”和宾格的“我”的各种不同用法，因为我们发现，在第一人称代词的一些用法之间还存在着各种进一步的差别，尽管在这些用法中没有一种用法能够仅仅用身体来进行意译。若说我发觉自己刚刚开始做梦，那完全讲得通，但若说我发觉我的身体开始做梦，或我的身体发觉我开始做梦，那就
190 讲不通了；说一个儿童正在给自己讲神话故事，这是讲得通的，但说他的身体是讲述者或听讲者，这却讲不通。

这些类型的差别，也许，尤其是人们在描述自我控制的运用时大肆宣扬的一些差别，使得许多传教士和某些思想家把事情说成是这样：仿佛一个普通人其实是由一些人组成的某种委员会或队伍，只不过所有这些人都被束在一个皮囊之中；仿佛进行思维的“我”和行使否认的“我”是一个人，而贪婪的“我”或懒散的“我”是另一个人。但这样一种描绘显然毫无用处，我们意谓的“人”在某种程度上是指能够发觉自己开始做梦，能够给自己讲故事，以及能够抑制自己的贪婪的某个人。所以，把一个人归结为一队人的做法仅仅是增加了人的数目，而没有解释同一个人怎么能够同时是讲述者和听讲者，怎么能够同时是警醒的人和做着梦的人，又怎么能够在被烧焦了的同时对被烧焦感到吃惊。所需要的解释应当这样开始：在“我发觉自己开始做梦了”这样一个陈述中，其中的两个代词并不是不同的人的名称，因为它们根本不是名称，而是在不同种类的语境下在不同的含义上被使用的索引词，正如我们已看到的那样，“我正在火堆旁暖我自己”这个陈述的情况也是如此（尽管这是另一种不同的含义差别）。倘若看起来似乎没有什么道理可以说，在一个语句中被两次使用的第一人称代词既能够指示同一个人并且还具有两种不同的含义，那么暂时指出下述这点也就足够了：甚至普通专名和个人称号也会发生同样的情况。“琼斯小姐结婚后将不再是琼斯小姐了”这句话并没有说，那个特定的女士将不再是她自己了或不再是她现在所是的那种人了，而仅仅是说，她将改变自己的姓名和地位；“拿破仑回到法国后不再是拿破仑了”这个句子也许仅仅意味着，他原有的将军职位发生了变化，它显然类似于大家所熟悉的下述表达式：“我不是我自己了”。[①] “我刚开始做梦”和“我发觉我自己刚开始做梦”这两个陈述在逻辑上属于不同类型，正因为如此，“我”这个代词在这两个句子中为人使用时具有不同的逻辑力量。

---

① 这句句子的英文是“I am not myself”，意即“我不舒服”或“我不正常了”。——译者

191 在专门考虑人的行为时——也就是说，在考虑动物、婴儿和白痴做不出来的行为时，出于几个理由我们应当注意到这样一个事实：有些种类的行动以这一种或那一种方式牵涉到其他的行动，或者是施加于其他的行动之上的活动。当一个人报复另一个人、嘲弄他、答复他或者与他玩捉迷藏的游戏时，他的行动便以这一种或那一种方式与另一方的某些行动有关；按后面将要予以说明的一种含义，前一种行动的作出含有对后一种行动的思考。一方的行动除非与另一方的行动有关，否则就不可能是窥探的行动或喝彩的行动；除非你或别的什么人像一个售货员那样行事，否则我也不可能像一个顾客那样行事。假如一个人要想盘问另一个人，那么被盘问者必定露出了迹象；假如有些人要想成为戏剧评论家，那么就必定有另一些人在舞台上献技。因为对某些行动的描述含有对其他行动的间接提及，所以若使用“等级较高的行动”这个称号来指称它们，有时候会方便一些。

有些等级较高的行动会对它们的对象发生影响，但并非所有等级较高的行动都是如此。假如我仅仅在你背后评论你的行动，那么在我的行动含有对你的行动的思考这个意义上，我的评论与你的行动有关；不过它不会改变你的行动。若评论者或批评者在评论的对象去世之后才对他的行为作出评判，这一点就尤其明显。历史学家不可能改变拿破仑对于滑铁卢战役的指挥。另一方面，我发出攻击的时刻和方法确实会对你作出防守的时间和手段发生影响；我卖什么也与你买什么有很大的关系。

其次，我在谈论一个行为者的行动与另一个行为者的行动有关时，并没有把那些在某种错误的印象下作出的行动排斥在外，这种错误的印象就是：以为别人正在做某事而其实不然。假如我事实上确实睡着了而有个儿童却称赞我装睡的技能，那么这个儿童的称赞在所需要的含义上是以我在装睡为先决条件的；假如鲁滨逊·克鲁索相信他的鹦鹉能听懂他的话或对此半信半疑，那么，即便这种信念是错误的，他实际上也正与那只鸟处于交谈的关系之中。

最后，有许多种类的举动，它们与随后发生的行动或甚至与仅 192
仅是可能发生的或很可能发生的行动有关。当我向你行贿要你投我的票时，你的投票行动还未发生，也许永远不会发生。描述我的行贿要提及你的投票，但这种提及必定具有“你将投我的票”这种说法，而不具有“因为你确实已投了票”或“因为我认为你确实已投了我的票”那类说法。同样，我与你的谈话预先假定了：只有这样你才会理解并且赞同我，也就是说，我谈话是为了使你可以理解并且赞同我。

因此，当张三反对、查知、报道、模仿、利用、赞成、嘲弄、教唆、复制或解释李四所做的某件事时，描述张三的这些行动都将不得不间接提及李四所做的或也许会做的事；然而描述李四的行为却完全不必提及张三的这些行为。谈论张三的查知或嘲弄要谈及他当时查知或嘲弄的对象，但谈论张三当时查知或嘲弄的对象却不必谈及他的查知或嘲弄，说张三的行动较之李四的行动高一个等级，其含义就在这里。“较高”在这里并不意味着“较崇高”。敲诈擅离职守者较之擅离职守高一个等级，做广告较之做买卖也高一个等级。回忆行善并不比行善更高尚，但比行善高一个等级。

记住下面这一点也许有助于促进健康：尽管在背后报道或评

论别人的行动是一种等级较高的行动，但这种行动并不比其他对待方式具有特殊的优先权。学术性地记录李四所做之事仅仅是张三对李四的步骤采取步骤的一种方式。构造陈述句以及公开地或私下地使用陈述句并非像理智主义者喜欢认为的那样：或者是张三的必不可少的第一次举步，或者是他的乌托邦性质的最后一次举步。不过这一点需要我们考虑一下作出一个等级较高的行动“包含着思考”相应的等级较低的行动这种说法的含义。它并不意味着：举例说，假如我要模仿你的姿态，我就必须做两件事，亦即同时对自己口头描述你的姿态并且按照描述作出姿态。对自己讲述
193 你的姿态本身就是一个等级较高的行为，它同等地包含着对于你的姿态的思考。“包含着思考……”这个短语并不表示一种因果性的事务，也不表示一种过程与另一种过程的共存。对你的姿态所作的评论若要成为评论，其自身必须是以某种方式对你的姿态所作的思考；同样，对它们的模仿若要成为模仿而不成为纯粹的复制，其本身也必须是以某种方式对你的姿态所作的思考。当然，这是“思考”的一种牵强附会的含义；它并不指称任何一种深思，也不蕴涵对任何命题的阐明。它的意思是，我必定知道自己在做什么，而且既然我所做之事是进行模仿，我就必定知道你作出的姿态并且必定正在应用这种知识，不过是以模仿的方式而不是以报道或评论的方式应用这种知识。

等级较高的行动不是本能的行动。任何一个等级较高的行动都能有效地或无效地、适当地或不适当地、聪明地或愚蠢地做出来。儿童不得不学会怎样作出这类行动。他们不得不学会怎样抗拒、挡避和反击，怎样先发制人、作出让步和进行合作，怎样等价交

换和讨价还价、给予报答和予以惩罚。他们也得学会开别人的玩笑和领会针对自己的玩笑，学会服从命令和发布命令、提出要求和允诺要求、接受评分和给出评分。他们还得学会构思及领会报道、描述和评论；学会理解及作出批判，学会接受、拒绝、改正及作出裁决，学会盘问别人和被人盘问。并非最不重要的（也非最早的）事情是，他们不得不学会不泄露自己倾向于泄露的事。有保留比无保留要高一个等级。

现在可以看出我要大家注意有关育儿室和教室的这些老生常谈的目的了。儿童长到某个阶段，便发现了对自己的等级较低的举动施加等级较高的举动的诀窍。他在与别人的人际交往过程中分别当过玩笑、压制、盘问、批评和模仿的对象和作者，从而弄清楚了怎样同时扮演两个角色。他以前听过故事，也讲过故事，现在他要给自己的入迷的耳朵讲故事了。别人查知过他的不诚恳，他也查知过别人的不诚恳，现在他要把这样的查知技术用于自己的不诚恳了。他发觉能对自己下命令了，并且这些命令很有权威，有时
候自己即便不愿服从到头来也得服从。自我劝说和自我劝阻多少 194
变得有效了。他在青春期学会了把成年人经常用来对待年轻人的那些等级较高的办法大部分用于自己的行为。那时，人们便说他在长大成人。

再者，正如他在此之前已不仅获得了对别人的举动采取等级较高的举动的能力，而且也获得了这样做的倾向，他现在变得不仅有能力而且倾向于对自己的行为做同样的事情了；正如他在此之前已不仅学会了应付别人的各种特殊行为，而且也学会了应付别人的这些行为素质，他现在在某种程度上变得既能够也准备好了

对自己的习惯、动机和能力采取理论上和实践上的步骤了。他自己的各种等级较高的行为或行为素质也无论如何逃脱不了得到同样的对待。对于任何等级的任何行为来说,总有可能对它采取各式各样等级较高的行动。假如笑话你做的或我自己做的某件事,我能够——尽管我通常并不——进而对我自己的这种笑话作出口头评论、作出道歉或以其他方式提及这种笑话;然后我能接着称赞或指责我自己这样做,并且能在日记上记下我已做了那件事。

可以看出,在此探讨的东西包括了许多平常称之为“自我意识”和“自我控制”的东西,尽管它包括的东西比这两种东西要多得多。的确,一个人能够并且必须在某些时候担当报告他自己的所作所为的报道者,能够并且必须在某些时候担当调整他自己的行为的上级长官,但这两种等级较高的自我交往只是无数牌号的自我交往中的两种,正如相应的这两种人际交往也只是无数牌号的交往中的两种。

也决不可认为,一个人对自己行为的自我报道或强行控制必然摆脱了偏见或粗心。我关于自己的报道像我关于你的报道一样,难免有同样种类的缺陷,我强加于自己的告诫、纠正和命令也如同我对别人的训导一样,可以表明是无效的和鲁莽的。自我意识这个词若确实可以为人使用,就决不可根据所谓神圣的副光学模型把自我意识描述为一种手电筒,说它是靠着由它自己内部的
195 一面镜子反射出来的它自己的光束来照亮自己的。相反,自我意识只是人们平时在或大或小的程度上有效地对付一个多少是诚实的和聪明的证人的一种特例。同样,不应把自我控制比做一个具有毋庸置疑的智慧和权威的上级对于一个多少受过训导的下属的

控制；自我控制只是普通人管理普通人的一种特例，比如说，当张三同时扮演这两个角色的时候。真相并非是，存在着一些无法予以批判的等级较高的举动，而是，所存在的任何等级较高的举动本身都能予以批判；真相并非是，确实出现了某种不可改进的东西，而是，没有出现任何不可改进的东西；真相也并非是，某种活动具有最高的等级，而是，对于任何等级的任何活动来说，都能存在着具有一个较高等级的一些活动。

(7)“我”的系统的不可捉摸

我们现在能够说明“我”这个概念的系统的不可捉摸性，以及它与“你”或“他”这类概念之间的部分差异了。不论以什么方式、不论是在理论上还是在实践上关注自己，都是在作出一个等级较高的举动，关注任何他人也是如此。例如，试图描述一个人刚才做了什么或现在正在做什么就是要对一个步骤作出评论，而被评论的这个步骤除了偶尔之外，其本身并不是一个评论的举动。但这个评论活动却不是，也不可能是，作为评论对象的那个步骤。一个嘲笑的举动也不可能是它自己的对象。等级较高的行动不可能成为自己的对象。因此我对自己的行为所作的评论必定总对一个行为亦即它自己保持沉默，而它自己只能是另一个评论的对象。自我评论、自我嘲笑和自我告诫在逻辑上注定要永远属于倒数第二。然而逃脱了任何特定的评论或告诫的事物仍然没有一个因此而有了永远免受评论或告诫的特权。相反，它可以成为下一个评论或指责的对象。

这一点也可以这样来阐明。一位唱歌教师也许会夸张地模仿

一个学生唱出的每个词，由此来批评那个学生的腔调或音调；假如那个学生唱得非常慢，那位教师便能够在学生唱出下一个词之前就拙劣地模仿唱完那个学生已唱出的每一个词，但有时候那位唱歌教师却处于一种谦卑的心情之中，他试图以同样的方式批评他
196 自己的唱法，甚而试图夸张地模仿自己唱出的每一个词，包括他在自我模仿中唱出的那些词。事情立刻就清楚了，首先，他永远也不能越过自己最先唱出的那个词，其次，在任何特定的时刻他都发出了一个还得予以模仿的声音——不论他多么迅速地模仿自己的音调，事情都没有什么两样。既然一个词不能是对于它自己的模仿，他在原则上就只能抓住自己的追逐对象的上衣后摆，而决不能抓住更多的东西。尽管如此，他唱出的每个词都能得到拙劣的模仿；他总是差一天赶上集市，但每一天他都到达了昨天的集市地点。他从未成功地扑住他自己的头影，但他始终只不过落后了一步。

普通的书评家可以对一本书作出评论，而第二等级的书评家则会批评对于那本书的评论。不过第二等级的评论并不是对于自身的批评。它只能在进一步的第三等级的评论中受到批评。只要编辑有充分的耐心，任何等级的任何评论都能得到发表，尽管根本不存在所有的评论都受到了批评这么一个阶段。一个记日记者也不可能在日记中谈论自己的每一个举动；因为他写最后一则日记这个举动本身仍然要求得到记述。

我以为，这种分析解释了如下的感受：我的去年的自我或我的昨天的自我在原则上能够得到详尽无遗的描述和说明，你的过去的或当前的自我能够得到我的详尽无遗的描述和说明，但是我的今天的自我却永远逃脱了我试图对它作出的任何把握。这种分析

也解释了“我”这个概念与“你”这个概念之间的明显不类似之处，同时并没有把残剩的难以捉摸之物解释为任何终极的神秘之物。

这种分析还解释了另一个问题。当人们考虑意志自由的问题并试图把自己的经历想象为类似于钟表或河道的经历时，往往难以接受这样的想法：他们自己的直接未来已经不可改变地注定了并且是可预言的。若假定我正要思考、感受或做的事情都是早已预先指定好的，那便显得荒谬，可是若假定别人的未来是如此预先指定好的，大家便不会感到那么荒谬。人往往无法想象，我将要思考或做的事情竟然已能为人预料，所谓“对自发的感触”是与此密切相关的。另一方面，当我考虑自己在昨天所想所做的事情时，若 197
假定它在我做它之前本能够被预见到，那似乎就没有什么荒谬之处了。只是当我实际上试图预测自己的下一步行动时，这个任务看来才像一个游泳者的任务：这个游泳者试图追上他在自己前方推出的波浪。

解决问题的办法如同前述。对一个行动或一个思想的预测是一种等级较高的活动，这种活动不可能是作预测时所考虑的各种事情之一。然而，我在做某事之前恰好具有的心理状态可以对要做的事情产生影响，因此我必定会至少忽略一个与我的预测相关的材料。同样，就应当做什么而言，我能够尽力给你提供一切可能的劝告，但我必定会漏掉一个劝告，因为我不能同时劝告你怎样对待那个劝告。因此可以毫不相悖地说，尽管我通常对自己发觉自己正在做或思考所做之事根本不感到诧异，但当我万分小心地力图预见自己将做之事或将思考之事时，结果却很可能使我大失所望。我的预先设想可以在某个方向和某种程度上改变自己后来行为的进程，可我却无法事先对这种方向和程度作出估计。我无法对之作出准备的一样东西就是我将要思考的下一个想法。

我的直接未来对我来说就是这样系统地不可捉摸。当然，这个事实并不能证明，我的经历对于不是我自己的预言者来说在原则上也是不可预测的，甚至也不能证明，我的经历在行动的高潮过去之后对我自己来说仍是不可说明的。我能够用食指指向其他任何事物，别人也能够指着我的这个食指。但我的食指无法成为它自身所指的对象。一枚导弹也不能成为它自己的目标，尽管可以向它发射别的什么东西。

任何行为都能够成为一个等级较高的行为的关注对象，但却不能成为它自己的关注对象——这个一般性结论与我们早先对索引词如“现在”、“你”和“我”的特殊功能所作的分析有关。一个含有“我”的句子，由于它自己被某个特定的人说出来或写出来，便指示了谁是它特地谈论的对象。“我”指示说出这个句子的那个人。因此，当一个人说出一个含有“我”的句子时，这个句子的说出可以是一个等级较高的行为的一部分，也许是自我报道、自我劝勉或自
198 我怜悯这样的等级较高的行为的一部分，而这种行为本身并没有在它本身所是的那个活动中得到处理。即便那个人为了特殊的思辨暂时正在专心于**自我问题**，他也只是抓住了并且知道自己只是抓住了自己正在追逐的那个对象的飘忽的上衣后摆，此外没有抓住更多的东西。他的猎物就是他这个猎人。

总而言之，所有那些易被不恰当地纳入“自我意识”这个称号的保护伞下的等级较高的举动和态度都没有任何神秘或隐秘之处。它们在本质上与人们彼此交往中展示出来的等级较高的举动

和态度没有什么两样，前者仅仅是后者的一种特殊应用，并且，人们最初是从后者那里学会前者的。假如我要对嘲笑自己笨手笨脚这个第二等级的举动作出第三等级的评论举动，我便确实要以两种不同的方式来使用第一人称。我会对自己或同伴说："我刚才在嘲笑我自己拿不稳东西。"但是，这远非表明我的皮囊中存在着两个"我"，就更不用说存在着还要评论它们的第三个我了。以上所说只是表明，我正在运用大家所熟悉的、由此可谈论她嘲笑他的那种双代词习惯用法（two-pronoun idiom）；我之所以正在使用这种语言的习惯用法，是因为这种习惯用法通常被用来描述人际交往的方法，而我正在使用那种人际交往的方法。

在结束本章之前还值得提一下，在第一人称代词与其他人称代词之间存在着一种引人注目的区别。当我使用"我"这个词时，"我"总是指示我并且仅仅指示我。"你"、"她"和"他们"在不同的时候则指示不同的人。"我"就像我的影子；我永远也无法摆脱它，尽管我能摆脱你的影子。这种恒常不变没有任何神秘之处，不过，我提到它是因为它似乎把一种使人感到神秘的独一无二性和黏着性赋予了"我"。"现在"这个词在某种程度上也给人以这种困扰人的感受。

199 # 第七章　感觉与观察

（1）前言

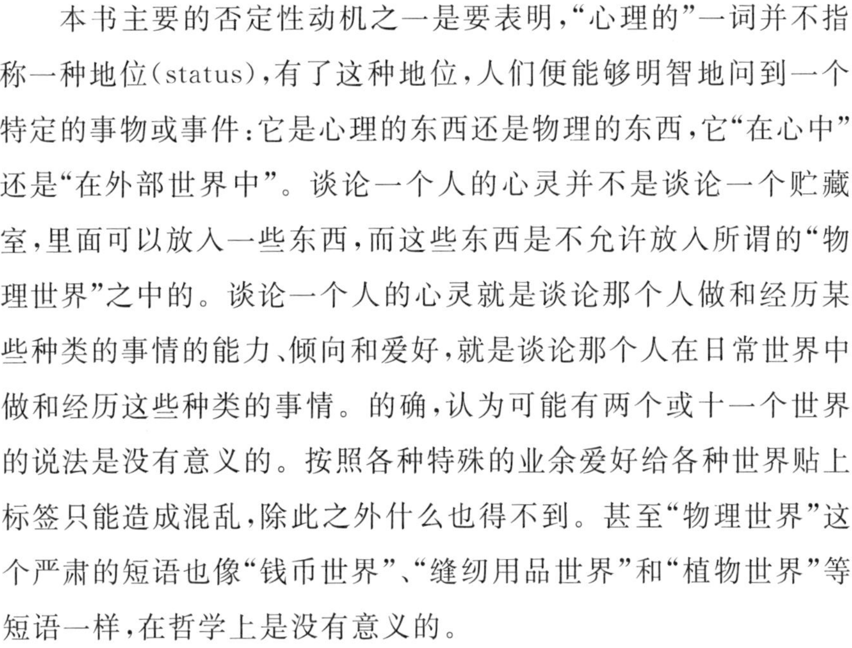

本书主要的否定性动机之一是要表明，“心理的”一词并不指称一种地位（status），有了这种地位，人们便能够明智地问到一个特定的事物或事件：它是心理的东西还是物理的东西，它“在心中”还是“在外部世界中”。谈论一个人的心灵并不是谈论一个贮藏室，里面可以放入一些东西，而这些东西是不允许放入所谓的“物理世界”之中的。谈论一个人的心灵就是谈论那个人做和经历某些种类的事情的能力、倾向和爱好，就是谈论那个人在日常世界中做和经历这些种类的事情。的确，认为可能有两个或十一个世界的说法是没有意义的。按照各种特殊的业余爱好给各种世界贴上标签只能造成混乱，除此之外什么也得不到。甚至“物理世界”这个严肃的短语也像“钱币世界”、“缝纫用品世界”和“植物世界”等短语一样，在哲学上是没有意义的。

但有些人认为，“心理的”一词确实指称了一种地位，为了维护这种学说他们会极力主张，必须为感觉、感触和想象提供一个特殊的立足点。实验科学对各种各样的事物和过程作出了描述并给出了它们的相互关系，但在这些描述中并没有提到我们的印象和观

念。因此它们必定存在于别的什么地方。例如，一种感觉的出现显然是关于感到疼痛或觉得目眩的那个人的一个事实，因此这种感觉必定是在那个人之中。但这是“在……之中”的一种特殊的含义，因为外科医生不会在那个人的表皮下找到这种感觉。所以感觉必定在那个人的心中。

此外，感觉、感触和心像是必定为它们的持有者意识到的东西。不论他的意识流中还含有其他什么东西，至少他的感觉、感触和心像是那种意识流的组成部分。即便构成了心灵的材料并不完全由 200
它们组成，它们也是构成了心灵的材料的成分之一。

拥护这种论证的人往往怀着由于心像——诸如“我在心目中看到的”东西和“在我头脑中显现的”东西——而产生的特殊信心来支持这种论证。要将感觉与身体状况二者过分彻底地分离开，他们有某些疑虑。胃疼、瘙痒和耳鸣都和生理的东西有关联，这些生理的关联物很可能会玷污心理经验的溪流的纯洁。但是，甚至在我闭上眼睛时仍能看到的东西、在万籁俱寂时也能听到的音乐和声音，这类东西却令人信服地有资格成为心灵王国的成员。我能够在一定限度内任意召集、遣散和改变它们，它们的出现和特性看来与身体的位置、姿势和状况没有任何相互关系。

对于心像的心理地位的这种信念带有一种怡人的推论。当一个人自忖时，回顾通常会向他表明，他所想的东西中至少有一部分是在头脑中听到的似乎是他自己说出来的一串语词。因此，不出声的自我交谈是心灵的专有事务这种历史悠久的学说加强了下述学说并且也为下述学说所加强：纯粹的思维器官不属于粗鄙的充满物理声音的世界，而由做成了梦的那种较为缥缈精微的材料所构成。

不过，在讨论心像之前，有许多关于感觉的东西必须要谈一下，整个这一章谈的就是感觉和观察的概念。想象这一概念将在下一章中加以探讨。

出于本章最后一节提出的那些理由，我对本章并不感到满意。我听说过一种“官方的”说法，亦即“知觉到”便包含着“具有感觉”。但这是“感觉”一词的一种经过琢磨的用法。我们平常并不是这样来使用“感觉”这个名词或“感到”这一动词的。平常这些词表示的是一个特殊的知觉家族，亦即触觉、动觉和温度知觉，以及可定位的疼痛与不适。按“感觉”一词的这种含义，看到、听见、尝出和闻及并不包含感觉，正如看到并不包含着听见，感到一阵冷风也不包含着尝出了任何东西。根据“感觉”一词的经过琢磨的用法，“感
201 觉”似乎是一个半生理学、半心理学的术语，它的使用与某些伪科学的笛卡尔主义理论相关联。小说家、传记作者、记日记者或保姆在谈论人们时，普通医生、牙科医生和眼科医生在对病人说话时，他们的言语中并不含有这个概念。

按照其熟悉的、未经琢磨的用法，“感觉”并不表示各种知觉的一种成分，而表示一种知觉。但按照其经过琢磨的用法，它也不表示知觉概念所包含的一个概念。人们在掌握任何生理学的或心理学的假说之前，在听到有关身心交往的任何理论困难之前，就已知道如何谈论看到、听见和感到各种事物了。

我不知道探讨这些问题应当使用什么样的语言习惯用法，但我希望，我按“官方的”语言习惯用法对它们进行探讨至少可以有某种内在的第五纵队的功效。

（2）感觉

由于某些目的，把感觉划分为按其职权（ex officio）应属于感官知觉的感觉与按其职权不属于感官知觉的感觉，这会便利一些；粗略地说，也就是把感觉划分为那些与专门的感觉器官亦即眼睛、耳朵、舌头、鼻子和皮肤相关联的感觉，以及那些与身体的其他一些敏感的但非感觉的器官相关联的感觉。不过这种划分多少有些武断。当目眩时，当鼻部刺痛时，我们倾向于把这些感觉与机体的疼痛和刺痛感觉并列在一起，相反，当我们的咽喉或胃部有某些感觉时，我们却往往说我们感到了鱼骨头或板油丁。一种特殊的肌肉感觉可以被中性地描述为一种疲劳感，也可以被描述为对于圆木的重量或阻力的一种感受；一个听者可以对一个同伴报道说，他听到了远处行驶的一列火车，同时却对另一个同伴报道说，他几乎分不出这是火车的声音，还是耳内正常的搏动声或耳鸣。

出于一些显而易见的理由，我们经常不得不谈及与感觉器官相关联的感觉，因为我们经常不得不提到我们看到和没有看到的东西，听见、闻及、尝出和感到的东西。但我们并不“纯粹”谈论这些感觉；平常我们只是在谈及正在观察的，或正试图或要求观察的
事物或事件时才谈论它们。人们谈到看一眼，但只是在看一眼一 202
只知更鸟或看一眼某个在动的东西这样的语境下谈到看一眼。当别人请求他们描述一下某物的外表怎么样，声音怎么样或味道怎么样时，他们也摆脱不了这个习惯；他们通常会说，它看起来像一个干草堆，它听起来像是在哼哼，或它尝起来似乎里面放了胡椒。

以某种方式谈到一些普通对象，如干草堆、在哼哼的事物和胡椒等等，是描述感觉的一种做法，这种做法在理论上非常重要。例如，就一个干草堆而言，人人都会对它作出相同的描述。一个干草堆是任何观察者都能加以观察的东西，我们应当预料，他们对它所作的描写将彼此吻合，至少这些描写能够得到纠正，直至确实达到彼此吻合。干草堆的位置、形状、大小、重量、堆放日期、成分和功能都是任何人能够用日常的观察方法和调查方法予以确立的事实。而且，凭借这些方法还可以确立，这个干草堆在日常的观察条件下对于普通观察者会呈现什么样子、会留下什么印象和气味。当我说某物看起来像一个干草堆时（尽管它实际上可以是晾在晒衣绳上的一条毯子），我是说，它的外观就像一个干草堆在合适的光线、背景和角度下被观察时会在任何人眼中呈现出来的外观。这就是说，我不是把此时此地那条毯子在我眼中呈现的外观与我或其他某个人在以前某种特定状况下所见的特定景象相比较，而是在把这种外观与一种**类型**的景象，例如任何普通观察者在某些种类的状况下亦即白天在干草堆附近都会见到的景象，相比较。

同样，说某物吃起来有胡椒味就是说，它现在对我来说所具有的味道就像任何放了胡椒的菜肴对任何具有正常味觉的人来说会具有的味道一样。曾有人提出，我永远无法知道胡椒粒确实会使不同的人产生类似的感觉，不过在目前指出下面这一点也就足够了：我们平常传递有关自己感觉的信息在于以某些种类的方式提到一些东西，这些东西我们认为能够在任何人对公共对象的观察中得到证实。我们用中性的或非私人的语言来描述对我们自己来说是私人的东西。的确，我们的描述要不是用这样的语言表达出
203 来，就不能传达任何东西。它们毕竟是由别人教给我们而为我们

学会的语言。我们没有也不能用这一套或那一套感觉语言来描述干草堆。我们以某些种类的方式提到观察者和干草堆之类的东西，由此来描述感觉。

我们在描述机体感觉时遵循了同样的做法。当一个疼痛者把疼痛描述为刀刺般的疼痛、钻头钻似的疼痛或火烧火燎的疼痛时，虽然他不一定觉得他的疼痛是一把短剑、一个钻头或一堆余火造成的，但却仍然把他的疼痛比做这类器具会给任何人造成的那类疼痛，从而说出它是哪一类疼痛。同样的说明也适用于诸如“我耳朵里嗡嗡作响”、“我的血都凉了”和“我看到了星星”[①]这样的描述。甚至说某人的所见是模糊不清的（one's view is hazy），也是把此人的所见比做任何观察者在透过一种气雾（atmospheric haze）观看一些公共对象时这些公共对象对于观察者所呈现的样子。

现在提及感觉的这些描述方式是为了表明，在探讨各种感觉概念的逻辑时怎么会有并且为什么会有一种语言上的困难。我们并不使用一个“纯的”感觉词汇表。我们提及公共对象在任何一个正常人面前经常呈现的样子、产生的声音和留下的印象，由此描述各种特殊的感觉。

认识论者喜欢使用“疼痛”、“瘙痒”、“刺痛”、“暖热感”和“目眩”这样的语词，似乎它们是“纯的”感觉名称。但这种做法会双重地使人误入歧途。不仅这些语词中的大部分都从包含着跳蚤、匕

① 这三句打有引号的句子的原文是：“Theie is a singing in my ears”，“My blood ran cold”和“I saw stars”，分别意为“我耳鸣”，“我毛骨悚然”和“我眼里冒金星”。——译者

首和散热器这样的公共对象的情境中抽取了它们的含义，而且它们还意味着，具有那些感觉的人喜爱或者不喜爱、很可能喜爱或者很可能不喜爱具有那些感觉。我膝盖上的疼痛是一种我不愿有的感觉；因此，“未注意到的疼痛”是一个荒谬的表达式，而“未注意到的感觉”却没有任何荒谬之处。

这一点有助于引入一种概念上的区别，亦即“具有感觉”和“进行观察”之间的区别，这种概念上的区别不久就会表明，它具有头等重要性。当我们说一个人正在观看、审视或注视某物，正在倾听它或品尝它时，其部分的意思是——但仅仅是部分意思——他正具有视感觉、听感觉或味感觉。但为了对某物进行观察，观察者至少还必须努力查明某物。他的细察因此可以描述为小心的或粗心

204 的、仓促的或持续的、有条不紊的或杂乱无章的、精确的或不精确的、内行的或外行的。进行观察是一种工作，它可以是某种艰巨的工作，我们能够在不同的程度上成功地进行观察并且能够在不同程度上善于进行观察。但是人们却绝不能用这样的刻画一个人如何运用观察能力的方式来刻画一个人如何具有视感觉、听感觉或味感觉。一个人能够小心地倾听，但他的耳朵里不能小心地嗡嗡作响；一个人能够有系统地进行观看，但却不能有系统地具有目眩的感觉；一个人能够努力辨别各种味道，但却不能努力具有各种味觉。再者，我们时常出于好奇或出于服从而进行观察，但并不出于这样那样的动机而感到瘙痒。我们进行观察是有目的的，但具有各种感觉却不是有目的的，尽管我们能够有目的地引起感觉。我们会在观察方面犯错误，但谈论在感觉上犯错误或避免错误却是无意义的；感觉既不能是正确的也不能是不正确的，既不能是真实

的也不能是不真实的。它们既非理解也非误解。观察就是查明某物，或者是努力查明某物，但具有感觉既不是查明或努力查明任何东西，也不是不能查明任何东西。

这一系列对比使我们能够说，虽然对一个人的善于或不善于观察的程度、方式和对象的提及是对他的理智和性格的描述的一部分，但对他的感觉能力和实际感觉的提及却不是那种描述的一部分。用一句不中听的话来说，就感觉而言谈不上任何“心理的”东西。耳聋不表示一种愚蠢，斜视眼也不表示一种卑鄙；衔回猎物的猎犬具有敏锐的嗅觉并不证明它有智力；我们不会试图训练儿童摆脱色盲或使他感到难为情而不再患色盲，也不会认为患色盲的儿童在心理上是有缺陷的。诊断和治疗眼疾不是道德学家或精神病学家的事情，而是眼科医生的事情。具有感觉并不是理智或性格的一种运用。因此我们不会太自豪了，以至于不承认爬虫会有感觉。

不论一个有智力的人会有哪一种系列的感觉，我们总是能够设想，一个仅有感觉能力的生物本可以有极其类似的一系列感觉；假如“意识流”的意思是“感觉系列”，那么，只根据这样一种意识流的内容清单就不可能判定有过这些感觉的那个生物是一个动物还是一个人，是一个白痴、一个疯子还是一个心智健全的人，更不用 205
说判定他是一个雄心勃勃的、好争辩的语文学家还是一个反应迟钝、但却很勤奋的行政办事员了。

不过，这些考虑不会说服某些理论家，因为他们想要把一个人的感觉、感触和心像之流当作他的心灵的材料，从而支持这样一个教条：心灵是由一种特殊的材料构成的具有特殊地位的东西。他们会非常正确地极力主张，眼科医生和牙科医生虽然能够对病人的身体器官进行化学的或机械的处理而改变病人的感觉，但却无法观察到病人自身的感觉。他们虽然可以观察到病人的眼睛和牙床在生理上出了什么毛病，但却必须依赖于病人的证言来获知病人所看见和感受到的东西。只有穿鞋者本人才知道鞋哪儿太紧。据此他们似乎有道理地但却错误地论证说，在公众的物理世界和私人的心理世界之间，在任何人都可以看到的事物或事件与只有其拥有者才能看到的事物或事件之间，的确存在着神圣的对立。行星、微生物、神经和耳鼓是大家都能观察到的存在于外部世界中的东西；感觉、感触和心像则是私人才能观察到的构成了若干心理世界的成分。

我想要表明，这种对立是假造出来的。若说补鞋匠无法看到鞋子太紧时我所感到的夹脚，这并不错。但若说我能看到那种夹脚感，那就错了。所感到的夹脚之所以不能被补鞋匠看到，原因不在于某种铁幕使夹脚感无法为除我自己之外的任何人所看到，而在于，若说它们被人看到了或未被人看到，那是毫无意义的，即便说它们被我看到了或还未被我看到，那也是无意义的。我感到夹脚或有夹脚感，但我并没有发现或注视它们；它们并不是通过我对它们的观看、倾听或品尝而在四周为我发现的东西。在某种含义上可以说一个人曾观察过一只知更鸟，但在同样的含义上说他曾观察过一种刺痛，那是无意义的。一次交通事故可以有一个或数个目击者，但一次眩晕却不可能有数个目击者，甚至一个目击者也不可能有。

我们知道，为了观察行星、心脏搏动和蛾子而拥有和需要望远镜、听诊器和手电筒这样的观察工具是怎么回事，但我们却无法设想，把这类器具用于我们的感觉会是怎么回事。同样，虽然我们清 206
楚地知道哪些种类的不利条件会损害或妨碍我们对于公共对象的观察，亦即像雾、刺痛的手指和耳鸣这样的不利条件，我们却无法设想在我们和刺痛、耳鸣这样的感觉之间会介入类似的障碍物。

我说感觉不是那些能够予以观察的事物，其意思并不是说，它们之不可观察就如同显微镜底下的细菌、飞行的子弹或月亮背面的山之不可观察，或者如同行星对于盲人之不可观察。我的意思大致是这样：除了由单个字母构成的语词之外，每一个能够书写的语词都具有一种拼法；拼写有些词较之拼写另一些词要困难一些，有些词则具有几种不同的拼法。但假如有人问我们如何拼写字母表中的字母，我们便不得不回答说，它们是根本不能拼写的。但这种“不能”并不意味着，这个任务有一个不可克服的困难，而仅仅意味着，“一个特定的字母是由哪些字母按照什么顺序排列构成的？”这样的问题是个不恰当的问题。字母既非易于拼写，也非难于拼写，由此我论证说，感觉也既不是可观察的，也不是不可观察的。与此相应的是，正如我们甚至不会提出如何拼写一个字母这样的问题这个事实决不会妨碍我们极其清楚地知道如何书写字母一样，我们不会谈论对感觉进行观察这个事实也决不会妨碍我们谈论人们能够注意或留意他们的感觉，并且也决不会妨碍我们谈论他们能够对他们已注意到的感觉作出表白和报道。头痛无法被人看到，但能够被人注意到；虽然劝告一个人不要去窥探他的瘙痒是不恰当的，但劝告他不要去留意他的瘙痒却完全是恰当的。

我们已经看到，进行观察蕴涵着具有感觉；若一个人还未对一

只知更鸟有过一瞥，就不能说他在观看这只知更鸟，或者说，若一
个人还没有吸过一口空气，就不能说他在嗅闻一块乳酪。（我似乎
在不符事实地说，像“一瞥”和“一吸”这样的语词代表了感觉。一
瞥可以刻画为“清楚的”或“不清楚的”，这就表明它是一个观察语
词而不是一个“纯的”感觉语词。）因此，一个观察对象，如一只知更
207 鸟或一块乳酪，必定是观察者有可能对之看一看或吸一吸的那类
东西。但许多理论家请求我们把眼光从知更鸟和乳酪这样的公共
对象转向一瞥和一吸这样的东西，并且要求我们宣称，我能够——
尽管任何别人都不能——观察到我的一瞥或一吸，并且能够在任
何人都能观察到知更鸟或乳酪的含义上观察到它们。但是，同意
这样做也就会同意：假如我在瞥见一只知更鸟时能够观察到那个
一瞥，那么我在观察到那个一瞥时就必定会得到某种东西，例如会
瞥见或吸入对于那只知更鸟的瞥见。假如感觉是正当的观察对
象，那么对感觉进行观察就必定会随之对那些类似于“对知更鸟的
瞥见”这样的感觉产生感觉，因为没有“对知更鸟的瞥见”我们就不
能观看知更鸟。这显然是荒谬的。并不存在任何东西可与“对瞥
见的瞥见”、“对疼痛的一吸”、“夹脚感产生的声音”或“刺痛引起的
刺痛”这类短语相符合，假如存在着任何与之相应的东西，这种序
列就会永远继续下去。

再者，当一个人在观看赛马时，我们可以正当地发问，他有没有看清楚，他在仔细地观看还是在漫不经心地观看，他是否在尽力使自己多看到一点东西。因此，假如一个人能观察到自己的感觉这种说法是正确的，那么我们就可以正当地发问，他对瘙痒的检查是否受到过阻碍，这种检查是仔细的还是漫不经心的，假如他作了

努力，能否对瘙痒有更多的了解。然而从未有人提出这样的问题，正如没有一个人会问，如何拼写“London”这个词的第一个字母。人们根本不会提出这样的问题。不过这一点在某种程度上由于下述事实而变得模糊不清了：“观察”这个语词虽然一般意味着观看、倾听和品尝之类的过程或望见和察觉之类的成就，它有时却被用作“留意”和“注意”的同义词。观看和望见确实含有留意，但留意却不包含观看。

由此可见，把任何人都可以观察到的公共对象如知更鸟和乳酪，与所谓的只有我才能观察到的独特对象即我的感觉相对照，从一开始就是错误的，因为感觉根本不是观察对象。因此，我们不必拼凑一个叫做“外部世界”的剧场，以便容纳任何人都可以观察到的公共对象，也不必拼凑另一个叫做“心灵”的剧场，以便容纳一些 208
只有自己才能观察到的对象。“公众的”和“私人的”二者之间的对立在某种程度上是对能够为人所注视、触摸和品尝的对象与为人所具有但不能为人所观看、触摸或品尝的对象二者之间的对立的一种曲解。除非补鞋匠是我自己，否则他无法感到鞋子夹了我的脚，这并不错，甚至不过是同义反复而已，但所以如此并不是因为他无法看到只对我开放的西洋景，而是因为，要说他感受到了我的疼痛那是毫无意义的，从而要说他注意到了我的夹脚感也是毫无意义的。

由此还可进一步得出一些结论。我们可以通过观察或不得不通过观察来查明一些特性，以便刻画每一个人都能观察到的公共对象，但这些特性却不能有意义地归之于感觉或不归之于感觉。感觉没有大小、形状、位置、温度、颜色和气味。在某种含义上，“那只知更鸟现在在哪儿?”或“曾经在哪儿?”这类问题总有一个答案,而在同样的含义上,“你对那只知更鸟的瞥见现在在哪儿?”或“曾经在哪儿?”这类问题却没有任何答案。的确,在某种含义上可以完全正当地说,瘙痒在“我的脚中”,刺痛在“我的鼻子里”,但若说骨头在我的脚中或胡椒粒在我的鼻子里,那就是在另一种不同的含义上说话了。因此,在“世界”一词的被弄混的含义上可以说,“外部世界”或“公众世界”含有知更鸟或乳酪,我们能够在那个世界里探知它们的位置和关系,但按照这种含义,并不存在另一个世界或一系列世界,在这些世界中能够探知各种感觉的位置和关系;也不存在探知公众世界里的居住者与私人世界中的居住者之间有什么样的关系这种所谓的问题。此外,一个公共对象如一根针,能内在于或外在于另一个公共对象如一个干草堆,但却没有相应的“内在于”和“外在于”的对立可用于各种感觉。补鞋匠感觉不到鞋给我造成的夹脚感并不是因为这种感觉内在于我,不是因为这种感觉实际上在我的皮肤里或比喻性地位于一个他无法进入的地方。相反,夹脚感与针不一样,我们不能说夹脚感内在于或外在于我自己这样的公共对象,也不能说它是隐藏在内的或公开在外的。字母也不能归类为名词、动词或形容词,不能说字母服从于或不服
209 从于英语的句法规则。当然,唯有我才能够对不合适的鞋给我造成的夹脚感作出第一手说明,而一个不懂我所说语言的眼科医生也没有最佳的信息来源去获知我的视感觉,这些不仅是事实而且很重要。但只有我才能对我的感觉作出第一手说明这个事实并不蕴涵着,我具有别人所没有的观察那些感觉的机会。

此外,还必须指出相关的两点:首先,“私人的”一词有一种哲

学上并不令人兴奋但却很重要的含义，在这种含义上，我的感觉当然是我私有的或专有的东西。这就是说，正如在逻辑上你不能代替我抓住我的捕获物，赢得我的比赛，吃我的饭，皱我的眉，梦见我的梦，同样，你也不能具有我的剧痛或我的余像。金星也不能有海王星的卫星，波兰也没有保加利亚的历史。这只是其及物动词的宾格是同源宾格的那些句子的部分逻辑力量。这类及物动词不表示关系。“我抓住了我的捕获物”并非断言我与一个捕获物之间有一种关系，以致可以设想那个捕获物与你而不是与我处于那种关系之中。它与“我停住了我的自行车”不同；你完全可以在我之前抢先停住我的自行车。

其次，“我有过一次剧痛”与“我有过一顶帽子”不同，因为它并没有断定一种关系，也就是说，“我的剧痛”这个短语并不表示任何一种事物或“项”。它甚至也不表示一个事件，尽管“我有过一次剧痛”断定了曾发生过一个事件。这就是观察感觉、检查感觉、目击感觉或细察感觉之类的说法为什么是无意义的部分理由，因为这类动词的正当对象是事物和事件。

但我们在建立感觉理论时，却受到了强有力的诱惑，倾向于认为感觉是一些难以捉摸的事物或事件。我们粗心大意地采取了如下这样的模型：一个独居在帐篷中的人看到了帆布上的一些光点和光斑，并且摸到了帆布上的一些凹痕。接着，他也许希望自己能看到和摸到造成了帆布上那些光斑和凹痕的手电筒和靴子。但是，哎呀，他却永远无法看到那些手电筒或感受到那些靴子，因为帆布永远挡着道。如果说，帆布上的亮斑和压痕是事物；而暂时性地光照和踩压帆布是事件。那么它们便是这样一些种类的对象，

210 可以正当地说它们得到了帐篷里的一个人的观看、细察和察觉；并且还可以正当地说它们就在那儿，但未得到观看并且未被察觉。而且，假如手电筒和靴子未被遮盖起来，那么一个能够观看或察觉受到光照或踩压的帆布的人本能够观看和察觉手电筒和靴子的。因此，一个有各种感觉的人的处境是全然不能与帐篷里的那个人相类比的。具有感觉并不是观看或察觉对象；而观看和察觉事物与事件也不是在一个人具有感觉的含义上具有事物与事件。

(3) 感觉材料理论

现在我们应当来谈一谈有时被称作“感觉材料理论”的那种理论了。这种理论最初是试图阐明关于感官知觉的各种概念的一种努力，它的部分任务在于阐明各种视感觉、触感觉、听感觉、嗅感觉和味感觉的概念。

我们平时所用的“看到”、“听见”和“品尝”这一类动词并不指示各种“纯的”感觉，因为我们谈论看到赛马、听见火车及品尝佳酿，而赛马、火车和葡萄酒并不是感觉。当我闭上眼睛时，赛马并没有中断，当我伤风感冒时，佳酿也没有消失。因此，我们似乎需要一些谈论方式，来谈论当我闭上眼睛时就中断了的东西和当我伤风感冒时就消失了的东西，这些谈论方式将不依赖于对公共的事件或液体的提及。找到一套显然合适的名词很容易，因为完全可以符合语言的习惯用法说，当我闭上眼睛时，我对于比赛的所见便中断了，当我流泪时，马的外观或外表便改变了，伤风感冒使葡萄酒失去了味道，塞住双耳使火车声变小了。有人建议，我们能够通过谈论“外观”、“外表”、“声音”、“味道”、“气味”、“刺痛”、“瞥见”

等等来谈论各种“纯的”感觉。还有人建议，有必要采用一些这样的习惯用语，以便能够区分什么是感觉对公共对象的观察作出的贡献，什么是教诲、推论、记忆、猜测、习惯、想象和联想对这种观察作出的贡献。

于是，根据这个理论可以说，具有一种视感觉就是得到了某物的一种一瞬间的外观或视觉表象，具有一种嗅感觉就是得到了某物的一种一瞬间的气味。但是得到一种一瞬间的外观或气味又是 211
什么意思？所得到的那种外观或气味又属于哪一类对象？首先，跑马比赛的外观并不是赛马场上的一个体育运动事件。在每个人都能目睹跑马比赛这个含义上，不可能每个人都能目睹我所看到的那次比赛的一瞬间的外观。你无法看到我看到的外观，正如你无法感受到我感受到的夹脚感。一种感觉材料，即一种一瞬间的外观、气味、刺痛或声响，是一个知觉者所专有的。其次，对于跑马比赛的瞥见可以说成是某人视野中的各种颜色块的一瞬间的拼凑。但是这种说法必须为下述解释所限定：它仅仅在一种特殊的含义上才是颜色块的拼凑。人们平时谈到各种颜色的拼凑时，所指的是每个人都能观察到的公共对象，诸如被子、挂毯、油画、舞台布景和发了霉的膏药等等，也就是说，所指的是他们面前的各种事物的平整的表面。但是，尽管各种事物的视觉表象或外观可以说成是暂时出现在特定视野中的颜色斑块，却不应认为，这些视觉表象或外观是平整的公共对象的表面；它们仅仅是一块块颜色而不是一块块有颜色的粗帆布或膏药。它们占据了其拥有者的私人视觉空间，尽管其拥有者当然屈从于那种永久的诱惑：以某种方式把它们重新贴在日常空间中的公共对象的表面上。

最后，虽然主张感觉材料理论的人同意，我所看到的外观、闻及的气味和感到的刺痛是任何别人都感觉不到的，他们却不同意由此得出，它们是心理的东西或存在于“我的心中”。它们似乎发源于其领受者的物理状况和生理状况，但却不一定也发源于其领受者的心理状况。

感觉材料论者认为自己已经表明，存在着外观、气味、声响以及其他一些诸如此类的一瞬间的和专有的对象，于是他们便面临这样的问题：“领受它们的人得到或具有它们是什么意思？”他们的回答很简单。在这个理论的一些陈述中，领受这些一瞬间的和专有的对象的人被说成是在“知觉”和“观察”的一种含义上知觉到或观察到了这些对象，因为在那种含义上可以正当地说，领受者看到了颜色斑块，听见了声响，嗅出了气味，尝出了味道，或感到了瘙痒。的确，常常有人认为，说人们在事实上并不能看见跑马比赛或

212 尝出葡萄酒，这不仅是可容许的，而且是有启发性的；人们事实上只能看见颜色斑块或尝出味道；或者，作为对日常说话习惯的一种让步也可以承认，“看见”和“尝出”的确有一种含糊的含义，在这种含义上人们可以说看见了比赛或尝出了葡萄酒，但为了理论上的目的，我们应当在一种不同的更为精炼的含义上使用这些动词，而说我们看见了颜色斑块或尝出了味道。

不过，近来兴起了使用一套新的动词的风气。主张这种理论的一些人现在宁愿说，我们直观到了颜色斑块，我们直接意识到了气味，我们直接亲知到了声音，我们与瘙痒处于直接的认知关系之中，或者，一般地说，我们感知了感觉材料。但是这些令人生畏的特别表达方式的兑现价值是什么呢？它们的兑现价值是这样的。

有些动词，如“猜想”、“发现”、“得出结论”、“知道”、“相信”和“想知道”，只能用于如下这样的补足语：“……昨天是星期日”或“……这是不是红墨水”。另有一些动词，如“窥探”、“倾听”、“观察”、“见到”和“遇到”，它们的正当的补足语则是如下这样的表达式：“……知更鸟”、“……鼓的隆隆声”和“……张三”。根据感觉材料理论，外观、气味和诸如此类的东西都是特殊的对象或事件，因此它不得不运用上述第二类认知动词，以便解释“得到一瞥”(get a glimpse)或“具有瘙痒”(have a tickle)这类表达式中“得到”和“具有”这样的动词。这种理论为自己所使用的庄重化了的动词“直观”、“认识”和“感觉”借用了“观察”、“细看”和“品味”这样一些动词的日常力量。区别在于，普通人谈论“观察一只知更鸟”或“细看一页泰晤士报”，这种理论却谈论“直观到颜色斑块”或“直接亲知到气味”。

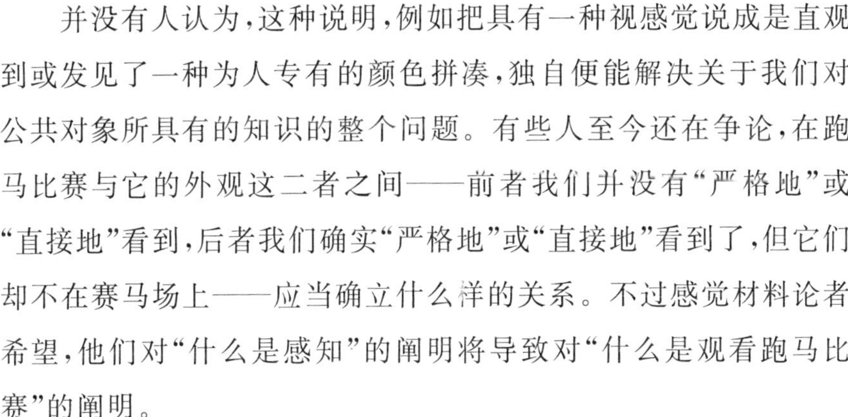

并没有人认为，这种说明，例如把具有一种视感觉说成是直观到或发见了一种为人专有的颜色拼凑，独自便能解决关于我们对公共对象所具有的知识的整个问题。有些人至今还在争论，在跑马比赛与它的外观这二者之间——前者我们并没有“严格地”或“直接地”看到，后者我们确实“严格地”或“直接地”看到了，但它们却不在赛马场上——应当确立什么样的关系。不过感觉材料论者希望，他们对“什么是感知”的阐明将导致对“什么是观看跑马比赛”的阐明。

他们尤其主张，这个理论解决了对错觉的描述所含有的悖论。213
患斜视的人报道说他看见了两枝蜡烛，然而那儿只有一支蜡烛，酒疯子说他看见了一条蛇，然而那儿并没有蛇，现在能够按新的习惯语言重新解释他们的报道了。现在可以说，患斜视的人事实上在看两个“蜡烛外观”，而“酒疯子”事实上确实看见了一个“蛇表象”，假如说有错的话，他们的唯一错误便在于他们以为，那儿也存在着两枝实实在在的蜡烛或一条实实在在的蛇。又如，当一个人面对远处倾斜着的一个圆盘说他看见了一个椭圆形的对象时，假如他以为厨房里真有一件椭圆形的陶器，那么他就错了，但假如他说他发现了某种椭圆形的东西，那么他是完全正确的；因为他的视野中确实存在着一个椭圆形的白色斑块，他确实在那儿发现了或“直观”到了它。根据在自己的视野中发现的东西来论证厨房里有什么东西，这总是不保险的，在上述例子中则是错误的。不过，他在自己的视野中发现的东西确实在那儿，并且确实是椭圆形的。

我将试图证明，这整个理论是建立在一种逻辑的大错误之上的，错就错在把感觉概念混同为观察概念。我还将试图表明，这种混同使感觉概念和观察概念都成了讲不通的东西。根据这种理论的说法，当一个人具有一种视感觉时，例如在他瞥见跑马比赛的当儿，他具有这种视感觉在于他发现或直观到了一种感觉材料，即颜色的一种拼凑。这就意味着，“瞥见跑马比赛”是用“他瞥见别的什么东西即瞥见颜色的拼凑”来加以说明的。但假如“瞥见跑马比赛”蕴涵着至少具有一种感觉，那么“瞥见颜色斑块”也必定包含着至少具有一种适当的感觉，这种适当的感觉本身又必定可以分析为对一种更早的感觉材料的感知，如此等等，永无止境。在此过程的每一步，“具有一种感觉”都被解释为对一种特殊的常常被庄严地称之为“可感觉对象”的东西的一种发现，并且在每一步，这种发现都必定包含着具有一种感觉。使用像“直观”这样使人敬畏的语

词绝不能使我们可以不必说，一个人要发现、观看、倾听、窥探、或
品尝某物，就必须敏感地受触动；而敏感地受触动就是至少具有一
种感觉。因此，不论我们看见了跑马比赛（我们平常这样认为），还
是我们直观到了颜色斑块（别人教导我们要这样认为），对我们发 214
见的任何东西的发见都包含着具有感觉。具有感觉，单独来说并
不是发见，正如砖块并不是房子，字母并不是语词。

早些时候我们已经表明，在感觉这个概念与观察或知觉等概念之间存在着一种重要的逻辑关系，这种逻辑关系本身就蕴涵着，它们是不同种类的概念。若说某人在观看或在窥探某物，却甚至于对那物的一瞥也未得到，那便存在着矛盾；若说某人在倾听某物，但却没有得到任何听感觉，那也存在着矛盾。“至少具有一种感觉”是“知觉”、“偷听”、“品尝”等语词的力量的一部分。因此，具有一种感觉就本身而言不能成为一种知觉、发现或发见。假如所有的衣服都是一串串衣片相连而成，那么，说所有的衣片本身就都是极小极小的衣服，那是很荒唐的。

本章早先已经谈到，在各种感觉概念与观察、细察、查知等概念之间存在着一些显著的区别，用来描述不同事物的性质词的不可替换性便可揭示这类区别。例如我们能够谈论一个人之所以倾听某物的动机，却不能谈论他之所以具有一种听感觉的动机；他可以在窥探方面显示技能、耐心和方法，却不会在具有视感觉方面显示这些东西。相反，瘙痒和滋味可以是相对强烈的，但他的检查和查知却不能作如此描述。若说某人忍住不看赛跑或某人中止了对一个爬虫的观察，那是有意义的。但若说某人忍住不感到疼痛或某人中止了自己鼻中的刺痛感，那却是无意义的。即便如这个理

论所主张的那样，具有刺痛感就是直观到一种特殊的对象，它却仍然没有说清楚，为什么不可以通过中止对它的直观而使这种不适感或任何一种不适感消失。

所以，感觉不是觉察、观察或发现；不是查知、细看或检查；也不是领会、认识、直观或知道。具有一种感觉并不是与一个可感知的对象处于一种认知的关系之中。并不存在这样的可感知对象，也不存在这样的认知关系。不仅感觉能够成为观察的对象这种说
215 法是错误的——我们在前面已经论证过这一点，而且，感觉本身是对对象的观察这种说法也是错误的。

拥护感觉材料理论的人可能会一面承认，一个人若能被描述为在倾听一列火车的声音，就必须至少捕获了一个声响，从而至少具有一种听感觉，一面却仍然否认，由于自己承认了上述这一点，就必然使自己站在那个会使他朝下猛冲的斜坡上而煞不住脚了；他无须让步说，一个人若能被描述为听到了一个声响，就必须在感知到那个感觉材料时还具有一种在先的感觉。“具有一种感觉”仅仅是一种含糊的报道方式，它含糊地报道了对一个特殊的可感知对象的单纯直观，而且，说一个人直观到这样一个对象也不蕴涵着他以某种方式敏感地受到了触动。对于声响和颜色斑块来说，他可能是一个天使般的无感觉的注视者，不论声响和颜色斑块会具有何种强烈的程度，在他身上都没有任何东西可以或多或少地说是强烈的。他可以遇到瘙痒而自己没有感到瘙痒；为了亲知气味或疼痛他只需要能够单纯地查知或检查这类东西，而无须以其他任何方式受到触动。

这样一种辩护实际上把具有感觉解释成了不具有任何感觉。

为了避免归咎于感觉材料理论的无穷回归，它采取了一种英勇的手段，提出感知是这样一种认知过程：这种过程不要求感知者为刺激所触动，不要求感知者可被描述为高度敏感的或不很敏感的。它把感觉解释为对各种特殊对象的单纯观察，从而首先废除了它自称要予以阐明的感觉这个概念，并接着又使观察这个概念成了无意义的东西，因为这个观察概念蕴涵着就其自身而言并非观察的种种感觉概念。

或者，也许可以根据一个不同的理由来为感觉材料理论作辩护。也许可以说，不论支配着感觉概念和观察概念的逻辑规则是什么，无可争辩的事实仍然是：在看见时我直接得到了在一瞬间占据了我的视野的颜色拼凑，在听到时我直接得到了声音，在嗅出时我直接得到气味，如此等等。感觉材料被感知到了，这是毫无疑问的；并且与理论无关。二维的颜色斑块是在“看见”的最严格的含义上我所看见的东西；这些东西不是马和职业骑师，充其量也不过是马和职业骑师的外观或视觉表象。假如并不存在两枝蜡烛，那 216
么患斜视的人就确实没有看见两枝蜡烛，但他无疑看见了两个明亮的东西，这两个东西只能是他专有的两个“蜡烛外观”或感觉材料。感觉材料理论并不是要发明人为的实体，而只是要我们注意直接的感知对象，由于我们平时专注于公共对象，我们已习惯于冷淡直接的感知对象而不谈论它们。假如逻辑上的考虑似乎要求，具有一种感觉不会与发现鹰或盯着跑马比赛完全一致，那么这些逻辑上的考虑就更加糟糕，因为具有一种视感觉无疑是对于一种特殊的可感知对象的非推论性辨认。

我们且来考虑一个陈腐的例子：一个人站在远处看一个倾斜

的圆盘,因此可以说这个圆盘看起来是椭圆的。我们再来看一看,究竟是什么会要求我们说,他在发见一个确实是椭圆形的东西。大家同意,那个盘子不是椭圆的而是圆形的,但为了论证的缘故我们可以暂且承认,那个观看者确实报道说它看起来是椭圆形的(尽管圆盘不论多么倾斜,它通常看起来并不是椭圆形的)。问题在于,他确实报道说那个盘子看起来是椭圆的是否就蕴涵着他确实在发见或在细看一个椭圆的感知对象,而这个感知对象由于不是圆盘本身,便能够要求称之为“圆盘的一种视觉表象”或“一种外观”。我们还可以姑且承认,假如我们不得不说他遇到了一个椭圆的并且为圆盘的一种视觉表象的感知对象,那么,这个椭圆的对象就是一个二维的颜色斑块,暂时存在着并且只为一个知觉者所专有,也就是说,它是一种感觉材料,所以存在着感觉材料。

不过,一个没有理论的人对那个圆盘或许看起来是椭圆形的说法不会感到丝毫不安。他对那个圆盘看起来似乎是椭圆形的说法也不会感到任何不安。但若要他按照上述建议说,他在看一个圆盘的一个椭圆形的外观,他却会感到疑虑。虽然他在某些语境中会自如地谈到事物的外观,在另一些语境中会自如地谈到看见事物,他通常却不会谈到看见或细看事物的外观,不会谈到凝视赛跑的景象,不会谈到对鹰的瞥见的瞥见,也不会谈到发见树梢的视
217 觉表象。他会觉得,假如他混淆了这些说话方式中的成分,就会说出无意义的话来,这就像他若从谈论吃饼干和啃咬饼干转而谈论吃对于饼干的啃咬,就会说出无意义的话来一样。他大概是完全正确的。他不能有意义地谈到“吃‘啃咬’”,因为“啃咬”已经是一个表达吃的名词;他也不能谈论“看见外观”,因为“外观”已经是一

个表达看见的名词。

当他说那个倾斜的盘子有一个椭圆形的外观或看起来似乎是椭圆形的时候，他的意思是，它看起来就像一个椭圆的但却没有倾斜的盘子。倾斜的圆形物有时候确实看起来很像或极像未倾斜的椭圆形物；半截浸入水中的笔直的棍子有时候确实看起来很像未浸入水中的弯曲的棍子；立体的远处的山岭有时候确实看起来很像平面的近在眼前的墙壁装饰物。当他说那个盘子看起来是椭圆形的时候，他不是在把另一个对象，亦即"一种外观"，刻画为椭圆形的，而是在把倾斜的圆盘事实上呈现的样子比做未倾斜的椭圆形盘子事实上呈现或大概会呈现的样子。他不会说，"我正看到一个平面的椭圆形的白色斑块"；而会说，"我看到的或许是一件椭圆形的未倾斜的白色瓷器"。我们可以说近处的飞机看起来比远处的飞机飞得快；但不会说近处的飞机有"一个较快的外观"。"看起来更快"意味着"看起来似乎它在更快地飞过天空"。谈论飞机的视速并不等于谈论飞机表象的速度。

换言之，"那盘子有一个椭圆形外观"这个在语法上很简单的句子并非像感觉材料理论所认为的那样，表达了那些在理论中得到如此多的尊崇而在日常生活中得到如此少的应用的基本关系真理之一。它表达了一个相当复杂的命题，其中的一个部分是全称的又是假言的。它把关于未倾斜的椭圆形盘子的典型外观的一个规则或配方应用到了那个圆盘的实际外观上面，而不论是否存在着这样的瓷器。它就是我在别处所说的混定言陈述。它类似于谈到某人说，他行为公正，谈吐像一个教书匠。知道自己患有斜视的斜视者若报道说，看起来桌子上仿佛有两枝蜡烛或他也许看到了

两枝蜡烛，那么他是在提及一对蜡烛通常在正常人眼中所呈现的样子，以此来描述单独一支蜡烛在他眼中所呈现的样子；假如他不
218 知道自己患有斜视而说桌子上有两枝蜡烛，在这种情况下，他就是在错误地运用同一个一般性的配方。“它看起来是……”、“它看起来仿佛是……”、“它具有……的外表”、“我也许正看到……”这类表达式，以及其他许许多多属于同一个家族的表达式，都含有可用于具体事例的某种开放的假言性处方的力量。当我们说某人具有学究的外表时，我们并不打算认为有两类学究式的存在物，一类是人，一类是人的外表。我们的意思是，他看起来很像某些学究。同样，也不存在两类椭圆形的对象，一类是大浅盘，另一类是外观；存在的只是椭圆形的大浅盘和其他一些看起来似乎是椭圆形的大浅盘。

日常生活中存在着某些说话方式，我们随时都会以这样的说话方式来谈及颜色斑块和斑点。家庭主妇或许会说，她的起居室需要一点深红色，而没有指定要深红色的纸，深红色的鲜花，深红色的小地毯，还是要深红色的窗帘。她或许会请求丈夫上街去买“一大片深红色的……”，让他自己来决定用“天竺葵”、“水浆涂料”、“印花装饰布”或其他任何符合她的要求的东西来填补“深红色的……”这个短语中的空缺。与此类似，一个透过树篱的缝隙进行窥探的观察者或许会说，他看到了一片黄色的……，但他却讲不出他所看到的东西是黄水仙呢，还是黄色的田芥菜、黄色的帐篷或其他任何一个特定种类的公共对象和材料。为了完成他的句子，他只能说，“我看见了某种黄色的东西”。

与“一片黄色的……”和“一点深红色的某种东西”这种空缺表

达式的日常用法相反，感觉材料理论提出了另一种语言习惯用法，按这种用法我们应当说，“我看见了一片**白色**”（而非“我看见了一片白色的……”）或“他发见了一大片二维的、椭圆形的**蓝色**”（而非“一种看起来是平面的、看起来是椭圆形的蓝色的某种东西”）。

现在我要否认，具有一种视感觉就是一种观察并可描述为对颜色斑块的感知或直观。但我并非要否认，一个妇女能够正当地请求她的丈夫去买一点深红色的……，也不是要否认，我们能够正当地说一个行人透过树篱的一个洞发现了一大片黄色的某种东西。感觉材料理论所做的是试图从这类日常的对公共对象的“空缺描述”中撇去精妙的奶油；它说话的口气好像它已发现一类新的 219
对象，而实际上它只是错误地解释了一系列大家熟悉的陈述，这些陈述提到了公共对象在人们还未对它们作出其他的细致处理时所呈现的样子。

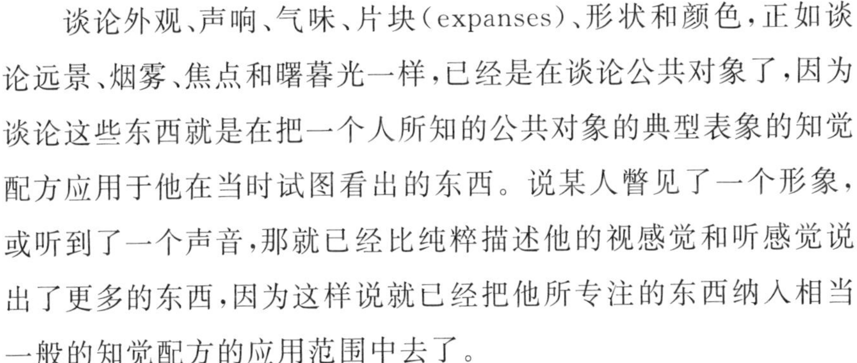

谈论外观、声响、气味、片块（expanses）、形状和颜色，正如谈论远景、烟雾、焦点和曙暮光一样，已经是在谈论公共对象了，因为谈论这些东西就是在把一个人所知的公共对象的典型表象的知觉配方应用于他在当时试图看出的东西。说某人瞥见了一个形象，或听到了一个声音，那就已经比纯粹描述他的视感觉和听感觉说出了更多的东西，因为这样说就已经把他所专注的东西纳入相当一般的知觉配方的应用范围中去了。

这一点可以参照哲学史上的第二性质学说来加以说明。人们曾经不完全正确地观察到，当他们说一个公共对象是绿的、苦的、寒冷的、刺鼻的或刺耳的时候，他们是在刻画这个公共对象对一个有感知能力的观察者所显露出来的种种形象、滋味、触摸感、气味和声响。人们还曾正确地注意到,影响人的感受性的各种条件关系到事物会显露出什么样的形象、滋味、触摸感或声响。一列火车的响声听起来有多大部分地取决于观察者与火车之间的距离,取决于他的听力,取决于他的头部朝向,取决于他的耳朵是否被罩住了,等等。具有一定温度的水摸起来是冷的还是暖的取决于手的在先的温度。根据这类事实,人们作了理论的跳跃,提出了这样的学说:说一个对象是绿的就是对作出这个报道的那个特定观察者的视感觉发表了某种言论。“绿的”、“苦的”、“寒冷的”等其他一些形容词被认为可以正当地用于感觉而仅仅不能正当地用于公共对象。于是,由于说一种感觉是一个绿的东西或一个椭圆形的东西或一个寒冷的东西显然是荒谬的,所以看来必须把感觉自身的特定对象分配给感觉,从而“绿的”可以合适地用来刻画为一种感觉内在地培育出来的特殊对象而不用来刻画这种感觉的具有。禁止用第二性质形容词刻画人人都能观察到的公共对象便导致了某种
220 配对物的发明,导致了运载那些形容词的私人对象的发明。由于第二性质形容词在观察报告中只能充当谓词,感觉便不得不被解释为其本身就是对一些特殊对象的观察。

不过,当我说一个公共对象是绿色的或苦涩的时候,尽管我在谈论它的外观或滋味,却不是在报道关于我的现有感觉的事实。我的意思乃是,对任何一个在适当的条件下能够正当地进行观看或品味的人来说,它都会有如此这般的外观或滋味。因此,假如我说,虽然此刻的田野在我看来是蓝灰色的,它却是绿色的;或者说,虽然那水果在我尝来没什么味道,它事实上却是苦的,那么话里并无自相矛盾之处。即便那草地事实上是绿色的而我却说它是蓝灰

色的，我这样描述也只是因为我把自己当下的感觉化成了事实上是蓝灰色的公共对象对任何一个能够正当地进行观看的人通常会呈现的外观。第二性质形容词是用来并且仅仅用来报道可为公众查明的关于公共对象的事实的，因为，“田野是绿色的”或者说田野对任何能够正当地观看它的人来说都会有如此这般的外观，是一个可为公众查明的关于田野的事实。那些教导其他人如何说话的人在这些形容词的使用方面还能够教导他们别的什么东西呢？必须注意到，“它在任何人看来都是如此如此的”这个表达式不能为“它在任何人看来都是*绿色的*”所意译，因为说某物看起来是绿色的就是说，假如它是绿色的并且各种条件都正常，那么它看起来就会是那个样子。除非提到公共对象的可查明的特性，并且接着说某物现在看起来就像能够预料的那样，否则我们就不能*说*某物看起来如何如何或看起来会如何如何。

因此，若说“田野是绿色的”这个命题蕴涵着关于具有某些视觉装置和机会的观察者的命题，那并不错，但若说这个命题说出了其作者的一件轶事，那却错了。它类似于“这辆自行车值 12 镑”这个命题，因为这个命题蕴涵着关于任何实际的或可能的购买者的假言命题，但并没有陈述也不蕴涵任何有关其作者的定言命题。一件物品有一个价格，这是一个有关这件物品和一些顾客的事实，但却不是一个有关一件物品和某个特定顾客的事实，更不用说它是一个仅仅有关某个特定顾客的事实了。

一个说“探照灯光晃人的眼睛”的人本身无须有任何目眩之不
适感；但他仍然在以一种方式谈论目眩之不适感，尽管这种谈论方 221
式还包含着对于探照灯光的谈论。要是说，除非探照灯光晃说话者的眼睛，否则不能说探照灯光晃人的眼睛，因此晃人的眼睛不是探照灯光的一种性质，而是说话者的感觉材料的一种性质，那是错误的论证。说探照灯光晃人的眼睛并不意味着探照灯光现在在晃某人的眼睛；它仅仅是说，任何具有正常视力的人若在一定的距离内不加任何遮掩地看着探照灯光，那么探照灯光就会晃他的眼睛。我的"探照灯光晃人的眼睛"的陈述并没有报道我当下的一种感觉，正如"那辆自行车值 12 镑"并没有报道我手里拿着的钱。按"主观的"(subjective)这个词通常所赋有的含义，第二性质不是主观的，尽管在盲人国中，表达颜色的形容词确实不会有任何用处，而表达形状、大小、距离、运动方向等等的形容词确实会具有它们在英国所具有的用处。

赞成第二性质的主观性的论证事实上往往仰赖于一种令人感兴趣的语词的花招。形容词，如"绿色的"、"甜的"和"冷的"，被认为类似于表示不适和舒适的形容词，如"晃眼睛的"、"可口的"、"烫人的"和"寒冷的"。即便如此，正像我们已经看到的那样，由此也不能得出第二性质主观性的结论。说水"热得烫人"并不是说，陈述者或别的什么人正感到疼痛。不过，它确实以一种比较间接的方式提到了感到疼痛的人，由于感到疼痛是一种心理状态，即一种痛苦，我们可以说，"热得烫人"间接地提到了并且除了别的东西之外尤其提到了一种心理状态。但由此却无疑不能得出，"水是微温的"和"天空是蓝色的"也以这种间接的方式提到了心理状态。"微温的"和"蓝色的"不是表示不适或满意的形容词。我们可以说，这条路比第二条路更使人厌烦，并且比第三条路更长；第一种描述确实在某种含义上提到了旅行者感到厌烦，但在同样的含义上第二种描述却根本没有提到旅行者的心境。

上述整个论证的一个语言学结论是，我们不必使用“感知的对象”、“可感知的对象”、“感材”(sensum)、“感觉材料”(sense datum)、“感觉内容”、“感觉场”和“可感知物”这类表达式；认识论者的“感知”这一及物动词和他的吓人的“直接觉知”和“亲知”都可以放回到仓库里去了。这些语词只不过是认识论者的一种尝试留下的纪念，因为他试图把观察概念的任务赋予感觉概念，而这种不屈 222
不挠的努力的最终结果是把感觉材料假设为公共的观察对象的对等物。

从上述论证还可得出，我们无需建立任何私人的剧场以便为这些假设的额外对象提供舞台，我们也无需为了描述这些假设的对象与日常事物之间的不可描述的关系而大伤脑筋。

(4) 感觉和观察

本书的目的丝毫不是为了壮大一般的知识理论或特殊的知觉理论的队伍。相反，本书的动机之一是要表明，许多知识理论和知觉理论都是一些不必要的副机械论假说，或者都体现了一些不必要的副机械论假说。当理论家们提出“过去的经验是如何贮藏在心中的?”、“心灵是如何通过它的感觉的屏障而把握外部物理实在的?”、“我们是怎样把感觉的材料纳入各种概念和范畴之中的?”这类“金属线和滑轮”性质的问题(“wires and pulleys” questions)时，他们往往这样来提出问题，似乎这类问题探讨的是一些隐藏起来的幽灵似的装置的存在和相互关系。他们说话的口气好像他们在作思辨性的解剖或甚至在从事反间谍的工作。

不过,既然我们不把一个人具有某种感觉这个事实看作是一个关于他的心灵的事实,而他观察到某种事物这个事实和他往往不去观察某些种类的事物这个事实,又确实属于对他的心理活动和心理能力的描述,那么进一步谈论一下这种区别便是恰当的。

我们以两种方式使用“观察”这个动词。按照一种用法,说某人在观察某物就是说,他在成功或不成功地试图弄清它的一些情况,他至少以某种方式看了看、听了听、尝了尝、闻了闻或摸了摸。按照另一种用法,若一个人的探究获得了成功,即他用某种观察方法弄清了某种情况,我们便说他观察到了某种东西。诸如“看到”、“听见”、“查知”、“辨出”以及其他许多这样的知觉动词,一般用来记录观察的成功,而像“观看”、“倾听”、“探索”、“审视”和“品尝”这样一些动词,则用来记录观察的任务,其成功与否可能仍然是成问题的。因此,可以说某人在小心地并且成功地进行观看而不可以说他在小心地或成功地看见,可以说他在有系统地探索而不可以
223 说他在有系统地发现,如此等等。“我看见了一只红雀”这个看来很简单的断言宣称了一个成功,而“我正试图看出是什么东西在动”则仅仅报道了一次调查研究。

在目前的考察中,使用“观察”这个歧义词之所以有时候很方便,正是因为它既能用来表示发现,又能用来表示探究。而在这些考察中常常作为基本的语词予以使用的“知觉”(perception)和“觉察”(perceive)则过于精确了,因为它们如同“看到”、“听见”、“尝出”、“闻及”以及某种含义上的“感到”等特定的知觉动词一样,只适用于表示成就。

我们已经谈到,观察蕴涵着至少具有一种感觉,尽管具有感觉

并不蕴涵着观察。我们现在或许可以问，“在观察中除了至少具有一种感觉之外还有什么更多的东西呢?”但这样提出问题会使人误解，因为它暗示，凭视力观察到一只知更鸟既在于至少具有一种视感觉，又在于做别的什么事情或具有别的什么东西，亦即在于结合在一起的两种状态或过程，就像哼唱与行走能结合在一起一样；然而情况无须如此。我在第五章(第 4 节)中已论证过，留意地做某事与做这件事，比方说与心不在焉地做这件事，这两者之间存在着一个关键的区别，但这种区别并不在于留意是一个伴随性的发生在另一个“场所”中的举动。因此，我们不应当问：“一个观察者除了具有感觉之外还在做什么?”而应当问：“除了把一个观察者描述为具有那些感觉之外，对这个观察者的描述还能包含有什么东西?”这一点不久就会变得很重要。

我们应当从摒除一个模型开始，这个模型以这一或那一形式支配着对知觉的许多思辨。人们常常提出“一个人究竟是怎样超越他的感觉去领会外部实在物的?”这个为人所爱的假问题，似乎存在着如下这样的情形。在一个没有窗户的小屋里监禁着一个囚犯。他自出生以来一直单独地囚居在那里。他所遇到的来自外部世界的一切就是投射到囚室墙壁上的闪烁的光线以及隔着石头墙听到的轻敲声；然而根据这些观察到的闪光和轻敲声，他终于得知了或似乎终于得知了未观察到的足球比赛、花园和日食。那么，他是怎样看懂由所得信号的排列而成的密码信的，再说他是怎样探
明存在着密码信这类东西的? 即便被他以某种方式译解出来的消 224
息使用的是足球和天文学的词汇而不是表示闪烁和轻敲声的词汇，他又怎样能够解释这些消息呢?

当然，这个模型就是大家熟悉的“将心灵看作机器中的幽灵”的写照，对于它的一般缺陷，无须再说什么。不过，某些特殊的缺陷确实还需要提一下。使用这种模型包含着一个明确的或含蓄的假定：就像那个囚徒只能看到闪烁听见轻敲声却不能有幸看到或听见足球赛那样，我们也只能观察到自己的视感觉和其他各种感觉而不能有幸观察到知更鸟。但这是在双重地滥用观察概念。我们已经表明：一方面，一个人目击一种感觉这种说法是无意义的；另一方面，“观察”、“发见”、“窥探”等动词的日常用法仅存在于“观察一只知更鸟”、“发见一只瓢虫”、“窥探一本书”这样的上下文中。足球赛才是我们确实瞥见到的那些种类的事物；而感觉则是这样一些种类的事物：若说任何人瞥见到了它们，那是荒唐的。换言之，禁闭室模型暗示，在探明知更鸟和足球赛的情形的过程中，我们不得不做这样的事情：根据我们确实观察到的感觉推出我们绝不可能观察到的鸟和比赛；然而事实上我们观察到的是知更鸟和比赛，而绝不可能观察到的正是感觉。“我们是怎样从发见或检查感觉跳跃到终于得知知更鸟和足球赛的？”这个问题，是一个假造出来的“怎样问题”(how-question)。

就知觉而言，并不存在任何独一无二的中心问题。倒存在着一系列彼此部分交叠的问题，其中大部分问题在小部分问题得到澄清后就不再会吸引人了。我们可以这样来阐明这一系列问题中的某些问题。描述某人找到了一个顶针，便意味着说了一些有关他具有视感觉、触感觉或听感觉的情况，不过除此之外还说了别的东西。同样，描述某人在试图看出所见之物是一只苍头燕雀还是一只知更鸟、是一根棍子还是一个影子、是停在窗上的一只苍蝇还是自己眼中的一粒尘埃，便意味着说了一些有关他的视感觉的情况，但除此之外它还说了别的东西。最后，描述某人“看到”了一条蛇，而那里并没有蛇，或者描述他“听见”了一些声音，而事实上什么声音也没有，那么这种描述便似乎在说一些关于他的心像的情况——假如不是在说有关他的感觉的情况——但除此之外它还说 225
了别的东西。它们还说了别的什么东西呢？或者，假定我们能够作出这类描述，而且它们既彼此不同，也不同于对感觉的“纯的”描述，那么这类描述的特有力量是什么呢？这就是说，问题并不是“我们怎样看见知更鸟？”这种副机械论形式的问题，而是“我们怎样运用‘他看见了一只知更鸟’之类的描述？”这种形式的问题。

当我们描述某人查知房间里有一只蚊子时，除了说他耳中有某种嗡嗡声之外，还会说些什么呢？我们开始时会回答说，他不仅在自己耳中听见了一种嗡嗡声，而且还听出或确认了他所听到的东西是一只近在耳旁的蚊子的声音；我们往往会接着用更为一般的术语说，他不仅在自己的耳中听见一种嗡嗡声，而且还思考着某些想法；也许他在把这种嗡嗡声纳入一个概念之中，也许他在把一种理智过程与他的感觉状态结合起来。但在说这类东西时，虽然我们有一只脚还站在正确的轨道上，但另一只脚却站到错误的轨道上去了。当我们说必定已发生了如此这般的概念的或推论的过程时，我们就开始走上了错误的轨道；因为，即便不是有意，但实际上这就是说，除非某些特殊的但却未被观察到的幽灵似的车轮已在转动，否则查知一只蚊子这样的过程就不可能发生，而只有认识论者才具有足够的智力来诊断这些车轮的存在和功能。另一方面，在说这类东西时我们也还在正确的轨道上。确实无疑的是，假如一个人不知道蚊子为何物并且会发出什么样的声音，那么他就不能查知一只蚊子；假如他由于心不在焉、恐慌或愚蠢而未能把关于蚊子的知识运用于当下的情形，那么他也不能查知一只蚊子；因为这正是“查知”的部分含义。

这就是说，尽管听见嗡嗡声的人也许已在私下做了或经历了别的什么事情，但我们根本不需要有关这些事情的消息或假说。即使已发生了三次或十七次这样的幕间表演(entr'actes)，有关它们的消息也不能解释查知一只蚊子如何不同于耳中有一种刺耳的嗡嗡声。我们想要知道的是，“他查知有一只蚊子”这个表达式的逻辑行为如何不同于“他耳中有一种嗡嗡声”、“他徒劳地试图看出是什么东西在发出这种声音”，以及“他误把它当作风刮电话线的声音了”等表达式的逻辑行为。

226 让我们来考虑一种稍微有点不同的情形，在这种情形下，大家会说一个人不仅听到了某种东西、不仅在倾听某种东西、不仅试图看出他当时听到的东西，而且还确认或认出了他所听到的东西，亦即一个认出了一首乐曲的人的情形。要想形成这种情形，在那个人倾听时就必须有人在演奏曲子，因此他不能是聋子，不能被麻醉，也不能在沉睡。认出所听到的东西蕴涵着听到。它还蕴涵着留意；心不在焉或心烦意乱的人不会去领会曲子。更重要的是，他必须从前听到过这首曲子；他不仅必须听到过它，而且必须学会了它并且还没有忘记。假如在这种含义上他还不知道这首曲子，那么就不能说他现在一听到它就认出了它。

那么，说一个人知道一首曲子亦即说他已学会了那首曲子并且还没有忘记，这又是什么意思呢？知道那首曲子无疑并不蕴涵着能够说出它的名称，因为它也许没有名称；即便他说错了那首曲子的名称，也仍然可以说他知道那首曲子。知道那首曲子也并不蕴涵着能够用语词描述那首曲子或用乐谱把它写出来，因为我们之中极少有人能这样做，尽管我们大多数人都能认出一些曲子。他甚至无须能够哼唱或吹奏出那首曲子，尽管他若能够这样做那么他无疑是知道那首曲子的；假如他能够哼唱或吹奏许多其他曲子而不能哼唱那首曲子，甚至在别人的敦促下也照样不能，那么我们便会猜想他是不知道那首曲子的。说他知道那首曲子至少意味着，他听到它时能够认出它；要确认这一点又取决于他能否在听到那首曲子时做出下列事情的任何一件、一些或全部：他听了那曲子的一小节或二小节之后能否预料随后果然出现的那些小节；他能否不出错地预料前面出现过的哪些小节会得到重复；他能否查知演奏中的遗漏之处或错误之处；当那乐曲中断了片刻之后他能否预料它大约会在某个时刻继续下去而在那个时刻乐曲果然恢复了；当几个人吹奏一些不同的曲子时他能否从中挑出吹奏那首曲子的人；他能否正确地打拍子；他能否合拍合调地伴唱那首曲子，如此等等，乃至无穷。当我们说他期待着随后该出现的曲调而没有期待不该出现的曲调时，我们并不要求他实际上在提前进行思
维。假如正当的曲调没有在预定的时候出现他便会感到诧异，表 227
现出轻蔑或觉得逗乐，那么，即便他经历了预期它们的过程这种说法是错误的，但他当时在期待它们这种说法却是正确的。

简而言之，假如他知道那首曲子的旋律并且现在正在运用这种知识，那么他现在就在认出或领会那首曲子；他运用这种知识不

光是通过听那首曲子，而是通过在一种特别的心境中听那首曲子，亦即假如钢琴家继续弹奏它并在正确地进行弹奏，那么他就准备好了既听到他现在听到的东西也听到他将会听到的或大概会听到的东西。他知道那首曲子的旋律，并且现在随着曲子的进展听到了它的曲调。他所听到的就是他等着听的东西，在这个含义上，他是根据曲子的乐谱听到曲调的。说他既听到了奏出来的曲调，又等着听或准备听实际奏出来的曲调和应当奏出来的曲调，这种描述很复杂，不过这种复杂性并不意味着他在进行复合的活动。例如，他无须把任何无声的或低声的续唱动作与听到的那些曲调结合在一起，也无须将听到的东西"纳入那首曲子的概念之中"。的确，假如让他思考一下《百合花盛开的时候》[1]的思想同时却不让他演奏、想象、或实际听一听那首曲子本身，那么他就会认为自己已没有什么东西可以思考的了；假如别人对他说，即便人们在各种不同的场合以各种不同的方式奏出那首曲子他也总能认出它，这便意味着他对那首曲子有一个概念或一个抽象观念，那么他会正当地反对说，他无法设想，考虑或运用《百合花盛开的时候》的抽象观念究竟是怎么回事，除非这仅仅意味着，他听到那首曲子时能认出它、能查知其中的错误和遗漏之处、能哼唱曲子的片断等等。

这便使得我们能够重新考虑前面提到过的那个观点：一个认出自己所听到的东西的人不仅具有听感觉，而且也在思维。事实上一个正在领会一首熟悉的曲子的人无须去思考一些思想以至于

① 原文为 Lillibullero，著名的爱尔兰歌曲，是十七世纪爱尔兰新教徒反对詹姆士二世的宣言。——译者

“他一直在思考什么思想?”甚或“他一直在运用什么样的一般概念?”这类问题必定会有一个答案。他不必一直用英语或法语进行沉思或对自己或同伴宣称一些命题,他也不必一直在整理视觉心像或听觉心像。事实是,他必定在某种程度上处于警觉的状态,他听到的曲调必定是如他所预料的那样奏出的,情况若非如此,便必定使他感到吃惊。他既不是仅仅在听,像一个人听一首不熟悉的 228
歌曲那样,也未必把他的倾听与其他某种过程结合在一起;他只是在根据乐谱倾听。

为了进一步澄清,在什么样的含义上领会一首已知的曲子是“思考”,在什么样的含义上则不是,让我们考虑一个人初次听到一首华尔兹舞曲的情形。这个人不知道那首舞曲的旋律,不过他既然知道其他一些华尔兹舞曲的旋律,也就知道应当期待什么种类的节奏。他对后继的一节节曲调有部分的而不是充分的准备,他还能够对已听过的曲调和现在听到的曲调作出部分的而不是全部的安置。他想知道那首舞曲的旋律,便试图把各部分曲调串起来而完成对它们的安排。在任何时刻他都没有完全准备好迎接下一个该奏出的曲调。这就是说,在试图思索出某种东西这个特定的含义上他正在思维。

相对而言,早已知道那首舞曲的人在领会它时无须任何苦思,也不用努力弄清它的旋律。那首曲子对他来说自始至终都是显而易见、清楚明白的。他无须作任何活动,甚至极迅速的和极容易的活动,来试图消除不确定的东西,因为不存在任何不确定的东西。他倾听时不用绞尽脑汁;他只是在倾听。不过他听到的却不仅仅是曲调,因为他听到的是《百合花盛开的时候》。对他来说,不仅曲调清晰可听(也许并非如此),而且曲子也是显而易见的;那首曲子的显而易见与他的听力无关,而与他已经学会、还未忘记并正在予以运用的东西有关。

最后,领会一首熟悉的曲子虽然蕴涵着已通晓那首曲子,却不需要进行任何回忆活动。过去听到过那首曲子的种种记忆无须在头脑中涌出,我们也无须把它们召唤出来。在"思考"的某种含义上能够说,领会一首熟悉的曲子的人正在思考他听到的东西,但这并不意味着他想起了过去听曲子的情形。他虽然没有忘记那首曲子的旋律,但也不在回想它先前的旋律。

粗略地说,知道一首乐曲的旋律就是获得了一套听觉上的期待倾向(auditory expectation propensities),认出或领会一首乐曲就是一个接一个地听到所期待的曲调。这蕴涵着等着倾听正听到的和该听到的东西,此外并不蕴涵任何其他的期待活动。说一个
229 人听见了所期待的曲调,的确不同于说一个人听见了未预料到的曲调,也不同于说一个人全然意外地听见了曲调(如不在倾听却听见了它的人);不过这种不同并不意味着,在上述第一个人身上发生了在第二个人或第三个人身上所没有发生的某种额外事件。不同之处在于,第一个人的听见是以不同方式发生的,对这种不同方式的描述并不包含着对一些额外事件的报道,而只包含着把他的听见刻画为经过专门训练的听见。也可以说,一个人在领会一首乐曲是既与他的耳朵有关也与他的心灵有关的一个事实;但它不是关于他的耳朵的一个事实与关于他的心灵的另一个事实的合取,也不是对他的感觉生活中的一个事件与他的理智生活中的另一个事件的联合报道。它就是我所谓的"半假言"陈述或"混定言"

陈述。

现在我们可以转而考虑某些种类的知觉事件了，因为它们通常被看作知觉认识的标准模型。我们将会看到，在许多重要的方面它们都类似于认出一首乐曲。我之所以选择某人领会一首熟悉的乐曲这个例子作为出发点，是因为那是一种长时间的活动。我们能够在一瞬间看到一个门柱，但却不能在一瞬间听到《百合花盛开的时候》。因而，这里并不存在任何诱惑，去使得人们假设闪电似的理智过程的存在，这些过程快得无法为人注意到，但其理智性却足以实现认识论者所要求的全部艰巨的工作。

当我们说一个人看到了顶针时，这句话的部分意思是他至少已具有一种视感觉，不过也还包含着许多别的意思。理论家们通常把这一点解释成，说一个人看到了顶针既意味着他至少已具有一种视感觉，又意味着他此外还做了或经历了别的什么事情；他们因此问道："发现了顶针的那个人做了或经历了什么别的事情，以致他若没有做或经历那些额外事情就不会找到那个顶针？"为了回答这种质疑便产生了下述种种说法：发生过一些非常快速的未被人注意到的推理；或者产生过一些突发的无法回忆起来的理智的跳跃；或者，以某种方式形成了各种概念并且急速地把它们贴放在视觉材料的一端上。这就是说，他们假定，因为"他发见了顶针"这个命题具有一种相当的逻辑复杂性，因此它报道了相当复杂的一 230
些过程。由于人们从未见到过这些过程的发生情况，他们便假设，这些过程必定发生在一个看不见它们的地方，亦即发生在找到顶针的那个人的意识流中。

我们对某人认出了一首乐曲这句话的意思所作的分析能够运

用于这个新的例子。无疑，一个发现了顶针的人正在认出他看到的东西，而这无疑不仅蕴涵着他具有一种视感觉，而且蕴涵着他已了解并且还没有忘记顶针所呈现的外观。当他在日常的光线下、处于日常的距离内、站在日常的位置上并且从日常的角度看到顶针时，他对顶针外观的配方的了解已足以使他能认出顶针。在这种状况下他发现了顶针，便是在运用自己所学到的东西；他实际上在做已经学会的事情。由于他知道顶针看起来是什么样的，他会随时预见到，虽然无须实际上作这样的预见：一旦接近它或远离它，它看起来会是什么样子。尽管没有作出这样的预见，当他实际上接近了它或远离了它时，它看起来就像他准备看到的那个样子。当他实际上根据顶针外观的配方瞥见到那个顶针时，这些瞥见便满足了他已获得的预期倾向；他发现那个顶针就是这么回事。

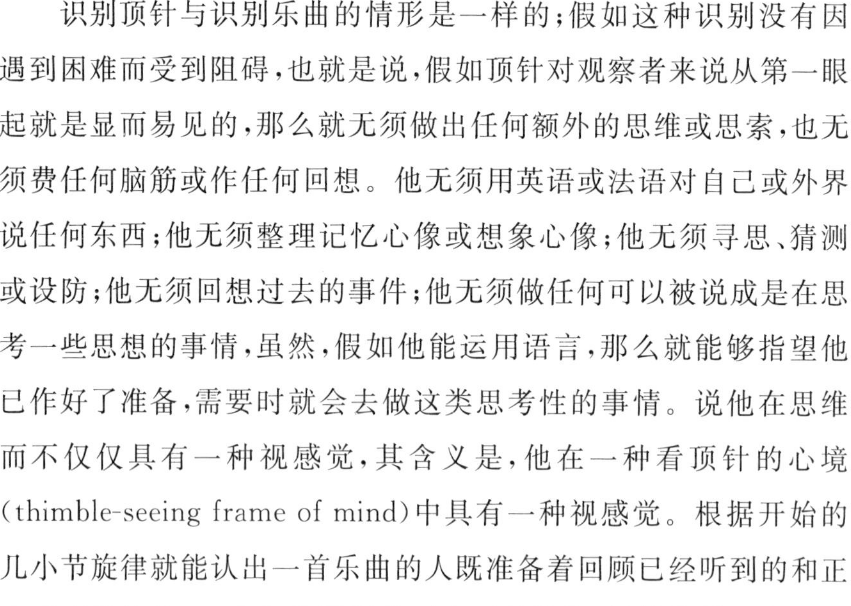

识别顶针与识别乐曲的情形是一样的；假如这种识别没有因遇到困难而受到阻碍，也就是说，假如顶针对观察者来说从第一眼起就是显而易见的，那么就无须做出任何额外的思维或思索，也无须费任何脑筋或作任何回想。他无须用英语或法语对自己或外界说任何东西；他无须整理记忆心像或想象心像；他无须寻思、猜测或设防；他无须回想过去的事件；他无须做任何可以被说成是在思考一些思想的事情，虽然，假如他能运用语言，那么就能够指望他已作好了准备，需要时就会去做这类思考性的事情。说他在思维而不仅仅具有一种视感觉，其含义是，他在一种看顶针的心境(thimble-seeing frame of mind)中具有一种视感觉。根据开始的几小节旋律就能认出一首乐曲的人既准备着回顾已经听到的和正在听到的旋律，又准备着展望将要来到的旋律，尽管他并没有对这

些旋律作出任何附加的准备活动，同样，一眼就能认出一头母牛的 231
人对多种多样的形象、声响和气味都有准备，然而他实际上无须想到这些东西。

人们很可能会碰到如下的难题：即便对于顶针的“明显可见”(visual obviousness)和乐曲的“明显可听”(auditory obviousness)的这种说明是正确的，但真正的问题仍然没有得到回答。首先，我们是怎样得知存在着顶针的呢？开始时只具有感觉的人究竟是怎样达到探明存在着物理对象这个阶段的？不过这却是一种古怪的“怎样问题”，因为，若以一种方式来解释它，我们大家都对答案知道得很清楚。我们知道婴儿是怎样逐渐懂得，有些声音是乐曲声，其他一些声音则不是乐曲声；有些不成乐曲的声音序列如摇篮歌，具有可以辨认出来的节奏；其他一些不成乐曲的声音序列如钟表的声音，具有可以辨认出来的单音调；而还有一些不成乐曲的声音序列如格格声，则是无规则的和杂乱无章的声音。我们还知道一些游戏和活动，母亲们和保姆们正是用这些游戏和活动来把上述那些东西教给婴儿的。描述婴儿怎样学会知觉配方并不比描述男孩怎样学会骑自行车包含更多的认识论难题。他们在实践中学习，我们能详细说明有助于这种学习的进展的各类实践。

不过很显然，提出上述的“怎样问题”的人不会认为，在实践中学习的说法给出了这类问题的答案。他们并不打算让这个问题成为一个关于能力和兴趣的各个发展阶段的问题或一个关于有助于或妨碍这类发展的东西的问题。那么他们的打算是什么呢？提出这个问题的人也许会这样说。“也许，一旦儿童们学会了乐曲，也就不存在有关他们是怎样学会乐曲或认出乐曲的哲学难题了。也许，对于形象、味道和气味的配方的类似学习也不存在难题。但是，学会一首乐曲与探明存在着小提琴、顶针、母牛和门柱之类的东西，这二者之间却存在着很大的区别。‘探明存在着物质对象’需要跨越声音、形象、味道和气味而到达公共的存在物，这些存在物不是我们的个人感觉并且独立于我们的个人感觉，而学会乐曲则不需要作如此的跨越。‘跨越’(getting beyond)这个比喻性的表达式在这里的意思是，在通常只知道存在着那些感觉的基础上得知存在着这类对象。因此，我们的难题是，按照什么原则并且根
232 据什么前提，一个人才能有效地得出结论说，母牛和门柱存在着？或者说，假如他由于某种幸运的本能不经推理就正确地相信了这类东西存在着，那么，他能够用什么样的推理来证明这些本能的信念呢？”这就是说，上述这个“怎样问题”应当解释为一个歇洛克·福尔摩斯式的问题，类似于“那个侦探查明了什么证据，使他能够证实自己的猜测：猎场看守人是杀人凶手？”若这样来解释这个问题，那么我们迅即就能看到，它是一个不恰当的问题。当我们谈论侦探所查明的证据时，我们想到的是他或提供消息的人先前已经观察到或目击到的事物，例如在玻璃杯上发现的指印和偷听者偷听到的谈话。但是感觉并不是拥有它的人观察到或目击到的某种东西。它不是一种线索。倾听谈话蕴涵着具有听感觉，因为倾听就是留意的听到，而听到则蕴涵着获得听感觉。但是具有感觉并不是发现线索。我们靠倾听谈话和观看指印而发现线索。假如我们不能够观察到一些事物，我们就不会具有提示其他东西的线索，而谈话正是我们确实倾听的那些种类的东西，正如指印和门柱正是我们确实观看的那些种类的东西。

这种不恰当的“怎样问题”之所以诱人，部分地是因为人们倾向于错误地认为，全部学问都是根据先前查明的证据经过推论而得到的发现；于是，“感知感觉材料”的过程就扮演了“查明最初的证据”的角色。当然，事实上我们学会怎样根据先前已查明的事实作出推论正如我们学会怎样下棋、怎样骑自行车或怎样认出门柱一样，亦即我们都是在实践中学会这些东西的，也许是在为某种训练加强的实践中学会这些东西的。运用推理规则不是“在实践中学习”的一个条件；运用推理规则只是在实践中学会的无数东西中的一种东西。

我们已经表明，倾听和观看不仅仅是“具有感觉”；不过，它们也不是观察到感觉与推出公共对象的联合过程。设一个人正在倾听或正在观看，假如他是个聋子或盲人，那么他就在做他本不会去做的事情；假如他心不在焉、心烦意乱或者完全没有兴趣，那么他就在做全然不同的事情；假如他还没有学会使用耳朵和眼睛，那么他则在做另一件全然不同的事情。观察就是使用一个人的耳朵和眼睛。但使用耳朵和眼睛并不蕴涵着在使用的另一种含义上把视
感觉和听感觉当作线索来使用。“使用”感觉的说法是无意义的。 233
甚至于说我在观看一头母牛时“借助于”视感觉弄清楚了有关那头母牛的情况，那也是不行的，因为这样说也会暗示，感觉是工具，是一些能为人使用的对象，犹如被看见和被听到的东西能为人使用一样。这种说法比操纵一把锤子包含着首先操纵我的手指的说法，或我借助于控制我的手指来控制锤子的说法，更会使人误入歧途。

还存在着另一个特别为人喜爱的描述感觉的模型。如同面

粉、白糖、牛奶、鸡蛋和无核小葡萄干都是糕点制造者用来调制糕饼的原材料，如同砖和木材都是建筑师所用的原材料，同样，人们常常谈论感觉是我们用来构造我们所知的世界的原材料。由于这种说法强烈反对一些更会使人误入歧途的说法，它也曾具有一些重要的长处。但是，收集、贮藏、分拣、拆卸、处理、调集、安排整理等概念虽适用于糕饼配料与房屋材料，却不适用于感觉。我们能够问，糕饼是用什么做的，但却不能问，知识是用什么做的；我们能够问，打算用那些配料制成什么东西，但却不能问，打算用那个儿童刚才具有的视感觉和听感觉调制或构造出什么东西。

所以，我们可以得出结论说，认出乐曲和认出门柱两者尽管有许多细节上的不同，却不存在任何原则上的不同。在我们离开本题之前，可以提一下一个细节上的不同。例如，在婴儿期的一个相当早的阶段，儿童就学会了怎样协调拨浪鼓和小猫这类事物的形象配方、声音配方和感受配方；他先开始懂得各种特殊事物的能够预料到的外观、声音和触摸感，此后才开始懂得它们的行为；例如，拨浪鼓或小猫什么时候会发出一个声音，什么时候会一声不发。他此时是以一种实验的方式来观察它们的。但是，学会乐曲这种相对来说更需要进行思索的事情，就本身而言，并不包含多少外观与声音的协调，也没有给实验留下很多余地。但这种不同是程度的不同，而不是性质的不同。

此外还有一、二点应当简短地提一下。首先，我在谈论一个人
234 学会一种知觉配方时并不是在谈论他发现任何因果关系法则，如生物学、光学或力学的法则。对于公共对象的观察先于对公共对象的特殊种类之间的一般性相互关系的发现。其次，我在谈论一

个人知道一种知觉配方亦即知道公共对象应当具有的外观、声音和触摸感时，我并不认为他具有明确表达或传授这种配方的能力。大多数人都知道怎样打几个不同种类的绳结，但他们却完全不能描述这些绳结，也完全不能领会对于这些绳结的口头的或书面的描述；与此类似，我们也都知道怎样一眼确认一头母牛，但却要经过很长一段时间之后才能告诉别人，我们究竟是根据什么样的可见标记来认出它的，并且，我们要经过可以看得到的相当一段时间之后才能描出、画出或甚至认出母牛的图画。的确，假如我们在学会谈论各种东西之前还没有学会一眼或一听便认出它们，我们就绝不可能起步。谈论谈话和理解谈话本身就包含着一说出和一听到语词便能认出它们。

虽然我举的"根据知觉配方看到"的例子（instances of seeing according to perception recipes）大都来自无错误的观察事例，比如发见一个门柱而那里确实有一个门柱，但同样的一般性说明也适用于错误的观察，诸如："发见"了一个猎人而事实上那是一个邮筒；"看见"了一根棍子而事实上那是一个影子；"看见"了一条蛇在鸭绒被上而事实上当时鸭绒被上什么也没有。弄错了事物蕴涵着弄对了事物所蕴涵的东西，亦即蕴涵着一种技术的使用。一个人若还没有学会一种方法，就不能说他不小心，只是当他已学会了这种方法并且没有正确地运用它时，才能说他不小心。只有能够保持平衡的人才能失去平衡；只有能够推理的人才能犯错误；只有能区别猎人与邮筒的人才能把邮筒误认作猎人；只有知道蛇看起来是什么样子的人才能幻想他看见了蛇而没有认识到自己只是在幻想。

(5) 现象主义

现在来简单地谈一下叫做“现象主义”的理论,因为这与本题有很大关系。现象主义理论主张,就像谈论一个板球球队就是以
235 某些方式谈论构成这个队的十一个个人那样,谈论如门柱这样的公共对象就是以某些方式谈论观察者在看到、听见、感受它时所得到的或可能得到的感觉材料。作为一个球队,板球队的成员在一起打球、旅行、进餐、交谈,便会作出各种行动,获得各种经验,除了对这些行动和经验作出某种选择外,在板球队的历史中并无什么东西可以报道出来,正因为如此,便可以论证说,就门柱而言,除了它事实上呈现出来的和大概会呈现出来的外观、声响、触摸感等等之外,就再没有什么可说的了。的确,甚至谈论*它*所呈现出来的外观等等也是令人误入歧途的;因为,“它”只是把对于这些外观、声响等等的谈论收集在一起的一种简明的方式,只要把这些谈论组织在一起是正当的。有人承认,这个纲领事实上并不能得到贯彻。我们能够不惜喋喋不休,罗列球队的各种集体活动、某些队员的种种习惯和感情,以此来叙述一个球队的命运,但我们实际上却不能通过描述观察者所具有的或可能具有的恰当感觉来说出我们对于门柱所知道的一切。我们没有“纯的”感觉词汇。我们事实上只能通过谈论各种公共对象,包括个人在内,来详细描述我们的感觉。但有人认为,这是语言的一种偶然的缺陷,这种缺陷在一种为了满足逻辑的完全公开(complete logical candour)的需要而设计出来

的语言[①]中会得到消除。

这种理论有其值得称赞的动机，其中之一便是希望省却隐秘的行为者和隐秘的原则。它的拥护者们发现，当前流行的各种知觉理论为了赋予门柱这样的东西以感觉无法予以揭示的特性，便假设了一些不可观察的实体或因素。门柱是持久不变的，而感觉则是飞逝的；门柱可为任何人看见，而感觉则为专人所有；门柱遵循因果性规则，而感觉则是杂乱无序的；门柱是单一的，而感觉则是复多的。因此曾有人倾向于说，在揭示给感官的东西的背后，存在着为门柱所有的一些隐蔽的和非常重要的特性，亦即：门柱是一个**持久的实体**、一个**物自体**、一个**因果关系的中心**、一个客**观的统一体**，以及理论家们使用的其他各种各样的庄严的术语。因此，现象主义试图省却理论家们的这些无用的万应药，尽管如我希望表明的那样，现象主义试图省却这些万应药却没有诊断出或治愈理论家们为之而徒劳地提出这些万应药的那些疾病。

现象主义还源出于另一个动机，这却不是一个值得称赞的动机；现象主义所反对的早先一些理论也是源出于这个动机的。这 236
个动机假定，“具有一种感觉”本身就是对某物的一种发现，或者说，某物在感觉中被“揭示出来了”。它采取了感觉材料理论的原则：“具有一种感觉”本身就是一次观察活动，并且的确就是那种唯一不会出错的、值得称之为“观察”的观察活动。我们事实上只能通过观察来探明那些在感觉中直接给出的对象的情况，亦即探明

① 作者在这里指一种以符号逻辑为蓝本的人工语言，据说这种人工语言可以直接公开地显示出它所表达的事实的逻辑结构。——译者

如颜色斑块、声音、刺痛和气味这样的东西的情况。只有谈论这类对象的命题才能通过观察而得到证实。由此似乎可以得出，我们确实不能观察到门柱，因此也不能通过观察探明就门柱而言我们大家都很清楚的东西。

现在我们可以看到，现象主义和现象主义所反对的理论都从一开始就陷入了错误。后者说，既然我们只能观察到可感觉的对象，那么门柱在某种程度上就必定是由一些不能通过观察而得到探明的要素构成的。现象主义说，既然我们只能观察到可感觉的对象，那么谈论门柱的命题就必定可翻译为谈论可感觉的对象的命题。而真相则是，“可感觉的对象”是一个无意义的短语，因此“谈论可感觉的对象的命题”也是一个无意义的短语；非但我们不能观察到门柱这种说法是错误的，而且“门柱”还是一个样本：只有门柱之类的补足物才能够有意义地被赋予如“张三正在看一个如此这般的东西”这样的表达式。我们能够并且实际上也是通过观察和实验探明下述这类事实的，例如：门柱能够持续地存在很长一段时间，它们在经过了杂酚油的妥善处理之后尤其是如此；门柱与一缕缕的烟气不同，它们是硬的和坚韧的；门柱与影子不一样，任何人都能找到它们，不论是在晚上还是在白天；门柱支持着大门的重量，但可以被火烧毁。我们还能以同样的方式探明：门柱看起来可以很像树或人；在某些条件下很容易搞错它们的大小或距离。无疑，关于门柱的这类事实并不是直接给予感官的，也不是立即就在感觉中揭示出来的；但没有任何东西是这样被给予的或揭示出来的，因为“具有一种感觉”并不是一种发现。

这也表明了，为什么我们并不能用语言明确地表达依现象主

义之见应当可以把关于门柱的命题翻译出来的那些命题。这并不
是因为我们的词汇不完善，而是因为本不存在有些人感到需要用 237
另外一些措词来加以表示的对象。这不是因为我们具有表示公共对象的词汇表而缺乏表示可感觉对象的词汇表，而是因为可感觉对象这个概念是荒谬的。所以，若说在理想的情况下我们只使用表示感觉的词汇来说话而不使用表示门柱的词汇来说话，那是错误的。不仅如此，而且我们如不使用表示公共对象的词汇就不能描述感觉本身。

也许有人会反对说，把“观察”这个尊称授予我们和天文学家通常用来彻底搞清楚知更鸟和螺旋状星云的情况的操作活动，这是不正当的。我们不仅常常把一些事物误认作别的事物，而且从未有过一张证书，可以保证我们不在犯这样的错误。“观察”这个名称应当留给一种不会出错的过程。

但为什么呢？假如称一个人是细心的观察者并称另一个人是粗心的观察者是有意义的，那么，既然任何程度的小心谨慎都永远不是绝对的，我们又为什么应当缩回去说上述二人都不是真正在作观察呢？我们不会说，正因为从来没有一个人有过一张证书，可以保证他不曾犯过一个错误，因此从来没有一个人作过推理，那么为什么应当假定，有一类不会出错的活动，只有这类活动能够神圣地得到“观察”这个动词？的确，在其工作含义（task-sense）上“观察”只是可用“细心地”、“粗心大意地”、“成功地”、“无益地”这样一些副词予以修饰的那些动词中的一个，这就表明，按照这种含义，不可能有一类观察，在作这类观察时既没有预防错误的需要也没有预防错误的地方。

之所以要求一种保证不会出错的观察，其中的一个动机看来是这样的。若说有或可能有一些经验事实，它们在原则上不可能通过观察而被探明，那会是荒谬的；因此，既然实际上所作的任何日常观察都有可能是错误的，那就必定存在着一类特别的不会出错的观察，以便可以用它来定义“经验的”一词。于是就有人发明出感知来扮演这个角色，因为谈论一种错误的感觉无疑是不正当的。但是，感觉之所以不能是错误的原因并不是由于它是一种不会出错的观察，而是由于它根本不是观察。称一种感觉为“真实的”正如称它为“错误的”一样，都是荒谬的。感官既不诚实也不骗人。此外，这种论证也不能证明我们可以正当地假设存在着其他
238 种类的自动真实的观察。它所需要的一切就是熟悉的事实所提供的东西，亦即：观察性错误像任何别的错误一样，是可以查知和纠正的；因此，没有一个事实上已避免了失误的经验事实还需要避免无穷无尽的一系列失误。所需的东西并不是任何独特的经鉴定合格的过程，而是一些平常的细心的过程；不是任何不可纠正的观察，而是日常的可以纠正的观察；不是防止错误的预防注射，而是平常对于错误的预防、检验和纠正。查明不是一个在一堆确实无疑的东西上面建立一个由猜测构成的上层建筑的过程；查明是一个弄明白的过程。确实无疑的东西是我们成功地查明了的东西，而不是我们偶然获得的或靠捐赠获得的东西。它们是由工作所得的工资，而不是由启示而得的赠品。一旦“所给予的东西”这个安息日概念(the sabbatical notion of “the Given”)为“所查明的东西”这个工作日概念(the week-day notion of “the ascertained”)所取代，我们就将与现象主义和感觉材料理论告别了。

之所以感到需要一种不会出错的观察，还有一个动机，亦即：人们没有充分认识到，有些观察语词，诸如“觉察”、“看见”、“查知”、“听到”和“观察到”，是我所说的“成就动词”。不能说一个人不成功地赢得了赛跑，也不能说他不正确地解出了字谜，因为“赢得”意味着“在赛跑中取胜”，而“解出”则意味着“正确地重新作了排列”；同样，不能说一个人错误地查知，也不能说他不正确地看见。说他查知了某物便意味着他没有搞错，说他看到了——按看到一词的主要含义——则意味着他没有看错。这不是因为知觉者使用了一种阻止了他出错的做法或运用了一种不会出错的官能，而是因为所运用的知觉动词本身意味着他没有出错。但当我们运用“审视”、“倾听”、“搜寻”及其他一些工作动词时，若说它们所指称的活动会出错或没有效果，那就总是有意义的。没有任何东西可以阻止一次细察作得很糟或没有效果。然而简单的逻辑就“阻止”了治愈病人、发现事物、解出难题或击中靶心作得很糟或没有效果。医生不能不成功地治愈病人，这个事实并不意味着他们是不会出错的医生；它仅仅意味着，若说一个已得到成功的措施还没有得到成功，那么这种说法就存在着矛盾。

这就是一个人若自称看到了一只红雀或听见了一只夜莺而后 239
又相信红雀或夜莺并不存在，便会立即收回自己的看到了红雀或听见了夜莺的断言的原因。他不会说他看到了一只并不存在的红雀，也不会说他听见了一只不真实的夜莺。同样，一个自称已解出了字谜而后又相信那不是字谜的答案的人，会收回他的已解出这个字谜的断言。他不会说，他在“解出”一词的“严格的”或“精确的”含义上解出了一个“答案对象”（solution-object），而此对象恰

巧与作为谜底的那个词不相吻合。

在这一章中受到批判的各种见解，即便不是全部，其大部分似乎都基于一个总的假定：任何为人所知的东西都是根据前提经过推论为人获知的，而任何为人所知的终极前提则都是通过某种非推理的遭遇而为人获知的。这种遭遇传统上曾被称作“意识”、“直接觉知”、“亲知”、“直接检查”、“直观”等等，可是任何一个不依靠认识论理论的人都从未使用过这些词来记述他日常生活中的各种特殊事件。

“或者经过推论或者通过直观”这个受人宠爱的二分法在历史上似乎起源于认识论者对于欧几里得几何学的敬重。几何学的真理或者是定理或者是公理，既然几何学在一段时期内曾是科学知识的典范，于是探明真理或确立真理的所有其他方法都被虔诚地误化作这一特设的方法了。

但对于类似性的这种假定却是错误的。我们有许许多多不同的查明事物的方式。它们既不是单调的、默认的凝视，也不是推理。考虑一下对下列一些“你怎样知道？”的问题我们应该预料到的回答。“你怎样知道房间里有十二把椅子？”“数数它们。”“你怎样知道 9 乘 17 等于 153？”“把它们相乘，然后检验一下答案，做法是把 10 与 17 相乘再减去 17。”“你怎样知道‘fuchsia’的拼法？”“查一下词典。”“你怎样知道各个年代的英国国王？”“一个严格的男教师让把它们背出来。”“你怎么知道是你的腿在疼而不是你的肩膀在痛？”“它们是我的腿和肩膀，难道不是吗？”“你怎么知道火已灭了？”“我看了两次并且用手去摸了摸。”

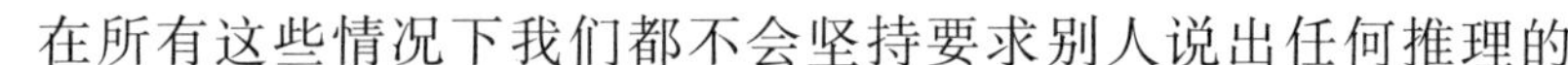

240 在所有这些情况下我们都不会坚持要求别人说出任何推理的

步骤或相当于任何公理的东西；我们也不会抱怨别人采取了这些不同的发现技术，而只会在怀疑时抱怨别人粗心大意地运用了这些技术。我们也不会要求，应当这样来打网球：似乎网球运动实际上是 Halma① 的一个变种。

(6) 事后的思考

如我在前言中所说，本章的探讨存在着某种严重的缺陷。我曾侃侃而谈，似乎我们知道怎样来使用感觉这个概念或关于感觉的各种概念；我曾带着几乎是敷衍塞责的遗憾谈到我们缺乏“纯的”感觉语词；我还曾圆滑地谈及各种视感觉和听感觉。但我现在确信，所有这样的做法都是不行的。

有时候，为了表明我们通晓现代的各种生理学假说、神经病学假说和心理学假说，我们以一种经过雕琢的腔调来使用“感觉”这个语词。我们把“感觉”一词与“刺激”、“神经末梢”和“视网膜杆和锥体”这样的科学语词放在一起同时并用；当我们说一道闪光引起了一种视感觉时，我们以为，实验科学家们现在就能够或总有一天能够告诉我们，这样一种视感觉究竟是一种什么东西。但是，“感觉”和“感触”的未经雕琢的用法却与此大不相同；在这些语词的这种未经雕琢的含义上，我们会不考虑到理论而说，电击使我产生了一种刺痛感，这种刺痛感直达我的手臂，或者，那种感觉现在正向我的麻木了的腿返回。照这种用法我们随口就会说出，一颗沙粒或一道耀眼的光使我们的眼睛产生了不舒服的感觉；但照这种用

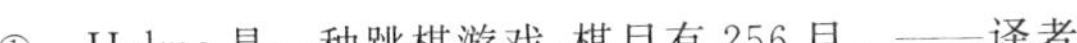

① Halma 是一种跳棋游戏，棋目有 256 目。——译者

法我们决不会说，我们平常观看的一些东西使我们的眼睛产生了什么感觉。当去除了沙粒后，我们便能够回答“你的眼睛现在感到怎样？”这个问题。但当我们把目光从田野转向天空时，我们却无法回答“目光的转换使你眼中的感触发生了什么变化？”这个问题。我们能够根据自己的知识说，景象发生了什么变化；我们也能够根据传闻的各种专门理论知识说，大概刺激发生了变化因而我们的视网膜杆和锥体的反应也发生了变化。但不论我们采取哪一种说法，我们的眼中都没有产生我们平常会称之为一种“感触”的东西。

同样，一些刺激性的或辛辣的气味会在我们的鼻子里和喉咙
241 中产生一些特殊的可描述出来的感触；但大部分气味不会在我们的鼻子里产生这样的感觉。我能够区别玫瑰的气味与面包的气味，但我不会素朴地描述这种区别说，玫瑰使我产生了一种感觉或感触，面包使我产生了另一种感觉或感触，就像电击和热水确实在我手上产生了不同种类的感觉一样。

照我们的日常用法，“感觉”、“感到”和“感触”等语词原初表示了一些知觉。感觉是对于某种东西的感觉，所以我们感到船在摆动或摇晃，如同我们看到它的旗帜在飘扬或听见它的汽笛在鸣叫。在这种含义上，我们能够清楚地或模糊地感受各种事物，如同我们能够清楚地或模糊地闻出它们。我们用眼睛看到东西，用耳朵听见东西；同样，我们用手、嘴唇、舌头或膝盖感受各种东西。为了探明一个公共对象是不是黏性的、温暖的、柔软的、硬的或沙砾般的，我们不必观看、倾听、嗅闻或品尝，而必须触摸这个事物。照这种日常的、未经雕琢的用法，报道一种感觉就是报道通过触觉的或动觉的观察而探明的某种东西。

诚然，我们常常以一种不同的、尽管是派生出来的方式使用“感到”和“感觉”。一个由于眼睛发炎而感到疼痛的人会说，他的眼睑底下有一种沙砾般的感触，一个发高烧的人会说，他感到头发热而脚发冷，但与此同时，他们不会由于确信眼睑下面没有任何沙子或确信头和脚的温度是一样的而收回自己的陈述。因为他们在这儿使用的“感到”一词意味着“感到仿佛”，正如“看起来”常常意味着“看起来仿佛”，“听起来”常常意味着“听起来仿佛”一样。但是，为了完成“仿佛”从句（‘as if’ clause），就需要提及某种事态，而这种事态若确实存在的话，是可以在“感到”一词的原初的含义上通过感触而被探明的——在“感到”一词的原初的含义上，当说话者相信自己的眼睑底下并没有沙子时，“我感到自己的眼睑底下有一颗沙子”就会被收回。我们也许可以把这种用法叫做“感到”、“看”、“听”以及其他一些动词的一种“后知觉的”（post-perceptual）用法。

不过，在“感到”为一方，“看见”、“听到”、“尝出”和“闻出”为另一方的二者之间存在着一种重要的差别。一个人的脚若麻木了，那么他不仅可以说，他的脚感受不到事物了，而且可以说，他感受不到自己的脚了，而一时看不见或听不见的人则会说，他的右眼或右耳看不到或听不见事物了，却不会说，他看不到自己的眼睛或听
不见自己的耳朵了。当麻木的脚恢复了感觉时，脚的主人也就恢 242
复了报道能力，又能报道铺过的道路和自己的脚的情况了。

显然，这种原初的感觉概念并不是知觉这个属概念的一个组成部分，因为它只是那个属的一个种。我能够看到某种东西同时却没有感触到任何东西，正如我能够感触到某种东西同时却没有看到任何东西。

那么,"感觉"的另一种含义或经过雕琢的含义情况又怎么样呢?按这种含义,据说"看到"包含着"具有视感觉或视觉印象"。事实上,人们提到这种含义上的感觉或印象,是在他们至少有了一种传闻的生理学理论、心理学理论或认识论理论的知识之后。尽管如此,远在人们达到这种水平的启蒙之前,他们就知道了怎样使用知觉动词,如"看到"、"听见"、"尝出"、"嗅到"和"感到"等等,他们在那时就使用了这些动词,正如他们在受到这种启蒙之后至今仍在使用它们。因此,关于各种感觉和印象的经过雕琢的概念并不是人们关于知觉的各种概念的一个组成部分。我们最好还是与柏拉图讨论一下知觉概念;假如我们这样做了,我们将永远不会去抱怨他还没有资格使用关于看到、听见和感到的各种概念,因为他还不曾得知后来的关于感性刺激的各种理论。

生理学家和心理学家有时候悲叹或夸张地说,他们无法找到一座桥梁,来跨越把印象与引起印象的神经兴奋分隔开来的鸿沟。他们认为存在着这些印象是理所当然的;只是它们的因果机制不无自然地难住了他们。一个人怎么能怀疑感官印象的存在呢?至少从笛卡尔时期以来,这些东西就是意识的原初的、基本的和经久不变的内容,这难道不是众所周知的吗?

然而当我们说一个人意识到某种东西时,我们的部分意思通常是,他随时都可以当众认可或报道这种东西而无须经过研究或专门的教导。但恰恰从来没有一个人无须经过研究或专门的教导就随时都可以说出他的所谓的印象。人们平时随时都可以说出他们所见、所听、所尝、所闻和所感受的东西;他们还随时都可以说出，它看起来仿佛如此如此，它听起来或摸起来仿佛这般这般。但他们并不随时都能说出，的确，他们甚至不具备这样的语言装置来说出，他们当时具有或者已经有了什么样的印象。因此，认为这类事件存在着的想法并不得自对明智的普通人说出的话所作的研究。在未受过正规训练的“意识”的声明中并不提到这类事件。相 243
反，这种想法来自一种特殊的因果关系假说，这种因果关系假说认为，仅当门柱在我的身体中引起了某种过程、这种过程转而又在我的心灵中引起了另一种过程时，我的心灵才能接触到门柱。印象是一些幽灵似的冲动，是为了一种副机械论理论的目的而假设出来的。“印象”这个词，可以说是从对于蜡上作出的凹痕的描述中借来的，它揭示了那种副机械论理论的动机。那种理论能够利用和曲解我们用以说出我们通过触摸而探明的东西的词汇，这是哲学的一个不幸。我们通过感觉探明事物是温暖的、黏性的、摆动的和坚韧的，这不是专家们的理论，而是一个常识。因此，人们便觉得，我们看到、听见和闻到东西时就具有感觉，这似乎只是一个更为一般的常识。正是在日常的触觉观念的保护伞下，理论家们偷运进了感官印象这个经过雕琢的概念。

我不应忘记提到“感觉”和“感到”这样一些词的另一种经过雕琢的用法。有时候，一个人不会说他感到眼睑底下有一颗沙粒，也不会说他感到眼睑底下有一种沙砾似的感触，而会说他感到眼睛疼或眼中有一种疼痛的感觉。结果，表示不适的一些名词，如“疼痛”、“瘙痒”和“眩晕”，便被有些理论家当作表示各种特定的感觉的名称，此时“感觉”就在它的经过雕琢的含义上被用作另一个经过雕琢的词“印象”的同义词。但假如有人问一个不适者他究竟感到了什么，那么答曰“一种疼痛”或“一种不适”是不能使提问者满意的，只有答曰“一种刺痛感”、“一种沙砾似的感触”或“一种火烧火燎感”，才能使提问者感到满意。那个不适者不得不使用一个“后知觉”表达式，其大意是说，那种感觉使他感到，仿佛有某种尖锐的东西在刺他，仿佛有某种沙砾似的东西在刮他，或者仿佛有某种炽热的东西在烤他。而说他稍微有点痛苦、很痛苦或非常痛苦，则是为了回答一类不同的问题而给出的一类不同的信息。因此，若认为有了“疼痛”、“瘙痒”和“眩晕”这样的名词，我们便归根到底确实有了一套词汇的开头部分，可以用这套词汇来报道和描述各种印象，那就错了。无论如何，在一种含义上，一颗沙粒刺痛了我，在另一种含义上，听见的一种不和谐音或看见的色彩的不调和刺痛了我，这两种意义之间也还存在着一种令人感兴趣的并且也许

244 是重要的不同。沙粒在词语的本义上刺痛了我的眼睛，而嘈杂声

只是在比喻的含义上刺痛了我的耳朵。我不会向化学家要一种光学的止痛剂来消除色彩的不调和给我造成的痛苦；若有人问，色彩的不调和刺痛了我的右眼是否更甚于它刺痛了我的左眼，我将拒绝回答，除非回答说，按词语的本义它根本没有刺痛我的眼睛，这与沙子和耀眼的光按词语的本义确实刺痛了我的眼睛不一样。

“痛苦”、“厌恶”、“悲痛”和“烦恼”等语词是表示各种心情的名称。但“刺痛”、“瘙痒”和“眩晕”按本义使用时却不是表示各种心情的名称。刺痛和瘙痒的所在位置就是我们感触到的或幻想自己感触到的沙子或稻草的所在位置。但“刺痛”和“瘙痒”也仍然不是表示知觉的名称。例如，各种刺痛和瘙痒不能够是确定无误的或不确定的，清晰的或含糊不清的。通过看或触摸探明了某种东西

是一种成就，而“我痒得厉害”却并没有报道一种成就，也没有描述任何被查明的东西。对于这类语词的逻辑语法，我不知道还可以说些什么，只知道确有更多的东西可以说出来。

245 # 第八章　想象

（1）前言

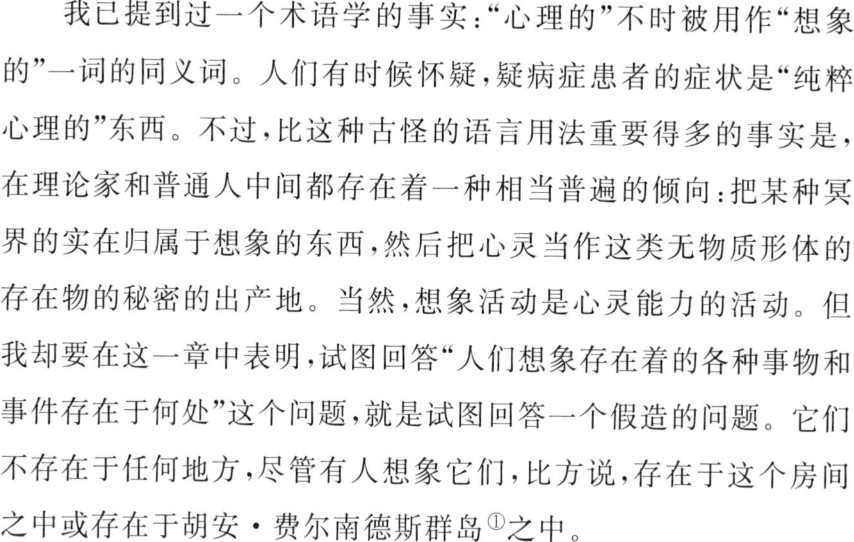

我已提到过一个术语学的事实："心理的"不时被用作"想象的"一词的同义词。人们有时候怀疑，疑病症患者的症状是"纯粹心理的"东西。不过，比这种古怪的语言用法重要得多的事实是，在理论家和普通人中间都存在着一种相当普遍的倾向：把某种冥界的实在归属于想象的东西，然后把心灵当作这类无物质形体的存在物的秘密的出产地。当然，想象活动是心灵能力的活动。但我却要在这一章中表明，试图回答"人们想象存在着的各种事物和事件存在于何处"这个问题，就是试图回答一个假造的问题。它们不存在于任何地方，尽管有人想象它们，比方说，存在于这个房间之中或存在于胡安·费尔南德斯群岛[①]之中。

关键的问题是描述"在心目中看到"的东西和"在头脑中听见"的东西的问题。人们称之为"视觉心像"、"心理图画"、"听觉心像"以及"观念"（按某一种用法）的东西，通常被认作这样一些实有体：

---

① 胡安·费尔南德斯群岛（Juan Fernández）位于南太平洋，属智利领土。——译者

它们真存在着并且存在于外部世界之外的其他某个地方。因此，心灵被指定为它们的剧场。但是我将试图表明，尽管人们不断地在他们的心目中看到各种事物并且在他们的头脑中听到各种事物，可是这个为人熟悉的事实并不能证明他们如此看见和听到的事物存在着，也不能证明人们事实上正在看见或听到这些事物。犹如舞台上的凶杀既没有被杀者也不是凶杀，在一个人的心目中看到事物也既不包含着所见之物的存在也不包含着“看见动作”的发生。因此，不需要任何避难所来为它们的存在或发生提供场所。

在上一章的末尾表达出来的事后思考也包括了在这一章中对于感觉所说的部分内容。

(2) 描画和看见(Picturing and Seeing) 246

看见是一回事，描画或视觉想象则是另一回事。一个人仅当他的眼睛睁着并且周围环境被照亮时，才能看见东西；但当他的眼睛闭着并且四周一片黑暗时，他却能在心目中形成图画。同样，他只是在别人于其中也能听到音乐的环境中才能听到音乐；但当他的邻人根本不能听到任何音乐的时候，他的头脑中却能够响起一首曲子。不仅如此，他只能看到在那里可以看到的东西，只能听见在那里可以听见的东西，并且，他常常不能不看到在那里可以看到的东西，不能不听见在那里可以听见的东西；但在某些时刻，他却能选择，要在他的心目前出现什么图画，要在他的头脑中响起什么诗句和曲子。

为了表达这种不同，人们往往采取这样一种书写的办法：他们看到了树，听见了音乐，然而他们只是在引号中“看到”并且“听见”了回忆和想象的对象。人们不说因酒精中毒而引起了震颤性谵妄的人看见了蛇，而说他“看见”了蛇。这种语言习惯用法的不同为另一种语言习惯用法的不同所加强。一个说自己“看见”了童年时期的家的人常常准备把他的所见描述为“鲜明生动的”、“翔实的”或“栩栩如生的”，但他决不会把这些形容词用于他在自己的鼻尖底下看见的东西。因为虽然一个玩具娃娃可以描述为“栩栩如生的”，一个儿童却不能作这样的描述；一张脸的肖像可以是翔实的，那张脸却不能是任何这样的东西。换言之，当一个人说他“看见”了某种他事实上没有看见的东西时，他知道，他正在做的事情之所以在种类方面完全不同于看见，正是因为这个动词在引号之内，而且所见之物能够在不同程度上描述为翔实的或鲜明生动的。他可以说，“我现在本可以在那儿”，但“本可以”这个词之所以是合适的，正是因为它表明了他现在不在那儿。尽管在某些条件下他未能认识到自己并非事实上看见了东西，而仅仅“看见”了东西，如在梦中、在谵妄时、在极端的热望中、在催眠状态下或在魔术演出时，但这个事实不会在任何程度上消除看见和“看见”这两个概念之间的不同，正如人们常常难以区别真正的签名与伪造的签名这个事实也不会消除一个人签署了他自己的姓名与其他某个人假造了那个姓名这两个概念之间的不同。赝品可以描述为对于真品的逼真

247 的或拙劣的仿制；真正的签名却根本不能刻画为一种仿制，因为它是真品，没有它，伪造者就失去了仿制的对象。

如同视觉观察优于通过其他各种感官所作的观察，大部分人的视觉想象也都强于听觉的、触觉的、动觉的、嗅觉的和味觉的想象。结果我们用来讨论这些问题的语言也大都取自视觉语言。例如，人们谈论“描画”或“视觉想象”各种东西，但他们没有相应的属

动词(generic verbs)来谈论其他种类的想象。

于是产生了一个不幸的后果。在公共的视觉观察对象中，既有可见的事物，也有可见的事物的像，既有面孔，也有肖像，既有签名，也有伪造的签名，既有山，也有山的快照，既有婴儿，也有玩具娃娃；这就使人们很自然地以一种类比的方式来解释我们用来描述各种想象的语言。

假如一个人说他正在描画他的育儿室，那么我们往往会把他的话的意思解释为，他不是在以某种方式凝视育儿室，而是在以某种方式凝视另一个可见的对象，亦即一幅描画育儿室的图画。只不过这幅画不是一张照片或一幅油画，而是相当于照片的某种东西，由一种不同的材料制成。此外，我们以为他正在凝视的这幅不是画在纸上的画并不是一幅我们也能看得见的画，因为它不在我们大家面前的那堵墙上的一个镜框里，而在别的地方，在一个只有他才能访问的画廊里。于是我们倾向于说，他所凝视的那幅育儿室的画必定在他心中；他凝视它所用的“眼睛”不是肉眼，而是他的心目，也许我们看到，他的肉眼是闭着的。因此我们便会粗心大意地赞成这样的理论：“看见”毕竟也是看见，他所“看见”的东西就像人人都能看见的油画一样，是一幅真正的写照，是真正为人所见的。诚然，它是一幅短暂的图画，但电影的画面也是如此。诚然，它是专为拥有它和它的画廊的一个观众保留的，但被垄断的东西并不是不平常的东西。

我要表明，表示描画、视觉想象或“看见”的概念是一个正当的和有用的概念，但它的使用并不蕴涵着我们所凝视的图画存在着，也不蕴涵着在其之中短暂地悬挂着这类图画的画廊存在着。粗略

地说，制作心像的活动存在着，但人们并没有看到心像。我确实使
248 乐曲在头脑中响起，但当我使这些乐曲在那里响起的时候，我并没有听见任何乐曲。诚然，一个正在描画他的育儿室的人在某个方面相似于看见了那个育儿室的人，但这种相似性不在于他事实上注视着一幅真正的育儿室的照片，而在于他事实上似乎看见了那个育儿室本身，其实却并没有看见它。他不是那个育儿室的相像物的观众，但他相像于那个育儿室的观众。

(3) 特殊地位的图画的理论

让我们首先来考虑另一个学说所具有的某些含义。这个学说认为，按“视觉想象”这个动词的一种几乎是日常的含义，我在视觉想象时看见了一幅具有特殊地位的图画。这个学说的部分内容是，我看见的那幅图画与快照不同，它不在我的面前；相反，它必定不在物理空间中，而在另一类空间之中。所以，一个女孩若想象自己的蜡制玩具娃娃在微笑，那么她便看到了一幅微笑的图画。但这幅微笑的图画并不在玩具娃娃的嘴唇所在的地方，因为玩具娃娃的嘴唇就在那个女孩的面前。因此所想象的微笑根本不在玩具娃娃的嘴唇上。不过这种说法仍然荒唐。没有一个人能想象一种无依附的微笑，没有一个有玩具娃娃的女孩会对一个没有笑容的玩具娃娃、再加上一张悬挂在其他某个地方的、独立的和不可能的笑容像感到满意。事实上除了在玩具娃娃的嘴唇上，她没有在其他任何地方确实看到过一种无缘无故的傻笑；她幻想自己在放在面前的玩具娃娃的嘴唇上看到了一种微笑，尽管她事实上在那里并没有看到微笑，假如她真看到了，那就会吓坏了。同样，魔术师

使我们“看到”（不是看到）兔子在我们面前的舞台上从他手中的帽子里蹦出来；他并没有使我们看到（不是“看到”）影子兔子（shadow-rabbits）从不在他手中而在另一类空间之中的第二顶鬼怪似的帽子里蹦出来。

所以，描画出来的微笑不是物理现象，即不是玩具娃娃的脸的一种实实在在的扭曲；它也不是那个儿童观察到的发生在一个与她的童车和育儿室完全分离开来的领域中的非物理现象。根本就不存在微笑，也不存在微笑的肖像。只存在着幻想自己看见玩具娃娃在微笑的儿童。因此，虽然那个儿童事实上在描画自己的玩具娃娃在微笑，她却不是在看一幅微笑的图画；虽然我在幻想自己看到了兔子从那顶帽子里蹦出来，我实际上却没有看见实实在在的兔子幻象从实实在在的帽子幻象里蹦出来。并不存在这样一种
实实在在的外在生活：内在的一些无血无肉的像如同幽灵一样地 249
模仿它，只存在着各种事物和事件，存在着正在目击其中一些事物和事件的人，存在着正在幻想他们自己目击到了他们实际上并没有目击到的各种事物和事件的人。

再举一个例子。我动手写一个很长的不熟悉的单词，在写下一两个音节之后，我发现自己拿不准后面的写法了。也许，于是我会想象自己在查一本词典，在有些情况下还能“看到”最后那三个音节的书面写法。在这种情况下人们往往会说，我确实正在看到一幅印刷字的图画，只不过这幅图画“在我的头脑中”，或“在我的心中”，因为人们觉得，阅读一遍我“看到”的那个语词很像阅读一遍我实际上看到的一个词典词条或这样一个词条的照片。但在另一种情况下，我动手写这个单词，我在书写纸上打算书写那单词的

后一两个音节的地方“看到”了要写的音节。我感到仿佛我只是在用墨水把书写纸上的一个单词幻影再描一遍。然而在这里仍然不能说，因为我“看到”的东西是在笔尖右方的书写纸上，所以我正在窥探一幅单词的图画或一个单词的幽灵并且这幅图画或这个幽灵不在物理空间中而在一个奇怪的空间之中。我们依然必须说，虽然我描画了那个位于特定的地方并具有某种印刷类型或书写手法的单词，虽然我能够按照我把它描画为印刷字或手写字的方式阅读一遍那个单词的拼写，然而仍然不存在那个单词的图画、幻影或幽灵，并且我也没有看到它的图画、幻影或幽灵。我觉得似乎看到那个单词就在那张书写纸上，我越是觉得似乎鲜明生动地和持久地看到了它，我就越能够容易地用笔把我觉得似乎看到的东西写在纸上。

众所周知，休谟认为，“印象”和“观念”都存在着，也就是说，感觉和心像都存在着；他徒劳无益地在这两类“知觉”之间寻求一条清楚的界线。他认为，观念往往比印象更模糊不清，观念的产生也晚于印象的产生，因为它们是印象的痕迹、摹本或复制。不过他也承认，印象可以在任何程度上是模糊不清的；虽然任何观念都是摹本，它却达不到清晰的“摹本”或“肖像”，正如印象也达不到清晰的“原型”或“被画像者”。因此，根据休谟的说明，简单的检查不能决
250 定一个知觉是一个印象还是一个观念。但在谈话中听到的东西与在白日梦中“听到”的东西之间、在动物园里的蛇与酒疯子所“看见”的蛇之间、在我现在所在的书房与“我现在或许”所在的育儿室之间，仍然存在着决定性的不同。休谟的错误在于他假定，“看见”是看见的一个种，或者说，“知觉”是一个属的名称，这个属有两个种，即印象和印象的幽灵或复写。事实上并不存在这类幽灵，假如

存在着这类幽灵，那么它们将仅仅是一些额外的印象；并且它们将属于看见，而不属于“看见”。

休谟试图区分观念和印象的说法是，后者往往比前者更活灵活现，不过这却是两个拙劣的错误中的一个。首先，设“活灵活现”意味着“鲜明生动”。一个人可以鲜明生动地描画某种东西，但却不能鲜明生动地看到某种东西。一个“观念”可以比另一个“观念”更加鲜明生动，但印象却根本不能说是鲜明生动的，正如一个玩具娃娃能够比另一个玩具娃娃更栩栩如生，但婴儿却不能是栩栩如生的或不栩栩如生的。说婴儿与玩具娃娃的不同在于婴儿比玩具娃娃更栩栩如生，这是一个显而易见的谬论。一个演员可以比另一个演员演得更令人信服，但一个不在演戏的人却既不是令人信服的也不是不令人信服的，因此不能说他比一个演员更令人信服。或者，假如休谟使用的“鲜明生动”不是意味着“栩栩如生”，而是意味着“强烈的”、“尖锐的”或“强的”，那么他就在另一个方面犯了错误；因为，虽然我们能够把一些感觉与另一些感觉相比较，说这些感觉比较强烈、比较尖锐或比较强，我们却不能把它们与心像作这样的比较。当我幻想自己听到一个很响亮的声音时，我事实上并没有听到一个响亮的或一个微弱的声音；我那时并没有一种柔和的听感觉，因为我那时根本就没有听感觉，虽然我在幻想我有一种强烈的感觉。想象的尖叫声并不震耳，但也不是一种安慰性的低语声；想象的尖叫声较之听到的低语声既不更响亮也不更微弱。它既不会淹没听到的低语声，也不会为听到的低语声所淹没。

同样，也不存在两种杀人犯，一种是杀人的那些人，另一种是在舞台上扮演杀人犯角色的那些人；因为后一种人根本不是杀人

犯。他们并没有犯那种具有难以捉摸的假冒特征的杀人罪;他们假装犯了日常的杀人罪,不过假装杀人并不蕴涵着杀人,而蕴涵着
251 似乎杀了人。如同模拟杀人并不是杀人,想象的情景和响声也不是情景或响声。因此,它们不是模糊不清的情景或微弱的声响。它们也不是私人的情景或声响。“你把被你模拟杀死的人埋在哪儿了?”这个假问题没有任何答案,因为并不存在受害者。“我们幻想我们看到的各种对象存在在哪儿?”这个假问题也没有任何答案,因为实际上不存在这类对象。

有人会问,“除非存在着可以听到的一首乐曲,否则一个人怎么能够觉得似乎听到一首乐曲在他头脑中响起呢?”这个问题的部分答案很容易得到,那就是,假如他确实听到了一首乐曲,那么他就不会是觉得似乎听到了或幻想自己听到了一首乐曲,正如那个演员若确实在杀人,那么他就不会是在假装杀人。不过,除此之外还应当说一些东西。“当不存在可以听到的乐曲时,一个人怎么能够觉得似乎听到了一首乐曲?”这个问题具有一个“金属线和滑轮”问题的形式。它暗示,我们存在着一种机械论的或副机械论的问题(类似于人们可以正当地对魔术-戏法和自动电话提出的那些问题),并且,当一个人幻想他自己在倾听一首乐曲时,我们需要对自己描述出那些构成了他的幻想的藏而不露的活动。但是,为了理解某人正在幻想自己听到了一首乐曲这种说法的含义,并不需要一些信息以便说明他在如此幻想的时候也许有某些隐蔽的过程正在进行。我们已经知道,并从儿童时期以来就一直知道,在什么情况下可以说人们正在想象他们自己看到了或听见了某些东西或做了某些事情。这个问题就它是一个问题而言,是要解释这些说法

而又不退入我们用以谈论看见跑马比赛、听到协奏曲和犯杀人罪的习惯用语。若我们说，幻想自己看见了一条龙就是看见了一个实实在在的龙幻象，假装杀人就是实实在在地模拟杀人，觉得似乎听见了一首乐曲就是听见了一首实实在在的心理的乐曲，那么，我们正是退入了这些习惯用语。采纳这类说法就是试图把那些至少在某种程度上是预定用来表示非事实性的概念转变为种概念(species-concepts)。说一个行动是一次模拟杀人并不是说动作者犯了某种和缓的或微弱不显的谋杀罪，而是说动作者没有犯任何种类的谋杀罪；说某人描画了一条龙并不是说，他模糊不清地看见了一条特种的龙或其他某种非常像一条龙的东西，而是说，他既没有看见龙也根本没有看见任何似龙的东西。同样，一个“在自己的

心目中看见了赫尔维林山[①]”的人既没有看见那座山，也没有看见 252
那座山的肖像；既没有山出现在他的眼前，也没有模似山(mock-mountain)出现在任何其他的不长在脸上的眼睛前面。然而，若说他“现在或许看见了赫尔维林山”，或甚至于说他也许未能认识到自己并没有看见赫尔维林山，那仍然是合乎事实的。

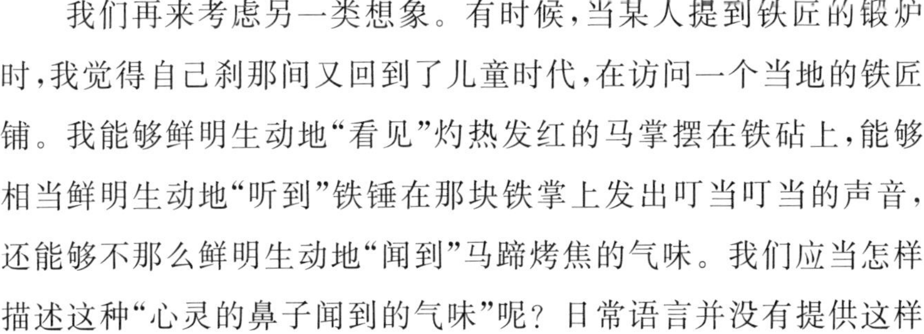

我们再来考虑另一类想象。有时候，当某人提到铁匠的锻炉时，我觉得自己刹那间又回到了儿童时代，在访问一个当地的铁匠铺。我能够鲜明生动地“看见”灼热发红的马掌摆在铁砧上，能够相当鲜明生动地“听到”铁锤在那块铁掌上发出叮当叮当的声音，还能够不那么鲜明生动地“闻到”马蹄烤焦的气味。我们应当怎样描述这种“心灵的鼻子闻到的气味”呢？日常语言并没有提供这样

① 赫尔维林山(Helvellyn)位于英格兰西北部。——译者

的说法:我闻到了马蹄烤焦的气味的一种“肖像”。正如我们已经说过的那样,在日常的白昼世界里,既存在着可见的面孔和山岭,也存在着其他一些可见的对象,亦即面孔和山岭的图画;存在着可见的人和人的肖像。树木及其倒影都可以摄成像或在镜中反映出来。把看到的各种东西与它们的肖像作视觉比较是大家所熟悉的也是容易做的事情。就声音而言我们便不处于那么好的地位了,不过仍然存在着听到的声音及其回响,存在着唱出的歌曲和演唱歌曲的录音,存在着说话声和对于它们的模仿。因此,我们往往会这样来描述视觉想象:仿佛作视觉想象是在观看一种肖像而不是在观看它的原型。我们也许还可以这样来描述听觉想象:似乎作听觉想象是在听到一类回声或录音而不是在听到说话声本身。然而对于闻到、尝出或感受,我们却不作这样的类比。因此当我说我“闻到”了马蹄烤焦的气味时,我便无法把这个陈述意译为另一种言语形式而说:“我闻到了马蹄烤焦的气味的一种摹本”。原型和摹本的说法不适用于气味。

尽管如此,我仍然可以确实无疑地说,我鲜明生动地“闻到”了马蹄烤焦的气味,或者我鲜明生动地回想起了那种气味。“鲜明生动地”这个副词的用法本身就表明了,我知道自己不在闻,而仅仅“在闻”。气味不是鲜明生动的、翔实的或栩栩如生的;它们仅仅具有不同程度的强度。只有“气味”能够是鲜明生动的,与此相应它们就谈不上有任何强度,尽管我能够觉得似乎闻到了具有某种程度的一种气味。不论我多么鲜明生动地“闻到”了铁匠铺的气味,它也没有在任何程度上淹没我房间里的薰衣草的气味——不论这
253 种薰衣草的气味多么微弱。气味和“气味”之间不存在任何竞争,

这与大蒜的气味与薰衣草的气味之间能够存在着一种竞争不同。

假如一个不久之前曾在一间着火的房屋里待过的人现在报道说，他仍能"闻到"那股烟味，那么他并不认为他现在所在的那间房屋也着火了。不论他多么鲜明生动地"闻到"了烟味，他知道自己什么也没闻到；假如他心智健全，他至少会认识到这一点，假如他没有认识到这一点，那么他就不会说那种"气味"是鲜明生动的，而会错误地说那种气味很强烈。但是，假如"闻到"烟味事实上就是闻到烟味的肖像这种理论是真的，那么，尽管我们大家都知道怎样来区分观看面孔与观看面孔的肖像，怎样来区分听到说话声和听到说话声的录音，他却没有相应的办法来区分"闻"和闻。

区分各种事物与它们的快照或肖像通常可以用眼睛；图画总是平面的，总有边缘，并且也许还有框架；我们能够使它转向、倒置、弄皱或撕破。即便是说话声的回声或录音也能与说话声本身区分开来，假如在音响方面不能区分开来，我们至少能靠某些物理的评判标准把它们区分开来。但在气味与气味的摹本之间，滋味与滋味的复写之间，瘙痒与仿制的瘙痒之间，我们却无法作出这样的区别；的确，把"摹本"、"复写"和"仿造物"这样一些语词用十气味、滋味和感触是没有意义的。结果，我们便不会说，一个"闻到"了铁匠铺的气味的人事实上闻到了某种东西的摹写或复写。可以说他觉得似乎闻到了或他幻想闻到了某种东西，但我们却没有这样的说法：仿佛存在着一种内在的气味复制品、一种内在的气味的摹写或气味的回响。所以在这种情况下，"闻"显然不蕴涵着闻，那种想象也因此显然不是在知觉一种复写，因为它根本不是知觉。

那么，我们为什么往往会自然而然地把"看见各种东西"错误地说成是看见各种东西的图画呢？这并不是因为“图画”指称了一个属，而快照是这个属的一个种，心理图画是它的另一个种，因为“心理图画”并不指称图画，正如“模拟杀人”也不指称杀人。相反，我们之所以把“看见”说成是对于图画的看见，是因为看见人与事物的快照这种为大家熟悉的经验如此经常地引起了对于那些人和
254 事物的“看见”。这就是快照所具有的意义。当我面对着一张描画了一个人的可见的肖像时，我常常觉得好像看到这个人本人就在我面前，尽管他事实上不在那儿，也许早已作古了。假如肖像没有起到过这种作用，我就不会保存它了。或者，当我听到一个朋友的声音的录音时，我会幻想自己听到他在房间里唱歌或说话，尽管他其实远在数里之外。所以，这个“属”就是觉得好像知觉到了东西，它的非常为人熟悉的一个种就是，当注视一张某物的普通快照时觉得好像看见了某物。它的另一个种则是当面前并不存在任何物理的肖像时觉得好像看见了某物。想象并不是在称之为“心目”的某种影子器官(shadow-organ)面前产生一些幽暗不明的图画；但在人的眼睛前面出现一些图片，却是一种大家所熟悉的引起想象的刺激。

假如在我实际上没有看到某个朋友的时候，一幅描画了那个朋友的油画使得我仿佛极其清晰地看到了他，那么我们就会把这幅油画描述为栩栩如生的。纯粹的漫画也可以是栩栩如生的，同时它根本无须类似于描画同一个人的栩栩如生的油画。一幅画要成为栩栩如生的，其必要条件或充分条件并不在于它应当是被画者的面容和面色的一个精确的复制品。因此，当我鲜明生动地“看见”了一个面孔时，这并不蕴涵着我看见了一个精确的复制品，因

为，或许在我看见一个精确的复制品的同时这种看见无助于我鲜明生动地“看见”那个面孔，反过来也是如此。但是，发现一幅人物画是栩栩如生的或“活灵活现的”却蕴涵着，这种发现有助于发现者觉得好像看见了那个人，因为这正是“栩栩如生”和“活灵活现”的含义。

人们之所以倾向于把“看见”描述为对于真正的但却是幽灵般的肖像的看见，是因为他们想要用相似性来解释鲜明生动或栩栩如生，仿佛我若要鲜明生动地“看见”赫尔维林山，那么我就必定实际上看见了非常类似于赫尔维林山的其他某种东西。但这是错误的。不论复制品多么精确，看见复制品无须导致鲜明生动地“看见”东西，物理性肖像的活灵活现不得不用它引起的“看见”的鲜明生动来加以描述，却不一定要用相似性来加以描述。

简而言之，并不存在心理图画这样的对象，即便存在着这类对象，看见它们也仍然不会等同于觉得好像看见了面孔或山岭。我们确实能描画面孔和山岭或想出它们的具体形象，正如我们确实能(尽管比较少见)“闻到”马蹄烤焦的气味，但描画一个面孔或一座山岭并不是在我们面前产生一幅那个面孔或那座山岭的图画，
相反，在人的面前出现一幅物理的肖像通常有助于我们去描画一 255
个面孔或一座山岭，虽然我们在没有这类促动的情况下也能够并且也常常确实做这样的事情。此外，梦幻也不出现于私人电影之中；相反，看一场大家都能看的电影是一种引起某种梦幻的方式。观众在那里实际上是在看一大幅为多种色彩的光照亮了的亚麻布，但他却“看见”了绵延起伏的大草原。因此，若说梦幻者实际上在注视一大幅为多种色彩的光照亮了的“心理的”亚麻布，那便颠

倒了真实的事态；因为事实上并没有心理的亚麻布，假如真有，那么看见它为多种色彩的光照亮就不会是梦幻有个人在草原上骑马奔驰了。

把视觉想象说成是看见真正的、但却是内在的肖像这种倾向加强了感觉材料理论，同时也为感觉材料理论所加强。许多持有感觉材料理论的人由于错误地假定，在“看见”的情况下我看见的是一张独特的无纸快照(paperless snapshot)，尽管它是一张令人感到奇怪、不能倒置的快照，他们便认为，更加有理由说，在真正看见的情况下我看见的是一片独特的、非物理的颜色。他们由于错误地假定，具有一种视感觉就是发见展现在“一种私人空间”中的一幅平面的颜色拼凑，便觉得可以更加从容地说，在想象的情况下我们看到的是一幅更为幽灵似的颜色拼凑，它同原初的那幅颜色拼凑挂在同一个画廊里。正如在我的书房里可以同时有一个人和那个人的影子或肖像，在我的私人景象画廊(sight-gallery)里也可以同时有感觉材料和感觉材料的复制品。我反对把描画解释为看见图画(picture-seeing)的理由就本身而言并不能推翻解释感觉的感觉材料理论；但我希望，它们确实推翻了描画就是注视感觉材料的复制品这种附属理论。假如我可以正确地说，因为感觉概念不同于观察概念，所以把具有视感觉描述为对于颜色拼凑的某种观察是错误的，那么由此便可以得出(正如根据其他的理由也能得出)，想象不仅不是对于任何东西的任何种类的观察，而且也不具有某种特殊的感觉。觉得好像听到了一个非常响亮的声音不会在任何程度上使人觉得震耳；觉得好像看见了一道非常明亮的光也不会在任何程度上令人感到目眩。观念远不是一类特殊的印象，

因而在这种含义上，把某种东西说成是一个观念就是否认得到了一个印象。

(4) 想象 256

有人很可能会问：“那么一个人幻想自己看见了或闻到了某种东西究竟是怎么回事呢？他怎么能够觉得好像听到了一首他事实上并没有听到的乐曲呢？特别是一个人怎么会没有意识到，例如酒疯子就无疑没有意识到，自己仅仅是觉得好像听到了或看见了某种东西呢？‘看到’究竟在哪些方面非常类似于看到，以至于幻想者虽然意志坚强、智力超群却常常说不清自己是‘看到’还是看到呢？”然而假如除去这些问题与任何“金属线与滑轮”问题的联系，那么就能看到，它们只是一些关于想象或假装的概念的问题，关于这个概念，我至今为止还没有作出任何正面说明。我之所以还没有谈论这个概念是因为，我们似乎有必要首先获得一点免疫能力来预防一种理论，这种理论常常心照不宣地认定，想象应当被描述为对于具有一种特殊地位的图画的看见。

不过我希望我现在已经表明：人们平常所说的“产生了一幅赫尔维林山的心理图画”或“在心目中出现了赫尔维林山”，实际上是想象的一个特例，亦即想象在自己面前看见了赫尔维林山；在头脑中响起了一首乐曲就是想象自己听到了那首乐曲（也许是在音乐厅中）正在演奏。假如我是成功的，那么我还表明：认为心灵是一个“场所”，人们在那里看到了心理图画，听见了说话声和乐曲的复制品，那也是错误的。

我们通常可以正确地称之为想象的行为，种类繁多而且大不相同。在证人席上说谎的证人、想出新机器的发明家、传奇故事的杜撰者、装扮狗熊的儿童,以及亨利·欧文[①],都在运用他们的想象;不过,倾听证人的谎言的法官、对新发明发表意见的同事、小说的读者、忍住不责备那些“狗熊”发出了非人的吵闹声的保姆、戏剧评论家和观众,也都在运用自己的想象。正如我们不会认为,使得两个人都成为农夫的东西是某种核心活动,因为这两个人都以完全同样的方式进行这种核心活动,我们也不会说,上述各种人都在运用自己的想象是因为我们认为,在各种各样常常是大不相同的活动中间都嵌有一种公共的核心活动,所有运用自己的想象的人都同样在进行这种核心活动。正如犁地是一种农活而给树喷药是
257 另一种农活一样,发明新机器是想象的一种方式而装扮狗熊是想象的另一种方式。没有人认为,存在着一种核心的农活,一个人只是靠着做这种农活才有权利称之为“农夫”;但人们对待各种知识理论中使用的概念却往往不那么豁达。有些人常常认定,确实存在着一种核心活动,而真正的想象便在于这种核心活动;也就是说,他们认定,不论是听取证人的谎言的法官还是装扮狗熊的儿童,仅当他们在作出其他活动的同时都作出了某个属于同一种类的活动,他们才都在运用自己的想象。这种假设的核心活动常常被假设为在心目中看见一些东西、在头脑中听到一些东西之类的活动,亦即某种幻想出来的知觉活动。当然,这些人并不否认,那个儿童同时也在做许多其他的事情;他吼叫,在地板上来回地拖着脚步走,咬牙切齿并且在一个他称之为山洞的东西中假装睡觉。

① 亨利·欧文(Henry Irving 1838—1905):著名的英国演员。——译者

但根据这种观点，仅当他在心目中看到自己长有带毛皮的爪子、自己的窝被雪封住了等等的图画时，他才在想象一些东西。他的哈呼哈呼声和滑稽动作也许有助于他进行描画，或者也许是他的描画的一些特殊结果，但他运用自己的想象并不在于发出这些哈呼哈呼声或作出这些滑稽动作，而仅仅在于他“看到”了、“听见”了、“闻到”了、“尝出”了和“感到”了一些在育儿室里知觉不到的东西。与此相应的说法也适用于那个专心的、即便也在怀疑的法官。

这种学说若这样直截了当地说出来，那么它显然是荒谬的。我们平时说儿童富于想象力是由于他们的一些做法，为了赞成数目有限的一些活动，这些做法大部分被排除了，然而那些数目有限的活动的存在和性质却是难以查明的，尤其是在相对来说不善于表达内心思想的儿童那里。我们看到并听见他们在玩耍，但并没有看到也没有听见他们“在看到”或“在听到”一些东西。我们阅读柯南·道尔所写的文章，但并没有瞥见他在自己的心目中看到的东西。因此，尽管我们之所以终于在知识理论中使用了“想象”一词正是因为我们大家平时在描述儿童、演员和小说家时都知道怎样使用这个词，然而根据这种理论，我们却不容易说出儿童、演员和小说家是否富于想象。

并不存在任何专门的**想象官能**，一心一意地从事各种幻想出来的视觉活动和听觉活动。相反，“看到”一些东西是想象的一种运用，像一头熊那样吼叫则是想象的另一种运用；用心灵的鼻子闻 258
到一些东西是一种不常见的幻想动作，装病则是一种常见的幻想动作，如此等等。也许，许多理论家之所以把想象活动限于幻想出来的知觉的一个特殊类，主要是因为他们认为，既然心灵被“官方”

理论三分为认知、意志和情绪这三个等级，既然想象生来就属于第一等级，因此它必定被排斥在其他两个等级之外。认知的渎职行为众所周知是由于任性的想象的恶作剧，而有些认知成就则受惠于想象的一些更基本的活动。因此，想象作为理性的一个（怪僻的）侍从，不能为其他主人服务。但我们无须停下来去讨论这种封建制的讽喻。的确，假如有人问我们，想象是一种认知活动还是一种非认知活动，我们的正当政策是不理睬这个问题。“认知的”一词属于考试卷子采用的词汇。

（5）装扮

我们首先来考虑一下装扮这个概念。这个概念是诸如欺诈、扮演角色、装扮狗熊、装病和疑病症这样一些概念的部分要素。人们会注意到，在有些种类的装扮中，装扮者是在故意进行装扮或掩饰，在有些种类的装扮中，装扮者对自己在多大程度上是在装扮或掩饰也许就不那么有把握了，而在另一些种类的装扮中，装扮者则完全被他自己的行动所骗。若缩小问题的规模，那么这一点可以用那个装扮狗熊的儿童为例来说明：当他在光线很好的客厅里时他知道自己仅仅是在做一个有趣的游戏，但当他走出客厅来到冷落的楼梯平台上时他便有点惶惶不安了，而当他处在过道的黑暗中时他便不相信自己是安全的了。装扮与各种程度的怀疑和轻信都相容，这个事实与“一个人怎么能够在幻想看到了某种东西的同时没有认识到自己事实上并没有看到它？”这个假设的问题有关。但假如提出如下这些类似的问题：“一个儿童怎么能够在装扮狗熊的同时并非始终都确信这仅仅是个游戏呢？装病以便逃避责任的人怎么能够在幻想自己具有症状的同时又不确信这些症状仅仅是幻想呢?”那么我们就会看到,这些问题,以及许多类似的其他问题,都根本不是真正的“怎样问题”。人们能够幻想自己看到了一些东西、幻想自己被熊追逐,或幻想自己的盲肠在发炎,并且与此同时没有认识到这只不过是幻想而已,这个事实仅仅是下面这个 259
并不惊人的一般事实的一个部分:并非任何人在任何时候、任何年龄和任何场合都能像人们希望的那样善于判断或善于批判。

说某人在装扮就是说,他在扮演一个角色,而扮演一个角色通常就是扮演某个不在扮演角色而在坦率自然地为人处世的人。尸体不会动,装扮成一具尸体的人也不会动。但是装扮成一具尸体的人与一具尸体不同,他不仅在试图不动,而且由于希望像一具尸体一样而不动。也许,他的不动是故意地、熟练地、令人信服地做出来的,而尸体仅仅是不会动而已。尸体必定是死的,但模拟尸体必定是活的。的确,模拟尸体不仅必定活着,而且还必定醒着,必定不是心不在焉的,并且必定在用心于他们所扮演的角色。

谈论一个装扮成一头熊或一具尸体的人包含着间接地谈论熊和尸体的举止或人们所认为的它们的举止。他扮演这些角色的方法是,像熊那样吼叫,像尸体那样躺着不动。一个人若不知道率直地成为他要在舞台上扮演的角色或率直地做他要在舞台上表演的事情是怎么回事,就不可能知道怎样扮演一个角色;一个人若不知道率直的行为本身是怎样作出的,也不可能发现一种模拟行为是否令人信服,并且也不可能把这种模拟的行为说成是熟练的或不称职的。假装像一头熊那样吼叫或像一具尸体那样躺着不动,是一种经过雕琢的行为,而熊的吼叫和尸体的不动却是朴素自然的。

这种不同类似于引用一个断言和作出一个断言之间的不同。假如我引用你的断言，那么我现在所说的东西正是你过去说过的东西；我甚至可以用恰似你的语调来说出它。然而对我的行动的充分描述也仍然根本不同于对你的行动的充分描述。你的行动也许是一个说教者的技能的运用，我的行动则是一个报道者或模仿者的技能的运用。你是在独创，我则是在重复；你过去说了你相信的东西；我现在说了我不相信的东西。简而言之，可以说，我说出的话是在引号内说出来的，正如它们会写在引号内那样。你说出的话则不然。你以直接引语说话；我则可以让我的话被认为仿佛是以间接引语说出来的。同样，熊直接在吼叫，装扮狗熊的儿童的吼叫则可以说是引号内的吼叫。与熊的直接行动不同，他的直接
260 行动是一个表述，间接地体现了吼叫。然而那个儿童却不是在同时做两件事情，正如我在引用你的话时也不是在同时说两件事情。一个模拟行为之所以不同于它所表述的率直的行为，并不在于它是一些行为的复合，而在于它是带有某种复合描述的一个行为。对率直的行为的提及是对模拟行为的描述的一个组成部分。装扮狗熊的儿童发出的声音可以极其类似于熊发出的声音，正如从我口中发出的声音可以极其类似于你在说教中发出的声音，但是这类模拟行为的概念在逻辑上却很不同于各种率直行为的概念。在描述作出这些行为的人时，我们使用了一套套完全不同的谓词。

伪造的签名与真正的签名是同一类东西，还是不同种类的东西？假如伪造物是完美无缺的，那么伪造的支票事实上就不能与真正的支票区分开来。因此，在这种含义上，它们正是同一类东西。但是伪造一个签名又很不同于签名；前者需要后者不需要的

东西，即制造难以与签名区分开来的记号的愿望和能力。在这种含义上它们便是完全不同种类的东西。为了试图把支票作成真支票的一个完美无缺的摹真本，伪造者发挥了自己的全部聪明才智，而签署真支票却无须发挥任何聪明才智。伪造支票的人所追求的东西不得不用书写之间的相似性来加以描述，正如装扮狗熊的儿童所追求的东西不得不用他的声音和熊的声音之间的相似性来加以描述。蓄意做出来的逼真是摹写这一概念的一个部分。摹本与它们的原型之间的相似之处正是摹写活动在类型上不同于被摹写的活动之所在。

装扮的种类多种多样，装扮的动机各有不同，评判装扮是否熟练的标准也各有不同。儿童装扮是为了闹着玩，伪君子装扮却是为了获益，疑病症患者装扮是出于病态的自私自利，间谍装扮有时候却是出于爱国心，演员装扮有时候是为了艺术，烹调女教师装扮则是为了示范。我们可以考虑一下拳击手与他的教练进行拳击格斗这个例子。他们作出了各种认真的格斗动作，尽管他们并非在认真地格斗；他们假装进攻、后退、痛击、反击，尽管他们并不旨在任何胜利，也不担心失败。学生通过练习学习拳击动作，教练通过 261
练习教授拳击动作。然而，他们虽然仅仅在进行模拟格斗，却无须进行两种并行的活动。他们无须既在重击又在轻击；无须既在设圈套又在暴露所设的圈套；也无须既在使劲地挥舞拳头又在勤奋地运用命题。他们也许仅仅在做一套动作，然而这些动作是以一种假言的方式而不是以一种定言的方式做出来的。打击的概念仅仅间接地进入了对于他们试图去做的事情的描述。他们既不想击中对方，也不想避免对方的打击，而仅仅想实践一下能够在认真

的格斗中击中对方并且免受击中的方法。拳击练习的基本东西是，当拳击手本能够痛击对方时——亦即，在这类情况下，假如格斗是当真的，那么拳击手就会痛击对方——避免作出这类打击。粗略地说，模拟格斗就是特意省略一系列格斗动作。

这些例子所说明的中心论点是：一种模拟行为作为一个行动可以是单一的，尽管在对它的描述中存在着某种内在的两重性。人们在模拟时只做了一件事，但谈论所做的事情却需要一个至少包含着一个主句和一个从句的语句。认识到这一点就会看出，当我们谈论扮演一个傻瓜的演员，说他正在极其聪明地做着愚蠢的鬼脸，或者当我们谈论一个丑角，说他的笨拙的举动是灵巧的，他的空洞无谓的表演是高明的，这类说法为什么只是在语词上看来存在着矛盾。在这类描述中，贬义的形容词形容从句中提到的行为，褒义的形容词或副词则形容主句中提到的行动，然而行为者只做了一套动作。同样，假如我引用了一个陈述，你或许会正确地把我的话刻画为既是“准确的”又是“不准确的”，因为就国债的真相而言，这个陈述也许是极不准确的，但我极其准确地引用了它，反过来也是如此。然而我只作了一个陈述。

对于许多举动的描述都包含了这种既有直接举动又有间接举动的两重性，装扮的举动并非唯一这样的举动。假如我服从一个命令，那么我就会做要我去做的事情并且我也会完全奉行这个命令；不过由于我奉行这个命令的方式就是做那件事情，所以我只会作出一个行动。然而对于我所做之事的描述却采取了如此的复合
262 方式，以至于用两个似乎是彼此冲突的谓词来刻画我的举动常常会是正确的。我出于习惯的力量做了我被吩咐去做的事情，可是

我被吩咐去做的事情是我不习惯于做的事情；我像一个好的士兵那样服从命令，可是我被吩咐去做的事情是坏的士兵才去做的事情。与此类似，做某种事情是不明智的，但在别人劝告我去做那件事时我也许表现得很明智；某种事情很容易做，但要我动手去做也许有点困难。在第六章第6节中我们发现，假定“等级较高的工作”意味着，对它的描述包含有对另一较不复杂的描述工作的提及，那么，我们可以在词语上方便地区分等级较高的工作和等级较低的工作，区分等级较高的行为和等级较低的行为。人们将认识到，做一件工作所采取的各个步骤完全类似于做另一件工作所采取的步骤，这个事实与对那些不仅各不相同而且如上所述在类型上也各不相同的工作的描述是相容的。

现在再谈装扮。一个装作生气的人的心境不同于一个事实上在生气的人的心境，而且，其不同并不只是在于前者事实上没有生气。他虽没有生气，但他作出了仿佛在生气的举动；所以在某种含义上，这种假装还包含有生气的思想。他必定不仅具有、而且在某种含义上正在运用生气是怎么回事的知识。他有意模仿生气的人的行动。不过当我们说装出生气的样子包含着“具有生气的思想”时，我们便冒了某种危险，亦即有可能使人认为：装作生气是一个由一前一后接连发生的两个活动构成的过程，先是“思考生气”的活动，带领着“作出一些类似生气的举动”的活动。这种看法是错误的。不论装扮举动是否碰巧以描述或计划的活动为先导，也不论装扮举动是否碰巧混杂有描述或计划的活动，装扮并不是以这种方式包含着对于所假装的对象的思考的。试图仿效一个生气的人作出举动，这种事情本身在某种程度上就是对那个生气的人会怎样作出举动的思考;运用肌肉或多或少逼真地表现出生气的人的撅嘴、板脸和跺脚就是在主动地利用关于那个生气的人会怎样作出举动的知识。我们承认,如果一个人能够逼真地扮演酒吧老板,那么即便他甚至不能就酒吧老板的脾气给自己或给我们作一
263 个不成样子的描述,他也还是知道酒吧老板的脾气的;假如他确是如此,那么他就不能说他无法设想那个酒吧老板在烦恼时会作出什么样的举动。模仿那个酒吧老板的动作就是思考他的行为举止。假如我们问那个人他对酒吧老板有什么看法,我们不会拒绝借助于模仿给出的回答而要求用乏味的语言来作出回答。的确,为了阐明装作生气这个概念,非但不需要计划活动带领着类似生气的表现活动这样一种由原因引起结果的说法,而且情况恰恰相反。在某种含义上,计划一条行动路线会导致这条行动路线的实行,为了说明这种含义有必要表明,执行一项有计划的工作并不是做两件事情,而是做一件事情。不过所做之事是一个具有较高等级的举动,因为对这个举动的描述具有一种逻辑的复杂性,它类似于对装扮和服从的描述所特有的那种复杂性。做已经计划好的事情,像一头熊那样吼叫,那都是比较高级的举动。为了描述它们我们不得不间接地提到另一些举动,不过对于那些举动的描述却不包含相应的间接提及。属于同一类型的比较高级的举动还有:对已做的事情感到后悔、保持一种决心、嘲笑另一个人的行为,以及遵守规则等。在所有这些情况下,以及在其他许多情况下,作出等级较高的举动包含着对等级较低的举动的思考;然而“包含着对……的思考”这个短语并不意味着并行地发生了另一个深思熟虑的举动。

这里值得提一下装扮的一个变种。从事计划工作或理论思维工作的人也许会发现，有些思想不是或者现在还不是他预定要去率直地加以思考的东西，考察一下自己对这些思想的思考动作，那是有益或有趣的。以为、假定、准备考虑、设想以及考虑建议，这些都是假装要采纳一些方案或一些理论的做法。用来表述那些准备予以考虑的命题的句子并没有率直地得到使用，而只是得到了模拟使用(mock-used)。用比喻的说法，这类句子都打有引号。使用者是在理智上无诚意地使用它的；他在一种假言的心境中而不是在一种定言的心境中说出这类句子。很可能他会让别人知道：他通过使用像语词“假如”、“假定”、“就算”、“比如说”等这样一些专门信号，而以一种经过雕琢的而不是原始的方式使用着句子。或者说，他也许会以一种拳击练习的腔调而非一种格斗的腔调大声

地或自言自语地谈话。但别人仍然可以误解他，指责他的话是认 264

真说出来的，于是他不得不解释：假如他当时是这样说的，那么他当时并没有信奉那种说法，而仅仅在考虑他会信奉的东西。他当时也许是在权衡，自己是否应当把那种说法付诸实践。这就是说，假定是比率直的思考更为高级的活动。我们在能够学会运用悬而未决的判断之前，必须先学会作出裁决。

这一点之所以值得强调，部分地是因为它与想象概念密切相关，部分地是因为逻辑学家和认识论者往往假定——本人有很长一段时间也曾假定——准备考虑一个命题较之肯定某事如何，是一种更为基本的或原始的行为，并且由此得出，例如，要懂得怎样使用“因此”便需要首先学会使用“假如”。这是一个错误。装扮的概念比相信的概念具有更高的等级。

(6) 装扮、幻想和想象

在一个儿童扮演海盗与一个儿童幻想自己就是海盗之间，不存在很大的差别。如果说存在着差别，那么情形似乎是这样：当我们想到旁观者觉得那种表演或多或少是令人信服的时候，我们便使用“游戏”、“装扮”和“扮演那个角色”这样的语词，而当我们想到扮演者本人也对自己的表演半信半疑的时候，我们便使用“幻想”和“想象”这样的语词；我们用“游戏”、“装扮”这样的语词来表示故意的、协调一致的和经过排练的行为，而更乐意用“幻想”和“想象”这样的语词来表示人们偶尔陷入的甚至是不自愿地陷入的那些装扮活动。在上述两种差别的底下，也许存在着一种更为根本的差别：装扮出来的任何行为或状态若具有一种大家都能看到的肌肉表现，对此我们便使用“装扮”和“扮演那个角色”这样的语词，而对于人们“在他们的头脑中”所做的因而是看不到听不见的事情来说，亦即对于人们幻想出来的知觉而不是对于他们的模拟行动来说，我们便往往——虽然有不少例外——为它们留着“想象”和“幻想”这样的语词。

我们在此主要关注的东西正是这种特殊牌子的装扮，即我们叫做“想象”、“视觉想象”、“在心目中看到”和“在头脑中浮现”的东
265 西。即便有些人或许会承认，拳击练习在于以一种假设的方式作出一些格斗动作，他们也不会乐意承认，同样的说明也完全适用于在心目中看到赫尔维林山。就心目中看到赫尔维林山而言，存在着哪些以假设的方式做出的动作呢？即便我们在描述酒疯子怎样“看见”蛇时使用了引号，就像我们在描述儿童怎样“剥保姆的头

皮”[①]或拳击手怎样“痛击”拳击练习对手时使用了引号一样，也仍然会有人力陈，这些引号在上述两类情况下并不具有同样的力量。拳击练习是假装格斗(sham-fighting)，就此而言，描画却不是假装看见(sham-seeing)。

我希望我们已经摆脱了这样一种观念：描画赫尔维林山就是看到了一幅赫尔维林山的图画，在头脑中响起《百合花盛开的时候》就是在倾听那首乐曲的一种私人复制品或内在的复写。现在必须摆脱一种更为精致的迷信。认识论者长期以来一直鼓励我们去假定，一幅心理图画或一种视觉心像与一种视感觉的关系有点像一种回声与一种声音、一块伤痕与一个打击，或镜中的一个映像与它所反映的脸之间的关系。说得更具体一些，人们曾经假定，我的“看到”或“听见”或“闻到”活动与知觉活动中的那种纯粹为感觉认知的要素相符合，而不与构成了认出活动或看出活动的那种要素相符合，亦即：想象是一种近似于感官知觉的东西而不属于智力的一种功能，因为它的确不在于具有真正的感觉，而在于具有影子感觉(shadow-sensation)。

但这种见解是完全错误的。一个人可以听到别人在演奏一首陌生的乐曲，此时他虽然听到了乐曲声却并不知道那曲子的旋律，然而我们却不能谈论一个人，说他的头脑中回旋着一首乐曲但他却不知道它的旋律。在头脑中回旋着一首乐曲是大家所熟悉的利用关于其旋律的知识的一种方式。因此，在头脑中回旋着一首乐曲不应被比作单纯地具有听感觉；相反，它应当被比做领会一首熟

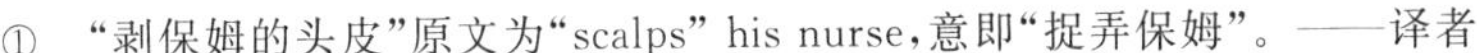

① “剥保姆的头皮”原文为“scalps” his nurse，意即“捉弄保姆”。——译者

悉的乐曲的过程，而领会一首听到过的乐曲不是感官知觉的一种功能。

同样，假如我在一个雾天透过树篱的小孔进行窥探，我也许不能确认看到的东西是否是一条沿着山坡奔腾而下的溪流。但若有人说，“我在自己心目中鲜明生动地看到了某种东西，不过甚至看不出它是什么种类的东西”，那却是荒谬的说法。诚然，我能在自己的心目中看到一个面孔却记不起它的主人的姓名了，正如我能
266 在自己头脑中响起一首乐曲却忘了它的名称。但我知道那首乐曲的旋律，也知道我在描画一个什么样的面孔。在我的心目中看到那个面孔是我的关于那个面孔的知识使我能够做的事情之一；用语词描述它是这种知识使我能够做的另一件事情，并且是一种较为罕见的能力；而一见本人就认出它则是这种知识使我能够做的最为平常的事情。

我们在前一章已看到，知觉活动既蕴涵着具有感觉，又蕴涵着在一种牵强附会的含义上可称之为“思考”的活动。我们现在可以说，在这种牵强附会的含义上，描画、想象或幻想看到或听见某物也蕴涵着思考。的确，这应当是显而易见的，只要我们考虑到，我们对于某种东西的描画必定能在或大或小的程度上刻画为鲜明生动的、清楚的、如实的和准确的，而这些形容词不仅意味着人对所描画的对象确实有的或确实会有的外观具有知识，而且还意味着人在运用这种知识。如果说，我鲜明生动地回想起了燃烧着的泥炭的气味，但若泥炭在我面前冒烟我便认不出那种气味，那是荒谬的。因此，想象不是纯感官知觉的一种功能；具有感觉但不会学习的生物不会“看到”或描画各种东西，正如它不会拼字一样。

一个人的头脑中若回旋着一首乐曲，那么他便在使用他对于那首乐曲的旋律所具有的知识；他以某种方式认识到：假如倾听那首曲子的演奏，他会听到什么东西。有点类似于拳击手在拳击练习时以一种假设的方式进行打击和闪避打击，头脑中回旋着一首乐曲的那个人也可以被描述为在以一种假设的方式领会那首乐曲。此外，正如演员事实上并没有谋杀任何人一样，在描画赫尔维林山的人事实上也没有看见赫尔维林山。的确，如我们所知，他描画那座山脉时可以闭上眼睛。描画赫尔维林山远非具有或类似于具有视感觉，相反，描画那座山与不具有任何这类感觉或类似物是相容的。根本不**存在**任何类似于感觉的东西。以这种方式认识到赫尔维林山的外观就是做某种事情，它之与看见赫尔维林山的关系正如经过雕琢的行为之与那些较为原始的行为的关系，对这些较为原始的行为的提及间接地包含在对等级较高的行为的描述之中。

不过还存在着或似乎还存在着一个关键的差别，对它可作如
下的阐明。一个水手应邀示范某种结的打法，他发觉没有绳索可 267
用来进行示范。于是他只空手做了一些用绳子打结的动作，这样就差不多也做了示范。旁观者看到了他怎样空手调动着自己的手和手指，从而明白了他的打结方法。虽然可以说他是在假设地用绳子打结，但事实上他仍然在移动自己的手和手指。可是，一个闭着眼睛在描画赫尔维林山的人尽管可以说确实只是在欣赏那座山的假设的景象，但看来事实上没有做任何事情。也许他那不存在的视感觉相当于水手手中并不存在的绳索，可又有什么东西相当于水手的手和手指的动作呢？那个水手确实向旁观者表明了打结

的方法;但是对赫尔维林山进行视觉想象的那个人却并没有借自己的想象向同伴表明那山的轮廓或外貌。他究竟是否向他自己表明了这些东西呢?

不过,装扮的这两个变种之间的这种不同只不过是知觉到某物与引起某物之间的不同的一个结果。这种不同不是私下引起某物与公开引起某物之间的不同,因为知觉到某物并不是引起任何东西。知觉到某物是获得某物,有时则是保持某物;但它不是招致任何东西。看到和听见既非被目击到的举动,也非未被目击到的举动,因为它们不是举动。"我看到'你看到了日落'"或"我未能观看'自己听见了音乐'"之类的说法是无意义的。假如我目击到或未目击到一次听见或看到之类的说法是无意义的,那么,要说我目击到或未目击到一次幻想出来的听见或看到,就更是无意义的了。看到或听见根本不是发生。

在音乐厅中,一个人也许能看到邻座在合着音乐打拍子,甚至能无意中听见他在断断续续地自哼自唱乐队演奏的乐曲。但不仅我们不会说,这个人看到或无意中听见邻座听见了音乐,就像看到或无意中听见他在打拍子在哼唱那样,而且我们也不会说,这个人未能目击到邻座听见了音乐。"秘密地"和"公开地"不能形容"听见",这与它们能够形容"诅咒"和"策划"不一样。更不容置疑的是,尽管一个人在火车上也许会查知邻座在合着头脑中回旋的乐
268 曲打拍子,但这个邻座却不会自称查知到或未能查知自己"听见"了想象出来的乐曲。

其次,如我们在前一章中所看到的那样,领会一首已知的乐曲不仅包含着听见曲调,而且包含着其他许多东西。可以说,领会那

首乐曲包含着为每个将要到来的乐音准备好了恰当的位置。每一个乐音都在预定的时刻不出意料之外地来到了；听到的东西正是等着倾听的东西。如此等着倾听预定应到的乐音便蕴涵着已经学会并且还未忘记那首乐曲，因而是训练的产物而不仅仅是听觉能力的作用。一个有点聋的人也许比听力较强的人能更好地领会一首乐曲。

有些时候，一个人在倾听一首不很熟悉的乐曲时也许会说自己把那首乐曲弄错了，其意思是说，虽然他本人没有在演奏或哼唱那首乐曲而仅仅在倾听它，但他却时时等着倾听并非事实上预定应到的曲调；当听到一个特定的乐章开始时他感到诧异，尽管他也认识到感到诧异是自己的过错。必须注意的是，他在那首乐曲的进程方面所犯的错误无须并且通常也不会用一句私人的或公开的假句子阐述出来；他所“做”的一切就是等着倾听并非预定到来的曲调，而不等着倾听预定到来的曲调，这种等着倾听曲调的行为不是一个做出的行为或一系列做出的行为。

正是这一点使我们联想到一个人在领会一首想象出来的乐曲的情况。一首乐曲实际上有某种旋律，却预料它有另一种旋律，这已经是假定、幻想或想象了。当实际听到的并不是原来等着倾听的曲调时，原来等着倾听的就只能说是也许会被听到的曲调，因此，在等着倾听其实不会到来的曲调时所具有的心境是一种错误的期待心境。听者对实际上听到的东西感到失望或困惑。一个完全是在自己的头脑中过了一遍一首乐曲的人处于部分类似的情况之中。他也等着倾听自己事实上没有听到的某种东西，尽管他始终很清楚自己并不会听到它。他也可能把乐曲弄错，同时可能认识到、也可能没有认识到自己的过错,这个事实本身就表明:想象并不仅仅是具有感觉或感觉的复写,因为不能把这种想象刻画为接受一首乐曲的错误表述或正确表述。

269 在头脑中过一遍一首乐曲类似于领会一首听到的乐曲,的确,前者还是后者的一种排练。不过这种想象活动之所以类似于领会听到的乐曲并非如人们常常认为的那样,是因为它包含着听到曲调的幽灵,这些幽灵除了声响之外在其他方面都类似于人们听到的实实在在的曲调,而是因为,二者都是对乐曲旋律的知识的利用。这种知识可以得到种种运用:听出并领会实际听到的乐曲要运用它;哼唱或演奏乐曲要运用它;注意到演奏乐曲时出现的失误要运用它;幻想自己在哼唱或演奏乐曲,或者幻想自己仅仅在倾听乐曲,也要运用它。知道一首乐曲也就是能够做一些诸如听出并领会这首乐曲、奏出或唱出这首乐曲、察觉演奏它时所出现的失误,以及在头脑中过一遍这首乐曲之类的事情。假如一个人正确无误地用口哨吹奏了它,或在头脑中把它过了一遍,那么我们就不可以说他还不能思考它的旋律。做这类事情*就是*在思考那首乐曲的旋律。

不过,较之领会听到的乐曲或哼唱乐曲,纯粹的想象则是更加复杂高级的活动;因为它包含着对于领会或奏出那首乐曲的思考,如同拳击练习包含着对认真格斗的思考,或如同发表第二手材料包含着对第一手材料的思考。幻想在听一首已知的乐曲包含着:在当真奏那首乐曲的情况下“等着听”预定应当听到的曲调。这也就是以一种假设的方式等着听那些曲调。同样,幻想在哼一首已知的乐曲包含着:在当真哼那首乐曲的情况下“准备哼”预定应当哼出的曲调。这也就是以一种假设的方式准备哼那些曲调。它不是在非常非常轻声地哼唱，相反，它是故意不进行那些若是不想安静便该进行的哼唱。我们也许可以说，想象自己在谈话或哼唱就是不断地避免发出若是大声谈话或哼唱便该发出的说话声或乐曲声。这就是为什么这类活动成为不可测知的秘密的原因；其原因不在于说话声或乐曲声是在一个封闭的小屋里发出来的，而在于这类活动是由避免发出说话声或乐曲声而造成的。这也是为什么学会幻想谈话或哼唱迟于学会谈话或哼唱的原因。无声的独白是一股孕育着言说的非言说之流。忍住不说当然蕴涵着既知道本会 270
说什么，也知道本会怎样说。

无疑，有时候某些人在想象乐曲时幻想自己不仅在被动地倾听乐曲声，而且在主动地发出乐曲声，正如大部分想象中的谈话不仅含有想象中的听说，而且含有想象中的言说。此外，人们若出声地唱歌或说话就要充分地运动某些肌肉，想象自己在发出声音的人便很可能会轻微地运动这些肌肉，因为如此想象时完全不运动肌肉比轻微地运动肌肉更为困难。不过这些都是我们并不关注的事实问题。我们所关注的是要探明，比方说，某人“听到”自己事实上没有听到的某种声音这种说法究竟意味着什么。

把这类说明用于视觉心像和其他的心像并不困难。在心目中看到赫尔维林山并不蕴涵着看到赫尔维林山及其快照所蕴涵的东西，即具有视感觉。它确实包含着对于看见赫尔维林山的思考，因此较之看见赫尔维林山来说它是更为高级复杂的活动。它是对赫尔维林山应当具有什么外观的知识的一种利用，或者，按思考这个动词的一种含义，在心目中看见赫尔维林山就是在思考那座山应当具有什么外观。由于一看见赫尔维林山就认出了它而得到实现的那些预料固然不会由于描画那座山而得到实现，但描画那座山却有点类似于使那些预料得到实现的一种排练。描画不仅不包含着具有微弱的感觉或感觉幽灵，相反，描画包含着失去一个人当真看到那座山时本该得到的东西。

无疑，想象并非只是描画实实在在的面孔和山岭或“听见”熟悉的乐曲和已知的说话声。我们能够幻想自己在注视寓言中的山岭。作曲家大概也能幻想自己在倾听从未演奏过的曲子。因而，可以认为，在这类情况下并不存在正确地描画想象的景象或“听到”还在创作中的乐曲走了调之类的问题，正如人们既不能指责安徒生错误地报道了他笔下的人物的经历，也不能赞扬说他的记述是忠于事实的。

考虑一下装扮与引述的类似之处。一个演员某日扮演了一位
271 法国人；次日他不得不扮演一位火星上的来客。我们知道前一种表演怎样才能使人信服或不使人信服；但后一种表演又怎样才能使人信服或不使人信服呢？或者，我可以先引述你说过的话，然后再说出你本来会或本来能说的话。我们知道准确的引述是怎么回事，但假装的引述却既不能是准确的，也不能是不准确的；假装的引述只能在某种较为间接的含义上是适当或不适当的，这就要看它是不是你本来会或本来能说的那种话。尽管如此，那个演员还是在假装令人信服地表演火星人，我还是在假装引述你本人的话。这正是一种双重的表演。模仿拳击手进行拳击练习的儿童的情况与此类似，因为他不在格斗，并且也不在练习格斗，而在表演一个练习格斗的人的一些动作。他在模拟“模拟格斗”。如同我们用来

评论格斗的谓词不能用来形容拳击练习一样，我们用来评论拳击练习的谓词也不能用来形容模拟拳击练习。与此相应，不仅我们用来评论赫尔维林山的景象的谓词不能用来形容描画赫尔维林山的方式，而且我们用来评论对于赫尔维林山的视觉想象的谓词也不能用来形容对于阿特兰蒂斯或杰克的豆秆[1]的视觉想象。尽管如此，我们还是自称，那就是阿特兰蒂斯和杰克的豆秆会具有的外观。我们在进行双重的想象。

我们现在能够找到并且纠正休谟所犯的一个错误了。休谟错误地假定，“看见”或“听到”就是具有某种影子感觉（这又包含了另一个错误，即假定能够存在着影子感觉），因而提出了如下的因果理论：就有点像具有一种角形的伤痕包含着在先曾被一种角形物打击一样，一个人若不是在先具有一种相应的感觉，他就无法具有一种特殊的“观念”。他似乎认为，心目中看见的颜色是原先用肉眼看见的颜色以某种方式留下的痕迹。在这种说明中，唯一合乎事实的是，心目中看到的东西和“头脑中”听到的东西以某些方式系附于原先看见和听到的东西。但这种联系的性质根本不是休谟所假定的那种性质。

我们看到，模拟行动以率直的行动为前提，因为在一种特殊的含义上，作出前者包含着对于后者的思考。一个人若还不了解熊 272
是怎样吼叫的或杀人犯是怎样犯杀人罪的，就无法扮演熊或杀人

① 阿特兰蒂斯（Atlantis）是欧洲古代传说中的一个大陆，它下沉在直布罗陀海峡以西的大西洋底下。“杰克的豆秆”（Jack’s Beanstalk）是西方广为流传的一个儿童神话故事，它叙述了主人公杰克顺着一棵巨大的豆秆一直爬到天堂之后的种种奇遇。——译者

犯。他也无法评判扮演动作。同样，一个人若还不了解蓝色的东西看起来是什么样子，或者还不了解邮递员的敲门声听起来是什么样的声音，就无法在自己的心目中看到蓝色的东西，或者无法“听到”邮递员的敲门声；他也不能辨认蓝色的东西或邮递员的敲门声。我们主要并且最初是由于看到或听到它们才获知事物看起来是什么样子或听起来是什么样的声音的。想象是利用知识的许多方式中的一种，因而它要求人们已经获得并且还没有失去有关的知识。我们不需要一种副机械论的痕迹说来说明我们所具有的在心目中看见各种东西的有限能力，正如我们不需要它来说明我们所具有的把法文译为英文的有限能力。我们只需看到，获得知觉方面的经验教训蕴涵着某种知觉活动，而运用知觉方面的经验教训则蕴涵着已获得了它们，想象便是运用这些经验教训的一种方式。醉心于痕迹说的人应当努力使他们的理论适合于乐曲在头脑中回旋的情形。这是某种听感觉的痕迹复活了呢，还是一系列听感觉的一系列痕迹复活了？

(7) 记忆

在关于想象的讨论后面补一个对于“记得”的简要说明，这是合适的。一开始我们必须注意到，“记得”这个动词通常有两种很不同的用法。

(1) 这个动词的最为重要而又讨论得最少的用法是，记得某种事物意味着已获知了它并且还没有忘记它。正是在这种含义上，我们谈及记得希腊字母，记得从采砂场到海滨浴场的路，记得一个定理的证明，记得怎样骑自行车，记得委员会的下一次会议将在七月份的最后一个星期举行。说一个人还没有忘记某事并不是说，他现在正在做或经历某事，甚至也不是说，他常常或偶尔做或经历某事，而是说，他**能够**做某些事情，诸如能够念一遍希腊字母，能够引导陌生人从海滨浴场返回采砂场，或者当某人说委员会的下一次会议将在七月份的第二个星期举行时能够纠正这种说法。

照这种用法，所谓记得的东西可以是任何已获知的经验教训，而且，已获知并且还未忘记的东西无须与过去有关，尽管获知它当 273
然先于还未忘记它。“记得”按这种用法常常是——尽管不总是——“知道”这一动词的一种可允许的释义。

(2) 与上述用法完全不同的是“记得”这个动词的另一种用法：按那种用法，可以说某人在某特殊时刻记得或正在回忆某种东西，也可以说某人现在正在回想、回顾或细想自己过去的某个插曲。按那种用法，记得是一种事件，它是一个人可以成功地或徒劳地试图去做的某种事情；这种事情一度占据了他的注意力，他可以愉快地也可以悲伤地、可以不费力地也可以费劲地做这种事情。律师敦促证人回想某些事情，教师则训练学生不忘记某些东西。

回想具有某些也为想象具有的特征。正如我所想象的就是自己看到、听见、做和注意到某些事物，我也只能回想自己看到过的、听见过的、做过的或感受过的事物；并且，犹如我的想象一样，我的回想也是相对生动鲜明的、相对容易的和相对连贯的。不仅如此，犹如我想象各种事物有时候是有意的有时候则是无意的一样，我回想各种事物也有时候是有意的有时候则是无意的。

在“没有忘记”这个概念与回忆这个概念之间存在着一种重要的联系。不论是说一个人实际上正在回想某事还是说他能够回想它或记起它，都意味着他还没有忘记它；然而说他还没有忘记某事却并不蕴涵着他事实上能够或本能够回想这事。若说我能够回忆起或确实回忆起了自己目睹到的发生于一次野餐中的一些事件，可是我却忘了在那次野餐中曾发生过什么事情，那未免自相矛盾。但若说我知道自己的出生日期或知道自己的阑尾已被摘除，可是我回想不起那些事件了，这却不会有什么矛盾。而若说我确实回想起了或能够回想起拿破仑在滑铁卢战役中失败或怎样把英文译成希腊文，可是我还没有忘记这些事情，那就荒唐了，因为回想这个动词意味着，我回想的事情必定是我本人目睹到的、做过的或经验过的事情，而在这种含义上那些事情并不是能够被回想的事情。

理论家们有时候谈论记忆知识（memory-knowledge）、记忆信念和记忆的证据，并且，当他们讨论知识的“源泉”和我们借以获知
274 各种事物的途径时，他们有时候仿佛认为，记忆也是知识的一种“源泉”，而记得便是我们借以获知各种事物的一种途径。因此，记忆有时候与知觉和推理一起被并列为一种认知的官能或能力；或者，记得与觉察和推论一起被并列为一种认知的举动或过程。

这是一个错误。假如问一个证人，他怎么知道某件事情发生了，他可以回答说，他目睹了这件事情，或者别人告诉了他这件事情，或者他根据亲眼目睹的事情或别人告诉他的事情推论出了这件事情。他不能回答说，他由于没有忘记自己已经探明的事情或者由于回想起自己已探明了这件事情而探明了所发生的事情。回忆和没有忘记既不是知识的“源泉”，也不是获知的途径——假如这样说有什么不同的话。回忆蕴涵着已经获知并且还没有忘记；没有忘记就是已经获知并且还没有忘记。它们二者都不是一种获知、发现或确立的活动。更不必说回想所发生的事情是在使用一个证据可据此对所发生的事情作出某些推论或可能的推论了，除非这样说意味着陪审团可以根据证人的叙述作出推论。证人自己不会论证说："我回想起碰撞正好发生在雷鸣之后，因此很可能碰撞正好发生在雷鸣之后。"这样的推论根本不存在；即使有这样的推论，可靠的证人也是善于回忆的证人而不是善于推论的证人。

无疑，证人可能不得不承认，甚至会不得不惊讶地承认，他必定在凭借自己的想象，因为出于种种理由，他不可能一直在回想他自称是在回想的东西；在另外一些情况下他可能会自动承认，他自己也怀疑自己究竟是在回想还是在虚构。但是，尽管所谓的回忆也许是虚构，从这个事实却并不能得出，准确真实的回忆就是一些发现，或是一些成功的调查研究。若我们要求一个人说一说他对银河知道些什么，或要求他绘制一幅伯克郡[①]的河流和铁路的地图，他也许会述说和绘制一些他并不知道表述了事实的东西，并且他也许会诧异地发现自己正在这样做，或者也许不能肯定自己是否正在这样做。可是没有一个人会认为，述说和绘图是知识的"源泉"，是探明事物的途径，或者是一些证据，根据它们能够推出一些发现。述说和绘制各种事物至多是传达已获知的经验教训的途 275
径。因此回想是对已获知的东西的一种记忆。回想是在复习某种东西，而不是达到某种东西；它类似于详述，而不类似于探究。一个人可以在一天之内对某个特殊事件回想二十次。但没有一个人会说，所发生的事情他发现了二十次。如果后面十九次回顾都不

① 伯克郡(Berkshire)位于英格兰南部泰晤士河流域。——译者

是发现，那么第一次回顾也绝不是发现。

现有的对回忆的各种说明给人留下了这样的印象：当一个人回想起过去的一个事件时，这个事件的各种细节必定会返回到他的想象之中。他必定“在心目中”“看到了”各种细节或“在头脑中”“听到了”它们。但这样的“必定”情形并不存在。假如一个经常去听音乐会的人想要回忆一下小提琴手在演奏某一首乐曲时究竟是怎样出现失误的，那么他可以通过吹口哨或拉小提琴来再现那个演奏者的失误；假如他逼真地重复了那种失误，那么他无疑回忆起了那个演奏者的失误。这也许是他回想那个小提琴手怎样出错的唯一方式，因为他可能不善于在自己的头脑中复习乐曲。同样，一个出色的模拟者也许只会用自己的手并在自己的脸上重演说教者的手势和怪相而把它们再现出来，因为他可能不善于在自己的心目中看到各种事物。或者，一个称职的制图员在得到一支铅笔并用它在纸上描出一艘快艇的轮廓和帆缆之前，也许回忆不起这艘快艇的轮廓和帆缆。假如他们的模仿和描绘是逼真的，假如模仿者和描绘者在模仿和描绘出错时不用提醒就能及时地纠正错误，那么同伴们就会相信他们已回忆起了他们所看到的东西，而不会再要求他们对他们的视觉心像的生动鲜明、丰富多彩和连贯性，甚至于对这类视觉心像的存在，提供一些信息。

没有一个人会说，那个经常去听音乐会的人、那个模仿者或那个制图员，由于重演了奏错的乐曲、说教者的姿态或快艇的轮廓而获知了一些东西，而只会说，他们表明了，有人曾听到那首乐曲在演奏时怎样出了错，曾看到那个说教者是怎样做手势的，或曾看见那个制图员是怎样绘出那条快艇的轮廓和帆缆的。用心像进行的

回忆在原则上也无不同之处，尽管这样的回忆往往在速度上占优势，而在功效上要差得多；当然，它也不具有任何直接的公开效用。

人们极容易夸大视觉心像的照相一样的逼真性。这样做的主 276
要原因似乎是：他们发现自己常常，特别是当有人恰当地提醒和提问他们时，能够用词语对自己曾经历过的事件作出非常全面、详细和井井有条的描述。于是他们往往会假定：既然现在几乎能够像在事件发生的当时那样准确地描述这类过去的事件，他们就必定正在根据已逝景象的一些现时复制品或纪念品检查自己的叙述。假如在一个面孔消失后人们几乎能够像在那个面孔出现时那样准确地描述它，那么这必定是由于存在着它的照片之类的东西。但这却是一个没有理由的因果关系假说。“我怎么能够忠实地描述曾经目睹的东西？”并不是疑难问题，正如“我怎么能够忠实地对曾经目睹的东西进行视觉想象？”也不是疑难问题一样。借助于个人经验来描述已知事物是凡有语言表达能力的人都应当具备的一种能力；对已知事物的各部分进行视觉想象则是大部分人在某种程度上，儿童、服装设计师、警察和漫画家在很大程度上，都应当具备的另一种能力。

所以，回忆能够采取忠实地用词语叙述的形式。这种形式的回忆不同于凭借模拟作出的回忆和凭借绘图作出的回忆，因为过去发生的事情通常是说出来的而不是描绘出来的（尽管述说也常常体现了某种生动的描绘）。显然，在这儿也没有一个人会愿意这样说：仿佛叙述是知识的一个“源泉”或是获得知识的一条途径。叙述不属于制造和装配的阶段，而属于输出的阶段。它不类似于获知经验教训，而类似于背诵经验教训。

不过，人们极易认为，鲜明生动的视觉回想必定是一种看到，因此是一种发现。犯这种错误的一个动机可以阐明如下：假如一个人获悉一场海战已经发生，而自己并不是这场海战的目击者，那么他可以有意或无意地用视觉心像来描画海战的场面。每当想到那场海战时，他很可能会迅速安下心来以一种相当一致的方式来描画那种场面，犹如每当应邀讲故事时，他会安下心来用一种相当一致的措辞来描述故事的情节。不过，虽然他也许难以避免以现
277 在已成习惯的方式来描述那种场面，他仍然会认识到，描画自己并没有目睹的场面的习惯方式与曾经目睹而还未忘记的事件“回到”自己心目中的方式，二者之间存在着一种不同。尽管他也无法避免以一种一致的方式来描画自己曾经目睹的事件，但它们的一致性在他看来是强制性的，并且不仅仅为重复所决定。正如当初不能随心所欲地看到那个事件一样，他现在也不能随心所欲地“看到”它。既然壁炉台的那个角落才是顶针的所在之处，他当初便不能看见顶针在别处而不在壁炉台的那个角落里。不论作出多大努力，他现在也不能回想起在别处看到了它，尽管他若愿意的话可以想象自己看见它掉在煤斗里。的确，他满可以一面否认别人认为顶针是在壁炉旁的煤斗里的断言，一面却又想象在那里看到了它。

读了关于一场赛跑的报道的读者由于受到报道的本文造成的某些限制，能够先以一种方式描画那场比赛而后又有意或无意地以一种不同的并且也许是相冲突的方式来描画那场比赛；但是比赛的目击者会觉得，尽管他能够进一步回想比赛的各个细节，却绝对回想不起其他可供选择的情景。正是这一点使得人们认为，凭借想象进行的回忆在性质上有些类似于细看一张照片或倾听一张

唱片。“我不可能以其他方式‘看到’那个事件”这句话中的“不可能”被心照不宣地比做“照相机不可能说谎”或“唱片不可能改变乐曲”中的机械性的“不可能”。但在事实上，“我不可能以其他方式‘看到’那个事件”中的“不可能”却类似于“我不可能随心所欲地拼写‘Edinburgh’”中的“不可能”。我不可能既按正确的顺序写下正确的字母同时又在书写别的什么字母组合；我不可能既在按已知的正确拼法拼出“Edinburgh”同时又在按别的什么方式拼出它。没有任何东西迫使我的手以某种方式而不是以另一种方式来拼写它；然而纯粹的逻辑便排除了我既在拼出已知为正确的拼写、又在以同一个活动拼出一个任意的拼写的可能性。同样，根本没有任何东西迫使我描画什么，也没有任何东西迫使我这样而不是那样来进行描画；但假如我正在回想当时目睹的情景，那么我的描画就不是任意的。当我从采砂场走向海滨浴场时，也没有什么事物迫使我走这条人行道而不走别的人行道。但假如我知道这是一条正
确的路，那么我在逻辑上就不能同时既走已知是正确的路又走另 278
一条路。

再考虑那个经常去听音乐会的人的情形：他模仿提琴手的失误用口哨吹奏了走了调的那几节曲调，从而再现了演奏的失误。他“不得不”那样吹口哨，其唯一的含义是：假如他吹奏了别的什么曲调，那么他就不是在再现提琴手的失误了。他之所以吹奏了那些曲调，是因为他还没有忘记听过的演奏。但这并不是一种因果性的“因为”。他的口哨吹奏既不因果性地为提琴手的错误演奏所控制和支配，也不因果性地为自己原先听演奏的行为所控制或支配。相反，说他还没有忘记听过的东西就是说，他能够做一些诸如

用口哨吹奏它从而忠实地再现演奏失误之类的事情。只要他至今仍在心中记着那个提琴手的失误，他就至今仍能够做并且准备好了做一些诸如忠实地重演那种失误从而指明失误的所在之类的事情。这就是“心中记着”的含义所在。

假如让一个儿童背诵一首诗歌，他背错了或部分背错了，那么我们就不会说他背出了那首诗歌。一个错误的引述也说不上是引述。假如有人告诉我们说，某人拼出了或释出了某个词，我们不会问，“那么他是否弄对了？”因为误拼或误解说不上是拼写或解释。当然，这些动词事实上还有另一些用法，其力量相当于“试图拼写”或“试图解释”。在这些用法中，它们可以有意义地为“不成功地”一词所限定。

“回想”一词当它不意味着“试图回想”的时候，同样也是一个“获得”动词（“got it” verb）。“不成功地回想起”和“不正确地回想起”是不合法的短语。但这并不意味着我们具有一种特许的官能，若让这种官能自由发挥，那么我们不必小心翼翼，它便会带着我们到达目的地。它仅仅意味着，比方说，我们若不按照所知的本来面目来描画事件，那就不是在回想，正如我们若不引用已知的原话而把其他的话强加给别人，那也不是在引述。回想是我们有时不得不竭力去做并且常常做不成的一种事情；而且很多时候我们常常不知道自己是否成功地进行了回想。因此，我们可能自称回想起了某件事情而后又被说服放弃了原先的说法。不过，虽然“回想”是一个“获得”动词，它却不是一个表示发现问题、解决问题或证明问题的动词。相反，如同“背诵”、“引述”、“描绘”和“模仿”一样，它
279 是一个表示“显示”的动词，或至少属于那类动词。善于回想并不

是善于调查研究，而是善于表述。假如可以说“叙述”既包含有如实的表述也包含有失真的表述，那么善于回想就是一种叙述技能。我们说回忆是比较忠实的、鲜明生动的和准确的，而不说回忆是有独创性的、辉煌的或敏锐的，其原因就在于此。我们也不会仅仅因为有些人善于回忆而称他们是“聪明的”和“善于观察的”。好谈轶事者不是侦探的一种。

280

第九章　理智

(1) 前言

迄今为止我对于**理性**、**理智**或**理解力**，对于思想、判断、推理或概念，只说过很少一点肯定性的东西。的确，就是这很少一点东西也在很大程度上具有一种紧缩的倾向，因为我反复地驳斥了这样一种常见的看法：使用诸如“有意图的”、“熟练的”、“小心的”、“雄心勃勃的”和“自愿的”这样一些形容词蕴涵着，认知活动或理论思维活动的存在是使用这类形容词的一个因果性先决条件。我很可能给人留下了如此的印象：既然计划活动和理论思维活动本身能够被刻画为有意图的、熟练的、小心的、雄心勃勃的和自愿的等等，我也就把这些活动仅仅看成了一些特殊的事情，它们是与打绳结、听乐曲或捉迷藏这样的事情完全相似的。

由于在人们中间广泛存在着把“心灵”和“心理的”用作“理智”和“理智的”的同义词的习惯，将那些旧有精华的职务如此平民化将会更加令人感到震惊。当人们只想知道一个候选人在解决某些种类的学术问题方面能力如何时，若问考查人员这个候选人具有什么样的心灵，那是完全符合语言习惯用法的。但若考察者答曰，这个候选人喜欢动物、有些腼腆、爱好音乐并且很诙谐，提问者便会感到诧异。

现在我们该探讨一下一些特定的理智能力、理智倾向和理智行为的概念的某些特征了。人们将会发现，这些理智的东西的确具有某种首要性，可是这种首要性并非如人们通常假设的那样，在于它们是导致结果的在先的原因。

(2) 理智的划界

人们往往按照某些模型来描述理智在人的生活中的地位，不
论他们有没有意识到这是一种比喻。有时候**理智**被说成是一种特 281
殊的器官，于是理智的强弱被比作眼睛的强弱和二头肌的强弱。
有时候**理解力**被说成是一种出版商行或造币厂，它通过零售商或
银行向顾客发行它的产品。有时候**理性**被说成是一个有智慧的演
讲者或地方行政官，他位于中心向周围的听众讲授知识、发布命令
和提出建议。在这里，我们无需费心去论证，这类模型或类似的一
些模型不适于提供我们的讨论所要依赖的术语。但有一个构成了
所有这些模型的基础的承诺，我们却是需要从一开始就对之抱有
怀疑的。我们能够非常确切地说出，眼睛和二头肌的强或弱能够
使我们做些什么样的事情，又能够阻止我们做些什么样的事情；我
们能够准确无误地说出，这个出版商行或那个造币厂发行了什么
样的产品，不发行什么样的产品；我们还能够准确无误地说出，一
个特定的演讲者在一次特殊的演讲中透露了什么东西，没有透露
什么东西。但若有人问，究竟什么样的人类行动和反应应当归类
为理智的东西，我们却不具有相似的标准。数学计算无疑应当归
入理智的行为，但如果它充满了错误和幸运的猜测，或完全是靠死
记硬背做出来的，那该怎么说呢？法庭辩论无疑应当归入理智的

行为，但如果其动机是要把比较不充分的理由说成是比较充分的理由，那该怎么说呢？哲学思维无疑应当归入理智的行为，但如果这种思维是表示愿望的，那该怎么说呢？事实的收集和概括无疑也应当归入理智的行为，但如果像寒鸦那样去收集事实并且富于幻想地去进行概括，那该怎么说呢？

根据有些说明，理智活动的本质特性正在于，它们是为了发现真理而作出的。然而桥牌和象棋都是理智性的游戏，在这类游戏中作出所需要的理智活动却是为了赢得胜利而不是为了作出发现。工程师和将军用自己的头脑作计划，但他们并不旨在增加知识。立法机构的成员必须用抽象的术语系统地进行思考，但他的劳动并不导致定理而是导致法案。相反，老年人的回忆可以堆积成大量令人生畏的真理，但我们却不愿把这些回忆归类为有意义的理智能力的运用。因为老年人不会去想出曾经发生过的事情；他们只是回想到那些事情。善于观察的儿童用眼睛、耳朵、鼻子、舌头和手指持续不断地对各种事物作出了许多发现，但我们也不把这些发现看作是理智能力的运用。因为他不会用这些感官来获得奖学金。

282 借助“思考”这个概念也不能使理智的东西与非理智的东西之间的界限变得清楚得多，因为“思考”不仅像“理智的”这个概念一样含糊而不明确，而且还具有额外的属于它自己的歧义。在一种含义上，英语动词“思考”(think)是“相信”(believe)和“假定”(suppose)的一个同义词；因此，在这种含义上，一个人有可能思考许许多多愚蠢的问题，但在另一种含义上，他又有可能几乎不思考愚蠢的问题。这样的一个人既轻信别人又懒得动脑筋。然而“思考”还含有另一种含义，在这种含义上可以说，当一个人专心致志的时候，例如他正在专心致志地弹钢琴时，他便在“努力思考着他正在做的事情”；但他并不在深思，也绝不是在沉思。假如有人问，他考虑过什么前提，得出了什么结论，简而言之，他曾有过什么想法，那么他完全可以正当地回答说：“根本没有。我既没有时间，也没有兴趣去构造或使用任何命题。我在用心于弹钢琴，而不是在用心于思索问题，甚至也不在用心于自我讲授怎样弹钢琴。”

人们有时候说，在所需的特定含义上，“理智过程”或“思考”意味着一种使用符号的活动，特别是使用语词和语句这样的符号的活动。“思考时灵魂在对它自己谈话”。但这种含义既过分宽泛又过分狭窄了。一个纯粹在死记硬背童谣或乘法运算表的儿童正在经历一种运用表达式的过程，但他并不专心于他正在念的语词和语句的含义；他不是在使用表达式，而是在鹦鹉学舌般地复述它们，就像他可以鹦鹉学舌般地复述一首乐曲一样。若说思考者是那种有意专心地使用表达式的人，那也是不行的，因为，假如一种拼板玩具由一首曾经学过的外国童谣的各个片段构造而成，那么一个儿童就会努力地并且有效地致力于按它们的正确次序把它们重新组合起来，尽管他根本不知道这首童谣的语句意思是什么。即使说，思考在于构造载有一些特定含义的表达式复合体（Complexes of expressions），那也是不行的，因为我们承认，一个人若仅仅在领会另一个人说出的一些表达式，那么他也在进行思考。他不是在把自己的观念放入语词之中，而是在根据别人的语词获取观念。

另一方面，我们不得不承认，一个人在某些根本不使用任何表达式的情况下，不论是使用语词、电码符号、图表还是使用图画，他 283

也在进行真正的理智性工作。人们通常会承认，找出并解开一团纠缠在一起的毛线的缠结、研究棋赛的局势，以及试图把拼板玩具中的拼板放到适当的位置上，也都是思考，即使这类思考不伴随有任何自我谈话。

最后，运用先前提出的一个论点，未经思考的言谈与经过思考的言谈之间的区别在这里就变得重要起来。在日常的社交性闲谈中，在大多数情况下我们都随口说出涌到嘴边的话，而并不仔细考虑应当说些什么或怎样把它说出来；我们不会遇到别人的质疑，要求我们证明我们的陈述的正确性，要求我们阐明我们说出的话彼此之间有什么联系，或要求我们澄清我们所提出的问题的宗旨或我们进行哄劝时所说的好话的真正意义。我们的谈话是自然的，自发的和未经权衡的。它不是工作，也不意在教导，让别人记住或记录下来。尽管如此，我们的谈论仍然有其意义，听者也理解它们并且会作出恰当的反应。

然而，这并不是我们谈到某人在判断、考虑、推论或在想出某事物时我们心中所想到的那种谈话。我们并不依据一个人平时的闲谈方式来判断他的理智能力。我们宁愿在他进行谨慎的、经过训练的、认真的谈话时，当他的话是用上班语调(on-duty tone of voice)而不是用任何下班语调(off-duty tone of voice)说出来的时候，才根据他的谈话方式来判断他的理智能力。不过，我们在一定程度上确实根据一个人所开的玩笑和他所赞赏的玩笑来判断他的理智潜力，即便这些东西属于他的课外(out-of-school)谈话。理论家们倾向于认为，不假思考的闲谈与经过权衡的谈话之间的不同仅仅是程度上的不同，因此脱口而出的东西与认真表达出来的声明反映了同样种类的理智过程。但在实践上我们评价一个人的见识、聪明才智和领悟能力时只考虑后者。因此，在实践上我们并不把所有显示出智力的表达式运用都看作思考，而只是或主要把当作工作的表达式运用看作思考。我们并不把不假思考的闲谈看作低水平的理论思维或计划，不这样看是完全正确的。日常闲谈的目的并不是要提出任何人的理论或计划。我们也不把漫步和哼唱看作轻度的劳作。但是，归根到底，假如所有试图对“理智的”和“思想”给出一个固定不变的(hard-edged)定义的努力不是在这儿就是在那儿都失败了，这是否要紧呢？我们完全知道该怎样区分都市地区和乡村地区、游戏与工作、春天与夏天，并且并未由于发 284
现了一些不可判定的介于二者之间的情况而感到为难。我们知道解决数学问题是一种理智的工作，搜寻顶针是一种非理智的工作，而寻求贴切的押韵字则是一种介于二者之间的工作。打桥牌是一种理智的游戏，照快照是一种非理智性的游戏，“弄穷我的邻居”[1]则是一种介于二者之间的游戏。虽然发现了数目不小的难以确定的两可情况，但我们在日常生活中还是照样使用表示理智和思想的各种概念，并没有因此而感到为难。

无疑，就某些目的而言这没有什么要紧。但对于我们来说这却是至关紧要的。它意味着，把**理性**、**理智**或**理解力**说成是一种特定官能或隐秘器官的那些较为陈旧的理论，以及谈论判断、设想、假定、推论等等特定理智过程的那些较为新近的理论，都具有同样

① 原文为 Beggar-my-neighbour，一种牌戏，在这种游戏中，打牌者要赢得对方手中的所有牌。——译者

的毛病。这些理论都自称对一些事物具有鉴别标准，而事实上它们并非总能对这些事物作出鉴别。我们并不总是知道什么时候应当运用、什么时候不应当运用这些认识论的行业俗名(trade-name)的。

让我们重新开始。大部分人在把理智的能力和行为与其他的能力和行为作比较的时候，不费多少时间就会想到一个观念，亦即教育(schooling)的观念。理智的能力乃是为规定的课程发展起来并为规定的考察所检验的能力。理智的工作乃是只有受过教育的人才能完成的工作或某些工作。知识分子乃是得益于可以达到的最高等教育的人，而理智的谈话乃是教诲性质的谈话。天生的或与教育无关的技巧不能与理智的技能放在一起加以分类，甚至于主要是靠纯粹的模仿而学会的技艺，如跳绳、照快照和闲谈，也不被说成是理智的成就。只有利用了至少是部分地从书本中和课堂上学到的东西，或者，一般说来，只有利用了从教导性的论说中学到的东西，才有资格得到这种证书。

很清楚，(1)任何一个人若还没有学会领会和使用交谈性的谈话，他便不能领会或使用教导性的论说。(2)教导性的论说本身就是一种经过思考的论说。教导性的论说给予听者以教育，而它本身在某种程度上又是教育的产物。它有它自己的常规做法，它不是以社交的、交谈的方式说出来或写出来的，而是以非社交的、训
285 练的方式说出来或写出来的。它是威严傲慢地发表出来的。即便有人爱用一种欢快的交谈方式，纯粹以交谈的方式来接受教导性论说也被认为是不合适的，因此，以交谈的方式进行教导被认为是骗人的。爱用交谈方式的教师只是假装自己和学生们不真在工

作。借助于由此学会某些东西的教学方法来划分理智的东西与非理智的东西似乎是一种价值不大的划界方式，但我们将在后面看到，在这种划界方式的背后，隐藏着非常重要的思想。

现在必须来讨论一下表示思想和思考的一些概念了。我们必须清楚地区分思想的下述两种含义：在一种含义上，我们说某人在致力于想出某种东西；在另一种含义上，我们说如此这般的东西是他所想的东西。亦即：在“思想”的一种含义上，思想能够是艰难的、长时间的，能够被打断，能够是粗心的、成功的或没有效果的；在另一种含义上，一个人的思想可以是真的、假的、有效的、错误的、抽象的，可以被拒绝、被分享，可以已发表了出来，也可以还未发表出来。在前一种含义上，我们在谈论一个人不时地在各个时期内所从事的工作。在后一种含义上，我们则在谈论这类工作的结果。作出这种区别的重要性在于，目前人们普遍喜欢借用描述思想结果的措辞来描述思想活动。关于人们作出判断、抽象、归类、演绎、归纳、断言等等这样的事情，我们听到了许多说法，仿佛这些事情实际上是一些特定的人在他们考虑问题的各个特殊阶段作出的一些可以记录下来的活动。于是，既然我们并没有目击到别人在做这些事情，甚至也没有发觉自己在做这些事情，我们便感到只得承认，这些举动是非常隐蔽的事件，它们的发生只能为认识论专家的推理和预见所探明。这些专家对我们讲述我们所做的这些事情，似乎多少有点像解剖学家对我们讲述消化过程和大脑活动过程，这些过程发生于我们体内却不为我们所知。所以我们的理智必定是一些无肉体的器官，因为这些副解剖学家发现了它们的很多秘密功能。

我希望表明，“判断”、“演绎”、“抽象”等语词完全属于对思考的各种产物所作的分类，若认为这些语词指称了构成思考的各种举动，那就错误地解释了这些语词。它们不属于传记中所用的词
286 汇，而属于对书籍、讲演、讨论和报道作评论时所使用的词汇。它们是裁判员所用的名词，而不是传记作家所用的名词。

（3）理论的构筑、掌握和利用

虽然有许许多多的业余爱好（既包括游戏也包括工作）我们可以称之为理智的活动而并不意味它们的目的是要发现真理，但却存在着一些充分的理由需要我们先来考虑其目的在于发现真理的各种业余爱好所组成的那个特殊家族。我之所以使用“业余爱好的家族”这一用语是因为，妄称欧几里得、修昔底德、哥伦布、亚当·斯密、牛顿、林奈、波尔森[①]和布特勒主教[②]等人都是合伙人，是没有什么益处的。

上述每一个人由之获得其名望的工作都可以称之为“理论建设”工作，尽管“理论”一词具有各种很不同的含义。歇洛克·福尔摩斯的一些理论并不是根据马克思的那些方法建立起来的，它们的使用或应用也与马克思的理论不相似。但他们两人都用教导性的散文来发表理论，就此而言二者却是相同的。

在我们对建立理论的活动或过程发表任何更为明确的看法之前，应当考虑一下：说某人**具有**一个理论究竟是什么意思。建立一

① 波尔森（Richard Porson，1759—1808）：英国古典学者，以翻译古希腊悲剧作家伊斯克勒斯和欧里庇得斯的作品闻名。——译者

② 布特勒主教（Joseph Butler，1692—1752）：英国神学家。——译者

个理论就是试图得到一个理论，而具有一个理论就是已得到了这个理论并且还没有忘记它。建立一个理论是在作旅行；具有一个理论则是到了目的地。

具有一个理论或一个计划就其本身而言并不是在做或在说任何事情，正如有一支笔不是在用它写字一样。有一支笔便是，能够在需要时用它来写字；具有一个理论或计划便是，准备好了在需要时讲述它或者运用它。建立一个理论或计划的工作便是使自己作好这样的准备工作。

我认为，一个理论的拥有者或者准备着陈述它，或者准备着运用它。这里的区别是什么？能够讲述一个理论便是：当一个人——这个人也可以是理论家本人——想要或需要了解或更好地了解这个理论究竟意味着什么的时候，能够给予这个人一个恰当的答复，也就是说，能够用口头语言或文字对这个理论的结论及其可以解决的问题、并且也许还对所以要接受这些答案而摈弃与之竞争的其他答案的理由，作出一种可理解的陈述。具有一个理论包含着能够讲授它所含有的经验教训或反映了最新动态的经验教 287
训。一个人若能出于理智接受这类经验教训，那么他自己最终便会具有这个理论，或者，假如他经过了足够的磨炼，那么他便会把握它而无须采纳它。但我们建立理论却并不是仅仅为了也不是主要为了得到它们去讲述理论，正如我们作出计划既非仅仅为了也非主要为了得到计划去讲述计划。对自己或对学生们进行各种教导性训练的主要意义不在于使他们准备好为了进一步的教导性目的而使用这些经验教训。哥伦布并不是仅仅为了增进已得到详细记载的地理学知识而去探险的。具有一个理论或计划并不只是能

够讲述理论或计划的实质。事实上，能够讲述一个理论就是能够以一种方式来利用这个理论，亦即能够以教导的方式来利用这个理论。掌握欧几里得的定理不仅仅在于能够引用它们；它还在于能够解答它们的应用习题，能够应付对它们的批驳，以及能够借助于它们来探明旷地的面积。

“除了教导的方式之外，怎样以其他的方式利用一个理论呢？”这个问题没有单轨的答案。人们首先打算把歇洛克·福尔摩斯的理论应用于逮捕犯罪分子和判定犯罪分子有罪，应用于挫败有计划的犯罪和开脱无辜的可疑分子。人们也许还打算把他的理论用作有效的侦探技术的指导性例子。假如人们在实际上根据他的理论得出了进一步的推论，假如人们按照他的理论逮捕了罪犯并且释放了无辜者，那么他的理论便得到了应用。当人们根据牛顿的理论作出了正确的预测和事后说明（retrodiction），当人们按照牛顿的理论设计出了机器，当人们放弃了建造永动机的希望，当人们抛弃了其他一些理论或把其他一些理论与牛顿的理论编集在一起，当人们出版各种书籍发表各种演讲使得大学生们能够掌握牛顿的全部理论或部分理论，最后，当人们以牛顿为榜样学会了他建立理论的全部或部分技术并成功地把它们应用于新的研究，在这些时候，牛顿的理论便得到了应用。成为牛顿学说的信奉者不是只说牛顿说过的话，而且还要说和做牛顿本会说出来、本会做出来的事情。具有一个理论就是准备好了作出各式各样的行动，其中只有某些行动是进行教导；而把某种东西教给某人，不论是教给自己还是教给另一个人，其本身又是使这个人对各式各样的工作作好准备，其中也只有部分的工作将是进一步的教导。

360

因此，我们或许可以说，灵魂在进行理论思维时尤其是在准备作教导性的谈话或写作；为了使受教育者获益，教导的目的就在于让受教育者获得一些准备，使他们能够以各种新的方式作出行动 288
或反应，其中只有某些新的行动或反应就其本身而言是进一步的教导性言说。这就表明了，若把理性仅仅看作是给予和接受教导性谈话的能力，那会产生一些什么样的错误。不过所学会的某些活动无疑将是进一步的教导性谈话，因为，受教育者在专心倾听教导性谈话时至少学会了一件事情：怎样说出听到的东西或意思相同的东西，至少是怎样以教导的方式进行谈话。无论如何，新兵起码学会了命令性的语词和军士发布命令的方式。任何一种课程也是讲授和接受怎样进行教导性谈话的一个课程。伽利略在讲授星球、摆和望远镜的活动方式时，也在以自己为榜样讲授怎样来科学地谈论其他课题。

现在来探讨一下理论建设工作。首先，我不打算把理论建设工作这个短语限于能够在椅子上或书桌旁进行的活动，例如数学、法学、语文学和哲学那样的活动。哥伦布若没有航行到大西洋西部，就不可能对西大西洋作出自己的描写，开普勒若没有和第谷·布拉赫在一起对天空进行过令人厌倦的长时期的观测，也不可能对太阳系作出自己的说明。尽管如此，我们还是把他们建立的理论和他们作出的努力和观察区分开来，他们最终建立了理论，然后才能用口头语言或印刷文字向知识界讲授这些理论，但若没有作出努力和观察，他们便不会建立起那些理论。明确地表述他们的理论包含着报道和提及预定的思想路线和所作的观察，但这些表述并不包含预定的思想路线或观察本身。探究的结果能够平铺直叙地发表出来，但探究一般来说却不仅仅在于使用钢笔，而且还在于使用显微镜、望远镜、天平、电流计、测程索和石蕊试纸。

其次，我所谈论的理论建设并非仅仅指一些著名发现的经典案例，而是指一类工作，所有曾受过一些教育的人都在某些时刻、某种程度上参加了这类工作。试图探明一块地毯是否适合于一块地板的家庭主妇就是在从事一种没有雄心的理论思维工作。她在调查研究某种东西，调查研究的结果将可以陈述出来。她向丈夫作的报告以及她对那块地毯的安排将表明她得出了什么样的理
289 论，因为她在早晨用卷尺、铅笔和白纸所做的工作既使她准备好了要那样而不是这样来铺放地毯，又使她准备好了告诉她丈夫：因为地板和地毯的形状和大小如此这般，所以将采取那种铺法。我还用"理论"这个词来包括任何一种系统的探索所得到的结果，不论这些结果是否构成了一个演绎系统。历史学家对一个战役的进程的说明就是他的理论。

假如一个农夫辟了一条小路，他就能够适意地在它上面走来走去。这就是辟小路的目的。但是辟小路的工作却不是一个适意地走来走去的过程，而是一个标明地界、进行挖掘、取来一车车砾石、再进行碾压和排水的过程。他在还没有道路的地方进行挖掘和碾压，从而最终可以有一条能在其上行走的小道而不再需要进行挖掘和碾压。同样，具有一个理论的人尤其能够向自己或向外界阐述整个理论或它的任何一个部分；可以说，他能够平铺直叙地从它的任何一个部分走到其他任何一个部分。不过理论建设工作却是一种在还没有任何道路的地方开辟道路的工作。这种类比的要旨就在于：认识论者常常用只适合于描述重温或讲授已经具有

的理论这样的事务的术语来描述理论建设工作；举例来说，仿佛构成了欧几里得的“几何原理”的一连串命题反映了欧几里得在作出其几何学发现的原始工作中所作出的一连串对应的理论思维动作，也就是说，仿佛欧几里得在构造自己的理论时就已准备去做他有了这个理论后才能准备去做的事情了。但这是荒谬的。另一方面，认识论者有时候却有相反的说法，他们这样来描述欧几里得有了自己的理论后发表它们时所做的事情，仿佛他发表自己的理论时所做的工作是原初的理论思维工作的某种复发。那也是荒谬的。这些认识论者这样来描述使用一条道路：仿佛使用道路是道路的一次开辟。而另外一些认识论者则这样来描述道路的开辟：仿佛道路的开辟是道路的一次使用。

然而，正如那个在辛苦地开辟道路的农夫正在为不费力的行走准备场地一样，正在辛苦地建立理论的人也尤其在为不费力地说明他所建立起来的理论作准备。他的理论思维工作尤其是为了一些教导性的工作所作的自我准备，不过这些教导性的工作却不属于进一步的自我准备工作，而属于其他研究者的准备工作。自 290
然，存在着介乎二者之间的东西。在某个阶段上，一个思想家有了自己的理论，但还没有完完全全地得到它。他对它还有点陌生。在某些地方他有时候会滑跤、绊倒或裹足不前。在这个阶段上他会在自己的头脑中或在纸上重温自己的理论或它的一些组成部分，此时他还没有由大量实践所产生的轻松自如的感觉，也没有遇到需要他重做原初的建设工作的麻烦。他就像那个农夫，那个农夫的道路仍然不太平整，需要他使点劲来回地踩一踩，以便把路面上残留的一些不平之处弄平。正如那个农夫既在不很费力地行走

又仍然在为更加不费力的行走准备场地一样，那个思想家也既在利用他对自己的理论的粗浅掌握又仍然在训练自己完完全全地掌握它。对自己讲述自己的理论仍有点费劲，而这种辛苦的目的之一就是为不费劲地讲述它作好准备。

所以，当别人告诉我们说，陈述句的一次正当使用反映了一个“判断”动作或“作出一个判断”的动作，而含有“假如”、“因此”和“因为”这样的连词的陈述句的一次正当使用则反映了一个“推理”、“推论”或“从前提得出结论”的动作，我们就应当问，这类陈述句的那些正当使用应该发生在什么时候，是在其使用者建立自己的理论的时候，还是在其使用者已经有了自己的理论，并且经过了充分的实践，从而正在以教导性的平铺直叙的方式熟练地说出或写下自己的理论的时候。概念、判断和推理，简而言之即思想，是开辟道路的举动，还是某一类使用道路的举动，亦即表明道路或讲解道路的举动？它们是学会某种东西所经由的各个步骤和阶段，还是我们已学会了某种东西之后根据需要所讲授的一些经验教训？若说精通自己理论的专家能极其熟练地阐述理论的一些要素，那是自明之理；他现在不必研究应当说些什么，否则就不能说他精通自己的理论。他在重温旧的天地，并不打算现在就开辟新的天地。不过这样脱口而出地、井井有条地说出许多简单的和复杂的陈述句完全不同于一些困惑的、尝试性的和艰苦的拼搏和挣扎，那些拼搏和挣扎在此之前便构成了很可能是长时期的建立他自己的理论的工作。正是那些拼搏和挣扎使他作好了准备并得到
291 了训练，使他最终能够这样脱口而出地讲述自己的理论的各种要素。所以我们可以判定，应当在理论家的早期探索活动中还是应

当在他的由此而产生的阐述活动中，应当在他获取知识的过程中还是应当在他讲述自己所知的东西的过程中，去寻找所需的形成概念、作出判断和从前提中得出结论这样的举动。我们究竟应当在侦探的报告中还是在他的调查研究中发现侦探的判断和推论？

我说我们应当提出这个问题，但事实上认识论者往往并没有认识到这样一个问题存在着。他们通常所做的事情是，把已经熟悉了各种学说的理论家们教导性地阐述出来的各种学说的要素进行分类，并假设，对应的要素必定在建立这些理论的工作中就已经作为事件而发生了。由于在已发表的各种理论的要素中发现了前提和结论，他们假设了各别的、在先的判断性“认知举动”；由于在已发表的理论的各种要素中发现了论证，他们又假设了各别的、在先的从前提的“认知”到结论的“认知”的运动过程。我希望表明，认识论者所假设的这些各别的理智过程是把已经为人获取并且得到了阐述的理论的经过分类的各种要素予以副机械论的戏剧化而得到的结果。

这儿并没有否认，我们的理论思维工作确实包含有许多独白和交谈，包含有在纸上和我们的头脑中作出的许多计算和误算，包含有在黑板上和我们的心目中作出的许多图解性概述和抹擦活动，包含有许多提问、盘问、争辩和实验性的断言；当然，在这些表达式使用中，其中有些使用不是在暂时性地报道，自己在某时某地已建立了或掌握了一些从属的理论，而是一些练习的组成部分，我们通过这些练习使自己准备好得到我们还没有得到的理论。例如，我尝试性地说了许多东西；我在口中反复念叨它们，假如它们之中看来存在着某种指望，我便在一种排练的心境中一遍又一遍

地重复它们，以便使自己习惯于这些想法；这样，假如它们终于证明是不错的，那么我就通过实践使自己准备好在今后使用它们，或者，假如它们终于证明有毛病，那么我就抛弃它们而另找好的。我像指导教师那样指导、责备、赞扬和鼓励我自己，以师长的语调提出一些尖锐的问题和最主要的问题要自己考虑，以便防止自己逃
292 避枯燥的问题或困难的问题。但是，这样来使用这些表达式不能说是表达了各种判断或推论，因为它们并非在教导性地揭示各种已达到的结论和已掌握的论证。大部分这样的表达式在理论到了可以发表的时候不会在理论发表时出现，正如教师在学生的文章边上所画的红蓝铅笔线、各种记号、惊叹号、疑问号和所做的提示等等也不会在学生对理论的最后陈述中再出现一样。它们是理论思维所使用的脚手架的组成部分，而不是成功的理论思维所建立起来的大厦的组成部分。经过训练的士兵在战场上也不会大声喊出或在头脑中说出新兵的操练口令。

(4) 认识论术语的应用和误用

传统上用来描述各种理智能力和理智活动的术语构成了一本专门的辞典，这本辞典含有这样一些语词和短语：“判断”、“推理”、“构思”、“观念”、“抽象观念”、“概念”、“作判断”、“推论”、“根据前提得出结论”、“考虑命题”、“归类”、“概括”、“归纳”、“认识”、“领会”、“直观”、“智力活动”和“推理性思维”等等。这类表达式的确不是普通人所使用的，而是理论家们所使用的，仿佛有了它们的帮助便能够对某个特定的人在某个特定的时刻正在从事的工作作出正确的描述，而没有它们的帮助，则不容易做到这一点。例如，仿

佛有时候能够并且可以这样说：张三已经醒了并且开始作出某种判断、设想、归类或抽象；他花了三秒钟以上的时间准备考虑一个命题，或根据某些前提得出了一个结论；他坐在围栏上，一会儿吹口哨一会儿进行推演；他在咳嗽前的一刹那对某物有了一个直观。

很可能大多数人都会模糊地感觉到，刚才介绍的这类传记轶事带有一点不实在的味道。若让张三本人谈一谈他自己的情况，他不会使用这类术语，也不会使用可以容易地翻译成这类术语的术语。他在早饭前做了多少次认知动作，这些动作做起来有什么感受？它们累人吗？他是否欣赏自己的从前提到结论的过渡，他小心谨慎地还是粗心大意地作了这个推论？早饭铃声使他在前提和结论之间的半道上突然停住了吗？他究竟在什么时刻最后作出了一个判断或形成了一个抽象观念，当他作出或形成它时它出现了什么情况？是谁教他怎样去做这件事的？构思是一个快速的过程还是一个渐进的过程，是一个轻易的过程还是一个艰难的过程，他能一边闲荡一边构思还是能避免构思？他考虑这个命题大约需要多长时间，考虑的较后一些阶段的景况类不类似最初一些阶段的景况，这是像茫然地盯着某物呢，还是更像仔细地察看？要问答这类问题，张三甚至不知道从何说起。他虽然能轻易而自信地回答他确实可以报道出来的自己生活中的一些事件的问题，却根本无法回答认识论者认为他必定能够报道出来的各类事件的问题。

不仅如此，据说这些假设的认知动作和过程发生于锁闭了的门的背后。我们不能目击到它们发生在张三的生活之中。只有他自己才能报道它们的发生，尽管不幸的是他事实上从未泄露过任何这样的事情。我们自己也从未泄露过任何这样的事情，不论我们受到了多么充分的思想灌输。这类事件之所以从未泄露出来的原因是清楚的。因为以这些习惯用语讲出来的传记性轶事是一些神话,这意味着,这些习惯用语或其中的部分用语虽然有其自己的正当用法,但若用来报道人们在特定的时刻正在做或正在经历的逸事,那就是在误用它们。那么它们的正当用法是什么呢?用它们来描述人们所做所经历的事情又有什么错误呢?

假如我们阅读一个科学家的书面论文或一个侦探的书面报告,或倾听一个历史学家关于一场战役的讲演,我们的确会得到一些可称作"推论"或"推理"的论证,一些可称作"裁决"、"发现"或"判断"的结论,一些可说是表示了"抽象的观念"或"概念"的抽象术语,一些可说是"分类"或表示了"分类"的类成员陈述(class-membership statement),以及一些诸如此类的东西。以各种已建立理论的一些陈述的四肢、关节和神经为对象的比较解剖学,是一个正当而必要的研究分支,而在研究中把这些要素予以分类所用的术语,也是讨论各种特殊理论的真理性和一致性以及比较各门不同科学的方法所必不可少的。

不过有人也许会问:"假如用这类习惯用语来刻画各种已发表的理论的一些部分是合法的,那么,用相应的各种习惯用语来描述
294 相应的理论思维的一些部分,为什么就不可以也是合法的呢?假如一个理论的书面陈述包含了一些前提和结论的书面陈述,那么我们为什么不应当说,想出那个理论包含了相应的前提认知动作和结论认知动作呢?假如一本书中有一个论证,那么发现了书中所述内容的那个思想家的传记中难道不是必定存在着一个相应的含义认知活动吗?假如一个侦探的报告含有一个'不在犯罪现场

的证据’这样的抽象术语，那么在他调查研究的过程中难道不是发生了一个具有相应的抽象观念的内在事件吗？印在书上的理论或在讲演大厅里发表的理论无疑就像脚的踩踏留下的脚印。把描述脚印的一些谓词直接用于踩出脚印的脚，是合法的，从描述脚印的其他一些谓词推出描述脚的另一些不同的但却是对等的谓词，也是合法的；那么我们为什么不应当同样也从描述理论家的成品的谓词中推论或转移出一些谓词来刻画他的理论思维活动呢？这些结果还能够来自什么别的原因呢？”

最后一个问题是我特意放入我正在予以批判的那种传统的支持者口中的，因为我认为，它表明了这种神话的本性。它是我们已经考虑过并已摈弃了的那个陈旧的因果关系神话的一个变种。它是一种副机械论假说，专门应用于教导性理论陈述中的那些可分离部分。

369

于是就会有如下的论证：必定发生过抽象、归类和判断这样的特殊内在过程，除此之外，已发表理论中的抽象术语、类成员短语以及结论还能够是别的什么东西的结果呢？必定发生过私人的推论性思考活动，除此之外，其他还有什么东西能够导致有意义的散文段落出现在公开的演讲或出版物之中呢？或者，用“表达”这个受人喜爱的动词来表述这种副机械论的要义，既然在理论陈述中起重要作用的“因为”句和“所以”句是有意义的从而表达了理论家心中发生的对应的认知活动，那就必定存在着从前提过渡到结论的心理举动。每个有意义的表达式都具有一个意义，所以当实际使用一个表达式时，它的意义必定出现在某个地方，并且只能以思想的形式出现，而思想是发生在说话者或写作者的私人意识流之中的。可以设想，假如认识论者对算术运算和代数运算付出了他们对几何学证明所付出的注意力，那么他们便会前后一致地使用类比论证来证明，在假设的铁幕背后发生了加、减、乘、除等心理过程，他们还会告诉我们，除了诸如构思、判断和推论这样的心理举动之外，还存在着加、减、列方程等认知举动。我们甚至还会赋有一个长除法的官能和另一个二次方程式的官能。我们写下的长除法算术题和口述的二次方程式还能是别的什么心理能力的运用的外在表达呢？

我们无须再关注这种副机械论假说的一般缺陷。不过还应当注意一下它应用于理智活动后会产生的某些特定含义。首先，虽然说正当使用的有意义表达式都有其特定的意义无疑是对的，因为那样说不过是同义反复，但这并不等于我们可以正当地问："这些意义出现在什么时候什么地方？"一头熊也许现在正在驯兽师的带领下转来转去，一个脚印必定曾经是某只特定的脚踩出来的，但是说一个表达式有一个意义却不是说，这个表达式跟着一个叫做"意义"或"思想"的幽灵似的领导，也不是说，这个表达式是一个看不见听不到的脚步留下的公开痕迹。理解一个表达并不在于推出一个看不见的原因。作出一个表达是为了被某个人所理解，这个事实恰恰表明，不应当说表达式的意义就是或属于至多只有一个人知道其情况的一个事件。"如此这般的一个表达式所意味的东西"这个短语根本没有描述一个事物或事件，更没有描述一个隐秘的事物或事件。

其次，有人认为，一个人若有意使用一个有意义的语词、短语或句子，那么在他的内部必定先在地出现了或伴随着出现了一个

暂时性的东西，它有时候叫做“与那个语词、短语或句子一致的思想”，这种看法便使得我们期望，人们将会向我们描述这种假设的内在事件。但是当人们提供了一些描述时，它们却似乎是对于语词、短语或句子本身的幽灵般相似物的描述。按照他们的描述，“思想”似乎只是另一种较为幽暗不明的命名、断言或论证活动。296
被认为带领“除非今天是星期六，否则明天不可能是星期天”这个公开告示的思想，原来只是今天若不是星期六则明天不可能是星期天这个自我告示，亦即，思想原来只是公开陈述本身的一个自我独白式的或喃喃自语式的预演。我们无疑能够，并且事实上常常在头脑中或低声地预习我们接着便要告诉听众或要写在纸上的东西。但这在理论上并不重要，因为那种所谓的问题会再次发生："这种自我独白式的或喃喃自语式的表达的意义又在于什么呢?"是在另一个更为昏暗不明的工作室中发生的另一个相应的思想中吗？这会不会转而只是另一个预演的告示呢？说一些有意义的话并同时知道话的意义并不是做两件事情：一件事情是出声地或在头脑中说一些话，另一件事情是与此同时或此前不久作了另一个幽暗不明的举动。说一些有意义的话并同时知道话的意义是在某种心境中以某种常规的做法做一件事，它不是死记硬背地、闲话家常般地、不在意地、演戏似地、心不在焉地或神志昏迷地做出来的，而是有目的地、有方法地、小心地、认真地和警惕地做出来的。在这种特定的心境中说一些话，不论是出声地还是在头脑中说出来的，就是在思考那个思想。它不是这种思考的一种后效(after-effect)，以致可以设想说话者或许已思考了那个思想却没有对自己或对外界说出来。诚然，他或许思考了同一个思想，却说出了不

同的东西，因为他可以用不同的语言或用同一种语言的不同说法说出具有同样意思的话。钉入钉子也不是在做两件事情：一件事情是用锤子做的，而另一件事情不是用锤子做的，尽管仅仅不熟练地、粗心大意地或无目标地挥舞一把锤子不会钉入钉子，尽管那个木匠若不用这把锤子而用另一把锤子本来是能够钉入钉子的。

所以，当一个人具有一个理论或熟悉了一个理论，因此尤其准备以教导的方式对自己或别人陈述这个理论时，他事实上就在准备发表所需要的前提句、结论句、叙述句、论证，以及所需要的抽象名词、方程式、图表、想象出来的例证等等。当有人请求他阐述这

297 个理论时，他便会在一些特定的时刻或在自己的头脑中、或低声地、或在打字机上部署调度这些表达式，他可以并且应当用心地做这个工作，亦即有目的地、有方法地、小心地、认真地和警惕地做这个工作。他将一边谈着话或写着字，一边留意着所说的东西。所以我们可以说，既然他会在一些特定的时刻留意地部署调度抽象术语、前提句、结论句、论证、图表、方程式等等，他便在那个时候那个地方“思考着”它们的意义。这样说是完全合法的，但却有点危险，因为“思考着”这个现在分词易于引诱我们去假定，他正处于两个过程之中：一个过程很可能是说出或打印一连串的短语和语句的过程，另一个过程则必然是隐秘的影子过程，它们具有或产生有先行于那些说话或写作的一些幽灵物，亦即一些“观念”、“判断”、“推论”或“思想”，而他的口述动作和写作动作仅仅是那些“认知动作”的“表达”或“脚印”。正是这种诱惑使得有些人把理论思维活动说成是一些内在的预示，它们预示了讲授一个已获得的理论时所作出的论述动作。

这就把我们带回到早先的问题：应该在理论家的探索活动中还是应该在他的阐述活动中寻求“判断”、“具有抽象观念”、“推论”等等假设的举动。这些假设的举动应该在什么时候出现呢？是在他知道应当说什么并说出它们的时候，还是在他还不知道应当说什么而仍然在艰苦努力试图得到这种知识的时候？是在他运用已获得的工具的时候，还是在他仍处于困难的时候？是在他教导**怎样做**的时候，还是在他学习**怎样做**的时候？我认为，无须作更多的论证，很清楚，讲授带有结论和前提的各种论证，讲授抽象观念、方程式等等，都属于到达目的地之后的阶段，而不属于到达目的地以前旅行过程中的任何一个阶段。理论家之所以能够传授他的经验教训，是因为他已经学会了这些经验教训。他之所以能够使用他的装备，是因为他最后得到了装备。正因为路已筑好，他才能够在路上走来走去，为此目的他曾辛辛苦苦地筑这些路；也正因为终于完成了艰苦的怎样使用武器的训练，他才能在现在毫无困难地操
纵武器。他的“思想”是他现在已得到的东西，而不是为了获得它 298
们必须付出的劳作。

假如我们真要使用“作一个判断”这个古怪的表达式，那么我们必须说，只是当侦探平铺直叙地陈述他现在已具有的一部分理论时，他才作出了如下判断：猎场看守人杀害了那个乡绅；并且，每当他自己、记者或伦敦警察厅要求他讲述这部分理论时，他才会继续作出这个判断。我们不要那样来谈论：仿佛一个在先的作出这个判断的个别举动已作为他的调查研究的一部分而出现过了。

所以，若我们想要在“想出”的含义上保留“思考”这个词，用它来刻画那个侦探为了得到自己的理论所必须做的某些预备性的考

虑工作，那么我们便不能说，这种思考是由某些判断的作出所构成的，或包含了某些判断的作出，除非他已经中途解决了某些从属性的理论，因而准备在临时的报告中向自己、记者或伦敦警察厅发表那些从属性的理论。旅行去伦敦不是由在伦敦所做的工作构成的，也不是由会在那里进行的谈话的预演构成的。

侦探在调查的过程中无疑可以向自己提出“是猎场看守人杀了那个乡绅吗?”这样的疑问，以此来鞭策和指导自己。但如此使用的疑问句不是一个“讲授结论”的句子，而是一个“搜寻结论”的指示。他之所以提出这个疑问，是因为他有某种东西还未予以确立，而不是因为他已确立了某种东西从而准备讲述它。

再者，他无疑可以尝试性地告示自己或伦敦警察厅:“可能是猎场看守人杀了那个乡绅。”但不仅人们不会把这当作作出了判断或报道猎场看守人确实杀了那个乡绅的举动，而且，无论如何在某些关头，人们会不得不把它看作关于一个已经建立起来并且已经为人拥有因而已不再处于构筑之中的从属性理论的暂时性报告。

可能有些人会承认:“不错，认为理论思维应当由‘判断动作’构成或包含着‘判断动作’的看法也许是有些毛病。无疑，理论家在能够说出各种事物之前是无法说出它们的，当他仍然还在调查研究的时候也无法宣布自己的发现。审判终结于裁决，而不是由
299 裁决构成的。但推论的情况如何呢?有理性的人这个概念难道不包含着，他的思想有时候由于从前提过渡到结论而获得了进展?因此，对于任何一个有理性的人，例如对于张三，我们有时候必定可以正确地说，他在某个特定的时刻从一些前提走到了一个结论，即使他会奇怪地对下述一些提问感到为难:他在最后三次作出这

类过渡的时候是否欣赏自己的旅行，这些旅行花了他多少时间，他是否一边闲逛一边旅行，他努力地还是懒散地进行了推论，他在前提与结论之间的半道上究竟停下来过没有。”

毫无疑问，张三一旦发现或得知了某些东西，就可能接着对自己或对我们讲述一些随后推论出来的他以前未曾想到过的真理。推论常常能够得出一些发现。但并非所有的论证活动都是发现活动。同一个人能够一次又一次地使用同一个论证，但我们却不应当说，他重复地作出了同样的发现。也许，侦探在星期二得到了某些线索并在星期三的某个时刻第一次对自己说："杀害了那个乡绅的人不可能是那个侵入他人地界的偷猎者，因此杀人者正是猎场看守人。"但他在向上司报告自己的结果时不需要用过去时态说："星期三下午我论证了，猎场看守人杀了那个乡绅"；他可以说："根据这些线索我得出了如下的结论：是猎场看守人杀害了那个乡绅"，或"根据这些线索可以得出，他就是谋杀者"，或"那个侵入他人地界的偷猎者没有杀人，因此猎场看守人确实杀了那个乡绅"。他可以把这一点对那个迟钝的上司说上几遍，而后又在法庭上再说几遍。每一次他都在运用自己的论证，都在得出自己的结论，都在作出自己的推论。这些描述并不是只为他突然明白了事情真相的那个时刻保留的。

而且，也无须存在那么一个顿悟事情真相的时刻。情况完全可以是这样：他早已想到过猎场看守人可能是谋杀者，而新的线索最初看来似乎与案子没有多大关系。也许他在几分钟或几天内反复考虑了这些线索，并且发现，它们似乎留有的漏洞逐渐地变得越来越小，越来越小，也不知道究竟在什么时候，这些漏洞全都不见

了。我们开始研究欧几里得几何学第一定理的证明时全都处于这
300 样的情况。在这类情况下，思想者并不是突然领悟到论证的力量的，而只是逐渐理解论证的力量的，犹如翻译者也不是突然领悟到一段费解的拉丁文的意思的，而只是逐渐理解了它的意思的。在此我们不能说，在如此这般的一个时刻思想者第一次得出了自己的结论，而只能说，经过了如此这般的一段时期的咀嚼和消化之后，他终于准备好了得出这个结论，因为他知道自己有权利这样做。他对于这个论证的掌握，就像所有包含着“由实践而知”的掌握一样，是逐渐获得的；但一旦获得了这种掌握，他也就准备好了毫不迟疑地陈述整个论证，准备好了一有必要就把它陈述出来，并且准备好了用各种各样可供选择的措辞把它陈述出来。

我们在能够不费劲地使用一个论证之前，首先必须通过或多或少的渐进的实践来掌握它，可是这个为人熟悉的事实却往往由于逻辑学家习惯于引用一些完全陈旧的论证作为他们的例子而变得模糊不清了。当我们在实践中运用了一个论证或它的近亲之后便长时期地一直准备毫不犹豫地使用它，那么这个论证就是常见的。当我们完全习惯于一个拉丁文句子的词汇和它的句法时，这个拉丁文句子的意义便是一目了然的。出于同样的理由，一个常见的论证的力量也是一目了然的。我们现在一眼便可看透它们或一下子即可领悟它们，但情况曾经并非如此。而且，若我们现在遇到的是完全陌生的论证或拉丁文句子，甚至未遇到过其兄弟或堂兄弟，那么情况也非如此。

所以真相远不是这样：“推论”指称一种会作出发现的、因而不能予以重复的活动；在我们看来，“推论”意味着一种思想者必定能

够予以重复的活动。除非思想者能够在各种各样的场合并以种种不同的表述来使用一个论证及其兄弟，否则他就还没有把握这个论证。他曾经一得到一条信息就会有一个新的真实的想法，这还不足以成为论证。假如我们确能说，他根据一些前提推演出了一个结论，那么他就一定知道，接受那些前提便给了他接受那个结论的权利；至于他是否确实知道这一点，那就要看他对于那个论证的原则的另一些应用了，不过我们当然不会期望他去抽象地命名或阐述那个原则。

因此，我们必须把学会使用一种特殊的论证或学会使用属于
某特定家族的任何论证，与通过使用这样一个论证而获知新的真 301
理区分开来。我们越能够迅速地通过运用论证而获知新的真理，我们对于论证的掌握很可能就越好。但论证的掌握却完全可以是逐渐的，并且也许正因为是逐渐的而更加确有把握。假如一个人能够在实际上正确地使用一个论证去发现新的真理，从而表明了自己能够使用它，那么他也就表明了，自己能够为了种种不同于解决他自己的一时疑问的目的而使用同一个论证。拥有一个论证就像拥有一支笔、一个理论或一个计划一样，既不同于得到它也不同于使用它。使用它蕴涵着拥有它，而拥有它则包含着已得到了它并且还未失去它。不过，论证与某些种类的理论和计划不同，论证并不仅仅靠吸收信息而被掌握，对于它们的掌握也不会由于缺乏记忆而丧失掉。论证更像技能。实践对于掌握它们来说是必要的，而且即便长时期的不用也很少足以使人忘记怎样使用它们。我所说的“实践”并不是指逻辑学教员要求极少数人做的那些专门练习，而是指每个人在日常的讨论和阅读中都要做的日常的练习，

也指坐在教室里的几乎每一个人都要做的教学性质较强的练习。

当一个人为了私人的或公众的消费说出或写下“这个,因此那个”、“因为这个,所以那个”或“这个包含着那个”的时候,假如他同时知道可以这样说或这样写,那么他就使用了一个论证或得出了一个结论。当然,在这种心境下这样说或这样写是一种心理的举动,事实上是一种理智的举动,因为它是那些被正确地说成是“理智的”能力中的一种能力的运用。但这并不是说,因为它是在幕后作出的,所以它是一种“心理的举动”。一个人可以不出声地自己对自己这样说或这样写,但也完全可以出声地或用墨水这样说或这样写。我们的确可以期望找到一个思想家的最为精妙的和最为小心的论证,在那里我们可以期望找到一个数学家的最好的计算和证明,亦即在他为了批判同事而发表的文章中找到它们。假如一个思想家夸口说他拥有一个他不会或不能发表的漂亮的论证,我们便知道应当作出什么样的怀疑。

这使我们联想到另一点。我们看到,若说某人在某个时候某段期间正忙于从一些前提得出一个结论,那便存在着某种不协调。“推论”并不用来指称一种比较缓慢的或一种比较快速的过程。
302 “我开始推演,但没有时间去完成它”不是能够有意义地说出来的那种东西。由于认识到这种不协调,有些理论家喜欢把推论说成是一种一瞬间的活动,一种一开始就可以完成的活动,就像一瞥或一闪亮那样。但这是错误的说法。我们所以不能把得出一个结论说成是一个较缓慢的或较快速的过渡,并非因为它是一种“说变,就变”的过渡,而是因为它根本不是一种过渡。一个人可以快速地或缓慢地到达伦敦、解出一个字谜或将死对方的王;但达到一个结

论却像到达伦敦、解出一个字谜和将死象棋中的王一样，它不是能够描述为逐渐的、快速的或一瞬间的那种东西。我们能够问跑一场赛跑需要多长时间，但却不能问赢得赛跑需要多长时间。到某个时刻为止赛跑仍在进行之中；从那个时刻起赛跑就结束了并且某人是胜利者。但这个时刻不是一个长久的或短暂的时刻。属于同一种类的另一个例子是拥有一件物品。预备性的商讨可能需要一个长久的或短暂的期间，但是从还未拥有那件物品到成为它的拥有者的过渡却既非像一道闪电那样快速也非像黎明那样有一段时间。“过渡”是一个使人误入歧途的比喻。若用它来描述一个人在进行了长时期或短时期的商讨后获得一个真理时所出现的变化，那么它同样会使人误入歧途。

当一个人获得了一个论证后，他在言谈或写作时第一次或第十五次使用它无疑都需要时间。他可以非常快地对自己急促地说出它，也可以相当慢地对着电话机慢吞吞地说出它。发表一个论证可能需要数秒钟或数小时。我们常常用“论证”这个动词，却很少用“推论”、“演绎”或“得出结论”这些动词来表示发表一个论证的过程。按这种用法我们能够说，说话者在陈述其前提和陈述其结论之间的半道上被打断了，或者，他今天比昨天快得多地从前提到达了结论。同样，一个口吃的人说一个笑话也许需要很长一段时间。但我们并不问他开那个玩笑需要多长时间。我们也不问一个思想者“到达”——不同于“走向”——他的结论花了多长时间。按其原初的用法，“得出结论”、“推演”和“证明”就像“将死”、“得分”、“发明”和“到达”一样，都是我所谓的“获得”动词；虽然一个人发表或以其他方式利用已得到的东西也许多少都需要一些时间， 303

但他从还未得到它到现在已得到它的转化却不能用表示快速的形容词来加以修饰。当一个人以无时间限制的现在时态使用这些动词时，如在“我得出结论”、“他推出”或“我们证明”这样的表达式中，他是在按照一种派生的含义使用它们。它们并不直接报道“获得”(gettings)，而在直接报道更接近于“拥有”的某种东西。

为了倡导这种传统看法，亦即推论动词(inference-verbs)指称了过程或活动，就必须认为，首先，这些过程或活动具有闪电似的快速性；其次，这些过程或活动的发生是其作者的不可测知的秘密。论证者在讨论中或书本中作出的各种论证仅仅“表达”了他自己的一些秘密活动，而在接受它们的人之中则仅仅激起了一些类似的秘密活动。把仲裁者使用的动词误解为传记作者使用的动词必不可免地会导致要求双重生活的传记。

探讨推论的认识论，以及认识论的其他许多分支，由于效忠一种特殊迷信而遇到了障碍，这种迷信是，应当把理论思维活动与“看”相类比，以此来描述它试图描述的理论思维活动。这种迷信把人们能够在视觉上对熟悉的、意料之中的和阳光下的东西作出迅速的、不费力的和正确的识别当作自己的标准模式，而缄口不提人们对陌生的、意外的和月光下的东西会作出延误的和迟疑不决的识别或错误的识别。不仅如此，它还把视觉成就动词“看见”所指称的东西，而不把视觉工作语词“窥探”、“细看”和“观看”等所指称的东西，当作自己的模型。想出事物被描述为至少部分地由一些对于含义的连续的“看见”所构成。但对于理论思维工作的这种描述并不是在把理论思维工作与某种工作相类比，而是在把它与某种成就相类比；或者说，它在把实际上多少有些困难的自我教育与一些不费力的成就相类比，以此来描述那些自我教育，但那些成就之所以是不费力的，正是因为长时期连续的在先努力早已使得人们能够驾轻就熟地作出那些成就了。这种描述就像在说，旅行是由一些到达构成的，探究是由各种发现构成的，学习是由一些考试合格构成的，或者，一言以蔽之，尝试是由一些成功所构成的。

诚然，含义常常是一目了然的，这有点像玩笑和奶牛也常常是一目了然的。正如我们在日常的有利环境中根本不必进行研究就 304
可以看出，草地上的生物是一头奶牛，同样，若在有利的环境中，我们现在也根本不必进行研究就可以准备好，比方说，一想到今天是圣诞节便说，“所以明天是节礼日”。因为我们已经完全熟悉了这个特殊论证或它的许许多多兄弟姐妹。当一个论证本身是常见的或属于一个常见的种类时，就无须在当下作任何研究，因为先前与这个论证或其亲属的那些遭遇已使这个论证变得陈旧了，从而已使我们有了那种准备。若别人要求我们用英语说出 mensa〔思想〕一词，我们现在也不必绞脑汁。

看见奶牛也是如此。我们现在可以在一瞬间不费力地认出它们，这是因为我们在幼年时期所经历的那些必要的预备性研究早已使奶牛的日常外貌变得常见了。所以，这些最为人喜爱的在一瞬间不费力地“看见”一个真相来自另一个真相的典型举动，并没有说明学会怎样使用或遵循各种论证的过程，因为这些举动只不过是那些已经通过实践而获得了作出它们的诀窍的人们充分熟练地进一步做出来的事情的实例而已。

奇怪的是，尽管我们在谈及我们对于笑话的一瞬间的理解时比谈及我们对于论证的一瞬间的接受时更经常比喻性地使用“看见”这个动词，但没有一个认识论者认为说笑话蕴涵着在先出现了认识到笑话的含义的“心理活动”，虽然他们通常确实认为，使用论证是以在先的“看见”含义的“心理活动”为前提的。也许这仅仅是因为欧几里得的《几何学原理》不包含任何笑话。不过也许这是因为，笑话含义的一次看出显然不可能是说笑的一个因果性前件，也就是说，说一个笑话并不是在“表达”笑话含义的一次事先看出。

我现在想要表明，使用一个论证并不“表达”含义的一次在先的和“内在的”看出。假如某人说了一个笑话，那么由此可以得出，他已得到了一个可以讲述的笑话，并且他不仅能够一次又一次地讲述它，而且当别人讲述它时他也能看出它的含义。同样，假如他使用了一个论证，那么由此可以得出，他已得到了一个可以使用的论证，并且他不仅可以一次又一次地作出这个论证，而且当别人使
305 用它时他也能承认它的力量。但是，能够使用一个论证便包含着当别人向他表述这个论证时能够“看见”其中的含义这个事实并不要求，在他自己使用这个论证的同时或在此之前他必然要作出这样一次“看见”。“看见”含义或玩笑这种表示凝视的比喻完全适合于某些特殊的情形，但正因为此却不适合于其他的情形。爱说笑之人表演时听众的确不在说笑；他们只是理解了或没有理解他的说笑。听众是善于接受的或不善于接受的，有识别力的或没有识别力的，理解得很快的或理解得不快的；但他们却既非在产生新见解也非不在产生新见解，既非在发明创造也非不在发明创造。听众觉得某种东西滑稽可笑，觉得某种东西是在硬充滑稽或不觉得它滑稽可笑；但他们没有说或做任何滑稽可笑的事情或硬充滑稽的事情。看出玩笑是听众的事情，而说笑则是爱说笑之人的工作。

我们可以用表示凝视的各种比喻来描述听众，但我们必须用表示实施的术语来描述爱说笑之人。假如未曾说笑，那么就不会存在要予以看出的玩笑。要觉得一个妙语有趣，就必须先作出一个妙语。爱说笑之人除非作出了一个妙语，否则他自己就不能“看见”他那妙语的幽默，尽管他在对一大批听众说出它之前就能“看见”它。看出玩笑预设了说笑，如同艺术画廊预设了画架，消费者预设了生产者。假如表示构造、实施、发明和生产的习惯用语不适用于爱说笑之人、画家和农夫，那么表示看出玩笑、欣赏图画和消费农产品的习惯用语就会弃之不用了。

在理论问题上，情况同样如此。假如没有给出证明，那么就无法去接受证明；假如没有得出结论，那么就无法去承认或否认推论；假如没有作出陈述，那么就无法去默认陈述。一个法官要同意一个裁决，就必须先要有另一个法官作出一个裁决。只有已构成的和已发表的论证才能得到考察，只有当人们至少提出了一个推论供大家讨论时，才有可能看出或未看出一个含义。我们并非首先看出一个含义然后才去得出一个结论，正如我们并非首先接受了一个字谜的答案然后才去解出那个字谜。在我们给乘法运算打上“对号”之前，必须先做出它们。

在描述理智的工作时，使用表示凝视的习惯用语与使用表示实施或构造的习惯用语这二者之间的差别可以用另一种方式来予 306
以阐明。当儿童学习初步的几何学时，定理的证明通常是印在书本上或写在黑板上向他们表述出来的。学生的任务是去研究、领会和默认那些证明。他们的学习方式是同意。但当儿童学习初步的算术和代数时，他们却以一种完全不同的方式开始工作。他们

不得不自己去做加减乘除。他们也不研究经典的方程式解法，而不得不自己去解方程式。他们的学习方式是运算。结果，人们自然而然地用表示凝视的习惯用语去教导和描述学习几何学的学生，同时却用表示实施的习惯用语来教导和描述学习算术和代数的学生。人们批评学生不能"看到"或"领会"证明，然而却批评学生不能"做"长除法或"解"二次方程式。同样，我们宁愿说翻译是做出来的或给出来的，而不愿说翻译是为人认可的或为人采纳的。

不幸的是，人们从一开始就以受尊敬的几何学方式来教授形式逻辑，结果，关于推论和一般的理智工作的认识论至今仍然主要使用表示凝视的习惯用语，也就是说，使用适合于设置有黑板但没有笔和纸的教室的术语而不使用适合于设置有笔和纸但没有黑板的教室的术语。我们习惯于认为，"认知"不是搞出某种东西，而是看到某种东西。假如算术和棋类游戏在几何学和形式逻辑之前就被列入了学校的教学课程，那么理论思维工作也许会被比作进行计算和实施开局让棋法，而不被比作为了看清黑板上的字而争抢板凳了。我们也许会形成用足球场上所用的词汇而不是用看台上所用的词汇来谈论推论的习惯，我们会宁愿把逻辑规则看作是作出推论的许可证而不会把它们看作是同意推论的许可证。于是我们就不会想到，内在地"看到"一种含义的举动必定是使用论证的前奏；事实也就会是显而易见的：只有当一个人听到或读到——也许在他头脑中——"这个，因此那个"、"因为这个，所以那个"这种
307 公开了的论证或"假如这个，那么那个"这种陈述的时候，人们才能够说他"看到"一个真理得自另一个真理。

我将简要地再讨论一个术语学的腐败行为的实例。在理论家

和普通人经常使用的表达式中，有某些种类的表达式被正确地和方便地归类为“抽象的”表达式。英里是一种抽象观念，国债、赤道、普通纳税人、169的平方根和板球运动也都是抽象观念。每一个受过中等教育的人都知道怎样正确利用许多抽象术语、怎样领会别人对于它们的使用；在大多数情况下，他能在一般性的陈述、说教、提问和论证中简单明了地、前后一致地和合适地使用抽象术语。在某些场合下，他会认识到把这类术语归类为“抽象”术语的用处。当他的孩子问，地图上标有赤道，通过赤道的人为什么却看不到赤道呢，或者，没有一场板球比赛会超过三天或四天，板球运动怎么会在英国已有多年的历史了呢，他会随口回答或转移上述问题说，赤道和板球运动仅仅是抽象观念。这也就是说，含有“赤道”、“普通纳税人”和“板球运动”这样一些抽象术语的陈述、问题和论证位于一个比它们的句法所暗示的一般性层次更高的一般性层次上，尽管普通人未必会这样来表述。这些抽象术语看起来似乎含有对个别的事物、人和比赛的提及，而事实上是以不同的方式指谓它们的论域，并没有个别地提到那些事物、人和比赛。

假如一个人在某个特定的时刻使用一个抽象术语，他在有意义地使用它并且同时知道它的意义，那么我们就能说，他在使用一个抽象观念，甚至于能说，他在思考一个抽象的思想、想法或概念。从这些即便是不恰当的但却是无害的表达式出发，很容易进而作出那种似乎是更为深刻的诊断性的陈述，即：他的抽象术语“表达了”他在当时当地所具有的抽象观念。于是令人激动的问题“抬头”了：他在什么时候并且是怎样形成那个抽象观念的？在他上一次使用它与这一次使用它之间的那段时期内它待在哪儿并在做什

么？它是否有点像心目中的一幅极其模糊不清的图画，抑或它更像一些清楚的心理图画，其中每一幅心理图画都与它的邻居稍微
308 有点不同？当然毫无疑问，心灵是唯一能够贮藏这种虽然缥缈但却很珍贵的物品的货栈。

在现实生活中，没有一个人会讲述这类故事。没有一个人会由于他正忙于形成一个抽象观念而拒绝参加一种游戏；也没有一个人会说，他发觉形成概念较之做长除法来说是一项更加艰苦的或需要更多时间的工作。没有一个人会说，他有好几个星期不知把一个抽象观念放到哪儿去了，现在刚刚找到了它；也没有一个人会说，他关于普通纳税人的观念由于不够模糊，或者不够逼真，所以还不能发挥它的作用。没有一个教师会要他的学生坐下来进行某种抽象，或者给学生的抽象工作练习打上好的评分或差的评分。没有一个小说作者会描绘他的男主角在大胆地、轻快地或半心半意地进行抽象。“抽象”这个动词显然不是一个真正的用于传记的动词，因此它也不是一个适用于虚幻的传记的动词。

考虑一个新的例子。地理学的等高线无疑是一些抽象的观念。士兵确实能根据地图所标出的河流和道路符号找到相应的河流和道路，但却无法根据地图上标出的 300 英尺等高线在山腰上找到相应的等高线。表示河流的符号不是抽象的，就此而论，等高线却是一些抽象的符号，尽管如此，士兵也完全可以知道怎样看懂并使用这些抽象符号。一旦确认了他所看到的小灌木林就是地图上标出的小灌木林，他就能说出，自己所在位置的海拔高度是多少，自己必须爬多少高度才能到达山顶，雾消散之后能否看到横跨铁路的那座桥。他能够描出一幅标有粗略地估出来的等高线的地

图，能在给定的等高线上确定并标出指定的地点，他能够有意义地谈论等高线。所以，他具有**等高线**的抽象观念，虽然他会对这种说法感到吃惊。

不过，我们说他具有那种抽象观念却并不是说，存在着某种看不见摸不着的东西，这种东西他能够并且只有他自己才能够发现，只要他把注意力转向这种东西。我们是说，他能够执行，经常能够执行，或现在正在执行，上述某些任务以及无限多样的类似任务。

于是，“他是怎样形成这个抽象观念的？”这个问题就变成了“他是怎样获得这种特定的窍门或能力的？”对这个问题他本人能够提供答案。他听过怎样看懂地图和绘制地图的讲演；上司曾派他带着一个罗盘和一幅地图越过陌生的地带；他曾在别人的指点下注意到新近的一次洪水遗留下的水草如何沿着高于湖十二英尺
的山腰形成了一条线；有人曾问他，当平底云沉降到海拔 300 英尺 309
的高度时什么东西会被遮蔽而什么东西仍然可以看得见；他曾绘制过一幅其中等高线是交叉的或断裂的地图，为此曾遭到嘲笑。他花了三个星期的时间才真正明白了等高线的意思。我们可以这样来意译这句话：他在那三个星期中一直在形成**等高线**的抽象观念。不过，若说他花了三个星期的时间学会了怎样看懂和使用等高线以及怎样使用“等高线”一词，那会更保险一些，也更自然一些。因为前一种说法会诱使人们认为，在整整三个星期的时间内，有某种东西一直在他的比喻性的内部缓慢地蒸馏出来或调制出来，或者，有某种很像一张底片的东西一直在一个比喻性的黑屋子里逐渐地显出影来，即便他本人当时正忙着踢足球、吃饭和睡觉。

“等高线是一些抽象观念”或“等高线是一些抽象的地图符号”

是地图鉴定者给予未来的地图阅读者和地图绘制者的一个正确的和有用的教导。“等高线是地图绘制者(用英尺)构想海拔高度的心理举动的外在表达”则暗示:看懂一幅地图蕴涵着看透某个不知名的勘测员的看不透的影子生活(shadow-life)。

(5)说和教

在这一章以及本书的其他地方,我努力区分了一些不同种类的谈话:社交性的、不假思考的随随便便的闲聊,沉默寡言的人和不诚恳的人的小心谨慎的谈话,以及教师的经过思考的、非交谈性的、一本正经的谈话。在这一章,我们特别关注了上述最后一种谈话,亦即书面的或口头的、公开发表的或对自己所作的教导性论说,在这种谈话中,一个人所讲授的是他不得不讲授的东西。之所以要在这里唠唠叨叨地反复讲教导性论说的方法、目的,甚至于语调,主要是因为我们正是以教导性论说的方式在阐明理智这个概念。至少,我们所说的“理智能力”的一个重要部分就是最初主要通过教导性论说来灌输和开发的那些特定能力,尔后那些特定的能力又尤其是在讲授同样的课程的时候,或在进一步的教学中讲授这些课程的改制物或扩充物的时候,得到了运用。教导性论说是传送知识的运载工具。

310 但是,探讨不同种类的谈话还有一个更为一般的原因。认识论者始终知道,思想和言说之间存在着一些密切的关系,但有些认识论者却心照不宣地假定,存在着某种核心的同质的言说活动,这便阻碍了他们去阐明思想和言说之间的这些关系。他们似乎没有什么疑虑地使用“陈述”、“提议”、“阐明”、“宣称”、“描述”、“断言”、

"表达"、"讲述"、"说出"和"论说"等这样的动词,仿佛当他们描述一个人在做上述这些事情中的某一件事情时,这些动词对那个人所干的事情提供了一个既充分又明确的说明。但事实上并不存在单轨的或核心的纯言说活动。说出来的东西或者是交谈性地,或者是哄骗性地,或者是使之放心地,或者是断然地,或者是引人入胜地,或者是责备性地……说出来的。讨价还价地谈话不同于坦白地谈话,这二者又不同于闲聊轶事性地、威胁性地或惹人恼火地谈话。甚至我们写下的东西也意在让人以一种特殊的语调来阅读的,而我们在自己的头脑中对自己所说的东西也不是以一成不变的调子"说出来的"。

教导性的言说和写作是我们在此关注的那种谈话。在这种谈话中,我们讲述的东西旨在为人记在心中,这与大多数其他种类的谈话不同。大多数其他种类的谈话并不旨在为人记在心中,而旨在得到别人的回答,或旨在直接成为别人行动的根据。教导性的谈话与大多数其他种类的谈话不同,其目的在于改善听话者的心灵,也就是说,改进心灵的装备,增强心灵的力量。教导就是教某人做各种事情,包括教某人说话,一个学生受到了这样的教育之后,应当至少在此后相当长的一段时间内继续能够做教给他的事情。所教的东西意在为学生学会并且不被忘记。简而言之,教导一个人就是精心地装备一个人。当然,并非所有的教导都是通过教导性的谈话完成的。婴儿通过仿效榜样而学会各种事情,他们仿效的榜样可以是为他们的模仿而精心树立的,也可以不是。有些课程是通过精心地树立榜样和作出示范而教给学生的。有些课程是通过纯粹的操练而教给学生的,有些则是通过嘲笑而教给学生的，如此等等。

所以教导性的论说旨在为听者记住、模仿和练习，这与其他种类的课程相似，而与大多数其他种类的谈话不同。它能够为人重复而不失其要点，并适合于通过口语或文字进行再传播。通过示
311 范和榜样所教导的课程不能保存下来，而通过教导性的论说所教导的课程能够保存下来；因此它们能够得到积累、集合、比较、筛选和批判。这样，我们就既能够学会祖辈教给父辈的东西，也能够学会父辈对所学到的课程所作的增添或修改。他们借以改善自己所受到的教育的一些独创发现能够包含在对于他们的子辈的教育之中，因为，只有天才才能发明的东西并非只有天才才能学会。理智上的进步之所以可能，正是因为能够把只有成年人才能发现的东西教给未成年的人。各门科学之所以发展，是因为能够通过合适的教育培养大学生从欧几里得、哈维和牛顿所到达的地方起步。

而且，教导性论说是非个人的和非当下性的，因为任何经过适当培养的教师都能够向任何有了适当准备的听众讲授教导性论说所讲授的课程；并且，进行教导性论说的时机并不为不常发生的情况所固定，尽管作出交谈性的、讨价还价的、使之放心的、检举性的议论的时机是为不常发生的情况所固定的。假如一个特定的人没有在一个特定的时刻向一个特定的人说出一句妙语、发出一个交通信号或作出一个承诺，那么这样做的机会就一去不复返了；但假如张三没赶上昨天的讲授拉丁文虚拟语气的课，或者没有看完论述月亮的大小和距离的那一章，那么他可以在明天或下星期的同样的课程中一如既往地学到同样的要点。对所谓“命题”的本性和地位的哲学探讨很熟悉的那些人不会不注意到，用来描述命题的

谓词正是那样一些谓词，即它们在职权上（ex officio）确实属于教导性的论说，而不属于妙语、五行打油诗、疑问、感叹、慰问、谴责、誓言、吩咐、抱怨，也不属于其他无数种非教导性言说中的任何一种言说。有些理论家喜欢把“理智活动”定义为运用命题，其他一些理论家则喜欢把“命题”定义为理智活动的产物或工具，这都不是偶然的。两者都含蓄地提到了讲授课程、学习课程和利用课程的活动和能力，当然，他们并没有直截了当地提及这类通俗的东西。

一切谈话都意在发挥某种特定的影响，提问意在得到倾听、理解和回答；建议意在得到考虑和接受；威胁意在进行阻挡；慰问意 312
在安慰他人。教导性谈话意在教导。游泳教练对学生说一些东西，但他的主要意图并不是使学生说出同样的东西。他想要学生现在能用手臂和腿做出所要求的划水动作，而且以后能不伴有有声的或无声的指导而做出这样的动作。也许，最终那个学生将教导其他初学游泳的人，或至少将教导他自己做出创新的划水动作以及在较为困难的情况下做出已会的划水动作。学会所传授的课程就是变得不仅仅能够或并非主要能够鹦鹉学舌般地复述它，而且能够有系统地做其他事情。学术性较强的一些课程，如语音、地理学、语法、文体、植物学、计算和推论方面的课程，情况也是如此。我们从这些课程中学会了怎样说和做各种事情，而其中大部分事情并不是去重复那些课程的言词。

教导不仅能够施加到别人身上，而且能够施加到自己身上。一个人能够指导自己说和做一些事情，这些事情并不是把指导自己时所说的话重复一遍。正如他能够对自己下命令，然后用手做出规定的动作来遵守这个命令一样，他也能够对自己讲述一些事情，然后转而做出新的教导性动作来说明这些事情。他告诉自己，车库里有七个各装有二加仑汽油的汽油罐，然后就能告诉自己，车库里有十四加仑汽油。众所周知，我们叫做“细考”、“琢磨”、“考虑”、“争论”和“设计”的各种活动是能够取得进展的。它们能够取得新的结果。某些问题的答案（但不是所有问题的答案）只能通过自我的谈话或人与人之间的谈话而弄清楚，只要那种谈话合乎要求并且谈话人在某种程度上是有技能的、勤奋的和细心的。开玩笑性质的谈话不能解决代数问题，乱成一团的一大堆代数表达式也不能解决代数问题。

当我们评论一个人的理智的才能与缺陷时，心中主要想到的是他在取得这类进展时所具有的效率和敏锐性。有人也许认为，我在谈到通过理智工作取得新的成果时只是在谈论演绎，更一般地说是在谈论推论。但这不是唯一一种取得进展的思考，尽管它
313 是一种重要的取得进展的思考。在做乘法和除法的时候，我们通过思考得出了先前不知道的答案，但我们并不把这些答案叫做“结论”；也不把错误计算叫做“谬论”。历史学家收集了大量有关的事实之后，在能够对一个战役作出一种前后一致的说明之前，不得不进行思考；他的最后说明的那种一致性是一种统一，但这种统一完全不同于一连串定理的统一。他的说明将包含许多推论，并且必须不陷入前后矛盾；但是，这种说明若要成为好的历史，那还必须具有其他一些理智上的优点。漂亮的翻译也需要细心的思考，但译者必须遵守的翻译规则和翻译准则却不仅仅是推论规则。拙劣的翻译表明了有缺点的思考而不是虚妄的思考。在构作一首韵律

上不正确的十四行诗时，作者既没有以未证实的假定为论据，也没有犯中项不周延的错误。

细考一些事情包含着怀着教导性的意图对自己或对同伴说一些事情。每一个命题的断定都旨在训练命题的接受者或使接受者作好准备把他得知的东西转变为进一步的说明。例如，把他得知的东西用作一个前提或用作一个行事准则。在人与人之间的讨论中以及在自我的仔细考虑中，如同在教室里一样，不论是教师还是学生都从来不是绝对有才能的、有耐心的、精力旺盛的、警觉的或全神贯注的。教师也许不得不重复、重新表述、延缓或收回他的教导；学生的反应也许是错误的、离题的、支支吾吾的和敷衍塞责的。某一天取得的进展也许第二天就似乎完全失掉了。长时间的迷惑不解也许顷刻之间迎刃而解了，这使得思考者感到奇怪，怎么昨天还如此困难，今天却变得如此容易。也许，明天他又会抱怨说，所取得的成果只不过是给他带来了进一步的难题，这些难题就像已经克服的难题一样棘手。也许，他探明了把昨天的命题用作一个前提的途径；但今天得到的结论本身又必须转变为某种进一步的前提性说明。他的成果总是可用作课程，靠着技能、工作和运气又能从这些课程中得到进一步的成果。

于是我们看到，思索能够取得进展，尽管它仅仅在于连续产生一些似乎并无活动能力的句子，这一众所周知的事实却不是不可解释的。某些种类的语句可以正当地为人给出并且正当地为人接受，它们具有教育作用。它们教我们去做和说一些教授它们时并 314
没有说出或做出的事情。“一个人怎么能够仅仅由于告诉自己已知的东西而获知新的东西呢？”这个问题曾使一些思想家迷惑不

解。可是,“一个初学者怎么能够由于倾听岸上教练所说的话而学会做出新的和正确的游泳划水动作?”这个问题就不会使他们迷惑不解。甚至“一个初学者怎么能够由于倾听铭记在自己心中的言词而学会做出新的和正确的游泳划水动作?”这个问题也不会使他们迷惑不解。“一个人怎么能够由于倾听指导教师、同事或自己说出的旨在教导的话而学会做出新的教导性的划水动作?”这个问题不再是难以理解的。

(6)理智的首要地位

现在很容易区分理智活动的两种含义了:在一种含义上,理智活动高于并且确实“支配着”其他心理能力的运用;在另一种含义上,我否认了,对人的体现了各种心理概念的行动和反应的所有那些描述都暗含着理智活动的出现。

理智工作在文化上具有一种首要地位,因为它是那些受过并且能够传授一种高等教育的人的工作,这种高等教育就是通过教导性论说而进行的教育。正是理智的工作构成了文化,它是文化的一种绝对必要的条件。粗略地说,野蛮人和婴儿不会做理智工作,否则便应当认为,野蛮人已至少部分文明化了,婴儿已接近于上学年龄了。若谈论完全未受过教育的知识分子,其中便存在着一种矛盾,除非言者是指某人具备从这样的教育中获益的能力,但若谈论完全未受过教育的人,那便不存在任何矛盾。要对一个人进行教育,他就必须先已获得接受那种教育的能力。人若还不能使用或领会简单自然的谈话,便不能领会讲授的课程,更不用说能讲授课程了。

因此，如果以为，注意、试图、想要、害怕、觉得有趣、觉察、记在心中、回忆、意图、学会、装扮、做游戏和闲谈等等这样的举动只能在遵从教导时才会出现，不论这些教导是来自一个内在的还是来自一个外在的讲师，那是荒谬的。不过，承认这一点却完全不必否认，某种程度的理智造诣是许多举动的一个绝对必要的条件，例 315
如，想要成为专利律师，觉得伏尔泰的一个妙语很有趣，把希腊文条件句的规则牢记心中，确认一架永磁发电机或一张股息领取通知书等等，这些举动都需要一定的理智造诣。即便如此，说某人在做只有受过某种教育才能完成的事情并不意味着，他在行动之前必须先背诵一遍已学课程的全部或一部。假如早先未学会希腊文语法，我现在就不能读懂希腊文句子，但在解释一句希腊文句子之前，我平常却不一定要回想希腊文语法的任何规则。我按照那些语法规则进行解释，但并没有想到它们。我把它们记在心中，但并没有求助于它们，除非遇到困难。

在认识论者与道德家中间存在着一种倾向，认为人有一个心灵就是在他的内部不仅潜在地而且实际上有一个或两个讲师，亦即**理性**和**良心**。有时候**良心**被认为也就是以安息日的语调进行谈话的**理性**。这些内在的讲师据说早已知道了听众还不知道的东西，因为他们能够讲授这些东西。我的理性是完全合理的，我本人却还不是完全合理的；我的良心是完全有责任心的，我本人却还不是完全有责任心的。理性和良心已经没有什么东西可学了。假如问，“是谁教导我的理性和良心学会它们还没有忘记的知识的？”那么也许我们会被告知，是一些相应的寄宿在理性和良心的内心中的导师。当然，这种童话的背后有一种认真的意向，正如我那不认真的对它的推广背后也有一种认真的意向。诚然,当一个儿童似懂非懂地学到了某种东西,并且部分地是从父母和教师的教导性论说中学来的时候,他便获得了某种能力和倾向,亦即会以父母和教师的威严的语调对自己复述所学到的东西。在通常情形下,他不一定想要知道他们究竟要告诉他什么东西,也不一定想要知道他究竟应当告诉自己什么东西。他对所学课程的一些陈旧部分已非常熟悉,能毫不迟疑地、恰当地、庄重合宜地讲述它们。当他这样做的时候,便可以说,他确实“听到**理性**的声音”或“**良心**的声音”正以某种语气,例如由他父亲的语气和他自己的语气混合而成的
316 一种奇怪的语气,在权威性地说话。他能够容易地对自己发出他仍然觉得难以遵从的命令。他的说教必然先于实践,因为对自己进行说教的目的是要借这样做把更好的做事习惯灌输给自己。所以在这个阶段上,他也许完全懂得应当怎样和什么时候告诉自己去做事情,尽管他还不很懂得应当怎样和什么时候做事情。当他为一篇拉丁文散文绞脑汁时,也许会发生同样的事情。一旦在句子的句法方面遇到困难,他也许就会“等着倾听”并且“听到”自己在以一种一半是他自己的一半是教师的语调对自己指示合适的句法规则。这个声音也许可以形象化地叫做“拉丁文语法之声”。不过在这种情况下,人人都很清楚这个“声音”的出处,以致没人会认真地谈到,他在语法上的顾忌源自一个天使般的、内在的语文学家的指示。

提到良心和拉丁文语法知识,便使我们回想到一个已经提过但还未予以讨论的问题,亦即除理论思维活动之外的其余各种理智活动。例如,懂语法就是知道怎样构造和解释拉丁文句子,懂道

德(假如真要使用这个牵强的措辞)就是在某些种类的情况下遇到既非纯理论也非纯技术的问题时知道怎样为人处世。会下棋或会打桥牌是一种理智造诣,只是在试图赢得比赛时得到运用;懂战略则是另一种理智造诣,而只是在试图赢得战斗和战役时得到运用;工程师的教育和实际工作经验教他设计桥梁,而且除偶尔情况之外并不教他建立或阐明理论。

为什么把这类游戏和工作叫做“理智的”活动,其理由不难找到。不仅是掌握各种技艺所必需的教育,而且还有实践这些技艺所必需的许多活动,都与建立、阐明和运用各种理论所必需的那些教育和活动同质。构造和解释拉丁文句子的能力是一种技艺,而拉丁文语文学是一门科学;不过教导和实践这种技艺与教导和运用这门科学是部分重合的。工程学并不推进物理学、化学或经济学;不过要能够运用工程学,就不能对那些理论分支一无所知。即便不能说概率计算是理智性较强的纸牌游戏所必需的,也至少可以说某种概率评估是那种游戏所必需的。这就是我们把它们称为 317
“理智的”活动的部分理由。

很容易看到,除了最原始的职业和兴趣之外,埋智的发展是所有各种职业和兴趣得以存在的一个条件。任何先进的手艺、游戏、规划、娱乐、组织或工业,未受过教育的野蛮人和婴儿都必定理解不了,否则我们就不能称其为“先进的”。为了解开字谜或玩惠斯特牌戏,我们不一定要成为科学家,但必须能读会写,能加会减。

(7)认识论

在结束这一章之前,我们必须考虑一个学术性的和部门性的问题。哲学有一个部分传统上叫做“知识理论”或“认识论”。目前的问题是：“假定我们发现，认识论者至今为止提供的各种理论的重要部分都犯有某种根本性的错误，那么他们应当去建立什么样的知识理论呢？假如那一整套壮观的术语如‘观念’、‘构想’、‘判断’、‘推理’等等没有被用来对已发表的理论的各种因素作出功能性的描述，而错误地被转用来描述建立理论的各种举动和过程，那么知识理论还留下了什么东西呢？假如这些术语并不指称那些被错误地认为是使得理智活动起作用的藏而不露的金属线和滑轮，那么知识理论的正当题材又是什么呢？”

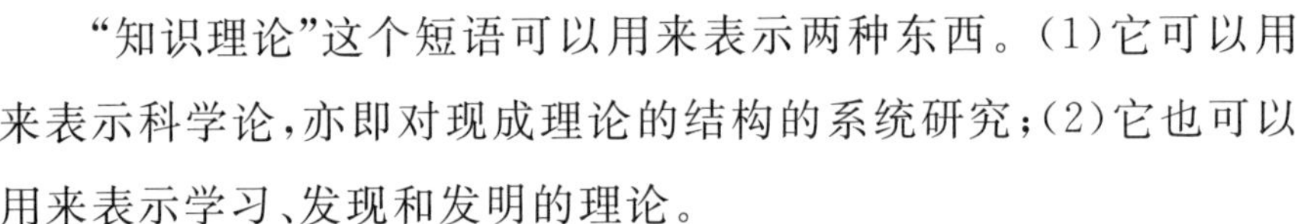

“知识理论”这个短语可以用来表示两种东西。(1)它可以用来表示科学论，亦即对现成理论的结构的系统研究；(2)它也可以用来表示学习、发现和发明的理论。

(1) 以科学为对象的哲学理论，更一般地说，以现成理论为对象的哲学理论，对各种理论所使用的术语、陈述、论证以及其他许许多多种类的表达式作出了一种功能性的说明。它可称之为“科学逻辑”，也可比喻性地称之为“科学语法”。(但“科学”不应当用得过分狭隘以致它不包括皇家学会不赞助的各种理论。)这种说明不描述也不提及科学家个人生活中的事件。因此它也不描述不提
318 及他们生活中的假定的私人事件。它以一种特殊的方式描述了可以或也许可以在出版物中找到的东西。

(2) 由于确实存在着教学的实践和职业，因此就能够存在一个以学习、教导和考查等概念为对象的哲学理论分支。这个哲学分支也许可以称之为“学习的哲学”、“教育方法论”，也可更为庄重地称之为“教育学的语法”。就它是关于获知的理论而言，这个哲

学分支也将是知识理论。它将研究教师和考查者用来描述和规定发生于个人生活中的某些事件的术语。

当洛克、休谟和康德以为自己正在探讨获取知识的人的隐秘生活故事的内容时，这些伟大的认识论者总的来说是在推进科学语法。他们探讨了各种理论的凭证，不过他们是借助于副生理学的寓言来进行探讨的。我们曾建议恢复传统认识论的行业俗名在现成理论解剖学中本当有的地位，这会对心的理论产生一种有益的影响。有许多力量都会促使人们相信一个心灵乃是一个私人舞台的学说，其中最强有力的力量之一便是一种根深蒂固的习惯，即习惯于认为必定存在着"认知举动"和"认知过程"，从而误用了传统认识论的行业俗名来表示这些举动和过程。既然我们能够看到的张三的所作所为中无一是必需的具有观念、进行抽象、作出判断或从前提过渡到结论这样的举动，那么看来就有必要把这些举动设在唯有他进入过的一个舞台上。认识论者的寓言所提供的大量有说服力的传记性细节，至少就我自己而言，曾产生了坚持机器中的幽灵这种神话的两个最强有力的动机之一。这些假定的事件之所以似乎是不可测知的"内在的"东西，是因为它们真正看不见。而它们之所以真正看不见，是因为它们是神秘的东西。它们是一些表示原因的假设，用来代替对已发表的理论的各种要素作出的功能性描述。

319 # 第十章　心理学

（1）心理学纲领

在本书中我几乎没有谈到心理学这门科学。这种省略会显得特别不合情理，因为这整本书虽然的确不能正确地称作科学心理学方面的一篇论作，但却可以正确地称作哲学心理学方面的一篇论作。对于这种省略的部分解释是：因为迄今为止我一直在考察一套概念的逻辑行为。这套概念人人都经常运用。学习、实践、试

400 图、留意、装扮、想要、考虑、论证、逃避、观看、看到以及感到不安等等概念，都不是专门的概念。人人都必须学会怎样使用它们，并且确实都学会了怎样使用它们。心理学家对于它们的使用无异于小说家、传记作者、历史学家、教师、地方行政官、海岸警卫队队员、政治家、侦探或普通老百姓对于它们的使用。但这并非事情的全部。

当我们想到心理学这门科学或关于心理学的各门科学时，我们易于并且常常得到鼓励，把“官方的”心理学纲领等同于心理学家们实际进行的研究，把心理学家的公开承诺等同于心理学家在实验室中的行动。当“心理学”这个词在二百年前为人杜撰出来的时候，人们曾认为，两个世界的传奇是真实的。结果人们认为，既然牛顿物理学（人们曾错误地以为）解释了存在于并且发生于物理

世界中的一切事物，那么就能够并且应当另有一门对等的科学，去解释存在于并且发生于假设的非物理世界中的事物。既然信奉牛顿学说的科学家研究了一个领域的现象，那么也应当有研究另一个领域的现象的科学家。“心理学”便应当是对于“心理现象”的一种经验研究的称号。而且，既然信奉牛顿学说的科学家发现和考 320
察了自己通过视觉、听觉和触觉而得到的材料，那么心理学家就将发现和考察自己通过对等的非视觉性的、非听觉性的、非触觉性的知觉而得到的对等的材料。

当然，人们并没有否认，还存在着并且能够存在着大量其他的以人的特定行为为对象的有系统的和无系统的研究。历史学家两千年来一直在研究人和人群的言行、见解和规划。语文学家、文学评论家和学者一直在研究人的言论和著作、诗歌和戏剧、宗教和哲学。甚至剧作家和小说家也通过对幻想人物的行动和反应的描绘，在虚构的故事中表明了自己对真实的人的实际行为和可能行为的看法。经济学家研究人们在市场上的实际和假设的交易和期望；战略家研究将军们实际有和可能有的困惑与决定；教师研究学生的行为；侦探和棋手则研究对手的花招、习惯和力量。不过，根据副牛顿学说的纲领，心理学家却会以一种全然不同的方式研究人类。他们将发现和考察的材料是教师、侦探、传记作者或朋友所得不到的，也无法在舞台上和小说中表述出来。以人为对象的其他各种研究局限于只对真实的人所居住的帐篷和房屋作考察。以人为对象的心理学研究则要使用直接通往那些居住者本人的途径。的确，在心理学家找到并转动那把钥匙之前，以人的思想和行为为对象的其他各种研究者能够希望的只不过是徒劳地猛敲那紧

锁着的门而已。人的可见行为和可闻言论就本身而言不是人的性格或理智的特质的运用，而只是这些特质的真正的但却是秘密的运用的外在征候或表达。

抛弃两个世界的传奇包含着抛弃这样的想法：有一扇紧锁着的门和一把仍需发现的钥匙。人的行动和反应，已说出来的和未说出来的话，语调、面部表情和姿态，这些东西始终是其他各种以人为对象的研究者的材料，它们毕竟一直是唯一正当地为人研究
321 的现象。它们，并且唯有它们，才应得到“心理现象”这个壮观的称号，不幸的是它们并没有得到这个称号。

“官方的”心理学纲领许诺，它的研究题材是一些特殊事件，它们在性质上不同于其他人文学科专门研究的人类行为，而且这些事件位于那些人类行为的“背后”。尽管如此，但是实验心理学家在日常实践中却不得不打破这个诺言。研究者若只把时间用于观察非实有体和描述神秘之物，那是不会使自己感到满意的。实验心理学家发觉自己考察的是疯人和白痴的举动、怪相和言语，人在酒精、疲劳、恐惧和催眠的影响下所产生的举动、怪相和言语，以及大脑受到损伤的人的举动、怪相和言语。例如，他们像眼科医生那样研究感官知觉，部分的做法是进行并且利用生理学实验，部分的做法是分析实验对象的各种反应和言语答复。他们收集和比较儿童在各种各样的标准化测试中取得的成功和遭到的失败，以此来研究儿童的智力。他们统计打字员在日常工作的不同阶段所犯的错误，他们还让人们间隔长短不同的时间之后背诵已记住的东西并记录下其成功与失败，以此来考察人们对于不同种类的音节和短语所具有的不同的遗忘倾向。他们研究动物在迷津中的行为，

小鸡在孵卵器中的活动。甚至于如此有希望具有“化学性”因而迷惑人的观念联想原则，也在下述这种实验中得到了其主要的实际应用：实验者说出一些测试的语词，受试者便随即说出一些语词作答。

纲领和实施之间的这种不一致并无任何独特之处。我们应当预料到，关于问题和方法的智慧后于事件的发生。哲学家对他们自己的目标和做法所作的描述很少与他们的实际成果或实际工作方式相一致。例如，他们曾许诺，要通过某种凝视过程对**世界整体**作出一种纲要性的说明。事实上他们却进行了一种为他们所独有的争论，而且所得成果虽然比许诺的达里安全景[①]要有价值得多，但却在任何可见的方面都不曾像这样一幅全景。

化学家曾经力图探明燃素的特性，但由于从未发现任何燃素， 322
他们便安于转而研究燃素的影响和外部表现。事实上，他们考察了燃烧现象并且不久就抛弃了关于那不可检查的热材料的假设。那种假设曾是一种难以捉摸的东西，这类难以捉摸的东西还会鼓励探险者去探索一些地图上未标出的灌木丛，然后把那些灌木丛绘入地图却忘恩负义地不再提及那些虚假的信号烽火。心理学的研究工作也不会是徒劳的，即使关于特殊的心灵材料的假设也遭到同样的命运。

不过，我们仍然不得不回答“心理学的纲领应当是什么？”这个问题。然而要回答它便会面临如下的困难。我已论证了，不论是实验心理学家还是经济学家、犯罪学家、人类学家、政治学家和社

① 达里安(Darién)位于巴拿马地峡东部，其主要部分在巴拿马境内，并延伸至哥伦比亚境内。“达里安全景”在这里意指“对世界的包罗万象的全面说明”。——译者

会学家，不论是教师、考查者、侦探、传记作者、历史学家和玩游戏者，还是战略学家、政治家、雇主、忏悔神父、父母、情侣和小说家，都是从同样种类的材料出发来研究人的心理活动的。那么，人们怎么会选出某些探究认为它们是“心理学的”探究，同时却否认其他各种探究是“心理学的”探究呢？我们应当根据什么标准说，教育考试委员会的统计结果不是心理学调查的产物，而智力测试的结果却是心理学调查的产物呢？为什么历史学家对拿破仑的动机、意图、才能和愚蠢所作的考察不是一种心理学研究，而对于赛利·鲍缮普①的动机、意图、才能和愚蠢所作的考察却是一种心理学研究呢？假如我们不再认为，心理学是探讨其他人文学科不探讨的某种对象的，并且也不再认为，心理学家是根据其他各种研究不能进入的材料进行工作的，那么，心理学与其他这些研究的**不同之处**是什么呢？

答案的一部分也许是这样。乡村邮递员对某个地区了如指掌；他知道所有的道路、小巷、溪流、山坡和小灌木林；他在任何季节、任何气候和光照条件下都不会在那个地区迷路。但他不是一个地理学家。他绘不出那个地区的地图，也说不出那个地区怎样与毗邻地区相连接；他虽然对各个地点都很熟悉，但却不知道那些地点的确切的罗盘方位、距离或海拔高度。他不会对该地区的各
323 种地形作出分类，也不能根据该地区的特征推出其毗邻地区的特

① 这个专名的原文是 Sally Beauchamp，它由三个英文单词（sally，beau 和 champ）拼合而成：sally 意为“（感情等的）迸发”，beau 意为“花花公子，对女子献殷勤的人”，champ 意为“冠军”。作者杜撰的这个专名意指“善于对女人献殷勤的花花公子”。——译者

征。在讨论那个地区时,他会提到地理学家可能提到的各种特征,但不会像地理学家那样来谈论那些特征。他不会使用地理学的概念,不会运用地理学的测量方法,也不会应用一般的解释理论或预测理论。同样,也许可以认为,侦探、忏悔神父、考查者和小说家可以在纯粹的经验方面精通心理学家会去收集的各类材料,但他们对这些材料的处理是不科学的,而心理学家的处理是科学的。那些人的处理相当于牧羊人的天气知识,而心理学家的处理则相当于气象学家的科学。

不过,这个答案不会在心理学与其他各种以人类行为为对象的科学研究或将成为科学的研究如经济学、社会学、人类学、犯罪学和语文学等之间确立起任何不同之处。甚至公共图书馆的管理人员也在用统计方法研究大众的口味。然而,虽然书籍方面的各种口味无疑是心灵的特征,对这种研究却不会被允许列入心理学的范围。

这个问题的正确答案看来是,人们虔诚地误把心理学梦想为牛顿物理学的一个对等物,要抛弃这个梦想,便包含着抛弃这样一种想法,即"心理学"是一种统一的研究的名称,或是一棵以许多研究作为其分枝的树的名称。犹如"医学"是一个多少有点任意的联合体的名称,这个联合体由一些在不同程度上松散地联系在一起的研究和技术所构成,它既没有一个逻辑上齐整划一的纲领性陈述,也不需要这样一个陈述,同样,"心理学"也能够非常方便地用来指称一个在某种程度上是偶然的联合体,这个联合体也由一些研究和技术所构成。但毕竟,不仅副牛顿物理学的梦想乃是来自一个神话,而且,若以为由于我们有了牛顿物理学所以我们有过或者会有一门关于"外在世界"的统一科学,那也是一个虚幻的梦想。

认为存在着一个被隔离的“心理现象”的领域这种错误的学说是建立在一个原则之上的，这个原则还暗含着生物科学没有存在的余地。人们曾宣告，牛顿物理学是囊括空间万物的科学。在笛卡尔描绘的图景中，没有孟德尔或达尔文的位置。“两个世界”的传奇也是“两门科学”的传奇；若认识到事实上存在着许多门科学，就不
324 会因为看到“心理学”并非一种单一的同质的理论的名称而感到难受。在各门科学的名称中，极少有指称这类统一的理论的，也极少有表明可以作这样指称的。“牌戏”也既不是一种游戏的名称，又不是由一些游戏作为其分枝的一棵“树”的名称。

在一个重要的方面，心理学和医学之间的上述类比会使人误入歧途，亦即：如果说在广义上有些最进步的最有用的心理学研究本身就已成为医学研究，那就会使人误入歧途。在各种心理学研究中，首先并且尤其不应当把弗洛伊德这个心理学天才的研究归属一个类似于医学研究家族的研究家族；事实上弗洛伊德的研究属于医学研究家族。的确，弗洛伊德的教导产生了如此深远而理所当然的影响，他的教导性寓言变得如此流行而有害，以至于现在显然存在着一股强有力的倾向，似乎“心理学家”这个词仅仅是用来指那些考察和治疗各种心理缺陷的研究者的。出于同样的动机，人们通常用“心理的”一词来指谓“心理上不正常的”。假如人们最初就把“心理学”一词限于这种含义，那么这也许会是为了方便而作出的一种术语学的安排；但现在学术界已过分习惯于较为宜人地不加区别地使用“心理学”一词，从而使这种改革变得不可能或不值得想望了。

很可能有些人会倾向于主张，在心理学探究与关注人的智力

和性格的其他各种探究之间，确实存在着某种一般性的可明确表述出来的区别。即使心理学家并不享有非他们莫属的材料，以便在这些材料上面建立起他们的理论，他们的理论本身也仍然在性质上不同于语文学家、伪装专家、人类学家或侦探的理论。心理学理论对人的行为提供了或将会提供一些因果性解释。假定存在着众多不同的途径可用来研究人的心理活动，那么心理学不同于其他各种研究的地方便在于，它试图探明心理活动的原因。

当然，"原因"和"因果性解释"都是非常严肃的表达式。它们会立即使我们想起那些细小而看不见的弹子球在相互碰撞，因为我们已学会错误地幻想，那些未被人听见的相互碰撞就是对世界上所发生的万事万物的真正的科学解释。所以当我们听说自己的言行可以有一种新的科学解释时，我们便期望听到一些对等于那 325
些碰撞的东西，期望听到一些力或作用者，这些力和作用者我们自己本来是决不会梦想到的，并且，我们无疑也决不会目睹到它们的秘密活动。但当我们处于一种不那么易受影响的心境时，便会感到，若希望还能发现隐藏在我们自己的举动和反应背后的原因，那似乎有点不合理。我们完全知道，农夫为什么带着未卖出的猪从市场上返回来。因为他发觉市场上的卖价比他期望的要低。我们也完全知道，张三为什么沉着脸砰地关上了门。因为他受到了侮辱。我们完全知道，女主人公为什么从早晨收到的信中抽出一封来到无人之处去读，小说作者给了我们所需要的因果性解释。因为那个女主人公认出了信封上情侣的笔迹。中学生完全知道，当别人要他求出 15 的平方时他为什么写下了"225"这个答案。因为他做的每一步前后相继的运算都是对头的。

我们马上就会看到，还存在着其他许多种类的行动、坐立不安的动作和言说，其主人是说不出导致它们的原因的。但是，行为者自己能够对之做出解释的行动和反应并不需要一种秘而不宣的和不可比较的解释。当行为者和他的熟人都很清楚行动和反应的原因时，若还希望得到关于它们的实实在在的但却藏而不露的原因的令人吃惊的新闻，那么这种希望就不仅类似于当某些机械事件的日常原因众所周知时还希望得到关于其隐秘原因的新闻，而且它还是后面那种希望的一个特例。骑自行车的人知道，是什么原因使得自行车后轮转动起来，那就是为紧绷的链条所传递的加在脚蹬上的压力。可要是问，“加在脚蹬上的压力使链条绷紧了，其原因又是什么？”“链条的绷紧使后轮转动起来，其原因又是什么？”那却会使他感到莫名其妙，因为他觉得这是些不真实的问题。“他努力蹬脚蹬子而使得后轮转动起来，其原因是什么？”这个问题也是如此。

在这种日常的含义上，我们大家都能对自己的许多行动和反应作出“因果性解释”，提及那些行动和反应的原因并非心理学家专有的权利。经济学家谈到“销售者的罢市”时，是在一般性地谈论诸如农夫由于发现卖价太低而把猪带回农场这样的事件。文学
326 评论家探讨诗人为什么在诗歌的某一行中使用了一种新的韵律时是在考虑，在那个特定的接合处诗人受到了何种创作上的困扰。教师也并不想要听到任何发生于后台(back-stage)的事件，以便理解是什么东西使得男孩得到了乘法问题的正确答案；因为他亲眼目睹了使那个男孩得出正确答案的发生于前台的事件。

另一方面，有许多种类的行为，我们对它们作不出上述这样的

解释。我不知道，为什么我在某个熟人面前会如此开不了口；为什么我昨天晚上做了那样一个梦；为什么我突然在心目中看到了一个陌生城镇的平淡无奇的街角；为什么我在听到空袭警报后牙齿打战打得更快了；我怎么会在称呼一个朋友时弄错了教名。我们认为，这些种类的问题是真正的心理学问题。假如我没有学过一点心理学，那么我甚至很可能不会知道，为什么当一件不合意的写信任务还在书房里等着我时，园艺工作会不寻常地吸引人。农夫为什么不会以某些价格出售他的猪，这不是一个心理学问题，而是一个经济学问题；但是，那个农夫为什么不会以任何价格把猪出售给一个带着某种眼光的顾客，这却可以是一个心理学问题。甚至在感官知觉和记忆的领域中，相应的情况看来也是成立的。我们根据自己的知识说不出，为什么一条直线在横穿某些交叉影线时看起来是弯曲的，为什么用外国语进行的谈话比用本国语言进行的谈话听起来似乎速度要快得多，于是我们认为这些问题是心理学问题。但我们仍然觉得，当自己对形态、大小、照明度和速度作出了正确的估计而别人对这些估计提供相应的心理学解释时，别人是在作一种错误的承诺。心理学家可以向我们述说我们为什么受骗了；但我们也能够向自己并且向他述说我们为什么并没有受骗。

要对我们的各种心理缺陷的表现作出分类和诊断，需要一些专门的研究方法。要对我们的各种心理能力的表现作出解释，则常常只需要普通的健全理智，也许还需要经济学家、学者、战略学家和考查者所用的专门方法。但是这些专家的解释并不是根据某些更为基本的心理诊断账单而开出的一些支票。因此，并非所有、

327 甚至并非大部分对人的举动和反应作出的因果性解释，都应当列为心理学的解释。不过，还要看到，并非所有的心理学研究都是对因果性解释的探求。许多心理学家都致力于设计各种测量方法，收集由此获得的测量结果，并从中获得了或大或小的益处。这样做无疑是希望，他们的测量结果有朝一日将有助于建立一些精确的功能性相互关系或因果性法则，但他们自己的工作至多只是这种尚未见到的工作的准备。所以，由于这些测量工作必须称为"心理学研究"，"心理学研究"就不能定义为对因果性解释的探求。

读者现在将会认识到，为什么我在这本书中对心理学谈得如此之少。本书的部分意图是要驳斥这样一个错误想法，即心理学是唯一以人的心理机能、心理倾向和心理行为为对象的经验性研究，同时也要驳斥这个错误的想法所暗含的虚假推论，即"心灵"只是用适合于心理学研究的专门术语才能正确地加以描述的东西。英国不能只用地震学的术语来加以描述。

（2）行为主义

人们无疑会无恶意地把本书的总的倾向轻蔑地说成是"行为主义的"。所以应当谈一下行为主义。行为主义最初是论述科学心理学的正确方法的一种理论。它认为，应当以其他发达的科学为榜样，而在此之前心理学家并没有这样做；心理学家的理论应当建立在可以重复并且可为大家共同检验的观察和实验的基础之上。但是，所谓意识和内省的声明却不能为大家共同检验。只有人的公开行为才能为数个目击者观察、测量并得到机械性的记录。这种方法论纲领的早期支持者似乎曾感到犹豫不决：应当断言意识和内省的材料是一些神话呢，还是仅仅应当断言，这类材料是无法作科学考察的。不清楚的是，他们是支持一个不很精致的机械论学说，如霍布士和伽桑狄的机械论学说，还是仍然坚持笛卡尔的副机械论理论，同时却把他们的研究方法限于我们从伽利略那里继承下来的研究方法；例如，他们是认为，思维只在于发出某些复 328
杂的声音，产生某些复杂的动作，还是认为，虽然这些动作和声音与“内在生活”的过程相关联，但唯有它们才是实验室中研究的现象。

不过，早期行为主义者究竟是接受了一种机械论的理论，还是接受了一种副机械论的理论，这都没有什么关系。不论他们接受了前者还是后者，他们都是错误的。重要的事情是，按照他们建议的方法论去描述人类特定行为的实践很快就使心理学家看到，尽管人们最初指责行为主义者忽视了或否认了假设的“内在生活”事件，但这类“内在生活”事件是多么的幽暗不明。没有提及“内在知觉”的声明的心理学理论最初被比作不具有丹麦王子身份的“哈姆雷特”。但是，这个被挤压出来的主人公不久就显得如此苍白无力，甚至这些理论的反对者也开始感到疑虑，不知是否应把沉重的理论负担强加在他那幽灵肩膀之上。

小说家、戏剧家和传记作者总是满足于描述人们的行为、言论和想象，描述他们的怪相、姿态和语调，以此来展示他们的动机、思想、烦恼和习惯。由于专注于简·奥斯汀所专注的东西，心理学家开始发现，这些东西毕竟构成了他们的研究对象，而不仅仅是他们的研究对象的服饰。当然，心理学家至今还有不必要的阵阵忧虑，唯恐心理学若不再从事描述幽灵事物的任务，便不会去承担描述纯机械性事物的任务。但是,机械论这个妖怪的影响一个世纪以来一直在衰退,尤其是因为各门生物科学在这个时期中确立了它们的“科学”称号。牛顿物理学体系不再是自然科学的唯一范式。科学家们无须因为否认人是机器中的幽灵而把人贬低为机器。他毕竟可以是一种动物,即一种高级的哺乳动物。然而科学家们不得不再冒一下风险而跳到这样的假说之上:也许他乃是人。

对于心理学纲领来说,行为主义者的方法论纲领曾具有革命的重要意义。但更为重要的是,它已成为在哲学上怀疑两个世界
329 的说法乃是一种神话的重要源泉之一。至于这种方法论原则的倡导者也曾倾向于支持一种霍布士式的理论,甚至倾向于想象,他们的科学的心理学研究方法论的真理性蕴涵着机械论的真理性,这相对来说就不是很重要的问题了。

实验心理学家的具体研究方法在什么程度上受到了他们长期坚持两个世界的说法的影响,行为主义者的反叛在什么程度上导致了实验心理学家的方法的修改,这不是我的话题。尽管我知道,总的说来那种神话的好的作用也许超过了它的不良影响,而行为主义者对于那种神话的反叛可能导致了一些与其说是实实在在的不如说是名义上的改革。对于理论的进步来说,神话并不总是有害的。的确,神话在成长的时候常常具有无法估量的价值。开拓者在起步的时候若梦想,具有不同外貌的新世界实质上是旧世界的一种复制品,便会感到勇气倍增。儿童如果感到一所陌生房屋的栏杆摸起来很像自己家里的栏杆,那么无论这些栏杆实际上会引导他到哪里,他也不会对那所陌生的房子感到非常困惑。

不过,推进心理学的方法论或详细考察这门或那门科学的特

定假说，都不是本书的目的。本书的目的是要表明，两个世界的说法尽管不是一个寓言，却是哲学家们的一种神话，此外，本书也打算通过表明这一点来着手补救这个神话一度在哲学内部造成的损害。为了确立这一点，我没有试图从心理学家的难题中引用证据，而是试图论证，是哲学家们自己把各种错误的逻辑行为归之于主要的心理概念的。假如我的论证还有些力量，那么可以说，不论是机械论者还是副机械论者，不论是霍布士还是笛卡尔，他们虽然以彼此对立的特殊方式，但却都以相同的一般方式，误置了这些心理概念。

总之，假如我们试图把霍布士-伽桑狄的心灵说与笛卡尔的心灵说相比较，那么我们必须不容置疑地承认，笛卡尔的心灵说是更富有理论成果的。我们也许可以这样来描绘它们的对立：一个连的士兵为了保卫国家驻守在一座城堡中。另一个连的士兵注意到，护城河干涸了，城门不翼而飞了，城墙也倒坍了。由于不屑于保卫那样一座不稳固的城堡，但又仍然受制于只有凭借这样的城堡才能保卫国家的想法，他们就立足于自己能够看到的最像城堡 330
的东西之中，即立足于那座衰老的城堡的影子之中。然而上述两种立场都是站不住脚的；显然，这个影子城堡具有那座石头城堡所具有的一切脆弱性，而且还具有它自己特有的某种脆弱性。不过从某个方面看，影子城堡的据守者表明了自己是较优秀的士兵，因为他们看到了那座石头城堡的弱点，即便他们是在愚蠢地幻想，自己在一座根本不用石头造成的堡垒中是安全的。虽然他们的获胜希望不大，但却在某种程度上表明了自己是可教的。他们运用了某种替代性的战略观念；他们认识到，城墙崩坍了的城堡就不成其

为堡垒了。下一步他们也许终于会认识到，那样一座堡垒的影子也不是一个堡垒。

我们可以把这幅图画应用于我们自己的中心论题之一。根据一种见解，思考等同于说话。持有相反见解的人正确地摈弃了这种等同说，但却自然而错误地采用了这样的摈弃方式：说话是在做一件事情，思考是在做另一件事情。思考活动在数量上与言语活动不等，并且，言语活动发生于一个地方，思考活动则在另一个不同的地方控制着这些言语活动。然而，这种说法也是站不住脚的，而且，其站不住脚正如把思考等同于纯粹的言说之站不住脚，是出于同样的理由。正如未经训练的和不留意的言说不是思考而是唠叨，同样，无论假设什么样的影子活动发生在另一个地方，这些影子活动仍然可能以一种未经训练的和不留意的方式发生在那个地方，因而也不会是思考。但是，即便对不留意的和未经训练的闲谈与思考二者之间的差别提供了一个错误的描述，那也意味着认出了一个重要的区别。笛卡尔的神话的确补救了霍布士的神话，尽管这种补救不过是把霍布士的神话双重化而已。但是，即便是学说上的顺势疗法，也包含着认出了一些疾病。

索　　引

（表中阿拉伯数字指原书页码，亦即本书边码）

A

B

C

D

E

F

G

H

I

O

P

图书在版编目(CIP)数据

心的概念/(英)吉尔伯特·赖尔著;徐大建译.—北京:商务印书馆,2017

(汉译世界学术名著丛书:120年纪念版:珍藏本)

ISBN 978-7-100-14805-4

Ⅰ.①心… Ⅱ.①吉… ②徐… Ⅲ.①分析哲学—英国—现代 Ⅳ.①B561.59

中国版本图书馆CIP数据核字(2017)第160915号

汉译世界学术名著丛书

(120年纪念版·珍藏本)

心的概念

〔英〕吉尔伯特·赖尔 著

徐大建 译

商务印书馆出版

(北京王府井大街36号 邮政编码100710)

商务印书馆发行

北京市松源印刷有限公司印刷

ISBN 978-7-100-14805-4

2017年12月第1版 开本710×1000 1/16

2017年12月北京第1次印刷 印张27½

定价:138.00元